陕西省高等教育优秀教材奖特等奖
科学版精品课程立体化教材·经济学系列

人口、资源与环境经济学
（第二版）

何爱平　任保平　主编

科学出版社

北京

内 容 简 介

本书在坚持马克思主义指导地位基础上，通过中外思想史追溯、相关交叉学科梳理、不同研究范式比较，深入探讨人口、资源与环境经济学的学科性质、研究对象、研究内容与研究方法等理论问题，力图全面反映当代人口、资源与环境经济学理论研究的最新进展，并运用现代研究方法工具对现实问题进行理论和经验分析。本书的特点包括：一是结合学科前沿，并借鉴国内外相关研究成果，为读者呈现丰富的理论内容，是一本中级人口、资源与环境经济学教科书；二是内容表现形式多样，除正文外，基本理论的深化或最新进展采取专栏形式，与主题相关的国内外现实变化则采取链接或案例的形式；三是紧密联系实际，对中国的现实问题展开具体分析，并做出理论解释。

本书适合经济学、人口学、资源科学、环境科学等专业的高年级本科生、研究生及相关研究人员阅读。

图书在版编目（CIP）数据

人口、资源与环境经济学 / 何爱平，任保平主编. —2版. —北京：科学出版社，2024.1

科学版精品课程立体化教材·经济学系列
ISBN 978-7-03-074663-4

Ⅰ. ①人… Ⅱ. ①何… ②任… Ⅲ. ①人口经济学–高等学校–教材 ②资源经济学–高等学校–教材 ③环境经济学–高等学校–教材 Ⅳ. ①C92-05 ②F062.1

中国国家版本馆 CIP 数据核字（2023）第 013414 号

责任编辑：方小丽 / 责任校对：贾娜娜
责任印制：赵 博 / 封面设计：蓝正设计

科 学 出 版 社 出版
北京东黄城根北街 16 号
邮政编码：100717
http://www.sciencep.com

三河市春园印刷有限公司印刷
科学出版社发行 各地新华书店经销

*

2010 年 12 月第 一 版 开本：787×1092 1/16
2024 年 1 月第 二 版 印张：18 1/2
2025 年 2 月第十七次印刷 字数：439 000

定价：68.00 元
（如有印装质量问题，我社负责调换）

第二版前言

党的二十大报告指出"中国式现代化是人与自然和谐共生的现代化",强调要"像保护眼睛一样保护自然和生态环境,坚定不移走生产发展、生活富裕、生态良好的文明发展道路,实现中华民族永续发展"[①]。人口、资源与环境经济学的建立和发展,可以从整体上深入研究人口、资源、环境、灾害等各种因素之间的相互关系,对于实现经济高质量发展、建设社会主义现代化强国具有重要的理论与现实价值。

本书自2010年出版以来,在科学出版社的支持下,已印刷15次,据出版社统计,该书被全国29个省区市近30所大学使用,取得良好效果,并获得2022年陕西省高等教育优秀教材奖特等奖。此次修订保持了原书主体框架,但内容的增补、模型的完善、专栏链接的修改、数据资料的更新等方面,均经过审慎思考与安排。具体修改主要有以下方面。

第一,正文增加一些新内容。第1章1.1节"经济学说史中资源环境经济思想"增加马克思主义理论中的资源和环境经济思想的内容,1.2节增加关于绿色经济、低碳经济的内容;将原书第4章"宏观人口经济理论"内容调整到第3章,并在3.3节补充低生育率水平现状及其经济影响的内容;第4章"微观人口经济理论"中的4.1节补充"伊斯特林的供给-需求理论";第5章5.1节新增"自然资源对经济发展的意义及不利影响";第6章新增6.2节"可回收的不可再生资源:金属矿产资源";第7章新增7.3节"土地资源",7.4节增加"水资源的需求和供给";第11章11.3节补充"灾害经济损失及其评估";第12章12.1节补充"可持续发展的实践进程",12.2节补充"全球面临的可持续发展问题"。

第二,调整并更新原书的一些章节。第2章将原有的两小节合并为一节"马尔萨斯人口经济理论的主要内容及影响"。第4章更新4.2节现代人力资本研究的新趋势及国内人力资本理论研究状况的内容。第5章及第6章分别对中国自然资源的需求与供给、中国能源安全问题等内容进行更新。第7章7.6节新增"森林资源的特性""林木的生长模型",修改原书福斯特曼模型,并引申至哈特曼多用途采伐模型。第8章将原教材8.1节"环境-经济系统"拓展为"环境-资源-经济系统"。第9章修改章节结构,将不同方法的适用范围与条件、问题与局限性修改合并为一小节。第11章11.4节改为"中国灾害的应对体系"。

第三,更新全书中的数据和资料。结合现实条件的变化及党的十八大、十九大、二十大及重要文件精神,对全书正文涉及的数据、一些问题的论述,以及专栏、相关链接和案例等资料均进行全面更新。国外数据来源于联合国粮食及农业组织(以下简称联合国粮农组织)、国际能源署、世界银行等国际组织,国内数据来源于自然资源部、生态环境部、水利部、应急管理部和国家统计局等官方网站。

[①] 引自2022年10月26日《人民日报》第1版的文章:《高举中国特色社会主义伟大旗帜 为全面建设社会主义现代化国家而团结奋斗》。

本书是西北大学研究生精品教材建设项目、西北大学"双一流"建设项目支持的成果，也是教育部哲学社会科学重大课题攻关项目（20JZD005）、陕西省高层次人才特殊支持计划领军人才项目建设的成果。本书是一部中级人口、资源与环境经济学的教科书，对象为研究生、高年级本科生、政策研究人员、政府有关部门政策制定者及对人口、资源与环境问题感兴趣的读者，利用本书教学可根据教学目的、学时长短、学生基础等进行调整。非常感谢科学出版社方小丽编辑的出色工作，本书参考了国内外相关教材与著作，在此一并感谢。本次修订由于时间紧张，涉及的资料、数据庞杂，我的一些博士和硕士研究生参加了修订工作，他们是安梦天、董璐、赵欣仪、任亚兵、贺琳婧、陈成、贾泽伟、李雨恒、韩奕乔、郝向举、王菠、赵任洁，最终由主编对全书进行了统稿，修订后本书可能还存在一些不足，恳请读者批评指正。

何爱平

2023 年 10 月

第一版前言

　　人口、资源与环境经济学是一门新兴的融合多学科的交叉性或边缘性经济学学科，它是1997年国务院学位委员会在调整研究生专业目录时，在理论经济学的一级学科下设立的二级学科。作为一门独立的、年轻的经济学科，人口、资源与环境经济学近些年来发展迅速。从该学科的研究现状来看，国外对人口经济学、资源经济学、环境经济学等理论研究开展较早，相关著作较多，但未见有以人口、资源与环境经济学命名的教材；国内以人口、资源与环境经济学命名的教材也较少，学术界在该学科的学科性质、研究对象和研究内容等问题上存在争议。与国外同类教材相比，国内教材缺乏对现代主流经济学有关环境问题的研究方法及分析工具的运用，理论深度不够，对国外相关问题研究的最新进展介绍得较少。与国内外同类教材比较，本书的特点有以下几点。

　　（1）梳理经济学说史中关于资源环境经济的思想，并总结传统增长理论的缺陷。作为经济学的一个分支，人口、资源与环境经济学在兴起之前，在西方经济学说史中就有论述资源环境经济的思想，这些思想构成了人口、资源与环境经济学这门学科的理论渊源。无论是古典经济增长理论，还是现代经济增长理论，均以物质资本积累、人力资本和技术进步等作为研究重点。在经济增长过程中，环境仅仅被当作一个提供资源、容纳生产废弃物的载体，未被纳入决定经济增长的关键因素体系。因此，面对环境的恶化问题，现有的经济增长理论无法做出合理的解释。

　　（2）系统阐述人口、资源与环境经济学和诸多相关学科的关系，如人口经济学、资源经济学、环境经济学、生态经济学、灾害经济学和可持续发展经济学等，并指出人口、资源与环境经济学是在人口经济学、资源与环境经济学、生态经济学、灾害经济学等学科的基础上发展起来的，这些分支学科构成人口、资源与环境经济学的重要思想和理论来源。但是，单一学科的研究存在很大的局限性。一方面，从目前人类社会出现的各种"人类困境"问题来看，单一学科的研究已远远不能满足现实需要。另一方面，各种问题的产生相互联系：环境恶化在很大程度上是资源的不可持续利用造成的，生态失衡则源于人类行为超出了自然环境的阈值，资源与环境是人口和经济发展的基础或前提，人口爆炸则加大了生态环境和资源利用的压力，而在现代社会里发生的各种严重灾害中又都能找到人类不当行为的影子。

　　（3）明确提出只有综合各个学科的优势，把它们有机地联系起来，对学科进行整合，实行跨学科研究，才能对各种问题进行综合分析，进而解决各种"人类困境"问题。人口、资源与环境经济学的研究，可以综合运用有关学科的理论与研究成果来深化与拓宽各学科的研究领域，如人口、资源与环境经济学对资源经济问题的研究不仅关注如何提高资源利用效率，而且强调在一定的人口和环境条件下资源的科学利用与代际公平，从而使对资源利用的研究更具有现实性，也更加全面。总之，人口、资源与环境经济学的建立和发展，不仅可以从整体上深入探讨人口、资源、环境、灾害等各种因素之间的相互关系，而且能够深化和拓宽各分支学科的研究领域，丰富经济学研究内容，具有重要的理论意义。

（4）全面论述人口、资源与环境经济学的研究内容。本书内容可分为六部分：第一部分是第1章导论，这部分全面梳理有关人口经济、资源经济、环境经济、生态经济、灾害经济等理论的研究及其和人口、资源与环境经济学的关系，阐述该学科的演进过程，揭示人口、资源与环境经济学的学科性质与研究对象；第二部分包括第2~4章，阐述人口经济思想及人口与经济之间关系的主要研究内容及最新进展；第三部分包括第5~7章，论述自然资源与经济发展之间的关系、可再生资源和不可再生资源的最优利用问题；第四部分包括第8~10章，讲述经济发展与环境，包括环境问题产生的原因的现代经济学解析、环境价值评价、污染控制等重要专题；第五部分是第11章，研究灾害经济问题，阐述灾害及其社会经济特性、灾害产生背景成因及灾害风险最小化等；第六部分是第12章，将人口、资源、环境、灾害等问题纳入可持续发展的框架中，分析人口、资源、环境与经济社会的协调发展，提出可持续发展的人口、资源与环境战略，形成人口、资源、环境与经济发展相结合的完整的理论体系。

（5）借鉴国外相关教材的安排，突出现代主流经济学对人口、资源与环境经济问题的解释和论证。本书力图全面反映当代人口、资源与环境经济学理论研究的最新进展，介绍现代主流经济学有关环境问题的研究方法及分析工具，其涵盖内容广泛，有一定理论深度，使读者能够全面了解人口、资源与环境经济学的理论体系，能够运用现代研究方法和分析工具对经济发展中的人口、资源与环境问题进行理论和经验分析，并作为相关部门制定政策的基础。

（6）紧密联系中国实际，且采用多样化的表现形式，对现实问题做出理论解释。本书反映中国的一些现实问题、政策与解决思路，如分析中国自然资源的供给与需求状况、生态环境问题、灾害的严重性及其成因等，体现中央提出的"科学发展观"、"发展方式转变"和"生态文明"等新理念，对现实问题做出理论解释。本书的内容表现形式多样，除正文外，还采用专栏、相关链接、案例等形式。其中，基本理论的深化或最新进展采用专栏形式，而与主题相关的国内外人口、资源与环境经济的现实变化则采用相关链接或案例的形式。

本书由西北大学经济管理学院经济系主任何爱平教授和经济管理学院常务副院长任保平教授主编，经济管理学院从事人口、资源与环境经济学教学和研究的教授、副教授及一些博士、硕士研究生参加了编写。全书分工如下：第1章，何爱平；第2章，刘冠男；第3章，徐鑫；第4章，曹笑笑、张志敏；第5章，王凤；第6章，吴振磊；第7章，王凤、白云朴；第8章，王聪；第9章，岳利萍；第10章，赵勇；第11章，何爱平；第12章，任保平。教材的提纲和初稿经过多次讨论与修改，最终由何爱平教授和任保平教授统稿并定稿。

在本书的写作过程中，作者查阅了几百种中外文献，凡直接引用思想、观点和数据的文献均在文中注明并列入了参考文献，在此对这些学者深表感谢，如有疏漏，敬请谅解。科学出版社的林建先生为本书的出版做了大量的工作，提出了许多中肯的意见，在此表示衷心的感谢。本书不足之处在所难免，恳请读者批评指正。

何爱平

2010 年 8 月

目 录

第1章 导论 ... 1
1.1 经济学说史中资源环境经济思想 ... 1
1.2 现代人口、资源与环境经济理论的演进 ... 12
1.3 人口、资源与环境经济学概述 ... 19
本章小结 ... 23

第2章 人口经济思想 ... 25
2.1 早期的人口经济思想 ... 25
2.2 马尔萨斯的人口经济思想 ... 31
2.3 马克思主义的人口经济理论 ... 35
2.4 当代人口经济思想 ... 37
本章小结 ... 43

第3章 宏观人口经济理论 ... 45
3.1 宏观人口经济分析 ... 45
3.2 人口分布与城市化 ... 51
3.3 人口转变与人口结构变化 ... 60
本章小结 ... 68

第4章 微观人口经济理论 ... 70
4.1 生育率的经济分析 ... 70
4.2 现代人力资本理论 ... 75
4.3 人口迁移的经济分析 ... 82
本章小结 ... 88

第5章 自然资源与经济发展 ... 91
5.1 自然资源概述 ... 91
5.2 自然资源的经济价值及经济评价 ... 97
5.3 中国自然资源的利用现状及面临的压力 ... 105
5.4 自然资源可持续利用的实现 ... 110
本章小结 ... 114

第6章 不可再生资源的优化配置与利用 ... 116
6.1 不可再生资源的概念及开采 ... 116
6.2 可回收的不可再生资源：金属矿产资源 ... 118
6.3 不可回收的不可再生资源：石油、天然气和煤炭 ... 121
6.4 不可再生资源的最优利用 ... 124
6.5 不可再生资源最优利用的对策 ... 134

本章小结 ……………………………………………………………………… 137

第7章 可再生资源 ……………………………………………………… 139
7.1 可再生资源概述 ……………………………………………………… 139
7.2 可再生资源的生物增长及开采定价 ………………………………… 140
7.3 土地资源 ……………………………………………………………… 144
7.4 水资源经济学分析 …………………………………………………… 149
7.5 渔业资源的分析 ……………………………………………………… 156
7.6 森林资源的经济学分析 ……………………………………………… 160
本章小结 ……………………………………………………………………… 165

第8章 经济发展与环境 …………………………………………………… 167
8.1 环境-资源-经济系统 ………………………………………………… 167
8.2 经济全球化与国际环境问题 ………………………………………… 173
8.3 环境问题的经济原因 ………………………………………………… 181
8.4 我国环境与经济的协调发展 ………………………………………… 187
本章小结 ……………………………………………………………………… 191

第9章 环境价值的经济评价 ……………………………………………… 193
9.1 环境价值评估方法的框架 …………………………………………… 193
9.2 直接市场评价法 ……………………………………………………… 194
9.3 揭示偏好法 …………………………………………………………… 198
9.4 陈述偏好法 …………………………………………………………… 205
9.5 评价方法的选择 ……………………………………………………… 207
本章小结 ……………………………………………………………………… 213

第10章 环境污染控制 …………………………………………………… 215
10.1 环境污染及污染损害 ………………………………………………… 215
10.2 环境污染控制的手段 ………………………………………………… 221
10.3 环境污染控制的设计 ………………………………………………… 229
本章小结 ……………………………………………………………………… 240

第11章 灾害经济问题 …………………………………………………… 242
11.1 灾害及其经济特性与实质 …………………………………………… 242
11.2 中国灾害的基本特征 ………………………………………………… 247
11.3 中国灾害形成背景及损失分析 ……………………………………… 249
11.4 中国灾害的应对体系 ………………………………………………… 255
本章小结 ……………………………………………………………………… 262

第12章 可持续发展的人口、资源与环境战略 ………………………… 264
12.1 可持续发展概述 ……………………………………………………… 264
12.2 全球的可持续发展 …………………………………………………… 269
12.3 中国可持续发展的人口、资源与环境战略 ………………………… 274
本章小结 ……………………………………………………………………… 282

第1章 导　　论

人口、资源与环境经济学是1997年国务院学位委员会在调整研究生专业目录时，在理论经济学一级学科下设立的二级学科。随着资源耗竭、环境恶化和人口膨胀压力的不断增加，作为一个独立的、年轻的经济学科，人口、资源与环境经济学近些年来发展迅速。但作为经济学的一个分支，它在兴起之前，在西方经济学说史和马克思主义理论中就有论述资源环境经济的思想，这些思想构成了人口、资源与环境经济学这门学科的理论渊源。

1.1　经济学说史中资源环境经济思想

1.1.1　西方经济学的资源环境经济思想

1. 古典经济学中的资源环境经济思想

现代西方关于资源可持续利用的最早研究源于18世纪后期的古典经济理论和自然保护学说。古典经济学主要考察了资源，尤其是土地、资本、人口等因素的作用，并由此形成了研究资源稀缺的现代经济学的基本基础。特别是关于经济增长状态及前景的分析，成为20世纪60年代探讨增长极限问题的直接思想渊源。古典经济学同时也探讨了人口、资源、环境与经济社会之间的可持续发展萌芽。

亚当·斯密处在第一次工业革命的发端时期，作为政治经济学的奠基人，他的《国民财富的性质和原因的研究》是第一部系统地研究国民财富增长的经典著作。他将国民财富的性质和来源及国民财富增长的决定性因素等问题作为论证中心，就整个国民经济运动的过程做了全面的论述。斯密认为，国民财富的增长取决于两个因素：一是专业分工促进劳动生产率的提高，二是人口和资本增加引起从事生产劳动的人数的增加，而劳动人口的增加和劳动效率的提高，又取决于人口数量和质量的变动及资本积累的增加。国民财富的增长与人口的增长相互促进，但一国财富的水平和增长的速度，会给人口的发展规定一个限度，而经济增长是一个不稳定的动态过程，如果一国所获的国民财富已达到其土壤、气候等地理条件所允许的限度，并且人口达到其自然所能维持的限度时，国民财富的增长便达其极限。由此，斯密提出了人口要与生存资源成比例，以保持人与自然环境的协调发展。

大卫·李嘉图关于自然资源利用的理论主要集中体现在他的《政治经济学及赋税原理》一书中。他对经济增长因素的看法与斯密基本一致，不同之处在于他把研究的重点从生产转向分配，认为合理的分配制度和激励能够提高人们的生产积极性，进而促进经济增长。李嘉图论述了自然资源的相对稀缺问题，他认为，自然资源不存在均质性，土地资源存在自然肥力的差异，矿产资源也有品位的差异。随着需求或人口的增加，这些资源将按照从高到低的质量差异逐步得到开发和利用。较高质量的自然资源在数量上不存在绝对稀缺，只存在相对稀缺，而且这种相对稀缺并不构成对经济发展的不可逾越的制约。因为土地资源存在自然肥力的差异且数量固定，所以土地报酬递减规律将发生作用。虽然工业生产中由于分工的发展和技术的进步存在报酬递增，但是，在所有土地资源都被利用以后，农业中报酬递减的趋势会压倒工业中报酬递增的趋势，于是经济增长的速度将会放慢，直至进入人口和资本增长停滞和社会静止状态。

托马斯·罗伯特·马尔萨斯在《人口原理》中表述的思想被后人概括为"资源的绝对稀缺论"[1]。他把国民财富看成物质财富，认为财富是有用或合意的物质的东西，一个国家是富裕还是贫穷就要看这些物质的供应。他认为人口增长以几何级数进行，呈加速之势。静态地看，现时的人口与资源矛盾并不十分突出；动态地看，在经过一段时间后，人口数量将超过自然资源所能承受的水平。如果人类不能认识自然资源的有限性，不能控制人口增长，不仅自然环境与资源将遭到破坏，而且人类将面临一个黑色的未来，人口数量将以灾难性的形式，如饥荒、战争、瘟疫等而减少。他竭力主张人口生产应服从自然环境和资源的生产，只有二者和谐，社会才会进步和发展。他还认为资源的绝对稀缺性不会因为技术进步和社会发展而有所改变。

约翰·穆勒对资源稀缺与否的探讨体现在他的《政治经济学原理》一书中。他把自然和气候条件当作经济增长的原因，首次将自然环境纳入经济学分析的视野。他认为经济中的土地资源除了具有生产功能外，还具有人类生活空间和自然景观美的功能，而且生活空间的博大和自然景观的美妙是人类文明生活所不可缺少的。人们的思想源泉和激励动因均与大自然密切相关。他对单纯追求经济增长的观点提出了批评，呼吁社会要重视经济利益的分配和人口的控制。同时，他还认为生产的增加会面临资本和土地不足的困难。穆勒认为自然环境、人口和财富均应保持在一个稳定的水平，而且这一水平要远离自然资源的极限水平，以防止出现食物缺乏和自然优美的环境大量消失的恶果。同时，人们还要为子孙后代着想，维护自然生态环境，保证人类健康地发展。"静态经济"的思想已超出了稀缺的范畴，它将环境保护及其影响的时间跨度拓展到了更为长远的未来。穆勒的这一思想，已将人口、资源与环境和社会发展等因素协调起来，它实际上是可持续发展的雏形。

总之，在古典经济学阶段，人口、资源与环境等因素已经进入经济学分析视野，这些观点为人口、资源与环境经济学的形成提供了丰富的思想素材，对研究可持续发展问题具有积极的意义。

■ 专栏1-1　中国古代朴素的可持续性思想 》》》

可持续发展的概念虽然是由当代西方人提出来的，但中国悠久的文化中有许多朴素的可持续性思想。综合来说，中国古代朴素的可持续性思想体现在两个方面。

一是体现在我国古代的一些政治家和先哲的思想里。春秋时期管仲十分注意保护山

---

[1] 潘家华.1997.持续发展途径的经济学分析[M].北京：中国人民大学出版社：91-94.

林川泽及其生物资源，反对过度采伐。他说："为人君，而不能谨守其山林菹泽草莱，不可以立为天下王。"（《管子·地数》）《逸周书·文传解》中论述："山林非时不升斤斧，以成草木之长；川泽非时不入网罟，以成鱼鳖之长。"老子要求人应该"衣养万物而不为主"，即养护万物而不以万物的主人和拥有者自居。孔子主张，"子钓而不纲，弋不射宿"（《论语·述而》）。孟子认为"不违农时，谷不可胜食也；数罟不入洿池，鱼鳖不可胜食也；斧斤以时入山林，材木不可胜用也"（《孟子·梁惠王上》）。荀子在《王制》中写道："草木荣华滋硕之时，则斧斤不入山林，不夭其生，不绝其长也。"①朱熹在《孟子集注》中指出对禽兽草木等物，要"取之有时，用之有节"。这些观点无不强调人类社会发展与自然环境相适宜的良性循环，最终实现人与自然的和谐统一的目标。

二是体现在我国古代的一些政策和法律条款中。周文王时期颁布的《伐崇令》被誉为世界最早的环境保护法令。它规定："毋坏屋，毋填井，毋伐树木，毋动六畜，有不如令者，死无赦。"秦时的《田律》规定："春二月，毋敢伐材木山林及雍（壅）堤水。不夏月，毋敢夜草为灰，取生荔麛鷇，毋……毒鱼鳖，置穽罔（网），到七月而纵之。"汉代也有保护自然资源的记载："十一年春二月，遣使循行郡国，禀贷被灾害不能自存者，令得渔采山林池泽，不收假税。"②这表明在汉代山林池泽等国家自然资源受到政府保护，平时严禁随意采伐，只有遇到大的自然灾害，由皇帝下令才开禁，以使百姓获得救灾活命的物资。至唐代，立法模式已经基本固定下来。《唐律疏议》中《杂律》一章，详细地对保护自然环境和生活环境做了规定，如"诸弃毁官私器物及毁伐树木、稼穑者，准盗论"。

2. 新古典经济学中的资源环境经济思想

"边际革命"之后形成的以马歇尔、庇古为代表的新古典经济学，其研究重心已经偏离了传统的古典经济学研究。他们主要关注的是在资源稀缺或资源数量一定的条件下，如何在不同的用途中配置资源，使其达到帕累托最优状态。这种研究重心的转移降低了资源稀缺程度对经济增长的影响在新古典经济学体系中的作用。从总体上看，新古典经济学在"经济增长前景"的问题上持乐观态度，认为人类的能力能够克服物质环境对经济增长设定的限制，技术进步和劳动力质量的提高会形成报酬递增的历史趋势，从而经济能够持续不断地发展。新古典经济学家认为，价格会对资源的稀缺程度做出灵敏的反应，使用稀缺资源带来的成本提高会促使人们创新技术及寻找替代品。因此，市场机制的自发运行可以解决资源与可持续发展的矛盾，从而避免马尔萨斯陷阱。马歇尔认为，人类作用（如知识的进步、教育的普及和科学技术的发展）所表现出的报酬递增趋势会压倒农业方面的报酬递减趋势，因此经济不会出现增长的障碍。他相信人类依靠机械和化学的方法可以改变土壤的性质，从而"把土壤肥力置于人类的控制之下"。同穆勒一样，马歇尔认为自然资源除作为生产性投入外，还向人类提供休闲和生产性服务，这样的环境服务功能具有直接的经济价值。但是，由于生产的外部性影响，环境的服务价值常在

---

① 赵麦茹. 2010. 先秦诸子经济思想的生态学阐释[M]. 北京：社会科学文献出版社：71.
② 李丙寅，朱红，杨建军. 2001. 中国古代环境保护[M]. 开封：河南大学出版社：68.

市场之外，从而加重了环境资源的相对稀缺性。在此问题上，庇古对污染等外部性问题进行了分析和研究，认为为了消除外部性，政府要进行干预，以征税的形式将污染成本加到产品的价格上去，使外部成本内部化，从而减少污染物的排放，保持人类的生存环境。

约翰·梅纳德·凯恩斯于1936年出版的《就业、利息和货币通论》一书是当代西方经济学产生的标志。经济大萧条之后，凯恩斯从宏观的角度出发，分析了经济增长的原因。他从资源配置的微观经济学分析转向了"有效需求原理"和"总量分析"的研究。在分析和研究经济增长过程中，他认为，通过刺激有效的消费需求，能够促进经济增长。凯恩斯主义经济学主要关注的是如何将一个国家的经济由非充分就业水平提高到充分就业水平的短期分析，而长期的、动态的经济问题不是他们研究的重点，这就使得凯恩斯主义经济学不太关注可持续发展问题。

第二次世界大战后至20世纪60年代，围绕经济增长和发展的问题形成了哈罗德-多马模式、索洛-斯旺的新古典经济增长理论、卡尔多-罗宾逊的新剑桥经济增长理论及罗斯托的经济成长阶段论等。在这些作为主流经济学的理论中，自然资源及可持续发展问题并没有被纳入他们的研究范围。西蒙·史密斯·库兹涅茨指出增长的能力是建立在先进技术及所需要的制度和思想意识的相应调整基础上的，且增长不可能受到自然资源绝对缺乏的阻碍。20世纪80年代中期，以保罗·罗默（Paul M. Romer）、罗伯特·卢卡斯（Robert Lucas）等为代表的一批经济学家，在对新古典增长理论重新思考的基础上，提出了以"内生技术变化"为核心的新增长理论。这一理论克服了新古典经济增长理论将经济增长的动力归为无法解释的外在技术进步的不足，通过运用"干中学"模型、人力资本积累、研究与发展（research and development，R&D）理论等将技术进步内生化，从而很好地刻画了经济增长的内生机制。但是，在有限的资源存量约束下，如何将经济增长势头继续保持下去，资源的可持续利用前景、环境与经济增长如何相协调等问题的研究并未在新经济增长理论中找到一席之地。

可以说，第二次世界大战结束以后相当长的一段时间里，宏观经济运行理论和经济增长理论成为西方主流经济学的主旋律，人口、资源环境与经济发展的关系问题没有成为西方主流经济学研究的正题。

3. 经济增长理论中资源环境经济思想的特点

第一，经济增长理论视自然资源为可替代品，而没有认识到自然资源的特性。在几乎所有的经济增长理论中，经济增长被认为只是资本、技术、储蓄率、就业等的函数，资源能够相互替代或被"其他生产要素"所替代。库兹涅茨在接受1971年诺贝尔经济学奖时所做的演说（题为"现代经济增长：发现和反应"）中提到，"一个国家的经济增长，可以定义为给居民提供种类日益繁多的经济产品的能力长期上升，这种不断增长的能力是建立在先进技术及所需要的制度和思想意识的相应调整基础上的"[1]。也就是说，经济

---

① 库兹涅茨 S S. 1981. 现代经济增长：发现和反应[M]//外国经济学说研究会. 现代国外经济学论文选. 第一辑. 北京：商务印书馆：21.

增长是物质产品生产能力的提高，经济增长以技术进步为基础和源泉，以制度和思想意识的不断调整为必要条件。萨缪尔森在其著名的教材《经济学》一书中将人力资源、自然资源、资本和技术作为"经济增长的四个轮子"。他认为，"在当今世界上，自然资源的拥有量并不是经济发展取得成功的必要条件"[①]。在以发展中国家的经济发展问题为研究对象的发展经济学中，发展经济学家认为，在现有的资源条件下，技术进步和资源替代范围的扩大，可以弥补自然资源的不足[②]。

对于自然资源能否被其他要素所替代，一些经济学家提出了疑问。美国著名资源经济学家赫尔曼·戴利（Herman Daly）区分了自然资本和人造资本的概念，认为自然资本和人造资本的基本关系是互补性的而非替代性的。他说："我们可以用砖来替代原木，但是那只是用一种资源代替另一种资源，而不是用资本来代替资源。在建造一幢砖房时，我们会面临一个类似的'不可能'，即用铲子和泥瓦匠来代替砖头。"[③]由于二者的互补性，自然资本已经代替人造资本成为最稀缺的限制性因素。戴利认为，越来越多的人造资本远非代替自然资本，而是对自然资本有越来越大的互补性要求。若快速地消耗自然资本以暂时地支撑人造资本的价值，则在不远的将来，整个自然资本就会变得更加具有限制性。

自然资源与其他生产要素一样参与生产过程，经济活动中的"资源问题"就是生产成本问题，这几乎是所有经济增长模型的前提。对经济发展而言，资源数量减少的结果只能是成本的增加。随着技术和知识的进步，"成本问题"相对于增长、资本积累、收益等，不足以成为经济增长和社会发展的障碍，因为技术进步可以提高资源的利用效率，从而相对降低成本。由此可知，经济增长依然是技术、资本及制度问题。环境被认为没有价值，是可以免费获得的资源。

从物理学意义上对自然资源进行分析，我们可以得出两个规则：①资源一经使用，熵必定增长（从经济学意义上讲，资源的价值便有所损失）；②虽然是消费资源和能量，但物质和能量并不消失，它们是守恒的。由此可知，资源一经消费，就变成熵增的废热与废物。因此，讨论资源的枯竭问题时，应该先考虑废热和废物堆放场地的枯竭或污染问题。目前的经济学只研究资源的枯竭问题和替代资源的开发问题，对使用资源之后所产生的废热与废物毫不关心，忽视了资源的其他特性。经济学对经济活动是否经济的核算，主要是从经济活动本身直接形成的成本和收益进行的。"不经济"是指一种事物不能赢得足够的现金利益。任何现实社会生产、生产过程都是自然生态特征和社会经济特征的有机统一体，缺乏任何一种特征，都不是现实的社会生产、生产过程。一旦忽视自然生态特征和自然属性，就不能正确认识社会生产的生态经济本质，这便是导致现代社会生产、生产过程中出现资源危机、环境危机，直至整个大自然危机的经济学根源[④]。

第二，增长理论把经济系统看作孤立的系统，未考虑与环境的相互影响。美国著名

---

① 萨缪尔森 P A, 诺德豪斯 W D. 1999. 经济学[M]. 16版. 萧琛, 等译. 北京: 华夏出版社: 165.
② 金德尔伯格 C P, 赫里克 B. 1986. 经济发展[M]. 张欣, 等译. 上海: 上海译文出版社: 81-82.
③ 戴利 H E. 2001. 超越增长: 可持续发展的经济学[M]. 诸大建, 胡圣, 等译. 上海: 上海译文出版社: 110.
④ 刘思华. 2007. 刘思华可持续经济文集[M]. 北京: 中国财政经济出版社: 495-496.

资源经济学家戴利对传统增长理论进行了尖锐的批判，提出了著名的"稳态经济"理论。他指出传统发展观的根本错误在于，它的核心理念把经济看作不依赖外部环境的孤立系统，因而经济是可以无限制增长的；而可持续发展的核心理念是把宏观经济看作一个更大的、有限的、非增长的生态系统的子系统，经济子系统的增长规模绝对不能超出生态系统可以永久持续或支撑的容纳范围[1]。戴利在其《超越增长：可持续发展的经济学》一书中深刻地论证了人类经济的演化已经从人造资本是经济发展限制因素的时代，进入了剩余的自然资本是限制因素的时代，揭示了可持续发展的时代特征，建立了由"空的世界"到"满的世界"转变的理论模型，这就是"作为生态系统的开放子系统的经济"模型[2]。在这一模型中，所有的经济系统都是有限的自然生态系统（环境）的一个子系统，必须受到生态环境系统的约束。经济系统的运行须臾离不开环境系统的支持，两者之间一直进行着错综复杂的物质和能量交换，但是传统经济学却把经济系统看成一个独立于生态环境以外的封闭系统，很少甚至没有考虑环境因素的影响与作用，只在孤立的经济体系内寻求解释经济增长的最佳答案。

由于人类的经济活动总是在环境中进行的，经济系统应作为更大的但有限的而且是非增长的生态环境系统的一部分。增长理论却假定环境资源是无穷尽的，环境吸纳废弃物的能力也是无穷尽的，环境系统根据个人支付意愿原则为经济系统提供生产所需的物质与能量。因而，经济不依赖物质的环境，仅依赖于不断流动的货币收入，而货币收入在理论上可以无穷大。经济学家承认普遍稀缺原理，但他们认为世界相对人类行动的范围而言足够大，因此，在有限环境中经济增长的后果是不可能发生的。技术进步的速率将超过资源和环境净化能力衰竭的速率，世界经济在所能预见的将来，能够持续增长而不会发生任何灾难。因此，在现代经济增长理论中，规模生产函数一般不考虑自然和自然资源。

热力学第二定律告诉我们：能量是不可能回收利用的，所有的能量都将转化为废热。同样，物质100%的回收利用也是不可能的，在每一次循环中，总有一些物质不可避免地损失掉，因此，美国著名资源经济学家乔治斯库-罗根认为，经济过程仅仅是把有价值的自然资源（低熵）转化为废弃物（高熵）。从熵的角度来说，任何生物的或者经济的行为，其成本总是高于产出，即导致"赤字"[3]。从目前经济发展对资源开发利用的趋势看，我们留给后代的可能不只是高成本开采的自然资源，而是整个资源环境系统的破坏乃至坍塌。因此，资源环境的问题不只是"经济发展的成本"问题。自然资源被开发利用，数量不断减少，进而经济系统所处的自然环境系统变得脆弱，从而动摇了整个经济增长、发展的基础。

第三，增长理论未全面认识到经济增长的成本与代价，在其理论指导下建立起来的国民经济核算体系也存在重大缺陷。从增长理论中可以看出，经济增长的最终目标是实现产出的长期增长。对经济增长的研究暗含以下假定：产出就是收益，生产除了消耗投

---

[1] 戴利 H E. 2001. 超越增长：可持续发展的经济学[M]. 诸大建，胡圣，等译. 上海：上海译文出版社：37-38.
[2] 戴利 H E. 2001. 超越增长：可持续发展的经济学[M]. 诸大建，胡圣，等译. 上海：上海译文出版社：67-68.
[3] 乔治斯库-罗根 N. 2001. 熵定律和经济问题[M]//戴利 H E，汤森 K N. 珍惜地球：经济学、生态学、伦理学. 马杰，钟斌，朱又红，译. 北京：商务印书馆：92-93.

入的要素外，不付出任何代价。这个假定前提是脱离实际的，因为产出不一定是有益的，有些产出甚至可能有害；影响经济增长的各个要素既能带来物质财富的增加，也会产生一些负面效应，如浪费资源、破坏生态环境、造成人为灾害、放大自然灾害的效应等，所有这些都应被看作人们追求经济增长的代价。现行国民经济核算方法（支出法、生产法、收入法）计算统计的 GDP，在很大程度上与经济社会可持续发展的理念不符。如表 1-1 所示，2001~2020 年世界范围内由于自然灾害带来的经济损失高达 25 585.98 亿美元，年均损失 1279.30 亿美元。据美国国家海洋和大气管理局统计，2021 年美国经历了 20 起造成损失超过 10 亿美元的重大气候相关灾害事件，共造成了 1450 亿美元的损失。《中国绿色国民经济核算研究报告 2004》显示，2004 年中国环境退化成本（因环境污染造成的经济损失）为 5118 亿元，占 GDP 总量的 3.05%。

表 1-1 自然灾害带来的经济损失（单位：亿美元）

年份	经济损失	年份	经济损失
2001	270.74	2011	3640.95
2002	520.78	2012	1567.01
2003	698.39	2013	1205.99
2004	1363.78	2014	982.01
2005	2152.05	2015	835.38
2006	331.05	2016	1472.78
2007	744.20	2017	3260.83
2008	1908.49	2018	1305.92
2009	467.76	2019	1297.65
2010	1321.94	2020	238.28

资料来源：灾害流行病学研究中心

持增长价值怀疑论的代表经济学家 E. J. 米香（E. J. Mishan）指出，"由于人类认识的有限性、技术进步的相对性等多种因素，任何形式的经济发展都需要付出一定的代价"[1]。经济增长理论忽视影响经济增长的负面影响，以及由此引起的经济增长的代价，对经济发展成本缺乏全面认识，这一缺陷反映在现行国民经济核算体系中，就表现为只核算产出部分，不考虑经济发展的成本与代价。GDP 强调的是最终数量，难以直接体现经济结构差异。不同的经济结构可以有相同的 GDP 水平，规模领先的 GDP 水平也可能建立在极为落后的经济结构基础上，进而扭曲了经济增长与经济发展的关系。即有经济增长但无经济发展，有量的扩张但无质的结构升级，有要素投入量增长的支撑，但无要素和全要素效率的提升。[2] 代表一个国家或一个地区产出总水平的指标 GNP 或 GDP 既没有真实反映环境污染所带来的损失，也没有考虑自然资源存量的消耗与折旧及环境退化的损失费用和生态平衡被破坏而带来的损失。

---

[1] Mishan E J. 1967. The Costs of Economic Growth[M]. London: Staples Press.
[2] 刘伟. 2018. GDP 与发展观——从改革开放以来对 GDP 的认识看发展观的变化[J]. 经济科学, (2): 5-15.

■ 专栏1-2 戴利的"稳态经济"理论

戴利对"稳态经济"的定义为"通过保持较低的吞吐量,将人口和物质财富(人造物)的恒定存量维持在某个特定的、可取的水平上"[1]。在"稳态经济"中,尽管总流量在竞争性使用中的配置可根据市场自由变化,但它的总量是恒定的。因此,稳定状态的经济能够发展,却不能增长,就像行星地球——经济是它的一个子系统——能在没有增长的状态下得以发展一样。[2]

具体来说,"稳态经济"需要满足三点要求。第一,持衡的人口数量。第二,持衡的人造资本数量。第三,人口数量和人造资本的持衡水平足以保证人们的较好的生活可延续。在戴利看来,人类的经济系统是通过利用资源/能量流量形成人造资本存量,最终向人类提供服务来满足其需要的系统。我们利用世界满足我们需求的效率有赖于两件事情:从每单位人造资本中,我们所有能获得的服务量;获得人造资本我们每单位自然资本的代价是多少。这一总的生态经济效率可以用下面的比率来表示:

$$\frac{\text{所获得的MNK服务}}{\text{所牺牲的NK服务}}$$

式中,MNK表示人造资本,NK表示自然资本。这个效率比率可以展开成以下四个部分:

$$\frac{\text{所获得的MNK服务}}{\text{所牺牲的NK服务}} = \frac{\text{所获得的MNK服务}}{\text{MNK存量}} \times \frac{\text{MNK存量}}{\text{流量}} \times \frac{\text{流量}}{\text{NK存量}} \times \frac{\text{NK存量}}{\text{所牺牲的NK服务}}$$
$$\quad\quad\quad\quad\quad\quad\quad\quad\quad\quad (1)\quad\quad\quad\quad (2)\quad\quad\quad (3)\quad\quad\quad\quad (4)$$

上面公式中的每一项都代表了可以由知识或技术投资的增长而提高的效率的某一个方面。比率(1)是人造资本存量的服务效率。在一个"宇宙飞船"里,增长是受限制的,并且所有的进步都必须来自效率的提高,因此不能忽视通过重新分配提高效率的可能。比率(2)反映的是人造资本存量的维持效率或耐用性,作为人造资本存量的每单位资源流量的"停留时间"。比率越低意味着耗损和污染越少。比率(3)是在作为流量的消费量增值时,自然资本的增长效率,基本上是由生态系统中种群的固有生物增长率决定的。比率(4)可以被称为生态系统服务效率,它反映了当一个种群或生态系统作为流量开发时其他生态系统服务损失的最低限度。"我们希望每一步都能从MNK增量中获得最多的服务,把由于NK耗损而造成的生态系统服务损失降至最低。但是某些时候,即使实施得很有效,从NK到MNK的转变过程本身也会受到经济限制,超过经济子系统的最佳规模的进一步扩张将使成本超过收益。最佳规模是由边际成本等于收益的经济标准来定义的。由于人类住所的扩大,生态系统的压力增加了,生态系统服务总是最先牺牲,这也就是说比率(4)被忽视了。"[3]自然界是一个有限的生态环境系统,它并没有一个完善的再生过程,无论未来科学技术进步可以怎样应用于物质能量的转化,也不能支持人口和经济的无限增长。所以,"稳态"要求保持人口和人造资本存量零增长,零增长并不是静态的而是动态的,主要通过没有数量增加的质量

---

[1] 戴利 H E. 2020. 稳态经济新论[M]. 季曦, 骆臻, 译. 北京: 中国人民大学出版社: 22.
[2] 戴利 H E. 2001. 超越增长: 可持续发展的经济学[M]. 诸大建, 胡圣, 等译. 上海: 上海译文出版社: 43-44.
[3] 戴利 H E. 2001. 超越增长: 可持续发展的经济学[M]. 诸大建, 胡圣, 等译. 上海: 上海译文出版社: 124.

改进来实现。

经济系统只是整个自然生态系统的一个开放的子系统,而自然生态系统是有限的、封闭的、非增长和再生的,经济的增长不会无限度地持续下去。因此,"稳态经济的实质是提倡可持续发展——超越增长的发展"。

资料来源:戴利 H E. 2001. 超越增长:可持续发展的经济学[M]. 诸大建,胡圣,等译. 上海:上海译文出版社.

1.1.2 马克思主义理论中的资源和环境经济思想

1. 马克思主义理论中的资源经济思想

1)自然资源稀缺性及节约利用的思想

马克思主义思想强调了自然资源在人类社会生存和发展过程中的重要作用。马克思指出:"自然界一方面在这样的意义上给劳动提供生活资料,即没有劳动加工的对象,劳动就不能存在,另一方面,也在更狭隘的意义上提供生活资料,即维持工人本身的肉体生存的手段。"[①]马克思认为,自然界中的阳光、空气、河流、湖泊、海洋、土壤等都具有某种使用价值。[②]在社会生产中"形成产品的原始要素,从而也就是形成资本物质成分的要素,即人和自然,是携手并进的"[③]。马克思认为资源的稀缺性是以资本主义社会化大生产为条件的,因此指出"资本主义生产使它汇集在各大中心的城市人口越来越占优势,这样一来,它一方面聚集着社会的历史动力,另一方面又破坏着人和土地之间的物质变换,也就是使人以衣食形式消费掉的土地的组成部分不能回归土地,从而破坏土地持久肥力的永恒的自然条件"[④]。由此可见,马克思不仅认识到自然资源的稀缺性问题,而且极具洞察力地分析了造成自然资源稀缺的原因不仅在于自然本身的有限性,更是在于资本主义的工业化大生产。

究竟如何才能实现资源节约,马克思在《资本论》中对资本主义生产过程中废料的循环利用进行了系统的阐述。在马克思看来,充分利用废弃物参与经济循环,既能节约生产,又能提高经济效益。他指出:"由于大规模社会劳动所产生的废料数量很大,这些废料本身才重新成为贸易的对象,从而成为新的生产要素。……这种废料——撇开它作为新的生产要素所起的作用——会按照它可以重新出售的程度降低原料的费用,因为正常范围内的废料,即原料加工时平均必然损失的数量,总是要算在原料的费用中。……在可变资本的量已定,剩余价值率已定时,不变资本这一部分的费用的减少,会相应地提高利润率。"[⑤]

2)自然资源的使用价值及虚拟价格的思想

马克思从价值角度分析自然资源时认为,自然资源作为生产要素不以商品形式进入生产过程,本身没有价值,不转移旧价值,也不形成新价值。他指出:"一个物可以是使

[①] 中共中央马克思恩格斯列宁斯大林著作编译局. 2009. 马克思恩格斯文集[M]. 第1卷. 北京:人民出版社: 158.
[②] 中共中央马克思恩格斯列宁斯大林著作编译局. 2009. 马克思恩格斯文集[M]. 第5卷. 北京:人民出版社: 54.
[③] 中共中央马克思恩格斯列宁斯大林著作编译局. 2009. 马克思恩格斯文集[M]. 第5卷. 北京:人民出版社: 696.
[④] 中共中央马克思恩格斯列宁斯大林著作编译局. 2009. 马克思恩格斯文集[M]. 第5卷. 北京:人民出版社: 579.
[⑤] 中共中央马克思恩格斯列宁斯大林著作编译局. 2009. 马克思恩格斯文集[M]. 第7卷. 北京:人民出版社: 94.

用价值而不是价值。……在这个物并不是由于劳动而对人有用的情况下就是这样。……例如，空气、处女地、天然草地、野生林等等。"[1]马克思在《资本论》中，以土地这种自然资源为例提出了虚拟价格形式的概念，认为"没有价值的东西在形式上可以具有价格。……在这里，价格表现是虚幻的，就像数学中的某些数量一样。……另一方面，虚幻的价格形式——如未开垦的土地的价格，这种土地没有价值，因为没有人类劳动对象化在里面——又能掩盖实在的价值关系或由此派生的关系"[2]。他认为"地租是土地所有权在经济上借以实现即增殖价值的形式"[3]，资本主义地租就是农业资本家为获取土地的使用权而交给土地所有者的超过平均利润的那部分价值。在资本主义社会里，土地所有者凭借土地所有权不仅可以通过出租土地获得地租，而且还可以通过出卖土地获得高额的土地价格，此时土地具有价格。马克思说："土地的购买价格，是按年收益若干倍来计算的，这不过是地租资本化的另一种表现。……实际上，这个购买价格不是土地的购买价格，而是土地所提供的地租的购买价格，它是按普通利息率计算的。"[4]这就是说，土地价格是以已经存在的地租为前提，按利息率推算出的一个价格，那么土地价格的确定与虚拟资本的定价方式是完全一样的，也是一种预期收入的资本化。因此，在基于土地所有权之上对土地进行买卖而形成的土地价格体现出了虚拟的特征。马克思将这一思想运用到其他自然资源的价格问题分析上，指出："瀑布和土地一样，和一切自然力一样，没有价值……在没有价值的地方，也就没有什么东西可以用货币来表现。……这种价格不外是资本化的地租。"[5]根据马克思的分析，他认为资源的价格是资本化的地租，是资源所有权在经济上的实现。

2. 马克思主义理论的环境经济思想

1）自然生态环境是内在要素的经济思想

马克思认为自然生态环境是社会经济发展的自然形式与自然基础。这一结论基于以下五点认识。一是自然界是人类劳动的自然基础与先决条件。二是在社会生产和经济发展中的社会分工与协作都存在着自然基础。并且不同的自然基础形成不同生态经济结构。"资本的祖国不是草木繁茂的热带，而是温带。……不是土壤的绝对肥力，而是它的差异性和它的自然产品的多样性，形成社会分工的自然基础，并且通过人所处的自然环境的变化，促使他们自己的需要、能力、劳动资料和劳动方式趋于多样化。"[6]由于自然界的各种自然物质不同，人类劳动的劳动资料和劳动方式也不同，从而形成不同的生产力结构特点，最终形成不同的生态经济结构。三是人类生存和发展的生活方式也存在着一个自然基础。马克思认为人类生存与发展的自然需要受自然生态环境的直接影响，是推动社会经济发展的强大动力。马克思指出："自然界，就它自身不是人的身体而言，是人的无机的身体。……人靠自然界生活。""人的肉体生活和精神生活同自然界相联系，不外

---

[1] 中共中央马克思恩格斯列宁斯大林著作编译局. 2009. 马克思恩格斯文集[M]. 第5卷. 北京：人民出版社: 54.
[2] 中共中央马克思恩格斯列宁斯大林著作编译局. 2009. 马克思恩格斯文集[M]. 第5卷. 北京：人民出版社: 123.
[3] 马克思. 2004. 资本论[M]. 第3卷. 中共中央马克思恩格斯列宁斯大林著作编译局, 译. 北京：人民出版社: 698.
[4] 马克思. 2004. 资本论[M]. 第3卷. 中共中央马克思恩格斯列宁斯大林著作编译局, 译. 北京：人民出版社: 703.
[5] 中共中央马克思恩格斯列宁斯大林著作编译局. 2009. 马克思恩格斯文集[M]. 第7卷. 北京：人民出版社: 729.
[6] 中共中央马克思恩格斯列宁斯大林著作编译局. 2009. 马克思恩格斯文集[M]. 第5卷. 北京：人民出版社: 587.

是说自然界同自身相联系，因为人是自然界的一部分。"①四是马克思在分析资本主义生产过程和价值形成过程的统一时，他着重分析了价值形成与增殖的自然基础。在价值形成与增殖的过程中，作为劳动过程的几个要素都存在着自然生态环境条件与界限的制约。马克思认为"良好的自然条件始终只提供剩余劳动的可能性"，从而只提供剩余价值或剩余产品的可能性，因此，"这些自然条件只作为自然界限对剩余劳动发生影响"②。五是马克思在《资本论》中还分析劳动力的生产和使用的自然条件与界限，都有一个自然基础。马克思说："人本身单纯作为劳动力的存在来看，也是自然对象，是物，不过是活的有意识的物，而劳动本身则是这种力的物质表现"③。马克思着重分析了劳动力使用的自然基础。劳动力的使用必然要受到自然生态各种的制约。

自然生态环境是人类社会物质生产劳动活动的内在要素，表现在以下三点。其一，自然生态环境是劳动本身的要素，是物质财富的源泉。马克思认为任何经济社会形态的存在与发展，都要以自然界作为它的自然基础。其二，自然生态环境是人类物质生产实践活动的内在要素。马克思是把生态环境作为人类社会的经济实践活动的构成要素，即使自然生态环境具有人类社会物质生产实践活动内部要素的意义。马克思把人类的劳动过程的一切因素归纳为三个基本要素："有目的的活动或劳动本身，劳动对象和劳动资料。"④而这些简单要素都包含着自然因素。其三，科学的进步及其在社会生产中的应用使各种自然资源与自然环境会以更大的规模和更高的效能进入生产过程，成为劳动的社会生产力运行与发展的重要因素。马克思认为，到了资本主义大工业时代，才"把科学作为一种独立的生产能力"⑤，并非常明确地指出"只有资本主义生产才第一次把物质生产过程变成科学在生产中的应用"⑥，大工业生产"第一次使自然力，即风、水、蒸汽、电大规模地从属于直接的生产过程，使自然力变成社会劳动的因素"⑦，"变成社会劳动的力量"⑧必然会大大提高劳动的社会生产力。

2）资本主义私有制是生态环境恶化的根本原因

马克思、恩格斯从资本主义制度的本质特征揭示了生态环境问题产生的根本原因是资本主义私有制下对利润的无度追求和对资源的无节制攫取。他们指出，在资本主义社会，"文明和产业的整个发展，对森林的破坏从来就起很大的作用，对比之下，对森林的养护和生产，简直不起作用"⑨，"资本主义农业的任何进步，都不仅是掠夺劳动者的技巧的进步，而且是掠夺土地肥力持久源泉的进步，在一定时期内提高土地肥力的任何进步，同时也是破坏土地肥力持久源泉的进步"⑩。资本主义国家如果不改变当前的生产方

---

① 中共中央马克思恩格斯列宁斯大林著作编译局. 2009. 马克思恩格斯文集[M]. 第1卷. 北京: 人民出版社: 161.
② 中共中央马克思恩格斯列宁斯大林著作编译局. 2009. 马克思恩格斯文集[M]. 第5卷. 北京: 人民出版社: 588.
③ 中共中央马克思恩格斯列宁斯大林著作编译局. 2009. 马克思恩格斯文集[M]. 第5卷. 北京: 人民出版社: 235.
④ 中共中央马克思恩格斯列宁斯大林著作编译局. 2009. 马克思恩格斯文集[M]. 第5卷. 北京: 人民出版社: 208.
⑤ 中共中央马克思恩格斯列宁斯大林著作编译局. 2009. 马克思恩格斯文集[M]. 第5卷. 北京: 人民出版社: 418.
⑥ 中共中央马克思恩格斯列宁斯大林著作编译局. 2009. 马克思恩格斯文集[M]. 第8卷. 北京: 人民出版社: 363.
⑦ 中共中央马克思恩格斯列宁斯大林著作编译局. 2009. 马克思恩格斯文集[M]. 第8卷. 北京: 人民出版社: 279.
⑧ 中共中央马克思恩格斯列宁斯大林著作编译局. 2009. 马克思恩格斯文集[M]. 第8卷. 北京: 人民出版社: 280.
⑨ 中共中央马克思恩格斯列宁斯大林著作编译局. 2009. 马克思恩格斯文集[M]. 第6卷. 北京: 人民出版社: 272.
⑩ 中共中央马克思恩格斯列宁斯大林著作编译局. 2009. 马克思恩格斯文集[M]. 第5卷. 北京: 人民出版社: 579-580.

式,"不以伟大的自然规律为依据的人类计划,只会带来灾难"[①]。马克思指出从根本上要彻底推动社会制度的变革,只有选择适合人与自然和谐发展的生产方式和发展制度,只有"对我们的直到目前为止的生产方式,以及同这种生产方式一起对我们现今的整个社会制度实行完全的变革"[②]。马克思深刻地揭露了资本主义社会生态恶化的现实及其造成的社会危害,阐发了资源环境经济思想的真谛。

马克思的资源环境经济思想,对于生态伦理学、西方马克思主义、生态学马克思主义的研究具有重要意义,同时也为国内外学者从不同的角度努力挖掘东西方传统的生态文化,为马克思主义生态哲学的构建提供了有益的思想资源。

1.2 现代人口、资源与环境经济理论的演进

1.2.1 人口经济问题的研究

在人口、资源与环境经济学体系中,人口与经济相互关系问题最早被关注,学说史中有较为丰富的人口经济思想。随着经济的不断发展,人口经济问题变得更加重要,人口经济学逐渐从人口学和经济学的交叉融合中独立出来,形成一门独立学科。

20世纪30年代末到40年代是人口经济学的创建时期。1939年英国经济学家W.布赖恩·雷德韦出版的《一种缩减人口的经济学》一书,对人口增长率下降所产生的经济效果进行了分析,首次提出了人口经济学的命题。1943年穆克琪出版的《人口政治经济学》,探讨了人口与经济福利的相互关系。1947年美国经济学家约瑟夫·J.斯彭格勒发表了《人口增长经济学概论》一文,也正式使用了人口经济学的命题,并论述了人口经济学的内容梗概。

20世纪50年代以后,人口经济理论进一步深化,许多经济学家从宏观视角和微观视角研究人口和经济的关系,进一步拓展了人口经济学的研究内容。库兹涅茨在1952年撰写的《人口增长及有关经济变量的长期波动》一文创立了人口增长与经济增长长波理论。20世纪60年代,西奥多·W.舒尔茨创立的人力资本理论是人口经济学发展史上的又一个里程碑。他认为,人力资本的提高对经济增长的贡献远比物资资本、劳动力数量的增加重要。此外,以罗马俱乐部"增长的极限"为代表的悲观人口经济理论、以西蒙为代表的乐观人口经济理论,都标志着宏观人口经济理论的诞生。

20世纪70年代以后人口经济学研究内容不断深化和系统化,研究方法从定性分析向定量分析转变。1972年,斯彭格勒出版的《人口经济学》一书,全面系统地论述了人口经济学的概念和内容,使其成为较完整的理论体系。1977年,西蒙的《人口增长经济学》一书,阐述了人口经济学的理论与方法,并对发达国家和发展中国家人口与经济诸方面关系,如人口与工农业发展、国民收入、自然资源之间的关系进行了讨论,使人口经济学理论进一步系统化。这一时期,随着电子计算机技术和数学理论的发展,许多经济学家运用多元分析方法建立各种人口经济模型,使人口经济学的研究方法从定性

---

① 中共中央马克思恩格斯列宁斯大林著作编译局. 1972. 马克思恩格斯全集[M]. 第31卷. 北京: 人民出版社: 251.
② 中共中央马克思恩格斯列宁斯大林著作编译局. 2009. 马克思恩格斯文集[M]. 第9卷. 北京: 人民出版社: 561.

分析向定量分析转变。例如，伊斯特林建立了生育率决定的供给-需求模型（1985），保罗·舒尔茨提出了经济因素是死亡率决定因素的理论分析模型（1985）等。人口经济学的研究领域不断拓展，涉及人口迁移、人口结构、人口数量、人口质量及人力资本等诸多方面，包括以卢卡斯、罗默为代表的人力资本理论与新经济增长理论，以诺斯、拉坦为代表的人口与制度变迁的理论，贝克尔从人力资本角度论述的人力资本、生育率和经济增长的理论，以及在传统推拉理论基础上对发展中国家人口流动展开分析的托达罗模式等。

人口经济学自 20 世纪三四十年代正式提出，经过几十年的发展，已经成为具有较为完整理论体系的、独立的边缘性社会科学。

现代中国对于人口经济学的研究始于 20 世纪 80 年代，张纯元主编的《人口经济学》（1983）是现代中国第一部人口经济学著作。此后，有关人口经济学的研究成果不断出现，如彭松建的《西方人口经济学概论》（1987），蒋正华的《中国家庭生育行为转变的经济学解释理论模型》（1993），于学军的《中国人口老化的经济学研究》（1995），田雪原的《人口、经济、环境的可持续发展》（1996），李竞能的《中国现阶段人口经济问题研究》（1999），刘家强的《人口经济学新论》（2004），李仲生的《人口经济学》（2006），李通屏的《人口经济学》（2008），周海旺的《人口、资源、环境经济学理论前沿》（2016）等。与西方人口经济学研究相比，我国学者的研究起步较晚，但发展较快，近些年针对我国人口变化新问题，涌现出许多新的研究成果。

1.2.2 资源与环境经济问题的研究

工业革命以来，生产力突飞猛进的发展在给人们带来巨大财富的同时，也逐渐产生了资源耗竭和环境污染问题。第二次工业革命开辟了人类电气化的新纪元，使全球的生产力得到了更加高速的发展，自然资源尤其是地下矿产资源得到大规模的开发利用，但同时也导致资源短缺、环境污染和生态破坏等问题进一步加剧。人们越来越重视资源环境问题研究，逐渐产生了两个新学科——资源经济学与环境经济学。

1924 年美国经济学家伊利和莫尔豪斯合著出版的《土地经济学原理》、1931 年哈罗德·霍特林出版的《可耗尽资源的经济学》被认为是资源经济学产生的标志。在中国，第一部土地经济学研究专著——《土地经济学》（章植）于 1930 年问世，随后张丕介的《土地经济学导论》（1944）、朱剑农的《土地经济学原理》（1946）等著作相继出版。这一阶段，国内外建立的资源经济学还限于单种资源（如土地）和单门类资源（如可耗竭性资源）的经济学。

20 世纪 50 年代以后，全球经济和社会发展进入了快速增长阶段，呈现出人口高增长、经济高增长、资源高消耗、生活高消费及城市化高速发展的特点，出现了全球性的资源耗竭和严重的环境问题。这一时期，人们开始对这种盲目追求经济增长的发展观进行反思，并提出了一些新的理论和思想，如 50 年代，美国一些科学家首次提出"资源科学"的概念；60 年代，日本经济学家都留重人提出"公害政治经济学理论"，科斯基于"社会成本问题"提出了科斯定理，美国博尔丁提出"宇宙飞船经济理论"，戴利则推荐穆勒的静态经济思想——"稳态经济"。此外，泰勒（G. Taylor）、米香等也对经济增长、人口、资源等问题进行了探讨，他们从价值判断的角度对经济增长的价值提出怀疑，罗马俱乐部则提出了"反增长"或"零增长"理论等。20世纪六七十年代出版了不少有影响的论著，如卡逊的《寂静的春天》(1962)、D.梅多斯的《增长的极限》(1972)，明茨的《自然资源的经济评价》(1972)，以58个国家的100多位科学界、政界、实业界的知名人士为顾问以资源学家和经济学家为主编的《只有一个地球》(1972)，法国科学家论文集《全球2000年》(1972)、戈德史密斯的《生存的蓝图》(1972)，史密斯的《自然与环境资源经济学》(1979)等。这一时期，资源经济学进一步发展，关注和研究的重心主要是资源短缺或危机问题，与此同时，环境经济学也迅速发展，其研究从较为单纯的工程技术分析转向环境破坏和污染的系统经济学分析，并逐步建立了环境经济学理论体系、研究方法和环境经济手段的应用框架。环境经济学的研究与资源经济学的研究也逐渐走向交叉与融合。

20世纪80年代以来，可持续发展问题成为研究的核心。由于可持续发展涉及人口、资源、环境和发展四大问题，资源与环境经济学得到了前所未有的蓬勃发展。这期间，世界各国先后出版了一大批论著，如西蒙的《最后的资源》(1981)、丹尼尔的《自然资源经济学》(1986)、朱迪·丽丝的《自然资源分配、经济学与政策》(2002)、罗杰·珀曼的《自然资源与环境经济学》(2002)、汤姆·蒂坦伯格的《环境与自然资源经济学》(2003)、托马斯·思德纳的《环境与自然资源管理的政策工具》(2005)。在此期间，不少国家的大学纷纷增设资源经济学学科和增开资源经济学课程。

中国开展大规模的资源经济研究始于20世纪50年代。为了适应国民经济发展的需要，各个部门都开展了大规模的资源调查、评价、区划和开发利用规划及资源保证程度分析等研究工作。这些基础性工作所取得的大量成果，为我国资源经济学的研究、产生和发展奠定了坚实的基础。改革开放以来，我国的资源经济研究和资源经济学科的发展更取得了前所未有的进展。许多高等院校竞相建立了资源环境学院(系)，资源经济或资源与环境经济研究机构更是如雨后春笋般地涌现，一大批资源经济和生态、环境经济方面的论著相继出版，如许涤新的《生态经济学探索》(1985)、甘泽广的《环境经济学概论》(1987)、李金昌等的《资源经济新论》(1995)、厉以宁的《环境经济学》(1995)、刘文等的《资源价格》(1996)、张帆的《环境与自然资源经济学》(1998)、马中的《环境与资源经济学概论》(1999)、朱启贵的《可持续发展评估》(1999)、王松霈的《生态经济学》(2000)、严茂超的《生态经济学新论》(2001)、鲁传一的《资源与环境经济学》(2004)、王克强的《资源与环境经济学》(2015)、石敏俊的《资源与环境经济学》(2021)等，以及一批单种资源或部门资源经济学，如廖士义的《林业经济学导论》(1987)、周诚的《土地经济学》(1989)、贾芝锡的《矿产资源经济学》(1992)、万建中的《农业自然资源经济学》(1992)、朱永峰的《矿产资源经济学》(2000)、贾绍凤的《水资源经济学》(2006)、陈昭玖的《新能源经济学》(2015)等。

1.2.3 生态经济问题与循环经济研究

生态经济问题研究是在工业革命以来出现的人类与自然、生态与经济的不协调现象，以及全球性的生态问题日益突出的背景之下产生的。20世纪20年代中期，美国科学家麦肯齐首次运用生态学概念对人类群落和社会予以研究，提出了经济生态学的名词。第二次世界大战后一系列社会公害事件不断恶化，越来越多的经济学家意识到传统经济学的局限性。1962年美国生物学家卡逊的《寂静的春天》一书第一次揭示了近代工业带来的环境污染对自然生态系统的巨大破坏，引起广泛关注，促使人们开始思考近代工业对自然生态的影响。而后，经济学和生态学交叉发展，各种论述生态经济问题的著作相继问世，如《污染经济学》《环境经济学》《资源经济学》等。1968年，美国经济学家肯尼斯·博尔丁在《一门新兴科学：生态经济学》一文中首次正式提出"生态经济学"的概念，明确阐述了生态经济学的研究对象，并对人口控制、资源利用、环境污染及国民经济与福利核算等问题做了有创见性的研究，并在随后提出了"宇宙飞船经济理论"。其简要含义是：人类赖以生存的最大生态系统就是地球，而地球只不过是太空中的一艘小小的宇宙飞船。人口和经济的不断增长，最终将使这艘小小的飞船内有限的资源被开发完毕，到那时，整个人类社会就会崩溃，因此必须建立"循环式经济"以代替传统的"单程式经济"。博尔丁的理论思想标志着生态经济学作为一门独立的学科真正形成。

20世纪六七十年代，人类社会面临着很多经济发展与生态环境方面的严重问题。这一时期，世界范围内涌现出了大批关于全球资源、环境与发展方面的论著，同时经济发展与生态环境方面的问题还引起了全球范围内的大辩论。在这场大辩论中，西方的经济学家、社会学家、环境学家和生态学家都广泛参与进来，对人类与自然，以及对世界和人类社会的未来做出了各种论述与预测。后来的学者将他们划分为三个学派：悲观派、乐观派和中间派。悲观派以"罗马俱乐部"为主要代表，其主要观点是：经济和人口的增长是生态环境恶化的主要原因，如不立即采取全球性的措施来制止或减缓人口和经济增长速度，人类社会的增长将在100年内的某一个时刻达到极限，此后人类社会便会陷入崩溃，因此他们主张限制增长。乐观派以美国未来研究所所长卡恩为代表，其主要观点是：人类正处于从贫困的过去过渡到富裕而有潜力的未来的400年"伟大转变"的中期，这个过渡只有在经济不断增长的情况下才能实现，因此他主张必须保持经济持续增长的势头。中间派以柯尼什的《环境经济学》和阿尔温·托夫勒的《未来的震荡》《第三次浪潮》为主要代表，其观点介于以上两者之间，既不悲观也不乐观，而是现实地对待和分析人类面临的问题，认为人类只要清醒地认识存在的问题，采取谨慎而坚决的行动，就一定有希望。

我国生态经济学的提出和建立始于1980年。1980年8月，我国经济学家许涤新最先提出了进行生态经济研究和建立生态经济学科的建议。同年9月，以许涤新为代表的经济学家和以马世骏为代表的生态学家，发起并召开了第一次生态经济座谈会，会议明确提出了在我国创建生态经济学的任务和需要研究的一些重大课题。1982年11月，由许涤新倡议，中国社会科学院联合城乡建设环境保护部、中国生态学学会和中国人与生物圈国家委员会，在江西省南昌市共同举办了"全国第一次生态经济讨论会"。1984年2月，中国生态经济学学会正式成立。1985年，中国生态经济学学会和云南省生态经济学会联合主办的《生态经济》正式创刊，这是世界上第一份公开发行的生态经济学术刊物。此后国内学者相继出版专著，如许涤新的《生态经济学探索》(1985)、马传栋的《生态经济学》(1986)、王松霈的《生态经济学》(2000)、陈德昌的《生态经济学》(2003)、唐建荣的《生态经济学》(2005)、沈满洪的《生态经济学》(2008)、傅国华的《生态经济学》(2014)、李周的《生态经济学》(2015)等。生态经济学在国内的发展逐渐多元化，外延不断丰富，不仅强调短期的经济效益，而且重视长远的生态效益及资源配置和自然环境的代际公平性，其研究具有长远的战略意义。

循环经济思想萌芽于博尔丁的"宇宙飞船经济理论"，其概念最早由戴维·皮尔斯和图奈[1]提出。国外对于循环经济理论层面的研究主要经历了三个阶段。第一阶段是循环经济思想萌发阶段（20世纪60年代至80年代中期），代表作有：博尔丁的《类宇宙飞船的地球经济学》(1966)、巴里·康芒纳的《封闭的循环：自然、人和技术》(1974)。第二阶段是概念正式提出阶段（20世纪80年代后期至90年代后期），主要成果有：1989年罗伯特·艾斯提出产业代谢（industrial metabolism）概念；1990年，皮尔斯、图奈（R. K. Turner）第一次使用循环经济术语；1992年，日本植田和弘提出建立"回收再利用社会"的构想。第三阶段是循环经济发展阶段（2000年以后），代表作有：吉田文和的《日本的循环经济》(2008)、杰里米·里夫金的《第三次工业革命》(2011)、保罗·麦基里的《制造和创新：第三次工业革命》(2012)。可以看到国外尚没有循环经济专著；皮尔斯仅在《自然资源和环境经济学》第二章讨论了循环经济，且主要是从资源管理的角度讨论物质循环的；国外高等教育中也未见循环经济的学科设置。从1998年起，国内关于循环经济的研究蓬勃发展，目前国内的循环经济理论研究逐步扩展到经济社会生活的各个方面，学者相继出版著作，如张坤的《循环经济理论与实践》(2003)、毛如柏的《论循环经济》(2003)、冯之浚的《循环经济导论》(2004)、周宏春和刘燕华的《循环经济学》(2005)、单胜道的《循环经济学》(2005)、王军的《循环经济的理论与研究方法》(2007)、杨雪峰的《循环经济学》(2009)、黄贤金的《循环经济学》(2010)、马歆和郭福利的《循环经济理论与实践》(2018)、王岩的《循环经济的经济学理论基础研究》(2019)等。还有一部分学者在研究各个产业的循环经济发展模式及循环经济同各产业及部门协同演化方面也取得了成果，如朱明峰的《循环经济与资源型城市发展研究》(2005)、周宏大的《产业循环经济》(2006)、郑健壮的《产业集群、循环经济与可持续发展》(2009)、段新芳的《中国林业循环经济发展研究》(2016)等。

1.2.4 灾害经济问题研究

西方灾害经济问题的研究始于20世纪50年代，一些学者的研究发现[2]，最早研究自然灾害经济影响的是Brannen[3]。20世纪发生了两次世界大战，因此关于人为灾害的经济学研究，特别是战争灾害的研究则更早一些。在文献中较早使用"灾害经济学"一词的

---

[1] Pearce D W, Turner R K. 1990. Economics of Natural Resources and the Environment[M]. New York: Harvester Wheatsheaf.

[2] 张显东, 梅广清. 1998. 西方灾害经济学研究的历史回顾[J]. 灾害学, (4): 81-87.

[3] Brannen T R. 1954. Economics aspects of the Waco, Texas Disater of May 11, 1953[J]. Research Report of Department of Sociology, University of Texas, 2: 1-40.

是 Kunreuther 和 Fiore[①]。1984 年美国佛罗里达大学召开过一次自然灾害及减灾的经济学学术会议（Conference on the Economics of Natural Hazards and Their Mitigation）。通过近些年的研究，灾害与经济发展相互影响的大多数方面都已有文献论及，研究方法也在不断地更新和发展之中。

西方灾害经济学的研究主要包括以下几方面。第一，灾害对经济系统的影响，主要研究灾害对生产投入要素（土地、劳动力、资本、能源及其他物质因素）的影响及其间接后果，包括对国民经济系统的影响、区域经济的影响及工业部门受灾的分析，涉及灾害发生后经济系统恢复的必要条件研究、灾后经济运行状况的评估、各类不同的灾后政策效果的分析、各类不同的灾前预防措施效果的研究等。第二，建立各种经济学模型进行灾害经济分析。较为常用的模型分析有投入产出与线性规划相结合的模型、投入产出与生产函数相结合的模型、一般均衡模型、系统动力学模型、社会核算矩阵模型等。第三，减灾防灾的制度分析。包括政治、社会、经济各方面的制度，其中经济制度主要包括货币制度、财政制度、经济组织等。这涉及政府在灾后经济恢复中的作用及灾后加速经济发展的政策，灾后紧急阶段实行什么样的货币政策，灾后税收政策的调整及灾害损失补偿等问题研究。

总的来讲，西方灾害经济学研究具有三个特点。其一是研究范围的广泛性。灾害经济学的研究涉及宏观经济学、微观经济学、区域经济学、数理经济学、产业经济学、福利经济学等领域。其二是研究方法的演进性。由于灾害经济学是一门应用经济学科，经济学方法的不断创新必然导致灾害经济学研究方法的更替，每次方法的更新都导致了对灾害经济行为理解的深入。其三是研究问题的实用性。西方灾害经济学的研究大部分是针对可能发生的灾害，通过研究常提出一些可操作性的建议，为减灾管理提供帮助。

值得提出的是，1998 年度诺贝尔经济学奖获得者阿马蒂亚·森用交换权利（exchange entitlement）理论对发展中国家灾荒问题的成因与对策进行了深入细致的研究。在不否定粮食匮乏会触发饥荒的前提下，他认为引起饥荒的决定因素是由于各种制度缺陷而导致的一些社会经济群体丧失了获得食品的"权利"。因此，森认为，当灾荒发生时，不能只是发放救济食品、迁徙灾民，更应该采取特殊的政策来使灾民取得他们期望得到食品的权利。他的专著《贫困与饥荒：论权利与剥夺》（Poverty and Famines: An Essay Entitlement and Deprivation）可称得上是西方灾害经济实证研究的开篇巨著。

中国灾害经济的研究始于 20 世纪 80 年代，经济学家于光远先生是中国灾害经济学研究的首倡者，他最先提出建立灾害经济学的观点，并发表了多篇论及灾害经济问题的文章，为灾害经济问题的研究奠定了理论基础。1985 年 9 月 25 日，于光远在北京主持召开了中国第一次灾害经济学座谈会，明确提出要建立灾害经济学。1987 年 5 月，第一次全国性的灾害经济学学术讨论会在北京召开。1986 年 8 月，全国第一家专门研究灾害问题的科学季刊《灾害学》杂志在西安创办，之后许多学者进一步探讨了灾害经济学的

---

① Kunreuther H, Fiore E. 1966. The Alaskan Earthquake: A Case Study in the Economics of Disaster[M]. Washington D. C.: Institute for Defense Analyses, Economic and Political Studies Division.

学科性质与研究的重要课题。灾害经济方面的研究成果不断出现，如杜一的《灾害与灾害经济》（1988）、马宗晋等的《灾害与社会》（1990）、申曙光的《灾害生态经济研究》（1992）等。郑功成教授于1998年出版了国内第一本《灾害经济学》专著，系统阐述了灾害经济学研究的基本规律和基本原理，标志着灾害经济的研究进入了新的发展阶段。此后，灾害经济问题的研究成果不断增多，如张晓等的《中国水旱灾害的经济学分析》（2000）、陈文科的《农业灾害经济学原理》（2000）、谢永刚的《水灾害经济学》（2003）、何爱平的《区域灾害经济研究》（2006）、唐彦东的《灾害经济学》（2011）、何爱平等的《中国灾害经济研究报告》（2017）、许闲的《中国自然灾害经济学研究》（2018）等。同时，一批灾害经济方面的学术论文涌现，在灾害的社会经济特征、灾害的成因、灾害经济损失评估、灾害的应对体系等领域取得了重要的成果。

1.2.5 可持续发展与绿色经济、低碳经济

现代可持续发展的思想产生的背景是人类赖以生存和发展的环境与资源遭到越来越严重的破坏，因此经济学家从各自不同的角度，对增长、发展、环境、资源与人口因素进行了理论的反思。并在20世纪六七十年代逐步形成了经济学的不同分支学科：人口经济学、资源与环境经济学、生态经济学、灾害经济学等。

在专家、学者积极研究与探索的同时，联合国及其相关组织也在全力以赴探讨发展与资源环境的关系问题。自1972年联合国在瑞典首都斯德哥尔摩举行的人类环境会议通过的《联合国人类环境会议宣言》首次迸发出了可持续发展思想的火花，以及1980年国际自然与自然资源保护联盟（1990年已更名为世界自然保护联盟）起草的《世界自然资源保护大纲》中首次提出了"可持续发展"与"持续性"的概念开始，可持续发展问题日益受到国际组织、各国政府和学术界的广泛关注。随着各类有关可持续发展的研究和实践不断深入，各国和各地区已达成共识，制订计划和采取对策，以推进可持续发展战略的实施。

在国际上，有关"可持续发展经济学"方面的著作主要有美国著名的生态经济学家、研究环境经济与可持续发展的专家戴利所著的《超越增长：可持续发展的经济学》（1996），他指出："可持续发展的整个理念就是经济子系统的增长规模绝对不能超出生态系统可以永久持续或支撑的容纳范围。"[①]国内有关"可持续发展经济学"方面的著作主要有贾华强的《可持续发展经济学导论》（1996）、潘家华的《可持续发展的经济学分析》（1997）、张坤民的《可持续发展论》（1997）、刘思华的《可持续发展经济学》（1997）、王文军的《可持续发展经济学》（1999）、洪银兴的《可持续发展经济学》（2000）、马传栋的《可持续发展经济学》（2002）、杨文进的《可持续发展经济学教程》（2005）、钟茂初的《可持续发展经济学》（2006）、杨志的《循环经济可持续发展的经济学基础》（2009）、陈东景的《可持续发展经济学》（2018）等。可持续发展经济学的产生与形成，是对传统经济学理论的一种突破与创新，标志着工业经济时代的传统经济学向知识经济与可持续发展经济时代的根本转变，具有划时代的革命意义。

---

① 戴利 H E. 2001. 超越增长：可持续发展的经济学[M]. 诸大建, 胡圣, 等译. 上海：上海译文出版社：38.

绿色经济的提出源于人们对经济与环境协调发展的思考,是可持续发展的延伸。1989年,英国环境经济学家皮尔斯等在《绿色经济蓝皮书》中首次提到"绿色经济"一词,主张从社会及其生态条件出发,建立一种"可承受的经济"。此后国外学者相继出版了关于绿色经济的一系列专著,如杰里米·沃福德的《经济政策改革的绿色化》(1997)、马里安·拉德茨基的《绿色神话:经济增长和环境质量》(2004)、莫莉·斯科特·卡托的《绿色经济学》(2009)、罗宾·哈内尔的《绿色经济学:面对生态危机》(2011)、马奈木·俊介的《绿色发展经济学》(2015)等。国内关于绿色经济的研究与可持续发展一脉相承,进入21世纪以来成果丰富,如刘思华的《绿色经济论经济发展理论变革与中国经济再造》(2001)、张春霞的《绿色经济发展研究》(2002)、邹进泰的《绿色经济》(2003)、张兵生的《绿色经济学探索》(2005)、鲁明中的《中国绿色经济研究》(2005)、张春霞的《绿色经济发展研究》(2008)、张叶的《绿色经济》(2010)、张哲强的《绿色经济与绿色发展》(2012)、张洪梅的《绿色经济发展机制与政策》(2017)、孟根龙的《绿色经济导论》(2019)等。

"低碳经济"的概念最早由英国政府在2003年能源白皮书《我们能源的未来:创建低碳经济》中提出,"低碳经济是通过更少的自然资源消耗和更少的环境污染,获得更多的经济产出;低碳经济是创造更高的生活标准和更好的生活质量的途径和机会,也为发展、应用和输出先进技术创造了机会,同时也能创造新的商机和更多的就业机会"。低碳经济发展模式提出后,各国纷纷响应。学术界围绕低碳经济的研究也不断地发展和丰富。国外著作有:爱德华·艾尔加的《低碳经济的创新:经济、制度和管理方法》(2008)、米勒的《低碳经济》(2009)。相对来说我国低碳经济研究成果较国外更加丰富,如张坤民的《低碳经济论》(2008)、孙桂娟的《低碳经济概论》(2010)、李克国的《低碳经济概论》(2011)、薛进军的《低碳经济学》(2011)、诸大建的《中国低碳经济》(2011)、周宏春的《低碳经济学低碳经济理论与发展路径》(2012)、王瑞的《碳排放、对外贸易与低碳经济发展研究》(2016)、李忠民的《低碳经济学》(2018)等。目前国内关于低碳经济的研究主要聚焦两点,一是关于碳排放权分配问题,二是关于我国低碳经济发展模式的途径和对策。

1.3 人口、资源与环境经济学概述

1.3.1 人口、资源与环境经济学学科提出及学科意义

1997年国务院学位委员会在调整研究生专业目录时,在理论经济学的一级学科下设立了人口、资源与环境经济学的二级学科,中国的人口、资源与环境经济学研究从此进入了蓬勃发展的新阶段。人口、资源与环境经济学专业自设立以来,在学科建设、基础理论、应用研究和人才培养等方面取得了长足的发展。高校和学术界对人口、资源与环境经济学的教学与研究蓬勃开展,人口、资源与环境经济学教材不断涌现,主要有杨云彦的《人口、资源与环境经济学》(1999)、杨昌明的《人口资源环境经济学》(2002)、张象枢的《人口、资源与环境经济学》(2004)、邓宏兵的《人口、资源与环境经济学》

(2005)、钟水映的《人口、资源与环境经济学》(2005)、麻彦春等的《人口、资源与环境经济学》(2007)、朱群芳的《人口、资源与环境经济学概论》(2013)、周海旺的《人口、资源、环境经济学理论前沿》(2016)及马克思主义理论研究和建设工程重点教材——《人口 资源与环境经济学》编写组的《人口 资源与环境经济学》(2019)。人口、资源与环境经济学的学科发展呈现出前所未有的繁荣景象。

人口、资源与环境经济学是在人口经济学、资源经济学、环境经济学、生态经济学、灾害经济学等学科基础上发展起来的，这些分支学科都属于现代经济学的范畴，并且构成了人口、资源与环境经济学的重要思想与理论来源，但是它们之间也存在着研究对象和学科体系的差别：人口经济学的研究对象是人口经济关系，主要研究人口变动的经济因素及人口现象和经济现象的相互关系；资源经济学研究对象是资源经济活动，主要研究资源配置，提高资源使用效率及资源的可持续利用问题；环境经济学研究环境问题的经济原因及预防和治理自然环境污染经济活动；生态经济学的研究对象是生态经济系统，探讨人类经济活动和自然生态系统之间的关系；灾害经济学以灾害经济关系为研究对象，其着眼点是"灾害损失的最小化"。这些分支学科的研究的发展有助于解决人类社会出现的资源耗竭、人口爆炸、环境恶化、生态失衡、灾害频发等"人类困境"问题，但单一学科的研究存在很大局限性：一方面，从目前人类社会出现的各种"人类困境"问题来看，单一学科的研究已远远不能满足现实需要，另一方面，各种问题的产生相互联系。环境恶化问题在很大程度上是资源的不可持续利用造成的，生态失衡则源于人类行为超出了自然环境的阈值，资源与环境是人口和经济发展的基础或前提，人口爆炸则加大了对生态环境和资源利用的压力，而在现代社会里发生的各种严重灾害中又都能找到人类不当行为的影子。

由此可见，只有综合各个学科的优势，把它们有机地联系起来，对学科进行整合，实行跨学科研究，才能对各种问题进行综合分析，进而解决各种"人类困境"问题。人口、资源与环境经济学就是在这个背景下，在人口经济学、资源经济学、环境经济学、生态经济学、灾害经济学等相对成熟的学科体系上，以可持续发展理论为主线，逐渐形成的一门交叉性的新兴经济学学科；此外，人口、资源与环境经济学的建立又对上述各学科体系的丰富和发展起到积极的推动作用。人口、资源与环境经济学的研究，可以综合运用有关学科的理论与研究成果，来拓宽与加深各学科的研究领域，如人口、资源与环境经济学对资源经济问题的研究不仅关注如何提高资源利用效率，而且强调在一定的人口和环境条件下资源的科学利用与代际公平，从而使对资源利用的研究更具有现实性，也更加全面。总之，人口、资源与环境经济学的建立和发展，可以从整体上深入探讨人口、资源、环境、灾害等各种因素之间的相互关系，而且能够深化和拓宽各分支学科的研究领域，丰富经济学研究内容，具有重要的理论意义。

人口、资源与环境经济学的建立还具有重要现实意义。中国的人口、资源、环境、灾害问题需要引起高度重视。中国人口基数大，随着经济发展水平的不断提高，对粮食和燃料的需求不断增加，对资源环境造成了巨大压力，也会加大各种灾害发生的风险。例如，森林和草原的破坏，会引发水土流失、山洪暴发和泥石流等问题，水土流失、泥石流又会造成江、河、库、渠的淤积，导致蓄洪能力下降，洪涝灾害加重。我国是世界上生物多样性最丰富的国家之一，同时也面临着品种资源减少、野生种源流失和外来物种入侵等威胁。目前，中国以占世界总量不到 9%的耕地养活着世界上约 20%的人口。因此，协调人口、资源、环境的平衡，制定可持续的社会经济发展政策，是摆在我们面前的紧迫问题。当前，我国正在以习近平新时代中国特色社会主义思想为指导，以建成富强、民主、文明、和谐、美丽的社会主义现代化强国为目标，实现经济高质量发展，现实的发展提出了许多新的问题，迫切需要理论的解释与指导，这也为人口、资源与环境经济学学科的发展，提供了新的重要的机遇。

1.3.2 人口、资源与环境经济学的学科性质与研究方法

人口、资源与环境经济学是一门融合多学科的、新兴的交叉性或边缘性经济学学科，其目的是走出一条经济、人口、资源、环境、生态、社会协调发展的道路。人口、资源与环境经济学涉及人口经济学、资源经济学、环境经济学、生态经济学、灾害经济学等多个学科领域，它不仅涵盖了这些学科的主要理论，且以可持续发展理论为主线，将这些学科的内容紧密结合起来，以此形成其基本理论和分析框架。人口、资源与环境经济学是多种学科的渗透与综合，具有综合性特点，但它绝不是这些学科的简单相加，而是综合之后形成的一门全新的学科。此外，该学科兼具理论性和应用性的特点，属于理论经济学范畴，因为其研究的人口经济、资源经济、环境经济具有很强的理论性，对可持续发展机理及其实现的制度保障等进行分析，能够为理解人口资源环境现象及实现可持续发展提供理论解释。与其他经济学科相比，人口、资源与环境经济学是适应于综合解决"人类困境"的需要而产生的，其主要目的就是指导可持续发展战略的实施，它不仅要为可持续发展提供理论依据，而且，还要对行动方案做出具体的设计与论证，使其研究结果形成实际政策建议，直接应用于可持续发展的实践，因而，又具有较强的应用性。

关于人口、资源与环境经济学的研究方法，首先，主流经济学的研究方法完全适合人口、资源与环境经济学。由于人口、资源与环境经济学是一门新兴的边缘性经济学科，其学科性质决定了该学科必须纳入主流经济学的分析框架，用经济学的方法和范式进行研究。美国的资源经济学家阿兰·兰德尔在其《资源经济学》一书中，指出资源经济学是微观经济学的一个分支，是研究自然资源和环境政策的一门应用经济学，它是利用经济学理论和定量分析方法来揭示、分析、评价和指导制定关于自然资源和环境方面的政策的。其次，由于人口、资源与环境经济学是诸多学科的综合，它把人口、资源、环境、经济看作一个大系统。因此，系统科学方法是最适宜的研究方法。系统科学方法，就是把研究对象作为系统加以考察的方法。即从系统内部及系统与外部的联系性出发，采取行之有效的方法，对系统的功能、必要条件、费用等进行分析，进而导出系统的特征，掌握构成系统的信息，以便选择适当的系统构成成分及结合方式，使之满足系统的必要条件以实现系统目标最大化。

人口、资源、环境、经济系统是一个复杂的大系统，其中，人口、资源、环境和经济都是这个大系统中的子系统，各子系统又由若干要素构成。系统结构的优化，既包括

子系统内诸要素结构的优化，也包括各子系统之间的均衡与协调。因此，在研究过程中必须确立系统论的思想，分析人口问题要结合资源和环境，分析资源和环境问题也不能脱离人口，要通盘考虑，在经济过程与经济发展的大框架内，对这些问题进行综合分析，以寻求人口、资源、环境在经济过程和经济发展中发生作用的机制、路径及程度，提出系统解决问题的方法。

1.3.3 人口、资源与环境经济学的研究对象和研究内容

关于人口、资源与环境经济学的研究对象，目前却还没有形成一致的和成熟的意见。代表性观点主要有六种。

第一种观点认为人口、资源与环境经济学的研究对象包括广义和狭义的两个范围。从广义看，其不仅覆盖人口经济学、资源与环境经济学的内容，也包含研究人口、资源与环境协调发展的可持续发展经济学的内容，由此形成四个分支学科，即人口经济学、资源经济学、环境经济学与可持续发展经济学。其中，可持续发展经济学构成这个学科的核心，是狭义的人口、资源与环境经济学[1]。

第二种观点认为人们在认识人口与资源、人口与环境的关系时，总是要与经济过程和经济发展联系在一起。人口、资源与环境经济学的研究对象应该是经济过程和经济发展中的人口、资源、环境三大要素之间的内在联系及它们各自所起的作用[2][3]。

第三种观点认为人口、资源与环境经济学的研究对象是研究人口、资源、环境与经济之间的内在联系，即它们的交叉部分。

第四种观点认为人口、资源与环境经济学的研究对象就是可持续发展，人口、资源与环境经济学就是可持续发展经济学[4][5]。

第五种观点认为人口、资源与环境经济学是研究人通过劳动与自然进行物质变换总体过程的经济学[6]。

第六种观点认为人口、资源与环境经济学的研究对象是人口、资源与环境的最优配置和利用。具体包括三个方面：一是人口、资源、环境的协调发展；二是人口、资源、环境的整合配置，以及高效利用现有资源与培育创新新兴资源；三是实现人口、资源、环境系统的协同、综合、可持续发展[7]。

从人口、资源与环境经济学这门学科的产生发展过程来看，作为经济学的一门分支学科，它是在人口经济学、资源经济学、环境经济学、生态经济学、灾害经济学等相对成熟的学科体系上，以可持续发展理论为主线，逐渐形成的一门交叉性的新兴经济学学科，其目的就是要实现经济、人口、资源、环境、生态、社会的可持续发展。从这个意义上来讲，人口、资源与环境经济学就是可持续发展经济学，是可持续发展经济学的具

---

[1] 杨云彦，陈浩. 2011. 人口、资源与环境经济学[M]. 2版. 武汉：湖北人民出版社：14.
[2] 吕红平，王金营. 2001. 关于人口、资源与环境经济学的思考[J]. 人口研究，(5): 28-34.
[3] 邓宏兵，张毅. 2005. 人口、资源与环境经济学[M]. 北京：科学出版社：2-3.
[4] 钟水映，简新华. 2017. 人口、资源与环境经济学[M]. 北京：北京大学出版社：4-6.
[5] 张象枢. 2004. 人口、资源与环境经济学[M]. 北京：化学工业出版社：5-6.
[6] 陈明立. 2010. 论人口、资源与环境经济学学科构架的理论基础[J]. 人口与发展，16(2): 58-66.
[7] 《人口 资源与环境经济学》编写组. 2019. 人口 资源与环境经济学[M]. 北京：高等教育出版社：1.

体化。人口、资源与环境经济学有效地整合了原来独立、分散的人口经济学、资源经济学和环境经济学，是上述学科在可持续发展观下的进一步升华和发展。

人口、资源与环境经济学作为一门新兴学科最先在我国被提出，正是适应我国经济社会的可持续发展的要求，它的发展必定为世界各国现代与未来的经济发展发挥重要的理论指导作用。同时，其理论体系与理论内涵将会随着经济发展的实践不断地完善、提高与发展，其必将成长为新经济时代的主流经济学科之一。

本书研究内容可分为六部分：第一部分就是第1章导论，这部分全面梳理有关人口经济、资源经济、环境经济、生态经济、灾害经济等理论的研究及其和人口、资源与环境经济学的关系，阐述该学科的演进过程，揭示人口、资源与环境经济学的学科性质与研究对象；第二部分包括第2、3、4章，阐述人口经济思想及人口与经济之间关系的主要研究内容及最新进展；第三部分包括第5、6、7章，论述自然资源与经济发展之间的关系，可再生资源和不可再生资源的最优利用问题；第四部分包括第8、9、10章，讲述经济发展与环境，包括环境问题产生原因的现代经济学解析、环境价值评价、污染控制等重要专题；第五部分就是第11章，研究灾害经济问题，阐述灾害及其社会经济特性、灾害产生背景成因及灾害风险最小化等；第六部分是第12章，将人口、资源、环境、灾害等问题纳入可持续发展框架下，分析人口、资源、环境与经济社会的协调发展，提出可持续发展的人口、资源与环境战略，形成人口、资源、环境与经济发展相结合的完整理论体系。

本 章 小 结

西方经济学说史中的有关资源环境经济思想构成了人口、资源与环境经济学这门学科的理论渊源。在古典经济学阶段，自然环境、人口及资源等因素已经进入经济学分析视野，这些观点为人口、资源与环境经济学的形成提供了丰富的思想素材，对研究可持续发展问题具有积极的意义。

在新古典经济学阶段，资源稀缺程度对经济增长的影响在新古典经济学体系中被降低了。新古典经济学家认为，价格会对资源的稀缺程度做出灵敏的反应，使用稀缺资源的成本提高会促使人们创新技术及寻找替代品。经济增长理论中关于资源环境与经济之间关系的思想具有以下特征：一是将自然资源视为可替代品；二是把经济系统看作孤立系统；三是未全面认识到经济增长的成本与代价，在其理论指导下建立起来的国民经济核算体系也存在重大缺陷。

马克思的资源环境经济思想具有丰富内涵：一是马克思认为自然生态环境是人类社会物质生产劳动活动的内在要素，对经济发展起着至关重要的作用，其中马克思还强调了人与自然的有机统一的关系；二是马克思指出了资本主义私有制是生态环境恶化的根本原因；三是马克思主义思想强调了自然资源具有稀缺性，主张节约资源；四是马克思以土地为例，对自然资源价值及其虚拟价值的产生进行了阐述，为后世自然资源虚拟价值核算提供了思想来源。

人口、资源与环境经济学是在人口经济学、资源经济学、环境经济学、生态经济学、灾害经济学等相对成熟的学科体系上，以可持续发展理论为主线，逐渐形成的一门交叉性的新兴经济学学科。它有效地整合了原来独立、分散的人口经济学、资源经济学和环境经济学，是上述学科在可持续发展观下的进一步升华和发展。

关键概念

古典经济学　　新古典经济学　　经济增长　　内生增长理论　　外生增长理论　　稳态经济　　循环经济　　低碳经济　　人口经济学　　资源经济学　　环境经济学　　生态经济学　　灾害经济学　　可持续发展

思考题

1. 简述古典经济学中的资源环境经济思想。
2. 经济增长理论中的资源环境经济思想具有什么特点？
3. 试论马克思的资源环境经济思想对当代资源环境与经济协调发展的借鉴意义。
4. 怎样看待人口、资源与环境经济学的研究对象？
5. 试述人口、资源与环境经济学的学科性质与研究方法。

推荐阅读的文献资料

戴利 H E. 2001. 超越增长：可持续发展的经济学[M]. 诸大建, 胡圣, 等译. 上海: 上海译文出版社.
恩格斯. 2009. 自然辩证法[M]//中共中央马克思恩格斯列宁斯大林著作编译局. 马克思恩格斯文集. 第 9 卷. 北京: 人民出版社: 399-563.
刘思华. 2007. 刘思华可持续经济文集[M]. 北京: 中国财政经济出版社.
马克思. 2009a. 1844 年经济学哲学手稿[M]//中共中央马克思恩格斯列宁斯大林著作编译局. 马克思恩格斯文集. 第 1 卷. 北京: 人民出版社: 109-248.
马克思. 2009b. 机器、自然力和科学的应用[M]//中共中央马克思恩格斯列宁斯大林著作编译局. 马克思恩格斯文集. 第 8 卷. 北京: 人民出版社: 276-363.
梅多斯 D, 兰德斯 J, 梅多斯 D. 2008. 增长的极限[M]. 3 版. 李涛, 王志勇, 译. 北京: 机械工业出版社.

第 2 章 人口经济思想

在人口、资源与环境经济学的思想体系中,人口与经济发展之间的关系最早受到经济学家的关注,在不同时期的许多经济学家的著述当中都包含着丰富的人口经济思想。人口因素尽管一直被看作经济发展的外生变量,但和资源、环境要素所发挥的作用相比,在人口、资源、环境和经济巨大系统中,人口因素居于主动地位,资源利用、环境质量及经济发展水平都取决于人类的行为。因此,不同时期的人口经济思想构成了人口、资源与环境经济学的理论基础。

2.1 早期的人口经济思想

2.1.1 重商主义及重农学派的人口经济思想

1. 重商主义学派的人口经济思想

重商主义经济学说产生于 15 世纪,衰落于 18 世纪下半叶,在 16~17 世纪达到强盛。当时,自给自足的封建社会正逐渐被新兴的商业资本主义所取代,世界主要的经济强国在积极地扩张势力范围,以期扩大本国的对外贸易,从而聚集大量财富,在国家竞争中处于有利地位。因此,兴盛于这一时代背景下的重商主义者重视商业和对外贸易,强调货币财富积累,主要从流通领域探讨人口问题。人口众多符合重商主义者坚持的民族主义的要求。一方面,众多的人口可以为军队提供大量的士兵,这将有利于国家在对外扩张时增强实力,从而占据更多的海外殖民地,获得大量的资源和市场。另一方面,众多的人口可以保证劳动力的充足供给,使工资维持在一个较低的水平上,以便降低出口商品的价格,增加黄金的流入。他们认为,一个国家人口增加,则财富增多,人口是国力强盛的表现,因为人口多,则国家征收的贡税多;人口多,国内生产的产品就多,因此可以输出的商品也越多,能换回的外国货币也就越多;人口多,兵源丰富,可以用武力去占领殖民地,从殖民地获得更多的金银,掠夺更多的财富。托马斯·孟就认为,人口众多是国家富强的源泉。他说:"在人口众多和技艺高超的地方,一定是商业和国家富庶的。"[①]他从人口众多有利于增强军事实力入手,认为英国人如果夺走荷兰的渔业,就会大大增加人口的繁衍,增强抗击敌人的实力,使得外国人迁入本国,振兴本国的城市,人口同时也得到更大的增殖。波特若也将人口众多看成国家或地区强盛的重要缘由。他在《论城市伟大至尊之因由》中说:"城市的伟大则被认为并非其处所或围墙的宽广,而是民众和居民数量及其权力的伟大。"[②]另外,波特若也初步探讨了人口和生活材料的关

[①] 孟 T. 1965. 英国得自对外贸易的财富[M]. 袁南宇,译. 北京:商务印书馆: 12.
[②] 波特若 G. 2006. 论城市伟大至尊之因由[M]. 刘晨光,译. 上海:华东师范大学出版社: 3.

系,他说:"如果没有其他阻挡和妨碍,人类的繁殖将无休无止地增长下去,城市的增大将没有界限。而如果它并非无穷增长,我就必须说乃是源于供给它的营养和食物的短缺。"[1]在人口与资源关系的问题上,虽然个别重商主义者认识到人口受到生活资料的限制,但是重商主义者大多认为人口增长有利于开垦荒地、增加粮食生产和原料开发。总体而言,重商主义者对于人口增长持乐观态度,认为人口增长有利于财富的增加。

在经济学说史中,重商主义者由于对财富及其来源的狭隘认识而受到其后的古典经济学家的否定,但其人口经济思想对后来经济学家的人口理论产生了较大的影响。

2. 重农学派的人口经济思想

重农学派是18世纪50~70年代的法国资产阶级古典政治经济学学派,在反对重商主义和法国旧政权的过程中产生,该学派强调自然秩序,重视农业,提倡自由放任。重农学派将农业视为财富的唯一来源和社会一切收入的基础,认为保障财产权利和个人经济自由是社会繁荣的必要因素,他们对于农业和自然的关注阐发了其关于人口与资源关系的思想,主要指的是人口与生活资料(农产品)的关系。重农学派在肯定人口的重要性的同时,重点关注到大量人口存在着超过农产品供给量的威胁,因此他们不主张盲目扩张人口,而是重视人口与财富的比例关系。

魁奈是重农学派的一个重要代表人物,他认为,人是创造财富的重要因素,而人口增长反过来又被财富的增长所决定。魁奈说:"构成国家强大的因素是人。"[2]他论述了人口与财富、收入、生产及消费之间关系,认为"人们本身就成为自己财富的第一个创造性因素""人口增长完全取决于财富增长,取决于劳动、人力和这些财富本身的使用方式"[3]。一国的人口是随着该国收入的增长而增加的,收入增长的国家不但可以刺激本国人口的增加,而且能吸引大量的移民。但是,魁奈强调人口与财富之间必须保持一定的比例,当一国生产的产品超出本国人口消费时,可以通过对外贸易的手段获得利益,而如果本国人口过多,超过了生产所能提供的产品,则对国家发展不利;当土地所有者的收入减少时,消费降低,各种从业人员的工资就会减少,最后使人口减少。他还较早地论述了人口与生活资料之间的关系,指出人口增长有超过生活资料增长的倾向,他说:"促使财富和人口增长的是财富,然而人口的繁殖经常是超过财富而扩大。"魁奈以是否生产"纯产品"即剩余价值为标准将人口划分为生产性人口和非生产性人口。他又将人口分成三个阶级:生产阶级、不生产阶级和土地所有者阶级。魁奈把资本主义社会的人口划分为三个阶级,从经济学的角度来分析社会人口构成,是人口经济思想史上的重大贡献。

另一个重要的重农学派代表人物理查德·坎蒂隆在其出版的《商业性质概论》一书中认为收入与人口之间有正相关的因果关系。土地能够供养多少人口取决于人们的生活方式和土地被使用的方式,只要有足够的土地同时又能生产出供人类生活的食物,则人口的增长是没有限制的,生活资料增加则人口增多。"如果人类拥有无限的生活资料,他

---

[1] 波特若 G. 2006. 论城市伟大至尊之因由[M]. 刘晨光, 译. 上海: 华东师范大学出版社: 87.
[2] 魁奈 F. 1979. 魁奈经济著作选集[M]. 吴斐丹, 张草纫, 译. 北京: 商务印书馆: 103.
[3] 魁奈 F. 1979. 魁奈经济著作选集[M]. 吴斐丹, 张草纫, 译. 北京: 商务印书馆: 132.

们就会像仓廪里的老鼠那样迅速地繁殖起来。"①坎蒂隆认为如果农产品主要用于满足本国居民的生存，则人口会增长到"土地所能最大限度供给的程度"；如果农产品用于与消费品交换或出口，则人口会减少。

2.1.2 古典经济学家的人口经济思想

威廉·配第（1623～1687）是重商主义解体和古典政治经济学产生时期的经济学家。他把人口和一个国家的财富等同起来，在他看来人口增长是解决国家经济问题的办法。配第认为一国的人口增加对社会财富具有积极的作用：一国的人口增加，财富也会随之增多。配第曾说过"土地是财富之母，而劳动则为财富之父和能动的要素"②，"人口稀少，是真正的贫困。一个 800 万人口的国家所拥有的财富，将是有着相同国土面积但人口却只有 400 万的国家所拥有的财富的两倍。而对于统一统治者来说，他们统治较多人口与较少人口的花费是相差无几的"③。人口和土地是财富的必要条件，只有通过人的劳动与生产资料的结合，才能生产出产品。配第认为如果一国的人口少，则"仅靠大自然盗取生活手段"就可以生活下去，但这样会使国民变得"麻木不仁、怠惰生活"。相反，如果一国的人口增加，则对于工作和学习技巧是一种鼓励，使受过良好培训的人对脑力任务有了准备。从政府管理和移民的角度出发，配第认为人口增加对于一国具有重大的作用：一方面，人口的增长伴随着报酬递增，人口众多可以增加政府的财政收入，但管理费用即政府支出不会增加得那么快；另一方面，配第通过观察荷兰、英国、法国等国的人口迁移及移民就业等问题，认为经济发展与人口流动有关。经济强大的国家，因为可以提供更高水平的生活，所以吸引更多的人口向该国流入，而迁入的移民也对经济发展产生影响。配第认为不应只关注一国人口的自然数量，社会数量才能代表一国人口的价值。人口的自然数量，就是指单纯的人口数目；而社会数量，是指人口能够创造财富的能力。配第在这里提出的人口的社会数量，相当于人力资本的概念。在此基础上，配第把人口分为生产人口和非生产人口，认为对于游手好闲的人要进行强制劳动。在论述生产人口和非生产人口时，配第以英国和法国为例，认为法国人口虽然超过英国，但因为法国只消费不生产的神职人员大大超过了英国，因此英国能获取盈余收入的人要多过法国。

斯密是古典经济学的创始人，在他的《国民财富的性质和原因的研究》中存在着大量关于人口的经济理论。斯密对于人口增长持积极的态度，认为"一国繁荣最明确的标志，就是居民人数的增加"④。斯密认为一国财富的增加主要有两条途径，即提高劳动生产率和增加从事生产劳动的人口数量。人口的增加一方面有利于分工的扩大，另一方面也有利于市场的开拓。在此基础上，斯密将人口划分为从事有用劳动的人口和不从事有用劳动的人口。同时，两种人口必须保持一定的比例，如果后者的比例过高则不利于一国财富的积累。斯密分析了人口数量与收入、资本积累及劳动报酬之间相互影响的关系，

---

① 坎蒂隆 R. 1986. 商业性质概论[M]. 余永定，徐寿冠，译. 北京：商务印书馆：40.
② 配第 W. 1981. 配第经济著作选集[M]. 陈冬野，马清槐，周锦如，译. 北京：商务印书馆：66.
③ 配第 W. 1981. 配第经济著作选集[M]. 陈冬野，马清槐，周锦如，译. 北京：商务印书馆：32-33.
④ 斯密 A. 1972. 国民财富的性质和原因的研究（上卷）[M]. 郭大力，王亚南，译. 北京：商务印书馆：64.

认为收入和资本的积累使社会对劳动者的需求增加,同时决定了对人口的需求增加;但人口的增加往往使得劳动力的增加超过资本的需求,以致劳动者可能过剩。在探讨人口数量和劳动报酬的相互影响时,斯密认为由劳动报酬显示的劳动需求对于人口数量会产生影响:当劳动需求加大、劳动报酬较高时,生育数量提高,人口增多;当人口增加使得劳动力的供给超过需求时,劳动报酬又会下降,由于劳动报酬低而导致的贫穷虽然不能阻止生育,但会使抚养儿童变得困难,使儿童在未成年时死去,从而对人口的数量造成影响。

斯密还注意到了人口质量对经济增长的影响,分析了教育的重要作用,指出一国的人民所受教育越多,越不容易受狂热和迷信的影响,而是更知礼节,更有利于"国泰民安",从而能为国民财富的增长提供良好的环境。相反,国家如果不重视教育,则会造成劳动生产力的智力下降,从而有害于国民经济增长。

李嘉图否定了把人口与财富等同起来的重商主义观点,认为"只要实际纯收入不变,地租和利润不变,人口究竟是1000万还是1200万是无关紧要的"[①]。在其代表作《政治经济学及赋税原理》一书中,李嘉图探讨了人口与地租、工资的关系,同时也就马尔萨斯的人口过剩问题发表了自己的看法。他认为人口增长是地租产生和上涨的重要原因,"土地在生产力方面的质量不同,且由于在人口增长过程中,质量和位置较差的土地也被耕种,所以使用土地要付地租"[②]。地租上涨被李嘉图称为"一国财富增加和向增长的人口提供食物发生困难的结果"[③]。他认为,人口的增长会对粮食供给产生压力,但一国的肥沃土地毕竟有限,因此要迫使质量较差的土地增加其粮食供给。与此同时,较为肥沃的土地的地租就会增长。

李嘉图认为人口增长倾向于使劳动工资保持在维持生存的水平,同时收入的增加使得工人阶级倾向于增加家庭人口。他认为劳动力的价格有市场价格和自然价格之分。自然价格就是获得生活必需品的价格,而市场价格就是实际支付的工资。人口与工资之间具有相互作用、相互影响的关系:一方面,较高的工资使得劳动力的市场价格高于自然价格,因而刺激人口增长;另一方面,伴随着人口的增长,劳动者数量增加,又会使工资下降至自然价格水平。李嘉图认为"正是在劳动的市场价格超过其自然价格时,劳动者才处于幸福的状态,他才有能力获得更多的生活必需品和享受品,才能供养一个健康并且人丁兴旺的家庭。然而,由于高工资刺激了人口增长,劳动者的数量增加,工资再次跌落至自然价格的水平,有时甚至受一种反作用因素的影响,它会跌到自然价格以下"[④]。

李嘉图分析了资本主义社会的人口过剩问题。他指出,固定资本和流动资本的增加对人口的变化产生不同的影响。总资本增加时,用于购买机器设备的固定资本比用于购买劳动的流动资本增加得快,从而导致流动资本在总资本中所占比例相对减少,因此,机器的应用造成了资本主义过剩人口。李嘉图的这一观点构成马克思关于资本主义社会

---

① 斯拉法 P. 1962. 李嘉图著作和通信集(第一卷:政治经济学及赋税原理)[M]. 郭大力, 王亚南, 译. 北京: 商务印书馆: 298.
② 李嘉图 D. 2005. 政治经济学及赋税原理[M]. 周洁, 译. 北京: 华夏出版社: 45.
③ 李嘉图 D. 2005. 政治经济学及赋税原理[M]. 周洁, 译. 北京: 华夏出版社: 50.
④ 李嘉图 D. 2005. 政治经济学及赋税原理[M]. 周洁, 译. 北京: 华夏出版社: 66.

的相对过剩人口理论的思想渊源。他对于人口过剩问题的态度与马尔萨斯相比更为乐观。他一方面同意马尔萨斯的观点,认为土地肥力递减,人口的增加会加大对生活资料的需求,从而使人口的增长率快于土地的生产力和资本积累率。但另一方面,李嘉图认为人口过剩应分为两种情况。在存在大量肥沃土地的国家中,由于居民愚昧、懒惰和不开化而导致的贫困和饥荒,是由不良政府和不安全的财产权及人民教育的缺失造成的,只要通过更新政府和改进教育,必然使资本增加超过人口增长,"人口无论怎样增长都不为过,因为生产力会更大"①。在人们久已定居的国家,由于农产品的供应率递减,人们体验到了人口过密的一切灾难。同时,人口增长速度超过维持人口所需的资金的增加速度,"每一份辛劳,如不伴随着递减的人口繁殖率,都会增添一份灾难,因为生产赶不上人口繁殖"①。对于人口过剩的解决办法,李嘉图认为应更迅速地积累资本,而不是减少人口,因为加快资本积累,可以增加雇佣资料,减少过剩人口,减轻人口压力。

西斯蒙第(1773~1842)是法国古典政治经济学的完成者,他辩证地提出了人既是生产者又是消费者的观点。他一方面看到人进行生产,为社会提供生活和生产资料,提供财富,另一方面也看到人是这些财富和生产生活资料的消费者。因此,他认为不能片面地支持或者反对人口增长,应该使人口与消费、生产、资本、财富、收入等一系列经济变量保持一定的比例,只有"各个阶层都能得到温饱,财富才是一件好东西;只有每个人都能通过劳动得到适当的生活,人口才是一个优点"②。西斯蒙第在观察了资本主义社会大量使用机器替代工人劳动从而造成工人失业的现实后,提出了人口过剩问题。他认为原先需要多人进行的劳动改由机器进行后,大量的劳动力被解雇,造成失业问题。西斯蒙第已经看到了资本主义的人口过剩问题,但是他没有将人口过剩的根本原因归为资本主义的生产方式,因此在寻求解决办法时,他提出的要复归宗法式的经营是一种思想上的倒退。

古典经济学家的人口经济思想,主要是从生产领域入手,考察了包括经济增长、收入、工资、地租、资本积累在内的一系列经济变量与人口的关系。一方面,古典经济学家将人口作为投入要素,看到了人口增长对于经济增长的促进作用;另一方面,显著区别于重商主义者将国家财富——金银的积累作为最终目标的思想,古典经济学家重视生产,同时肯定了消费的重要性,认为"消费是一切生产的唯一目的"③,这使得他们摒弃了对于人口与资源关系的盲目积极态度,认识到人口的增长会对生活材料的供应产生压力,人口增长必须控制在一定的范围内。与重商主义对人口增长的乐观态度和马尔萨斯对人口增长的悲观预测相比较,古典经济学家更注重经济变量与人口之间的理论分析。

■ 专栏2-1 中国古代思想家的人口经济思想 ▶▶▶

墨子根据其所处时代地广人稀的客观条件,提出了"然则土地者,所有馀也;王民者,所不足也"的问题。为了解决这个地多民少的矛盾,墨子提出富人在衣食上奢侈的用费如节约下来,就等于增加了几倍于穷人所需要的财物。另外,墨子毕竟是重视劳动

---

① 李嘉图 D. 2005. 政治经济学及赋税原理[M]. 周洁, 译. 北京: 华夏出版社: 69.
② 西斯蒙第 J C L S. 1997. 政治经济学新原理[M]. 何钦, 译. 北京: 商务印书馆: 22.
③ 斯密 A. 1997. 国民财富的性质和原因的研究(下卷)[M]. 郭大力, 王亚南, 译. 北京: 商务印书馆: 227.

者的思想家，所以仍提出了一些增加人口的措施。他主张男女都能有婚配机会就可增加人口；坚决反对战争，以减少人口的伤亡，停止官府的横征暴敛，缩短丧期。墨子的人口思想的特点是他第一次对人口问题做了理论性的阐述，西欧最早接触人口问题的柏拉图也较墨子晚约三四十年。再就是他提出了人口增长与财富增长的对比关系，尽管其论断不一定正确，却是世界历史上最早的关于人口与财富对比关系的论述。

商鞅提出"凡世主之患，用兵者不量力，治草莱者不度地。故有地狭而民众者，民胜其地；地广而民少者，地胜其民。民胜其地，务开；地胜其民者，事徕"。商鞅的这一观点虽是在一种特殊条件下所形成的，但将人口多寡与土地广狭结合起来考虑，就比单独地论述人口多寡更有意义。

韩非认为"古者丈夫不耕，草木之实足食也；妇人不织，禽兽之皮足衣也。不事力而养足，人民少而财有余，故民不争……今人有五子不为多，子又有五子，大父未死而有二十五孙。是以人民众而财货寡，事力劳而供养薄，故民争，虽倍赏累罚而不免于乱"。韩非的人口概念具有几个不同于前人的观点。韩非是我国古代第一位为人口多而焦虑的思想家。韩非已意识到人口每一代将成倍增加，即"大父未死而有二十五孙"。另外，他认为古代财货有余而他自己生活的时代财货不足的看法是错误的。

徐干的人口思想将掌握人口数量看作一个国家最根本的要务。他指出"故民数者，庶事之所自出也，莫不取正焉。以分田里，以令贡赋，以造器用，以制禄食，以起田役，以作军旅。国以之建典，家以之立度，五礼用修、九刑用措者，其惟审民数乎"。

苏轼第一次公开批评民数多寡决定一国盛衰的传统人口观点，他指出"古者以民之多寡为国之贫富。故管仲以阴谋倾鲁梁之民，而商鞅亦招三晋之人以并诸侯。当周之盛时，其民物之数登于王府者，盖拜而受之……国家承平百年，户口之众有过于隋。然以今法观之，特便于徭役而已，国之贫富何与焉！非徒无益于富，又且以多为患。生之者寡，食之者众，是以公私枵然，而百弊并生"。苏轼是第一次提出人口"以多为患"的观点。而且他也约略地体会到人多不一定是"手"多，也可能是"口"多这一问题。

徐光启明确指出"夫谓古民多，后世之民少，必不然也。生人之率，大抵三十年而加一倍，自非有大兵革，则不得减"。为什么人口在三十年会增加一倍，他未提出科学证据，显然也是主观臆断。这一人口增殖率自他提出后，明清之际的启蒙思想家王夫之也接受他的这一观点。

清代学者洪亮吉以户为基础的人口分析所得出的结论和比他的著作晚出世五年的马尔萨斯的《人口原理》所得出的结论极为相似。对于人口过快增长，洪亮吉提出了两种补救办法，即"天地调剂法"与"君相调剂法"。"天地调剂法"是指"水旱疾疫"使人口减少，与马尔萨斯所谓的"积极抑制"相类似，只是不如马尔萨斯的"抑制"更为残酷而已；"君相调剂法"不外是移民、垦荒、减税、赈济之类，也较马尔萨斯所谓的"预防性抑制"，如独身、节欲更为人道些。洪亮吉不像马尔萨斯那样一味强调绝对人口过剩之可怕，而是更注意因人口增加所引起的不幸。所以，两种人口论在形式上似乎很相似，而其主观意向大不相同。

资料来源：胡寄窗.1981.中国古代的人口政策与人口思想[J].经济研究,（1）:72-78.

2.2 马尔萨斯的人口经济思想

2.2.1 马尔萨斯人口经济理论产生的时代背景及理论渊源

马尔萨斯是古典经济学家中争议最大的一位,其人口理论引起的争论直到今天还没有结束。马尔萨斯所处时代的英国正值产业革命之际,大量农民的土地因圈地运动被掠夺,手工业者大量破产,大批工人失业。社会上存在的过剩人口虽然使得社会生产力发展、国民收入剧增,但下层阶级的生活状况却急剧恶化。与此同时,美国独立战争的爆发、法国大革命等一系列重大事件使英国的知识界展开了激烈的讨论。面对英国严酷的社会现实,一批学者对于工人的悲惨境况表示同情,其中最著名的是孔多赛和葛德文。孔多赛出版了《人类精神进步史表纲要》一书,他呼吁更多的经济平等和社会保障。葛德文的观点则更为激进,他尖锐地指出了导致资本主义制度的罪恶和不幸的正是资本主义社会与经济体制,特别是私人财产关系,因为资产阶级政府处在这样一个制度中,所以不可能去纠正,只能依靠人的"理性",使得政府、法律、私人财产和社会阶级都消亡,从而建立经济、社会和政治的平等。这两位学者的观点对马尔萨斯人口观点的产生有着重要的影响,因为马尔萨斯《人口原理》的第一版的原名其实是《论影响社会将来进步的人口原理,兼评葛德文、孔多赛和其他作家思想的评论》。《人口原理》的第一版共有19章,马尔萨斯在前8章中表述了自己的观点,而后11章基本都是以批评和辩论的方式抨击葛德文和孔多赛的观点,因此有学者认为马尔萨斯出版该书的最初目的并不是研究人口原理,而是政治斗争的需要。

早在马尔萨斯之前,就已经有大量的学者论述了人口问题。无论是马尔萨斯对于人口增长与生活资料关系的论述,对于人口过度增长超过生活资料的担忧,还是马尔萨斯预测的人口增长数量,都可以在其之前的一些经济学家那里找到类似的论述。例如,《经济思想的成长》一书曾提到,"若不是世界上的三种祸害,即战争、饥馑和瘟疫净化这个巨大的躯体,各个王国和各个国家就会变得人口众多,人就很难平静地或者无危险地生活"[①];斯图亚特(1712~1780)认为人口增长就像一根弹簧,生活资料像砝码一样施压其上,疾病会抑制人口增长超过食物供给的趋势。因此,马尔萨斯并不是最先发现了人口原理,而是在前人研究的基础上进行了系统化的论证,而且其在人口预测方面无人能及的悲观性也被认为是他之所以最为著名的重要原因。

2.2.2 马尔萨斯人口经济理论的主要内容及影响

1. 马尔萨斯人口经济理论的主要内容

马尔萨斯的人口经济理论主要体现在其著作《人口原理》当中,该书在马尔萨斯生前共出过六版。六版的内容均有不同,其中第一、二版内容差异较大:在第一版中,马尔萨斯主张通过提高死亡率的方法来控制人口增长,结论较为严酷;在第二版中,马尔

---

① 斯皮格尔 H W. 1999. 经济思想的成长[M]. 晏智杰,刘宇飞,王长青,等译. 北京:中国社会科学出版社:128.

萨斯主张通过降低出生率的方法来控制人口增长，结论有所缓和，这使得研究学者普遍认为再版后的《人口原理》与第一版相比显得"不再仅仅是阴暗和压抑"。第一版基本上包含了马尔萨斯主要的人口观点，其基本思想可以概括为两条公理、两个级数、三个命题及两种抑制。

两条公理包括：食物为人类生存所必需；两性间的情欲是必然的，且几乎会保持现状。马尔萨斯认为这两条公理是"自从我们对人类有所了解以来，似乎一直是有关人类本性的固定法则"①。马尔萨斯反对葛德文认为的提高人的理性就可以抑制人的情欲的看法。

两个级数即人口按几何级数增长（1, 2, 4, 8, …），生活资料按算术级数增长（1, 2, 3, 4, …）（表 2-1）。马尔萨斯以美国的人口为依据，不考虑移民，认为"人口若不受到抑制，将会每25年增加一倍"②，得出人口按几何级数增加的结论；根据英国的食物情况，得出生活资料按算术级数增加的结论。不少学者批评马尔萨斯的两个级数的得出根本就是将两个具有不同国情和资源禀赋的国家捏在一起拼凑出来的，难以令人信服，因此两个级数被称为马尔萨斯最有创见却又最脆弱的理论。

表 2-1　马尔萨斯的两个级数

项目	年数								
	1	25	50	75	100	125	150	175	200
人口	1	2	4	8	16	32	64	128	356
生活资料	1	2	3	4	5	6	7	8	9

三个命题包括：人口没有生活资料便无法增加；只要有生活资料，人口便会增加；占优势的人口增殖力若不产生贫困与罪恶，便不会受到抑制。以上三个命题分别被称为"制约原理"、"增殖原理"和"均衡原理"。三个原理互相作用，当人口与生活资料的旧平衡被占优势的人口增殖力打破时，它们就会向新的平衡发展。

马尔萨斯认为必须采取一定的人口抑制措施。马尔萨斯的人口抑制措施分为积极抑制和预防性抑制。所谓积极抑制主要是从增加死亡的因素方面进行人口限制。所谓预防性抑制，主要是使人们不结婚或严守道德规范，以达到减少出生率的目的。在后来的改版中，马尔萨斯又提出了一种所谓的"道德抑制"，它其实是对"预防性抑制"的一种补充。现代人口发展的现状证明，通过避孕的方法，人口可以得到有效的抑制，但由于马尔萨斯的宗教立场，他反对用避孕的方式进行人口抑制。

在《人口原理》一书中，马尔萨斯反对英国的《济贫法》，认为《济贫法》在"产生它所养活的穷人"，使人口趋于增长，同时适用《济贫法》的人不是最有价值的社会成员，却占用了其他更有价值的社会成员的食物份额。他尖锐地说出了"从最人道、最慈爱的观点来看，人们应该对丧失自立能力、陷于贫困状态有羞耻感的"，并批评了《济贫法》"有助于增加人口，却不增加养活人口的生活资料，从而使不靠救济为生的那部分人的生活境况恶化，造成更多的穷人"③。马尔萨斯提出了维持劳动基金的概念，认为工资的高

---

① 马尔萨斯 T R. 1992. 人口原理[M]. 朱泱, 胡企林, 朱和中, 译. 北京: 商务印书馆: 7.
② 马尔萨斯 T R. 1992. 人口原理[M]. 朱泱, 胡企林, 朱和中, 译. 北京: 商务印书馆: 11.
③ 马尔萨斯 T R. 1992. 人口原理[M]. 朱泱, 胡企林, 朱和中, 译. 北京: 商务印书馆: 35.

低取决于劳动力的供求。由于人口的增加，劳动力市场上劳动力的供给超过需求，此时工资下降至最低水平。同时，因为人口会一直增加，而生活资料并不增加，所以物价上涨，使得工人生活贫困。此时，只有通过贫困和罪恶提高死亡率，或让工人自觉地认识到生活贫困而无法养育后代从而推迟结婚，进而降低出生率这两种途径使人口与生活资料重新趋于平衡。

2. 思想评价及影响

马尔萨斯的《人口原理》自出版以来一直广受争议，褒贬不一。他把人口与经济的关系归结为人口与生活资料之间的关系，第一次正式提出了人口与生活资料的对比观点。马尔萨斯认为，困扰社会的罪恶和苦难不应归咎于罪恶的人类制度，而应归咎于人类极强的生育能力，他把人口增殖看成是人的本性而为，是纯粹的自然现象，与社会经济制度无关。马尔萨斯对于人口过度增长超过生活资料的悲观预测，对后世产生了广泛影响。其同时代及以后的许多经济学家对其人口理论都有评价：古典经济学的集大成者、马尔萨斯的密友李嘉图评价马尔萨斯的人口理论时，认为其"没有考虑到使人口普遍增加的是资本的增加以及因之而来的劳动需求的增加和工资的上涨。食物的生产不过是这种需求的结果"[1]；法国古典政治经济学的完成者西斯蒙第认为马尔萨斯的级数理论是"彻头彻尾的谬论"。马克思和恩格斯更是多次评价马尔萨斯的人口理论，在肯定其理论"是推进我们前进的、绝对必要的转折点"的同时，也对于其理论中的错误进行了批判。例如，恩格斯在《政治经济学批判大纲》中明确指出马尔萨斯断言人口生来就有一种超过生活资源的倾向，并把它说成一切贫穷和罪恶的原因，是一种为私有制辩护的行为。马克思则称马尔萨斯认为的"绝对过剩人口"是不存在的，且马尔萨斯的理论是自相矛盾的：他一方面主张减少人口，另一方面又为资本积累的需要而赞成增加工人人口。

马尔萨斯的人口理论有其局限性。首先，他将人口原理上升到了一个自然规律的高度，这显然是错误的，人除了受到自然规律的制约、具有自然属性之外，还具有社会属性，懂得运用理性，因此人口规律是受当时生产力发展水平制约的。其次，《人口原理》中部分结论的得出不是建立在严格的统计资料和数学分析基础上的。例如，他所做出的关于生活资料和人口增长的两个级数的结论选取的研究对象都不一致。另外，马尔萨斯也没有看到生产力的不断进步使得食物的增长不一定落后于人口的增长，而且是否生育子女并不仅基于食物温饱的考虑。数据也显示，人口增长并没有像马尔萨斯所预测的那样，与生活资料达到比例失衡的地步。

从人口经济学角度来说，马尔萨斯是正式研究人口经济关系的第一人，其人口理论具有一定学术价值。不同于重商主义学派从流通领域研究人口问题和古典学派从生产领域研究人口问题，马尔萨斯选择从消费入手进行研究，具有其独到之处。马尔萨斯看到了人口过度膨胀可能带来的危害，为后世人口增长可能超过食物增长从而导致饥饿和贫困敲响了警钟，这对于当今世界控制人口数量和提高人口质量仍然具有现实意义。马尔萨斯的《人口原理》对后世的一些理论具有重要的启示作用，其中不乏像达尔文的进化

---

[1] 斯拉法 P. 1962. 李嘉图著作和通信集（第一卷：政治经济学及赋税原理）[M]. 郭大力，王亚南，译. 北京：商务印书馆: 348.

论和凯恩斯的宏观经济理论这种在人类历史上具有重要地位的研究成果和学术思想。达尔文在形成自己的进化论理论时，曾表示自己受益于马尔萨斯。达尔文说自己乘坐"间谍号"回到英国时，虽然收集了大量的资料，但是并未形成自然选择理论，直到为了消遣的目的偶然读到了马尔萨斯的人口理论才豁然开朗，最终形成了对人类产生重大影响的进化论。凯恩斯早期信奉马尔萨斯的人口理论，认为人口增长对一国的经济不利，其后期的人口经济思想虽然发生转变，但仍然提出了两个马尔萨斯魔鬼。20世纪以后，发展中国家的一些人口理论，如莱宾斯坦的临界最小努力理论和纳尔逊的低水平均衡思想理论都被认为是"复兴马尔萨斯主义"的理论代表。

■ 专栏2-2 马尔萨斯人口理论与中国 》》》

马尔萨斯早在其《人口原理》第一版中，就论述过中国的人口问题。他认为中国存在着普遍早婚的现象，土地每年平均产量不可能有很大的增长，盛行早婚必然造成的人口过剩，受到不时发生的饥荒和弃婴习惯的抑制。在《人口原理》的再版中，马尔萨斯也一再谈到中国是一个现实性一直占主导地位而实际上毫无预防机制的社会的典型例子。对于马尔萨斯的这一论述，李中清和王丰所著的《人类的四分之一：马尔萨斯的神话与中国的现实（1700~2000）》专门考察和检验了马尔萨斯关于中国人口问题的假说。他们认为中国男性较高的独身概率和较低的已婚生育率及采用的婚内抑制的生育模式证明了马尔萨斯假说在中国并不成立。中国的人口迅猛增长却没有发生人口过剩的原因在于人们勤奋工作导致的效率提高及个人对人口死亡率的实际干预（通过注重卫生习惯、养生之道来干预死亡率或新中国成立以前父母选择子女的数量和性别从而控制婴儿的存活率），而非马尔萨斯所认为的饥荒。况且中国的饥荒往往是由于政治的原因而非人口过剩造成的。

马尔萨斯的人口理论自传入中国以来，始终是学术界争论的一个焦点。它经历了由最初传入时的大力推崇到20世纪50年代的全盘否定，再到改革开放以后的部分肯定，直至今天在学术界得到广泛的重新认识和解释。马尔萨斯理论在中国传播的初期，虽然有李大钊、陈独秀、梁启超、孙中山、廖仲恺等学者和政治家对其进行过批评，但新中国成立前中国人民生活状况的极端恶化使得马尔萨斯的人口理论得到不少学者和政府官员的肯定。20世纪50年代中期以后，国际环境的变化及一切从政治立场出发的态度使得马尔萨斯人口理论受到了大批判，其人口理论被全盘否定。1957年马寅初先生在其《新人口论》中分别从加速积累资金、提高科学技术、提高劳动生产率和人民的生活水平及增加工业原料等方面，对控制人口的必要性、迫切性进行了论述。马寅初先生的立场是以民为本的，这与马尔萨斯不同，马寅初先生说："我则从提高农民的劳动生产率，从而提高农民的文化和物质生活水平出发。"[①]然而当时的报纸将《新人口论》批为"马尔萨斯人口论的翻版"，将其提出的思想和建议一并打倒，致使我国人口学的发展陷于停滞状态，并误导了人们对中国人口问题的认识。在改革开放之后，中国的学术界逐渐对马尔萨斯的人口理论做出了一些肯定，但仍然是以批判为主。目前的学术界开始了重新解释和研究马尔萨斯的人口理论的工作，更客观、公正地评价马尔萨斯的人口经济思想，并

---

① 马寅初. 1997. 新人口论[M]. 长春：吉林人民出版社：7.

与中国的现实问题相联系。穆光宗阐述了马尔萨斯和马寅初的人口思想的历史价值，他认为，马尔萨斯的重要思想贡献是注意到了生活资料供应对于人口增长和生存的制约性，并且看到了人类主观能动性作用的光明空间；马寅初所生活的时代是高度集权的计划经济时代，他提出国家理应有干预生育之权，所论的是"制度性抑制"。[①]蔡昉认为马尔萨斯作为最早探讨人口与经济发展关系的经济学家，在相关经济学演变中具有源头地位，蔡昉从贫困陷阱理论、二元经济发展理论、人口红利理论和长期停滞理论等方面，考察马尔萨斯经济思想、分析方法的历史影响，并将中国经济发展的整个过程及其各个阶段分别与前述以马尔萨斯为源头的理论相对应。[②]

2.3 马克思主义的人口经济理论

2.3.1 相对过剩的人口理论

马克思认为不存在普遍的人口法则，"每一种特殊的、历史的生产方式都有其特殊的、历史地发生作用的人口规律。……抽象的人口规律只存在于历史上还没有受过人干涉的动植物界"[③]。马克思在考察了资本积累的一般规律以后，认为相对过剩人口就是资本主义生产特有的人口法则。

马克思的相对过剩的人口理论是建立在资本积累的一般规律之上的。马克思认为资本的构成分为两种：一种是资本的技术构成，另一种是资本的价值构成。资本的技术构成，是从资本在生产过程内部发生技能的物质方面，将资本分为生产手段和活的劳动力。资本的价值构成，是从价值方面将资本分割为不变资本（生产手段的价值）与可变资本（劳动力的价值，或者工资总额）的比例而定。这两种构成有密切的相互关系，"由资本技术构成决定并且反映技术构成变化的资本价值构成"[④]被马克思称为资本的有机构成。马克思认为伴随着资本主义经济的不断发展，资本的有机构成将不断提高，可变资本部分将相对减少，劳动者将不断被驱逐出生产过程，从而产生相对过剩人口。

马克思认为剩余的劳动人口与资本主义经济是互相作用的关系：一方面剩余的劳动人口是资本主义蓄积的必然产物，是资本主义基础上财富发达的必然产物；另一方面，人口过剩还是"资本主义蓄积的杠杆"，是资本主义生产方法存在的条件之一。资本主义的生产方式使得劳动者处于一种被动和恶性循环的地位，就业者和失业者被迫恶化彼此的处境：就业者由于大量产业预备军带来的强大的就业压力而不得不过度劳动，服从资本的支配；而就业者进行的过度劳动使得游离于劳动力大军的产业预备军的就业难度更大。正如马克思所说："工人阶级的一部分从事过度劳动迫使它的另一部分无事可做，反过来，它的一部分无事可做迫使它的另一部分从事过度劳动。"[⑤]这一切都使得对于劳动的需求不随着资本的增加而增加，劳动的供给也不与劳动者阶级的壮大相一致。

[①] 穆光宗. 2010. 还原马尔萨斯和马寅初人口思想的历史价值[J]. 人口与发展, 16(3): 87-100.
[②] 蔡昉. 2021. 万物理论：以马尔萨斯为源头的人口-经济关系理论[J]. 经济思想史学刊, (2): 3-18.
[③] 中共中央马克思恩格斯列宁斯大林著作编译局. 2009. 马克思恩格斯文集[M]. 第5卷. 北京: 人民出版社: 728.
[④] 中共中央马克思恩格斯列宁斯大林著作编译局. 2009. 马克思恩格斯文集[M]. 第5卷. 北京: 人民出版社: 707.
[⑤] 中共中央马克思恩格斯列宁斯大林著作编译局. 2009. 马克思恩格斯文集[M]. 第5卷. 北京: 人民出版社: 733.

马克思将相对过剩人口分为三种存在形式：流动形态、潜伏形态和停滞形态。流动形态的过剩人口主要产生于近代产业部门，如工厂、制造所等，虽然雇用人数在增加，但与生产规模的扩大相比，实际增加率却在不断下降，再加上童工、女工因为工资低而被雇用，加剧了流动形态的过剩人口。潜伏形态的过剩人口主要指那些由于资本主义的生产方法侵入了农村，等待时机从农村向城市转移的人口。这些人的工资非常低，处于马克思所说的"总是有一只脚陷在需要救济的赤贫的泥潭里"[①]。停滞形态的过剩人口，属于现役劳动者中的一部分，他们有最高限度的劳动时间和最低限度的工资。

2.3.2 两种生产理论

马克思早在《德意志意识形态》一书当中就提出了两种生产的概念，认为两种生产是物质资料生产和人类自身生产。马克思后来又进一步论述了两种生产理论，认为经济学原来意义上的生产是第一种生产，原来意义上的消费是第二种生产。"在第一种生产中，生产者物化，在第二种生产中，生产者所创造的物人化。"[②]两种生产理论的最终完成者是恩格斯，他在《家庭、私有制和国家的起源》的"第一版序言"中给予两种生产理论以明确的解释："根据唯物主义观点，历史中的决定性因素，归根结底是直接生活的生产和再生产。……但是，生产本身又有两种。……一方面是生活资料即食物、衣服、住房以及为此所必需的工具的生产；另一方面是人类自身的生产，即种的繁衍。……一定历史时代和一定地区内的人们生活于其下的社会制度，受着两种生产的制约：一方面受劳动的发展阶段的制约，另一方面受家庭的发展阶段的制约。……劳动愈不发展，劳动产品的数量、从而社会的财富愈受限制，社会制度就愈在较大程度上受血族关系的支配。"[③]

两种生产理论认为，物质生产和人口的生产是结合在一起的。物质资料生产就是人类改造、征服自然，创造物质财富的生产活动。它通过劳动的加工使自然界原有的物品适合于人类的需要。人类自身生产是指人类为了世代延续，即为了自身的增殖或种族的繁衍所进行的生产，它是原有人口生命的生产和新一代人口生命的生产的统一。

两种生产即物质资料生产和人类自身生产之间存在着对立统一的辩证关系。二者互为存在和发展的条件：没有物质资料的生产就不会有人类的存在和发展，但物质资料的生产又依赖于人类自身的生产。两种生产相互渗透：物质资料生产中有人的因素，人类自身生产中有物的因素。人类生产出劳动力，不但参与到物质资料的生产中，还进入了生产、分配、交换、消费的四个环节。物质资料生产出的消费品，满足了人的物质和精神生活。两种生产相互制约：人类自身的生产归根结底还是受到物质资料的生产力发展水平制约，物质资料的生产方式决定着人口发展、变化、自身生产的社会形式及不同阶段的特征。人不可能抛开生产力发展状况进行生产。人类自身生产的质量也会反作用于物质资料的生产，对其发展起促进或阻碍的作用。

在马克思和恩格斯的经典著作中，除了人口数量相关的理论之外，还有大量关于教育的作用、人的全面发展等与人口质量相关的论述。马克思和恩格斯重视教育，提倡教

---

① 中共中央马克思恩格斯列宁斯大林著作编译局.2009.马克思恩格斯文集[M].第5卷.北京：人民出版社：740.
② 中共中央马克思恩格斯列宁斯大林著作编译局.1995.马克思恩格斯选集[M].第2卷.北京：人民出版社：9.
③ 中共中央马克思恩格斯列宁斯大林著作编译局.1972.马克思恩格斯选集[M].第4卷.北京：人民出版社：2.

育与生产劳动相结合，认为"教育会生产劳动力"[①]。他们认为教育能够促进人的全面发展，对于社会和个人都大有裨益，"生产劳动同智育和体育相结合，它不仅是提高社会生产的一种方法，而且是造就全面发展的人的唯一方法"[②]，"建立在个人全面发展……的自由个性是人类发展的第三阶段"[③]。马克思和恩格斯对于教育和人的自由全面发展的观点作为其人口理论的重要部分，被后来的马克思主义人口学家进一步拓展。

2.4 当代人口经济思想

2.4.1 凯恩斯学派人口经济思想

1. 凯恩斯的人口经济思想

凯恩斯被公认为20世纪最伟大的经济学家，他开创了宏观经济学的分析，其影响力使其之后的整个经济学界都围绕着完善、求证或批判其经济理论而展开研究。凯恩斯的人口经济思想可以划分为两个时期：前期凯恩斯信奉马尔萨斯的人口理论，认为人口的增长超过了生活资料的供给，导致人口过剩，阻碍了经济的发展。但是1929年爆发的资本主义经济危机使凯恩斯的思想发生了重大转变，他由对人口过多的担忧转为对人口过少可能引起有效需求不足的担忧。

凯恩斯的人口经济思想体现在其代表作《就业、利息和货币通论》中，与其有效需求原理紧密相连。总需求函数与总供给函数相交的那一点的总需求函数之值即有效需求，也就是总需求。凯恩斯所定义的总需求函数是指"雇主们预期由雇佣N人所能获得之收益"，总供给函数是指"雇佣N人所产产品之总供给价格"，因此，有效需求决定实际就业量，有效需求的大小决定就业水平的高低。

凯恩斯将有效需求分为投资需求和消费需求，因此投资需求不足和消费需求不足导致了有效需求不足。在分析有效需求不足的原因时，凯恩斯提出了著名的"三大心理因素"——心理上的消费倾向、心理上的流动偏好和心理上的资产未来收益预期。心理上的消费倾向是指当收入增加时，人们会增加自己的消费，但消费的增加没有收入增加得多，也就是消费倾向递减。这一心理因素导致消费不足。心理上的流动偏好是指公众愿意用货币形式持有收入和财富的欲望和心理。造成这一心理因素的原因是三种动机：交易动机（为应付日常交易而偏好持有现金）、谨慎动机（为防止意外发生而偏好持有现金）、投机动机（为抓住有利的投资机遇而偏好持有现金）。心理上的流动偏好造成了投资需求不足。心理上的资产未来收益预期是对资本未来收益的预期，只有预期资本未来收益可以超过其重置成本时，人们才会进行投资，而在实际操作中人们会将资本边际效率（预期增加一个单位投资可以得到的利润率）和利率进行比较。凯恩斯认为大多数投资的发生都基于一种临时的乐观情绪，因此这一心理因素是造成投资不足的主要原因。凯恩斯认为要刺激投资，进行投资诱导。因此，他将人的心理因素、就业、人口与收入、投资、

[①] 中共中央马克思恩格斯列宁斯大林著作编译局. 1982. 马克思恩格斯全集[M]. 第26卷. 北京：人民出版社：210.
[②] 中共中央马克思恩格斯列宁斯大林著作编译局. 1995. 马克思恩格斯选集[M]. 第2卷. 北京：人民出版社：212.
[③] 中共中央马克思恩格斯列宁斯大林著作编译局. 1979. 马克思恩格斯全集[M]. 第46卷. 北京：人民出版社：104.

消费等一系列经济变量联系在一起，希望通过增加有效投资来增加就业。

1937年2月，凯恩斯发表了题为"人口减少的若干经济后果"的文章，在这篇文章中，凯恩斯对人口问题做了更为清晰的阐述，有助于更好地理解《就业、利息和货币通论》当中的思想。凯恩斯在考察人口增长、技术变化、生活水平和资本技术时认为资本系数的变化对资本需求的影响不大，人口增长才是刺激资本边际效率并起诱发性投资作用的因素。人口的减少会导致投资的萎缩，造成有效需求不足，从而出现大量失业人口，长期发展下去，经济就会处于停滞状态。凯恩斯还提出了两个马尔萨斯魔鬼：一个是马尔萨斯的人口过剩魔鬼（devil of over-population），另一个是马尔萨斯的失业魔鬼（devil of unemployed resources）。他认为一个魔鬼被锁了起来，另一个魔鬼却破门而出。

2. 汉森的人口经济思想

汉森作为凯恩斯的追随者和理论解释者，其人口思想与凯恩斯有着相同之处，他探讨了人口增长与有效需求的关系，并以此解释资本主义经济周期。

汉森认为资本主义经济增长取决于投资，而投资又取决于人口增长、疆土扩张和技术进步。人口增长对于投资的影响可以概括为三方面。首先，人口增长会影响技术进步，这是对投资的间接影响。其次，人口增长会导致人口结构发生变化，从而影响需求结构，进而影响投资。汉森在这里举例说明：如果一国拥有不断增加的人口，则总人口中年轻人所占的比重较大，对于住宅等建设具有拉动力，因此导致大量的投资；如果一国人口不增长，则总人口中老年人所占的比重会逐渐增大，这时主要产生的是对个人服务的需求，而个人服务的需求与住宅建设的需求相比，拉动的投资较少。因此，汉森认为"人口从迅速增长变为静止或下降，会造成投资乃至总需求的迅速下降"。最后，人口增长会减少未来的不确定性和风险，因此可以刺激投资，用汉森的话来说是"一个迅速扩张的经济能够，也愿意冒险"。

汉森将19世纪经济高速增长的原因归结为人口的激增、疆土的扩张和新技术的诞生。但是到了20世纪，人口增长放缓，疆土扩张基本结束，出现了经济的停滞。但汉森并不是一个悲观主义者，他认为政府财政政策的支持可以克服经济萧条。

除去凯恩斯早期对于马尔萨斯人口与生活资料悲观关系的认同，凯恩斯学派更多是站在"有效需求不足"的角度上，对人口增加持乐观态度。人口增加能够提振需求、增加投资，防止经济出现停滞的危机。这种人口思想的出现与他们所处的时代密不可分。

2.4.2 适度人口理论

无论是对人口增长持积极乐观态度的古典经济学家，还是对人口增长持悲观态度的马尔萨斯，都没有回答"怎样的人口规模才是合意的"这个问题。从经济学的角度出发，关注适度人口也许要比关注最大人口规模更具有现实意义。人口规模应保持在一个怎样的水平才对经济和社会的发展最为有利，这是一个更为现实和亟须解答的问题。这个问题对于一个国家调整人口政策和确定适度人口规模具有重要的意义。19世纪中期，工业革命的完成大大提高了生产力水平，化肥、农药的普遍使用也使得农业发展迅速，粮食产量大幅提高。同时在死亡率不断降低的同时，欧洲各国也开始出现人口出生率下降态势。马尔萨斯的人口数量将超出生活资料增长的预测与现实大相径庭。基于此现实,19世纪末,适度人口理论得以出现。纵观发展至今的适度人口理论,可以将其概括为早期适度人口理论和现代适度人口理论。前者产生于19世纪后期20世纪初,主要研究静态的适度人口问题,其代表人物为埃德文·坎南、纳特·威克赛尔。后者主要指20世纪中叶以来的经济适度人口论,主要研究动态的经济适度人口问题,其代表人物为索维和J. O. 赫茨勒。

1. 早期适度人口理论

英国经济学家坎南是早期经济适度人口论的代表人物,其主要观点体现在他于1928年出版的《财富论》一书中。坎南认为衡量人口适度的标准是产业是否获得最大收益。坎南利用"报酬递减规律"来解释人口与产业的关系:人口过少,全部产业总收入达不到最大值,此时就应当适当增加人口;反之,如果人口规模过大,会造成产业收益减少,此时要适当减少人口。产业获得最大收益时的人口就是经济适度人口。关于适度人口是否变化这个问题,坎南在《财富论》中阐明了产业收益点的变动问题,认为无论是整个产业还是一种产业的最大收益点,都不会保持长久不变。随着知识的进步和其他条件的变化,产业最大收益点的位置是经常变动的,因而适度人口规模也是变化的。但他始终未能提出分析人口增长率与经济增长率之间关系的理论与方法。

威克赛尔也是早期经济适度人口的主要代表人物,他在《论适度人口》中最先使用了"适度人口"这一概念。威克赛尔扩展了适度人口决定因素的范围,认为应该从国家的经济发展水平和科学技术进步的程度来考察,特别要考察工农业的生产能力和供养能力。在一定时期内,能为一个国家的工农业生产潜力允许达到的最大生产率所容纳的人口,就是经济适度人口规模。威克赛尔认为,人口增长会对经济起到两种相反的作用:一方面,人口增长,数量过多,会使土地和资源数量减少,同时摊薄人均劳动生产力,使人均收益下降;另一方面,人口增长是社会分工的前提,分工的细化有助于社会生产力的提高,又会提高人均收益。可以看出,威克赛尔是将悲观派和乐观派的观点进行了综合,同时对后来的低水平均衡陷阱理论产生了一定的影响。

坎南和威克赛尔的适度人口理论,对人口学说的发展产生了深远的影响,但他们都假定人的知识和科学技术等条件不变,因此主要的立足点还是一种静态的适度人口分析。

2. 现代适度人口理论

与早期的适度人口理论相比,现代适度人口理论的领域更加广泛,其确定的经济适度的标准不断扩展,从原来的"收益"变化为人均产量或人均收入,而且将适度人口理论从静态转向了动态。这使得现代适度人口理论有更好的解释力。

法国人口经济学家索维是现代经济适度人口论的代表人物,其观点主要反映在其著作《人口通论》当中。他为适度人口下了一个定义:适度人口就是一个以最令人满意的方式达到某项特定目标的人口。而这个特定目标,是一个包括个人福利、财富、就业、健康、知识等在内的多重目标的集合。适度人口的动态变化,是指技术变革、经济结构变革、就业变动等条件下适度人口量所发生的变化。索维在考察动态经济适度人口时，主要是从技术进步和生产率提高对适度人口的影响这两个角度进行的。他认为伴随着技术的进步，最高人口量和适度人口量都会提高。索维还提出了适度人口增长率的概念，从短期、中期、长期和超长期四个时间维度出发考察了适度人口增长率与经济指标的关系：短期内，人口规模处于静态适度时的增长率即适度人口增长率；中期内，假定人口的年龄结构不变，此时的适度人口增长率与人口密度无关；长期内，人口增长率会保持较低的增长；超长期内，人口最终会趋向于零增长，达到稳定状态。

赫茨勒在考察适度人口问题时，将人口与现有的资源、技术及文化状况结合起来，为现实情况下确定人口规模提供了一个更具操作性的指标。赫茨勒认为，与现有的资源、技术及文化状况相平衡的人口要素，不仅和人口数量有关，而且和人口的年龄结构、性别结构及人口的素质有关。因此，"凡是能够最有效地达到按人口计算的最佳经济生活水平的人口，就是适度人口"。

适度人口理论重视人口与资源的关系，"适度"的意思就是在各种条件约束下，达到的最优人口状态。早期的适度人口理论主要关注食物供给能力和工农业生产水平，认为在这些条件的限制下追求经济最大收益，由此决定的人口水平是"适度人口"；而现代适度人口理论则拓展了这些静态的观点，认为要对现有的资源、技术及文化状况进行综合考察，并且关注个人福利等综合指标，最终达到特定的人口目标。

2.4.3 发展中国家人口经济理论

20世纪50年代以后，工业化国家已经进入了人口出生率和死亡率都比较低的成熟阶段，世界人口的迅速增长主要是发展中国家的人口爆炸性增长的结果。发展中国家人口占世界人口的85%左右，其人口增长率远远高于世界人口增长率。表2-2反映了1980年以后世界人口按收入水平划分的数量和增长率。

表2-2 按收入划分的世界人口发展变化情况

国家类型	总人口/亿人					人口平均增长率			
	1980年	1990年	2000年	2010年	2020年	1980~1990年	1990~2000年	2000~2010年	2010~2020年
低收入国家	2.31	2.99	3.98	5.27	6.84	2.6%	2.9%	2.9%	2.6%
中低收入国家[①]	15.81	20.07	24.38	28.70	33.19	2.4%	2.0%	1.7%	1.5%
中、低收入国家	34.62	42.33	49.90	57.15	64.95	2.0%	1.7%	1.4%	1.3%
中高收入国家	16.50	19.27	21.54	23.18	24.93	1.6%	1.2%	0.8%	0.7%
高收入国家	9.56	10.27	11.00	11.78	12.41	0.7%	0.7%	0.7%	0.5%
全世界	44.33	52.80	61.14	69.22	77.64	1.8%	1.5%	1.2%	1.2%
中国	9.81	11.35	12.63	13.38	14.11	1.4%	1.1%	0.6%	0.5%

资料来源：世界银行数据库（https://databank.worldbank.org/reports.aspx?source=population-estimates-and-projections#）

[①] 世界银行标准：低收入国家是指2022年人均国民总收入低于1135美元的国家；中低收入国家是指2022年人均国民总收入在1136美元至4465美元之间的国家；中高收入国家是指2022年人均国民总收入在4466美元至13 845美元之间的国家；中、低收入国家是指2022年人均国民总收入低于13 845美元的国家；高收入国家是指2022年人均国民总收入超过13 845美元的国家。

表 2-2 中的数据显示，世界人口在 1980~1990 年保持 1.8%的平均增长率，之后下降到 2010~2020 年的 1.2%。低收入国家的人口增长率一直保持在 2%以上。中国的人口平均增长率下降较快，而且维持在世界平均水平以下。总体来看，发展中国家还是以较高的人口增长率贡献了世界的大部分人口。基于发展中国家人口激增的现实，经济学家关注发展中国家人口增长的特点，并结合发展中国家的具体情况来研究人口增长的原因和后果，其中一些理论因为较为符合现实而具有一定的影响力。

1. 低水平均衡陷阱理论与临界最小努力理论

低水平均衡陷阱理论和临界最小努力理论存在一定的关联性，低水平均衡陷阱理论是临界最小努力理论的前提，而后者又是摆脱前者"陷阱"的一种方法和手段。

纳尔逊在其于 1956 年发表的《不发达国家的一种低水平均衡陷阱》一文中，利用数学模型考察了发展中国家人均收入、人口增长和国民收入增长之间的关系，认为人均收入的增长率与人口的增长率互相牵制、互相影响，由此提出了低水平均衡陷阱理论。这一理论由于符合马尔萨斯的人口观点，故又被称为马尔萨斯人口陷阱。纳尔逊指出，当收入水平较低、生活贫困的时候，死亡率较高，人口的增长受到抑制；当人均收入的增长率快于人口的增长率，人们的生活得到改善时，人口开始快速增长，从而将刚刚上升的人均收入拉回原来的水平。二者的相互牵制产生了"低水平均衡陷阱"，即只要人均收入处在一个较低的水平上，人口增长就会将其拉入陷阱之中。摆脱陷阱的方法是从控制人口增长本身和提高收入水平两方面着手。新马尔萨斯理论认为：穷国永远不能超越人均收入的维持生计水平，因此主张通过预防性措施（计划生育）来控制人口，从而实现经济的增长。另一种摆脱陷阱的方法是通过大规模的投资，使提高人均收入的力量超过人口增长对人均收入的降低力量，从而使国民收入得到增长，之后国民收入的增长又会逐步下降直至与人口增长率相等，但此时是一种高水平的、稳定的均衡。这种方法就是"临界最小努力"。

临界最小努力理论是经济学家莱宾斯坦于 1957 年提出的。在纳尔逊研究的基础之上，莱宾斯坦进一步分析了造成贫困陷阱的原因及解决的方法。莱宾斯坦提出了落后经济是准稳定均衡体系的假设，因为这种准稳定均衡体系表现在人口上，所以莱宾斯坦将人口作为内生变量纳入经济体系。莱宾斯坦认为：如果外力刺激和内部努力达不到临界努力，就不能打破稳定。在发展中国家发展经济的过程中，有两种力量影响着收入的增长。从性质上看，可以分为提高收入的力量（income-raising forces）和压低收入的力量（income-depressing forces）。其中，上一期的收入水平和投资水平构成了提高收入的力量，而上一期的投资规模和人口增长速度构成了压低收入的力量。两种力量相对比的结果决定了收入的均衡状态。如果人均收入的增长被人口增长所拉低，那么收入就会回到低水平均衡的状态中去。此时需要增强提高收入的力量，使人均收入大幅提升，从而脱离低水平均衡，达到高水平均衡。

纳尔逊和莱宾斯坦的理论在本质上存在相似性，前者揭示了一种现象，后者则分析了造成这种现象的具体原因和解决思路，并且这两者都在一定程度上对于人口和资源的关系的论述带有马尔萨斯式的悲观色彩，认为人口的增长减少了人均资源的获得，结果将导致贫困。两者的理论都存在着一定的缺陷。首先，两种理论都过分强调资本积累对于发展中国家的重要性。发展中国家的实际表明，资本积累并不是决定经济发展的决定性因素，科技进步、教育等因素对于经济发展的影响也很大。其次，收入的增长并不必然带来人口的增长。事实表明，发展中国家的人口增长并不与人均收入增长呈正相关关系，通过生育观念的调整和计划生育措施的实施，不少发展中国家的人口增长率也处于不断下降过程。针对临界最小努力理论，有经济学家提出并不需要"最小努力"，经济的发展是一个渐进的过程，即使人口的增长可能会导致人均收入水平的降低，经济也不至于退回到原始的水平，人均收入完全可以通过一种退少进多的迂回路径来走出"低水平陷阱"，达到经济发展的目标。

2. 发展中国家人口增长后果的争论

围绕着发展中国家人口迅速增长所带来的后果，经济学、社会学及人口学一直存在着争议。争议基本上可以分为两方：一方认为发展中国家的人口增长问题其实是一个根本就不存在的、由发达国家捏造出来的"伪问题"；另一方则认为发展中国家人口迅速增长是一个后果严重、亟须解决的"真问题"。

坚持"伪问题"的一方认为发展中国家贫困、落后的根源不是人口过多，发展才是问题的根源及解决一切的思路，即如果发展中国家的经济充分发展，社会充分进步，人口增长便可以得到自动控制。鉴于发展中国家目前贫困、落后的状况，多生孩子、组建大的家庭其实是一种个人在社会不稳定的大背景下寻求庇护的必然选择。针对发达国家提出的由于发展中国家人口过多对资源和环境造成的损害，坚持"伪问题"说的学者认为造成目前资源枯竭、环境污染的罪魁祸首应该是发达国家过高的消费水平，只占不足世界人口25%的发达国家人口却消费了世界上80%左右的资源，因此解决的方法应该是降低发达国家的消费水平而非控制发展中国家的人口。同时，该方学者认为人口增长能够为本国的经济发展提供丰富而廉价的劳动力，还有助于利用土地、森林等未被开发利用的资源；从政治立场出发，人口众多还有助于增强国防军事实力。此外，一些学者认为人口与创新有关，因为更多的人口意味着更多的人使用思维，暗含了更大量的知识。因此，坚持"伪问题"的学者认为发展中国家的人口增长问题是发达国家刻意捏造出来的，实质是限制发展中国家的经济和社会进步，从而避免发展中国家对自身的威胁。它实际上是一种阴谋。

人口增长有害论主要是在20世纪五六十年代坚持认为发展中国家人口增长后果严重的一方中盛行，其主要依据是人口-贫困循环理论，他们认为人口增长会导致一系列经济、社会及心理问题。人口增长意味着沉重的抚养负担、较低的储蓄率和投资率，以及停滞的经济增长，它们如同恶性循环一样，导致"一国穷是因为穷"。该理论的主张者还从一系列经验研究结果出发，认为人口增长会给经济增长、贫困和社会公平、教育普及、医疗健康、粮食安全、资源环境及国际移民造成负面影响，因此呼吁发展中国家通过一系列措施来控制人口的过度增长。

基于上述两方针锋相对的观点，托达罗在其《发展经济学》著作中，概括了三点共识：第一，人口问题不是数量问题，而是生活质量和福利问题；第二，人口增长不是导致发展中国家贫困和不平等的主要原因；第三，人口问题虽然不是导致发展中国家贫困、欠发达的首要原因，但必须承认人口迅速增长强化了贫困。同时，目前的争论焦点也开始转变到以下问题：快速增长的人口带来的负面效应是否已经尽可能小？抛开人口增长对于整个宏观经济的影响，转而分析人口增长与具体的宏观经济因素之间的关系，如人口对宏观政策的影响，以及人口对财政税收的影响等。

因此，无论是发展中国家还是发达国家，都应该有所作为。对于一些人口增长过快的发展中国家而言，一方面应该通过教育、计划生育、经济激励等手段来改变人们的生育观念、控制生育率；另一方面要通过发展经济、提高生活水平等手段使人口增长得到自然的控制。相较而言，后者的作用比前者更为重要和根本，因为前者只是针对人口变量本身，后者却能够解决人口迅速增长的社会和经济根源。对于发达国家而言，一方面应该通过简化生活方式和消费习惯的方法减轻对资源和环境的压力，另一方面可以通过技术转移、国际援助等方式为发展中国家提供帮助。

本 章 小 结

早期对人口经济思想的论述包括重商主义、重农学派、古典学派几大流派。重商主义和重农学派都强调人口与财富增长之间的关系，重点从流通领域论述了人口增长对财富积累和国家强盛的重要性。古典学派经济学家主要从经济增长、收入、工资、地租等经济变量入手分别分析它们与人口之间的关系。此外，马尔萨斯对于人口经济思想进行了专门的论述，其著名的两条公理、两个级数、三个命题及两种抑制使后来的经济学家对其理论的争论一直持续至今。

马克思的人口经济理论主要包括相对过剩的人口理论和两种生产理论。相对过剩的人口理论是资本主义生产特有的人口法则。两种生产理论主要阐释人类历史发展的动力问题。

当代人口经济思想主要包括凯恩斯学派人口经济思想、适度人口理论及发展中国家人口经济理论。凯恩斯的人口经济思想分为早期和后期两个阶段，受马尔萨斯影响较大，且与其宏观经济思想联系紧密。汉森利用人口增长与有效需求的关系解释了资本主义经济周期问题。适度人口理论包括静态适度人口理论和动态适度人口理论两个部分，主要研究人口规模应该保持在怎样的水平才会对经济和社会最为有利。

由于发展中国家的人口问题较为突出，经济学家开始结合发展中国家的人口特点和具体情况研究发展中国家的人口经济问题，其中低水平均衡陷阱和临界最小努力理论具有代表性。同时，经济学家还就发展中国家人口迅速增长带来的后果进行了讨论。

关键概念

重商主义　　重农学派　　相对过剩人口　　两种生产理论　　适度人口理论
低水平均衡陷阱　　临界最小努力理论

思考题

1. 对比马尔萨斯人口经济理论与马克思相对过剩人口思想的异同。

2. 简评适度人口理论。

3. 简述发展中国家人口经济理论并结合中国人口现状进行简要评价。

4. 结合各学派历史背景简述其人口思想产生的原因及该人口思想在其所处时代的适用性。

5. 简述不同人口思想对于人口与资源关系的看法。

推荐阅读的文献资料

恩格斯. 2009. 家庭、私有制和国家的起源[M]//中共中央马克思恩格斯列宁斯大林著作编译局. 马克思恩格斯文集. 第 4 卷. 北京: 人民出版社: 13-198.

兰德雷斯 H, 柯南德尔 D C. 2011. 经济思想史[M]. 4 版. 周文, 译. 北京: 人民邮电出版社.

马尔萨斯 T. 1992. 人口原理[M]. 朱泱, 胡企林, 朱和中, 译. 北京: 商务印书馆.

马克思. 2009.《政治经济学批判》导言[M]//中共中央马克思恩格斯列宁斯大林著作编译局. 马克思恩格斯文集. 第 8 卷. 北京: 人民出版社: 5-36.

马克思, 恩格斯. 2009. 德意志意识形态[M]//中共中央马克思恩格斯列宁斯大林著作编译局. 马克思恩格斯文集. 第 1 卷. 北京: 人民出版社: 507-591.

马寅初. 1997. 新人口论[M]. 长春: 吉林人民出版社.

彭松建. 1987. 西方人口经济学概论[M]. 北京: 北京大学出版社.

索维 A. 1983. 人口通论[M]. 查瑞传, 邬沧萍, 戴世光, 等译. 北京: 商务印书馆.

杨坚白, 胡伟略. 2007. 人口经济论[M]. 北京: 社会科学文献出版社.

第3章 宏观人口经济理论

宏观人口经济学从宏观的角度研究人口变量与资源、环境及经济发展变量的多方面直接的或间接的相互影响的关系。其焦点主要集中在以下几大主题上：人口数量增长及质量的提高、城市化、老龄化、低生育率等诸多变量对资源、环境及经济发展的效应。同时，资源、环境及经济发展也通过各种途径对人口增长、人口素质、人口分布和人口结构产生深刻影响。

3.1 宏观人口经济分析

3.1.1 人口数量增长的压力

1. 人口数量增长对自然资源的压力

资源是指存在于自然界中，在一定的生产力和技术水平下，能被人类利用于生产和生活的自然物质和能量，它是人类赖以生存和发展的物质基础，是人类生存发展的支撑保障系统。然而，人口增长的后果是不断给资源增加压力。资源有一个"可持续性界限"，有一定的承载力，它是全世界或一个国家和地区在不降低其未来支持人类生存能力的情况下，能维持生存的食物供养水平的最大人口规模。

20世纪50年代以后产生的"人口压力说"主要强调了人口数量增长对自然资源和生产能力的压力，它基本上延续了马尔萨斯人口论中一些引起争论的问题，如人口与土地承载力的关系、人口与经济增长及生活水平提高的关系等问题。这些理论与西方传统的人口过剩理论有很多共同点：都认为人口过剩是人口生殖力超过经济负荷力的结果；人口过快的增长会对经济的发展和社会的进步形成巨大的压力。该理论认为人口压力促使土地的生产能力下降。福格特于1948年出版的《生存之路》是当时这种观点的代表作。他从农业经济学和农业生态学的角度，论述了人口数量增长和土地负载力之间的关系，认为正是这些关系造成了许多矛盾和困境，而这些矛盾和困境集中在人类滥用土地等方面。他提出一个表示人口与土地资源关系的公式：$C=B/E$，其中，C 表示土地负载的能力，即土地向人类提供生产资料的能力；B 表示生物潜能，即土地上的绿色植物为人类提供住所和粮食的能力；E 表示环境阻力，包括所有自然环境和人工环境对生产能力施加的限制。他通过一系列论证表明：C 与 B 呈正相关关系，而与 E 呈负相关关系。由此得出，人口和土地压力的增加有可能严重危及人类的生存。

我国土地资源总量丰富但人均占有量贫乏。根据自然资源部公布的《2022年中国自然资源统计公报》数据，我国耕地、林地和草地总量2021年分别高达1.28万亿平方米、2.84万亿平方米和2.64万亿平方米。伴随着经济快速发展，我国人均耕地面积迅速下降。

第三次全国国土调查数据显示，2019年末全国耕地面积19.18亿亩（1亩≈666.67平方米），过去十年全国耕地减少了1.13亿亩。与此同时，人们的食物消费结构随着生活质量提高也有很大改善，这加剧了当前并未得到妥善解决的粮食安全问题。以人均400千克计算，在当前生产技术未取得重大突破前提下，必须保证中国耕地红线18亿亩用于粮食生产。粮食安全压力长期存在并可能加剧，对耕地利用提出更高要求。

人口的迅速增长也给淡水资源带来了巨大的压力。随着工农业的发展、城市化的推进，人们对人类赖以生存和发展的环境之一的淡水资源的需求量不断增加，但是淡水资源是有限的，人口的迅速增长进一步加剧了淡水资源供求关系的不平衡。虽然地球有70.8%的面积为水所覆盖，但其中97.5%的水是咸水，无法直接饮用。在剩下的2.5%的淡水中，有87%是人类难以利用的两极高山冰川。据联合国教育、科学及文化组织发布的2021年《世界水发展报告》统计，目前世界上大约15亿人口面临淡水不足，其中29个国家的4.5亿多人口完全生活在缺水状态中。而到2025年，全世界将有近一半人口生活在缺水地区。

人口数量增长对资源的压力还表现在燃料和能源方面。一方面，消费资源的人口数量大大增加；另一方面，生活水平的提高也扩大了资源的消费量。而且，人类对资源的过度开采与使用，使两者的矛盾更加尖锐。世界性能源危机和人口爆炸结合起来使问题更加复杂化。

2. 人口数量增长对生态环境的压力

人口数量的急剧增长对生态环境造成的压力表现在两个方面：一是生态系统的良性循环受到干扰和破坏；二是环境污染加剧。在巨大的人口压力下，人们对土地、淡水、森林和矿产等自然资源进行了掠夺性的开发。这违反了生态经济学法则，造成森林萎缩、草原退化、土壤侵蚀、土地沙化、生态失调、自然灾害加剧、野生动植物灭绝等一系列问题，使人口本身的消极方面上升为主导地位，成为阻止人类自身生存和发展的不利因素。人类生产和生活活动所排放的大量废弃物也造成了严重的环境污染。20世纪中叶以后形成的人口生态理论从人口数量增长问题入手，系统研究人类与其生存环境的关系问题。早期在这方面有影响的著作是美国人口生态学家埃利奇夫妇的《人口、资源、环境》一书。他们指出人类只有一个地球，地球是一个有限的空间，它不仅是人类唯一的生存环境，而且是人类和其他生物群体共享的。人口数量的过快增长破坏了生态平衡，使人类陷入困境，形成了严重的人口-社会经济问题。危机正逐步演变为世界性的，如大气污染、土地生产力退化等，其原因在于：发展中国家人口无限制的增长已经超过了地球的物质和生态环境的承载力；发达国家则存在全球性的严重的环境污染和对自然资源掠夺性的过度开采。地球的生态系统已经遭到破坏，大气污染使气候控制系统趋于失灵。更有甚者，人类为争夺资源还不断制造原子弹与生物武器。

人类对生态环境的最大破坏是造成环境污染。热污染、化学污染、噪声污染、流行病蔓延等，都是人类破坏环境和违反生态运行规律的结果。按照生态学的基本原理，动植物、微生物共同构成生物群体和生命系统，同时又和物质环境构成生态系统。在这一系统内部，生命系统和环境系统的联系是通过食物链这一渠道，以能量流和物质流两种循环形式实现的,这种循环在一种缓慢、和谐的平衡状态下沿着单一的路线行进。人类的一些活动,如建筑、开采等,会改变和破坏一些系统的自然平衡。当人类活动范围小、破坏能力弱时,生态系统的自然平衡还能在一定程度上得到恢复;人类的破坏力一旦达到一定的强度,将使生态系统受到彻底破坏,从而造成生态环境的恶化。

对大气的污染和破坏也使"温室效应"增大,从而导致全球气候变暖。"温室效应"是与人口的迅速增长相关的。据估计,全球平均气温将以每 10 年 0.2℃的速度升高,平均海平面将会每 10 年升高 5 厘米。"温室效应"还会使现有的农业耕地在一定程度上失去作用。总之,随着人口的迅速增长,人为增加的温室气体排放的危机是不可逆的。

3. 人口数量增长对经济发展的压力

关于人口增长与社会经济发展的关系,经济学家和人口学家提出了各种理论。早期的研究都偏重人口增长对经济进步和世界文明的积极作用,认为历代最高的文明表现在人口最稠密的那些地区。乐观主义的观点是随着发达国家人口问题的转型逐渐形成的,它成熟于 20 世纪 60 年代。库茨涅茨认为,人口增长是与稳定的或相对提高的人均产品一同实现的;克拉克指出,从长期看,增长的人口可能比非增长的人口更能促进经济的发展;舒尔茨认为,人口稠密的西北欧尽管资源匮乏,但由于重视了人力资本的投资,经济发展仍取得了很大成就。

但是,随着世界人口加速增长和许多人口众多的文明古国的衰落,人口规模在现代已不再是一个国家富强与繁荣的标志,反而被认为是造成社会动乱和发展停滞的主要因素。悲观主义的观点主要形成于 20 世纪 50~70 年代,主要研究人口数量增长对资源、环境的破坏和对经济的阻碍,如纳克斯的"贫困恶性循环理论"、福格特的"资源耗竭论"等,都把人口看作经济持续增长的阻碍力量。美国社会学家赫茨勒是当代较系统地从社会学角度论证人口问题的学者之一,他于 1956 年出版的《世界人口的危机》一书把人口要素的变化看作社会文化变化的结果,特别是现代化发展过程影响的结果。他认为"人口危机"是现代化发展水平低的表现,也是阻碍社会稳定与进步的重要因素。他还分析了一个国家社会经济不发达和人口压力之间的内在联系,认为对于还处在现代化初级阶段的或者现代化刚刚起步的国家来说,不发达和人口压力是并存的。现代的人口压力已经不同于传统农业社会的人口压力,农业社会可以用人口密度表示人口过剩,而现代人口过剩则包括多种含义,它包含特定国家、特定时期的人口与资源、利用资源的手段,以及分配之间的种种关系。因此,人口过剩主要以经济发展的需要为标准,以人均收入和人均产量最大值,即经济适度人口为测量尺度,同时考虑其他社会福利因素。

现在绝大多数经济学家都认为过快的人口数量增长阻碍了不发达国家自身的发展和现代化进程。由于人口压力大,科技进步和经济发展的成果几乎都被新增的人口消耗掉,经济上绝大部分努力只能用于消费,而不能用于发展生产;人口数量增长快,新增人口多和人口的年龄构成轻,不仅使抚养负担系数上升和文盲率上升,而且增大未来劳动人口比重和教育费用开支;人口数量过快增长会使新增劳动力人口增加,从而加重失业现象。社会生产顺利进行的必要条件是生产资料与劳动力相结合,劳动人口实现充分就业只能出现在被足够的生产资料吸收的时候。如果劳动力的供给超过了生产的需要，就会出现一部分劳动力资源与生产资料相分离，大量的劳动力面临失业。因此，对大多数发展中国家来说，放慢人口增长有利于本国经济发展。

总之，人口数量增长有两种经济效应。在经济资源充足的条件下，大量的人口不仅能形成规模经济，而且在一个国家面积确定时，较多的人口意味着人口密度较大，这样可以有效地降低交易成本，从而有利于经济的增长。以英国为例，人口数量的增长是英国工业革命的真正动因。这场革命于1759年开始，但到1830年以后才真正启动，原因就是英国人口由1800年的1600万增加到1950年的5000万，新增的人口不仅为生产提供了充足的劳动力，而且形成了一个巨大的消费市场，从而使英国真正开始了现代化历程。但在经济资源相对短缺的条件下，人口的过快增长反而会抑制经济的发展。20世纪后期以来，大多数发展中国家出现了经济的低水平与人口爆炸并存的局面，劳动力的大规模增加已经远远超过了经济所创造的就业机会，从而引起人力资源的大量闲置，出现各种类型的失业，经济处于更加低迷的状态，甚至出现了负增长。因此人口数量过多，不一定势必阻碍经济的发展；相反，人口数量过少，也不一定会导致经济增长缺乏动力。一个国家的人口增长速度应与经济的发展水平相适应，与生态系统相协调。

■ 相关链接3-1　世界人口变动趋势 >>>

在经典的经济增长模型中，人口是最重要的因素之一。在近现代世界史中，每一个经济快速增长的国家都伴随着人口爆发性增长的过程，人口红利是这些国家经济发展的重要推动力。然而近年来全球人口虽然有增长，但是增速明显放缓，从图3-1可以看出2019年全球人口约为76.63亿，比2011年多了大约6.6亿，但是人口增长率由2011年的2.1%下降至2020年的1.3%。联合国发布的《世界人口展望2022》预测世界人口将在2030年和2050年分别达到85亿和97亿，到21世纪80年代达到104亿的峰值，并在21世纪结束前维持这一水平。《世界人口展望2022》还显示世界人口增长率在2020年降至1.3%，预计在2022年至2050年将有61个国家或地区的人口减少1%或者更多。

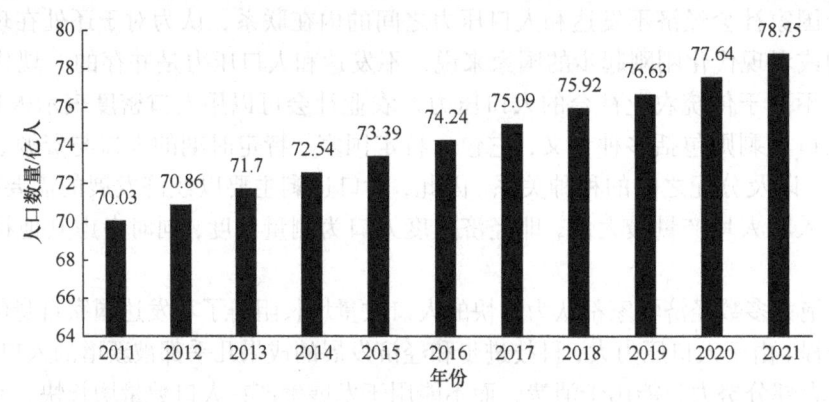

图3-1　世界人口总数

资料来源：世界银行人口数据库

从人口结构来看，低生育率和长寿将推动全球迈向老龄化。图 3-2 数据显示，从全球看 2019 年 65 岁以上人口占比为 9.1%，2030 年将达到 11.7%，2050 年达到 15.9%，2100 年达到 22.6%。到 2050 年，65 岁以上老人的数量会达到 5 岁以下儿童数量的两倍，并且超过青少年（15~24 岁）人口数量。

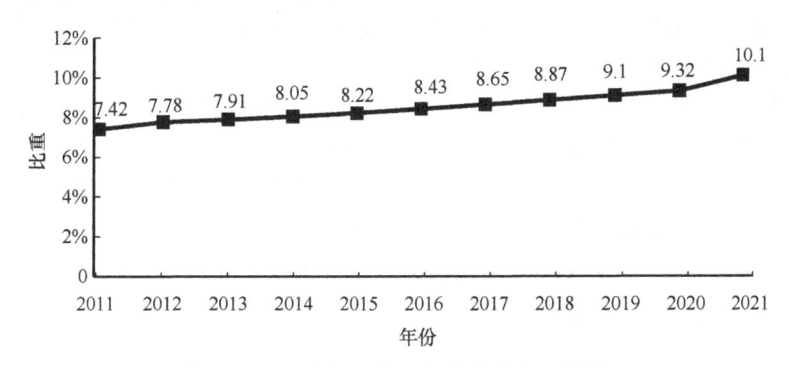

图 3-2　65 岁以上人口占世界总人口比重

资料来源：世界银行数据库、《世界人口展望 2019》及《世界人口展望 2022》

3.1.2　人口质量提高的作用

人口质量也称作人口素质，它包括人口的个体素质和社会素质。个体素质由身体素质、文化科学素质和思想道德素质构成；社会素质依赖于个体素质，并与个体素质的高低比例有关。舒尔茨认为，人口的质量可以分为先天赋予和后天获得两大类。各国人口的先天能力是接近的，但后天获得的能力却差别较大，各国人口质量高低的差异，主要取决于人们后天的努力程度和学习能力。随着工业经济向知识经济的转变，人口的质量被看作决定一个国家的综合国力的关键因素。

首先，人口质量的提高是经济增长的主要源泉。一国劳动力素质的形成与人口质量有直接对应关系，如果人口数量不变，人口质量的提高带来劳动力素质的提高和智力资源的增长，劳动力资源量也相应增长，即一个地区或国家的人口质量越高，劳动力资源的质量也就越高。人力资本理论的创始人舒尔茨使用人力资本的概念，论证了人力资本投资是经济增长的主要源泉，对许多传统资本理论无法解释的经济现象进行了分析，为经济学研究注入了新思维。他指出，在经济发展过程中人力资本投资收益率要高于物质资本投资收益率。他认为单纯从自然资源、实物资本和劳动力的角度，并不能解释生产力提高的全部原因。人力资本在经济增长中起着决定性作用。20 世纪 80 年代以后出现的新增长理论将人口质量的因素作为经济增长的内生变量，认为长期经济增长不是来自自然资源、物质资本投资和单纯的规模扩大，而是来自人口质量提高所带来的技术进步。建立在知识生产和人力资本投资基础之上的技术进步不仅带动产出的增长，而且通过知识积累和人力资本积累的外部效应来提高劳动力、自然资源、物质资本等各要素的生产率，并削弱这些要素同边际收益递减的内在联系，以获得规模递增的收益，从而保证长期的经济增长。

其次，高质量的人口是实现人口、自然资源、生态环境与经济可持续发展的原动力。传统的、依赖物质资本投入的增长方式，是以消耗自然资源为经济增长的代价的，其后果是对自然资源的过度开采和人类的生存环境的巨大破坏，并对人类的健康和生存造成威胁。同时，由于自然资源并非取之不尽，用之不竭，依靠自然资源投入为推动力的经济增长，必然会受到资源禀赋的制约而缺乏潜力和后劲支撑，并随着资源的紧缺而停止和衰落。因为人自身的潜能是无限的，知识积累具有无限性，所以人的生产能力的开发和发展是动态无限的，因此，人口质量的不断提高是实现人口、自然资源、生态环境与经济可持续发展的原动力。其一，劳动力文化素质的提高，意味着劳动者有丰富的知识和经验，这将提高人们对事物的洞察力，降低人与自然的摩擦；其二，劳动者的教育水平和技术水平的提高，有利于技术的创新，从而在不增加要素投入的情况下引起产量的扩张；其三，人口质量提高的过程就是文明程度的提高过程，从而使劳动者的社会责任感得到相应的提高，价值观念朝着有利于经济良性发展的方向转变。总之，只有以提高人口质量为基础，依赖科技进步实行集约型经济发展模式，才能最终实现人口、自然资源、生态环境与经济的良性循环。

▎ 专栏3-1　新中国人口政策回顾与展望 ▶▶▶

　　新中国是在半殖民地半封建社会基础上建立起来的，封建社会"多子多福"的传统观念影响深远。1953年全国人口普查，出生率上升到37.0‰，死亡率下降到14.0‰，自然增长率创下23.0‰的新高。这表明，在短短的3年国民经济恢复时期，我国人口再生产类型就完成了由高出生、高死亡、低增长向高出生、低死亡、高增长的转变，随后迎来第一次生育高潮[1]。这种情况引起了党和政府的关注，毛泽东提出了"要提倡节育，要有计划地生育"[2]的思想。1957年7月5日《人民日报》发表了马寅初的《新人口论》，它分析了人口增长过快同经济社会发展的矛盾，主张控制人口数量、提高人口质量，《新人口论》曾受到毛泽东等中央领导同志的赞扬。但是，1957年反右派斗争，将适当控制人口增长当作马尔萨斯人口论批判，进而形成了"人口越多、劳动力越多、积累越多、发展越快"——人口越多越好的理论教条，人口问题成为无人敢于问津的"禁区"。

　　进入20世纪70年代，全国人口突破8亿。面对经济短缺、人口和劳动力过剩的严峻形势，中央领导同志多次强调控制人口增长、加强计划生育工作。1971年国务院批转《关于做好计划生育工作的报告》，把控制人口增长的指标首次纳入国民经济发展计划。1973年提出"晚、稀、少"，强调核心是"少"，遂演变为"一个不少，两个正好，三个多了"的生育政策。1978年3月，"国家提倡和推行计划生育"首次被写入宪法，同年10月，明确提出"提倡一对夫妇生育子女数最好一个，最多两个"。1982年党的十二大报告把实行计划生育确定为我国的一项基本国策。

　　进入20世纪90年代，一方面生育率进入更替水平以下，人口控制任务已经不像以前那样紧迫了；另一方面中国开始实行市场经济体制，计划经济体制下的人口控制方式和方法已经不能适应市场经济体制的要求。计划生育工作改革朝着两个方向进行。一

---

[1] 田雪原. 2009-12-04. 新中国人口政策回顾与展望[N]. 人民日报，(7).
[2] 毛泽东. 1999. 毛泽东文集（第七卷）[M]. 北京：人民出版社：308.

是努力实现工作方式和工作方法的两个转变,除了继续推行以行政制约为手段的直接调控外,增加了以利益导向为手段的间接调控,并对人口进行综合治理;二是拓宽计划生育工作的内容,在管理的基础上增加了服务的内容,如知情选择、计划生育优质服务。

进入21世纪,随着我国人口出生率逐渐下降和人口老龄化程度加重,我国人口结构逐渐出现失衡,为了进一步优化人口结构和保障未来经济可持续发展,我国对于人口政策做出了多次调整。2013年十八届三中全会审议通过了《中共中央关于全面深化改革若干重大问题的决定》,提出坚持实施计划生育国策,启动实施一方是独生子女的夫妇可以生育两个孩子的政策,逐步完善生育政策,促进人口长期均衡增长。2015年10月29日党的十八届五中全会提出全面实施一对夫妇可生育两个孩子的政策,积极开展应对人口老龄化行动。2021年8月20日,全国人大常委会会议表决通过了关于修改人口与计划生育法的决定,修改后的人口计生法规定,国家提倡适龄婚育、优生优育,一对夫妻可以生育三个子女。并提出,完善三孩生育政策配套措施,将3岁以下婴幼儿照护费用纳入个人所得税专项附加扣除,发展普惠托育服务,减轻家庭养育负担,以此来积极应对人口老龄化和低生育水平。

党的二十大报告强调要"优化人口发展战略,建立生育支持政策体系,降低生育、养育、教育成本。实施积极应对人口老龄化国家战略,发展养老事业和养老产业,优化孤寡老人服务,推动实现全体老年人享有基本养老服务"。

资料来源:依据国家有关政策整理

3.2 人口分布与城市化

3.2.1 人口分布的经济分析

人口分布是在一定时间点上,人口在地理空间上的分布状态。具体而言,是人口在地理空间上由点到面的聚集、扩散和变动,是人口现象在地理空间的组合与联系。人口分布不仅指人口数量的分布,而且包括其他人口现象在一定时间内的地理分布状况和变动情况,如人口的数量、质量和结构,各类地区总人口的分布,以及某些特定人口(如城市人口、民族人口)、特定的人口过程和构成(如迁移和性别等)的分布等。

人口分布与资源、环境及经济可持续发展之间存在着紧密联系。一方面,人口分布受自然环境因素和社会经济因素的制约。另一方面,人口分布又对自然环境和社会经济发展产生重要影响。

自然地理环境对人口分布所施加的影响表现在:一是通过对人口居住所提供的便利与所施加的限制;二是通过对生产所提供的便利与所施加的限制。由于自然地理环境的各个因素在地球表面的差异性,各种因素在某一地区的不同组合对人口的分布所提供的条件就大不一样。当今世界上人口分布的不平衡,在很大程度上是自然地理条件所施加的种种影响造成的。气候条件是自然环境中极其重要的因素,它影响着人的生产与生活,也影响着人口分布。人类最初起源于热带,是因为只有在热带才有利于人类生命的繁衍,才能获得丰富的天然食物,才能避开寒冷的威胁。地势地貌对人口分布的影响也是显著的。海拔高低影响着人口的垂直分布,地形的崎岖程度、坡度的大小、坡向的阴阳,对人口分布都有影响。水是人类生存和进行生产活动的最基本的物质条件之一,因此水资源的分布对人口分布影响极大。古代文明的发祥地基本上都是在河流和湖泊沿岸。近代和现代的居民点和工业分布,更明显地依赖于水资源所提供的水、动力和航运条件。

工业革命以来,随着生产力水平不断提高,经济发展水平状况和经济结构的地区分布,对人口的发展与分布起着决定性影响。现代工业和交通运输工具的发展,使得人口有可能摆脱对农业区的依赖,高度地集中到远离农村的大城市中来。脱离农业的产业结构变迁也决定着人口结构的地区分布,从而形成人口高度集中的城市与人口十分稀疏的农村的不匀称现象。但是,应该指出,当代世界各国生产力发展水平的高低,并不完全同人口密度的大小相一致。经济发展水平高的国家或地区,人口密度并不一定很大,而经济发展水平低的国家,人口密度也不一定很小。这是因为现代化大生产的发展主要靠劳动生产率的提高,从而主要靠劳动力质量的提高,而不是靠劳动力数量的增加。而且随着现代工业和交通工具的发展,一方面农业对人口分布已不再起决定性的作用,另一方面人口密度对经济发展的影响也相对减弱。随着社会的发展,技术水平的不断提高,在不同地域空间,其人口分布的决定因素是可以发生变化的。总体来讲,随着人类改造自然、利用自然的能力不断提高,生存能力的不断增强,自然因素作为决定因素的地域范围会不断缩小,社会经济等因素决定的地域范围会不断地扩大。

人口分布又对自然环境和社会经济发展产生重要影响。任何一个地区必须有一定数量的人口,经济才能得到可持续的发展。但人口过密和过稀也不利于资源、环境及经济的可持续发展。人口过密,会增加对自然资源与环境的压力,还会产生劳动力过剩,增加失业;人口过稀,劳动力不足,生产的发展就会受到影响,从而会妨碍可持续发展。因此,人口的分布一般应与生产力的分布相适应,人口的数量、质量、密度应与生产力的发展水平相适应,否则就必然会延缓经济发展。此外,人口密度的大小对地区的经济结构也有影响;一个人口众多、人口密度很大的国家或地区和一个人口稀少、人口密度很低的国家或地区相比,其经济结构有巨大区别,从而对经济发展也有不同的影响。一般地,一个地区若在自然、社会经济等方面具有比较优势,其必然具有较大的人口包容量,从而导致城市化水平高,人口密度大,农业劳动力人均耕地占有量低。

■ 相关链接 3-2　人口密度 ▶▶▶

衡量和测度人口数量分布状况的一个重要指标是人口密度,这是人口分布中最基本的指标。人口密度是指一定时间内单位土地面积上居住的人口数量,一般以人/公里^{2}或人/公顷^{2}表示,用来反映人口分布的稠密程度,有助于认识人口数量分布的地区性差异,从而认识到人口数量分布的特征和规律。此外还可以采用人口的地域别比率、人口集中指数等一系列指标进行分析。表 3-1 是部分国家的国土面积与人口密度情况。

表 3-1　国土面积与人口密度

国家	国土面积/万公里² 2010年	人口密度/(人/公里²) 2010年	2015年	2020年
中国	960	141.94	146.41	149.72
孟加拉国	14.4	113.71	1200.40	1218.19
文莱	0.6	73.74	78.73	83.01
柬埔寨	18.1	81.08	87.93	94.71
印度	328.7	415.14	440.66	464.15
印度尼西亚	190.5	133.49	142.63	145.68
伊朗	174.5	45.29	48.19	51.57
以色列	2.2	352.29	387.25	425.84
日本	37.8	351.36	348.81	346.40
哈萨克斯坦	272.5	6.05	6.50	6.95
朝鲜	12.1	203.88	209.15	214.09
韩国	9.9	509.82	523.53	531.54
老挝	23.7	27.08	29.21	31.52
马来西亚	33.0	85.86	92.14	98.51
蒙古国	156.6	1.75	1.93	2.11
缅甸	67.7	77.46	80.67	83.35
巴基斯坦	79.6	232.75	258.70	286.55
菲律宾	30.0	315.14	342.47	367.51
新加坡	0.1	7231.81	7806.77	8019.47
斯里兰卡	6.6	323.10	338.81	354.31
泰国	51.3	131.53	134.50	136.62
越南	32.9	283.70	298.89	313.92
埃及	100.1	83.14	92.87	102.80
尼日利亚	92.4	174.03	198.88	226.34
南非	121.9	42.22	45.66	48.89
加拿大	998.5	3.79	3.98	4.24
墨西哥	196.4	58.69	62.69	66.33
美国	963.2	33.82	35.06	36.24
阿根廷	278.0	14.90	15.76	16.58
巴西	851.5	23.42	24.46	25.43

续表

国家	国土面积/万公里²	人口密度/（人/公里²）		
	2010 年	2010 年	2015 年	2020 年
委内瑞拉	91.2	32.24	34.10	32.24
白俄罗斯	20.8	46.74	46.61	46.21
捷克	7.9	135.61	136.59	138.57
法国	55.2	118.76	121.54	123.06
德国	35.7	234.61	234.15	238.02
意大利	30.1	201.53	206.47	199.68
荷兰	4.2	492.60	503.12	518.01
波兰	31.3	124.21	124.06	123.78
俄罗斯	1712.4	8.72	8.80	8.80
西班牙	50.5	93.15	92.95	94.80
土耳其	78.4	93.98	102.04	109.58
乌克兰	60.4	79.18	77.95	76.17
英国	24.4	259.44	269.15	277.27
澳大利亚	774.1	2.87	3.10	3.34
新西兰	26.8	16.52	17.51	19.33

资料来源：联合国粮农组织数据库、世界银行数据库（https://data.worldbank.org.cn/indicator/EN.POP.DNST）

3.2.2 人口城市化的含义和发展进程

人类进入工业社会后，人口分布的最重要变化就是人口由农村居住转向城市居住，城市人口数量的增多尤其是占总人口比重不断提高。人口城市化，是指人口从农村地区向城市地区的迁移和集聚，即城市人口的聚集和增长所形成的城市人口占总人口的比重的增长过程。就其本质而言，人口城市化是随着近代工业化过程而出现的乡村农业人口转变为城市非农业人口的过程，它不仅是乡村人口通过迁移向城市聚集变成城市居民的过程，而且是他们职业非农化、生活方式和思想意识逐渐具有城市性的过程。一般认为，城市化的内涵包括城乡人口分布结构的转换、产业结构的转换、价值观念和生活方式的转换、相关制度安排的变迁或创新。根据经济和社会发展的规律，城市化是一个国家走向现代化的必然选择，是社会发展的必然趋势。城市化水平的高低，是衡量一个国家经济进步和社会文明的主要标志。在研究城市化与经济发展的关系时，城市化的进程与工业化和经济发展的水平应趋于一致，城市化水平与经济发展呈现显著的正相关关系，城市化推动经济发展。

从世界范围内城市化的发展进程来看,根据西方发达国家城市发展历史,可以将工业革命以来的城市化进程分为四个阶段。第一阶段是集中城市化,即工业革命至 20 世纪 50 年代这一阶段,表现为人口、工业向城市集中,许多国家发展成为城市国家,集中城市化出现了交通堵塞、环境污染、住房紧张等问题。第二阶段是城市郊区化阶段,从 20 世纪 50 年代至 70 年代,表现为人口由拥挤的市中心向郊区逐渐扩散,Mills[①]分析了人口郊区化的因素:城市居民实际收入增长;公共汽车、私人汽车成为大众化交通工具,交通更加便捷;"城市病"的问题刺激居民向市郊迁移;厂商向郊区搬迁使就业机会市郊化;一些公共政策,如郊区住宅补贴、市区郊区公路网建设等。总之,工商业逐渐郊区化,使郊区成为一个独立的区域。第三阶段是逆城市化阶段,20 世纪 70 年代以后,西方国家普遍发生了人口离开城市向农村转移的比郊区化更为分散的城市化现象。出现的原因包括:第三产业中高新技术发展对资源、劳动需求下降,对环境的需求上升;人们生活水平提高使消费需求多样化发展,旅游度假、休闲健身的需要导致出现了很多为消费服务的城镇。第四个阶段是再城市化阶段,20 世纪 80 年代中后期,由于城市郊区化、逆城市化使城市中心衰落,政府进行市中心的复兴改造,改善环境吸引人口重新进城,出现了再城市化过程。总体看来,在人口城市化进程中,人口分布的发展经由分散向集中,进而向外扩散,出现了扩散当中有集中、集中当中又有扩散的人口的空间变动。

发展中国家的城市化进程和发达国家相比,具有起步晚、水平低、潜力大的特点。发展中国家的城市化进程可大致划分为三大阶段:首先是城市化的史前阶段,即第二次世界大战以前,这个阶段的发展中国家大部分或处于殖民地、封建专制社会,或处于农奴社会统治之下,因此产业革命的兴起对这些国家的推动力很小,基本谈不到城市化问题;其次是发展中国家城市化的起步阶段,即第二次世界大战后到 20 世纪 80 年代,这个时期大部分发展中国家摆脱了殖民统治成为主权国家,而且随着经济的发展,城市化进程开始加快,在一些国家,人口迅速向大城市集中,大城市发展速度超过中小城市;最后是转型时期,即 20 世纪 80 年代以后至今,随着人口的高度集中,大城市向外扩散,出现了卫星城镇、都市区、都市群和都市带等特有的城市居住地,在这个时期发展中国家城市人口比重已达到 40% 以上,发展中国家能否从传统的二元经济过渡到现代化城市社会,这个时期具有决定性作用。

■ 相关链接 3-3 不同国家和地区城市人口比重 》》》

从世界范围来看,由于各个国家城市化进程存在巨大差异,不同国家城市化程度不同,不同国家的城市人口比重如表 3-2 所示。

表 3-2 不同国家城市人口比重

国家	2017 年	2018 年	2019 年	2020 年	2021 年
中国	57.96%	59.15%	60.31%	61.43%	62.51%
孟加拉国	35.86%	36.63%	37.41%	38.18%	38.95%

① Mills E S. 1972. Studies in the Structure of the Urban Economy[M]. Baltimore: Johns Hopkins Press: 90-116.

续表

国家	2017年	2018年	2019年	2020年	2021年
文莱	77.31%	77.63%	77.94%	78.25%	78.55%
柬埔寨	22.98%	23.39%	23.81%	24.23%	24.67%
印度	33.60%	34.03%	34.47%	34.93%	35.39%
印度尼西亚	54.66%	55.33%	55.99%	56.64%	57.29%
伊朗	74.39%	74.90%	75.39%	75.87%	76.35%
以色列	92.34%	92.42%	92.50%	92.59%	92.67%
日本	91.54%	91.62%	91.70%	91.78%	91.87%
哈萨克斯坦	57.34%	57.43%	57.54%	57.67%	57.82%
朝鲜	61.68%	61.90%	62.13%	62.38%	62.64%
韩国	81.50%	81.46%	81.43%	81.41%	81.41%
老挝	34.37%	35.00%	35.65%	36.29%	36.94%
马来西亚	75.45%	76.04%	76.61%	77.16%	77.70%
蒙古国	68.36%	68.45%	68.54%	68.66%	68.79%
缅甸	30.32%	30.58%	30.85%	31.14%	31.45%
巴基斯坦	36.44%	36.67%	36.91%	37.17%	37.44%
菲律宾	46.68%	46.91%	47.15%	47.41%	47.68%
新加坡	100.00%	100.00%	100.00%	100.00%	100.00%
斯里兰卡	18.38%	18.48%	18.59%	18.71%	18.86%
泰国	49.20%	49.95%	50.69%	51.43%	52.16%
越南	35.21%	35.92%	36.63%	37.34%	38.05%
埃及	42.71%	42.70%	42.73%	42.78%	42.86%
尼日利亚	49.52%	50.34%	51.16%	51.96%	52.75%
南非	65.85%	66.36%	66.86%	67.35%	67.85%
加拿大	81.35%	81.41%	81.48%	81.56%	81.65%
墨西哥	79.87%	80.16%	80.44%	80.73%	81.02%
美国	82.06%	82.26%	82.46%	82.66%	82.87%
阿根廷	91.75%	91.87%	91.99%	92.11%	92.23%
巴西	86.31%	86.57%	86.82%	87.07%	87.32%
委内瑞拉	88.18%	88.21%	88.24%	88.28%	88.33%
白俄罗斯	78.13%	78.60%	79.04%	79.48%	79.91%
捷克	73.68%	73.79%	73.92%	74.06%	74.21%

续表

国家	2017年	2018年	2019年	2020年	2021年
法国	80.18%	80.44%	80.71%	80.98%	81.24%
德国	77.26%	77.31%	77.38%	77.45%	77.54%
意大利	70.14%	70.44%	70.74%	71.04%	71.35%
荷兰	91.08%	91.49%	91.88%	92.24%	92.57%
波兰	60.11%	60.06%	60.04%	60.04%	60.08%
俄罗斯	74.29%	74.43%	74.59%	74.75%	74.93%
西班牙	80.08%	80.32%	80.57%	80.81%	81.06%
土耳其	74.64%	75.14%	75.63%	76.11%	76.57%
乌克兰	69.25%	69.35%	69.47%	69.61%	69.76%
英国	83.14%	83.40%	83.65%	83.90%	84.15%
澳大利亚	85.90%	86.01%	86.12%	86.24%	86.36%
新西兰	86.47%	86.54%	86.62%	86.70%	86.79%

资料来源：世界银行数据库（https://data.worldbank.org.cn/indicator/SP.URB.TOTL.IN.ZS）

3.2.3 城市化与城市发展道路

1. 城市化与生态环境

城市化与生态环境之间相互作用、相互影响。一方面，一个国家或地区城市规模的扩大和城市化水平的提高离不开生态环境的支撑，生态环境条件的好坏直接对其区域城市化发展的速度和规模产生影响和反馈；另一方面，人类活动作用下的城市化进程的推进会对生态环境施加压力，城市化不仅从生态环境中索取资源与能源，也源源不断地向环境排泄废物，因此城市化过程不可避免地要改变生态环境的结构和功能，进而影响其演变过程。

19世纪末期，英国学者霍华德著述的《明日的田园城市》，试图用理性的规划方法来协调工业化、城市化与城市生态环境之间的发展问题。然而真正以专题形式来研究城市化与生态环境的协调发展是从20世纪中期开始的。20世纪初，继芝加哥学派的人类生态学方法在城市健康、土地及社会分层研究中取得明显成效以来，城市化与人类聚居环境适宜度问题一度被列入联合国的"人与生物圈计划"的子项目当中，其研究引起了世界性的广泛关注。著名新古典经济学家皮尔斯根据城市发展的不同阶段，如起飞、膨胀、顶峰、下降、低谷等，分析了所出现的主要资源环境问题，由此提出了著名的城市发展阶段环境对策模型。他认为城市发展与资源环境之间存在着一种相互作用的时序特征，所以环境的保护不仅在于相对适宜的环境策略，还在于阶段性的环境规划和土地利用控制。

中国学者刘耀彬等[1]认为,城市化与生态环境的交互作用存在明显的阶段特征。第一,低水平作用阶段:最初城市化水平低,生态环境质量在自然环境容量范围内,城市化发展对生态环境资源与能源利用强度不大,对环境的破坏不明显。第二,强作用阶段:随着城市化水平的迅速提高,生态环境处于自然环境容量和不可逆环境阈值之内,城市化发展对生态环境资源与能源利用强度逐渐加大,对环境的破坏也逐渐加强,生态环境呈现急剧恶化趋势;当城市化发展由数量扩展为主向质量提升转化时,尽管该时期的城市化发展对生态环境资源与能源利用强度依然很大,但由于环保技术水平的普遍提高,它的发展对生态环境改善具有明显的导向作用;如果区域环保政策执行严格、环保技术水平高,生态环境向好的方向发展,反之生态环境恶化,从而呈现出生态环境质量向好或恶化交替出现的态势。第三,协调阶段:该时期区域城市化水平已经很高,由于人们的环保意识的深入和社会环保技术、生产技术的普遍提高,城市化与生态环境交互作用相得益彰,生态环境质量一直处于自然环境容量范围之内。西方国家城市化与生态环境随经济发展演变的统计曲线验证了这一阶段性特征(图3-3)。

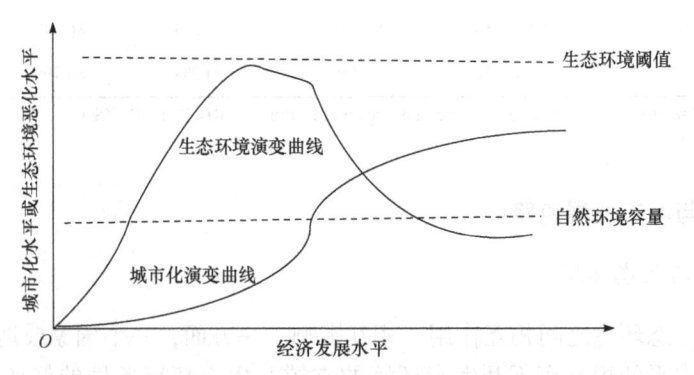

图3-3 西方国家城市化与生态环境随经济发展演变的统计曲线

2. 城市发展道路(模式)与可持续发展

世界人口城市化模式具有很大的差异性,不同的区域有着不同的发展模式。以我国为例,自20世纪80年代以来,我国学者根据研究成果,总结出了温州模式、苏南模式、珠江模式等。但就根本而言,人口城市化的模式可以分为两种,即以中小城市为主的分散型发展模式和以大城市为主的集中型发展模式。

在一些发达国家,随着城市化进程的加快,人口向大城市快速集中,集中程度超过城市负荷,带来一系列难以解决的被称为"城市病"的问题,包括城市环境污染严重、交通拥挤、住宅紧张、地价上涨和犯罪率高等。这说明集中型发展模式不利于社会发展,而发展中小城市则会在一定程度上避免上述以大城市为主体的集中型城市化所带来的"大城市病"。例如,法国、瑞士和德国等国家,它们的产业相对均匀地分布在中小城市。法国虽然也有像巴黎这样人口超过1000万的超级大城市,但其中小城市相当多,而且绝大多数人口都在5万以下。瑞士至今没有出现100万人口的城市,其政治、经济、文化中心分散在苏黎世、巴塞尔、日内瓦、伯尔尼等城市。基于此,有学者就提出,对于发

---

[1] 刘耀彬,李仁东,张守忠. 2005. 城市化与生态环境协调标准及其评价模型研究[J]. 中国软科学,(5): 142.

展中国家来说，走分散型发展模式，即以发展中小城市为主的道路更具有重要的意义：可以增加更多的就业机会，使农业富余劳动力向二、三产业转移，从而避免大量农业富余劳动力向大中城市盲目流动；通过中小城市带动农村二、三产业的发展，有利于增加农民收入，缩小城乡差距；劳动力向中小城市、城镇转移，有利于扩大农业经营规模，提高农业生产率，为实现农业现代化创造条件；有利于改善乡镇企业的布局，促进乡镇企业向城镇集中，从整体上优化农村经济结构，实现农村资源的合理配置；中小城镇的繁荣，会给农民带来一种崭新的生活方式，这种生活方式的改变有利于农村科学、教育、文化各项事业的发展，从而推动农村经济社会的进步。

支持集中型人口城市化模式的学者针对分散型的小城镇模式提出了反驳的观点。首先，大城市要素集中和规模扩大导致各种生产费用、交易成本降低，使各社会经济部门生产效率提高，单位投入产出增加。同时由于各部门实体之间的相互影响，某一部门规模扩大会产生外部效益。对于城市在文教、卫生、科技等公共设施的投入，城市规模越大，使用的人越多，单位成本就越低，取得的效益也越大。环境治理也和城市规模有关，需要一定的资金、技术、管理等方面的投入，只有城市规模扩大，经济实力达到一定程度，这些才能满足。其次，城市规模的外部效益，源于城市在区域中的中心作用，主要表现为城市的聚集吸引作用、辐射支援作用、调节控制作用和信息示范作用等。城市规模越大，其中心地位越高，向外扩散力就越强，能够影响和带动周边地区更快发展。走小城市道路，会牺牲城市应有的聚集效益。最后，到目前为止，走分散化的小城镇道路基本上都是失败的。他们认为世界上采取鼓励小城镇发展政策的国家，都是为了避免大城市所产生的"城市病"，防止人口向大城市流动，但是，从目前来看绝大多数国家（如印度尼西亚）企图防止人口向大城市流动而走发展小城镇的道路都失败了。

对于以上两种发展模式，理论界在相互的争论过程中已将各自的缺点和优点研究得相当透彻，但孰是孰非，目前尚无定论。对于人口城市化道路的选择，并不是简单的"一刀切"的问题，它取决于一个国家或地区的经济、社会、文化、历史因素和自然条件。对此，如何根据自身的实际情况来选择合适的发展模式，这个课题还需要理论工作者和实际工作部门对此进行不懈的探索和努力。

现阶段，中国城市化呈现出"大集中、小分散"的发展趋势。大集中是指现阶段城市化过程中，资金流、人流、物流、科技流等生产要素仍然向珠三角、长三角、环渤海等特大城市群流动。小分散是指特大城市圈的门户城市或中心城市的发展由于地价、环境、交通等因素的影响，会呈现扩散效应，带动周边城市发展，也使得城市郊区化趋势加快[1]。在激烈的城市竞争下，许多城市不断提炼城市主导产业，优化城市功能，积极参与全球城市分工，向国际化、专业化与专门化方向发展。这也使得中国将形成与全球化城市体系相融合的、开放的城市体系，形成城市带、城市群、城市圈协调发展的空间格局，出现世界级城市和全球最大规模城市带。我国由于城市化进程较快，城市的设置不规范、标准不统一，主要追求城市化数量的扩张，城市化质量不高，基础不完善。伴随

---

[1] 《中国城市发展报告》编委会. 2020. 中国城市发展报告（2019/2020）[M]. 北京：中国城市出版社：104-112.

着房价不断上涨，城市空间的分异现象愈加严重，不同群体之间为分配城市土地、环境、治安及其他资源的矛盾日益凸显。为此我们应该加快中小城市化进程，重点提升城市建设的质量，特别是基础设施建设、城市服务业和社区建设力度。根据各地经济发展水平选择一个适合的发展路径，城市化战略设计必须克服"小城镇不优"的现状。在城市化发展过程中应该综合考虑不同群体的需求，尽量缩小城市间贫富差距，尽可能解决资源分配不均衡所产生的矛盾。[①]

3.3 人口转变与人口结构变化

3.3.1 人口转变理论

人口转变理论产生于 20 世纪 30 年代，盛行于 60 年代，是以人口发展过程及其演变主要阶段为研究对象，说明人口与经济之间因果、互利关系的人口理论。人口转变，即人口革命，是指从一种人口再生产类型转变为另一种人口再生产类型，是人口再生产类型的质的飞跃。例如，发生在原始社会后期的由原始社会再生产转变为传统人口再生产；发生在产业革命时期的由传统人口再生产转变为现代人口再生产，它是随着生产力和科学技术的巨大发展而实现的。

人口转变模式基本上就是人口发展阶段（或类型）的划分，即使是不同类型的划分，其实质也是反映不同阶段的划分。因此人口转变模式的差异主要体现在不同阶段的划分上，主要有三阶段模式、四阶段模式和五阶段模式。

1. 人口转变的三阶段模式

法国人口经济学家阿德尔费·兰德里在 1909 年发表的《人口的三种主要理论》一文中最先提出了人口转变的思想，划分了与经济发展相适应的人口发展三阶段，即原始阶段、中期阶段和现代阶段。这种划分的主要依据是经济因素特别是生产力对人口自然变动的影响。第一阶段是原始阶段，是生育无限制的时代，这个阶段生产力水平很低，经济发展缓慢，人口数量和衣食等维持生存的必要生活资料密切相关，食物的多少是影响死亡率的关键因素，而死亡率又是影响生育率的关键因素，因此人口再生产基本上处于高出生率高死亡率的阶段；第二阶段是中期阶段，是节育方法普及的时代，这个阶段生产力进一步发展，经济发展较快，生产力所提供的生活资料已不限于维持最低生活，包括舒适品和奢侈品，生产和消费的趋势已有变化，进而影响整个经济和需求的趋向。人们为了维持已获得的高质量的生活水平，往往晚婚或不结婚，从而影响生育率，人口增长缓慢。第三阶段是现代阶段，是人口自觉限制家庭规模的时代，这个阶段里经济发展已达到很高水平，人们生活水平普遍提高，生育观有了根本的改变，人们自觉限制生育，人口再生产处于低出生率、低死亡率的阶段。兰德里把上述三个人口发展阶段之间的转变，特别是向现代阶段的转变称为"人口革命"，表明他认为不同阶段之间有质的不同。他提出的人口转变理论模式的依据主要是西欧特别是法国的人口资料，还未形成成熟的

---

① 裴新生, 钱慧, 王颖, 等. 2019. 转型期城市发展战略规划研究与实践[M]. 上海: 同济大学出版社: 203-218.

理论体系，但他奠定了人口转变三阶段模式的基础。

与此同时，美国社会学家、人口学家沃恩·汤普森（Warren Thompson）从区域差异的角度对人口进行了横向分析，第一类是具有较高出生率和死亡率的亚、非和南美洲的发展中国家；第二类是出生率和死亡率都下降，但死亡率下降速度高于出生率的意大利、西班牙和中欧各国；第三类是出生率和死亡率都以很快的速度下降且出生率下降更快的西欧各国。汤普森的三阶段模式比较注重分析出生率、死亡率和人口自然增长率的变动，但他仍局限于表象描述而没有对其原因进行深入分析，因此人口转变理论依旧处于奠基时期。

2. 人口转变的四阶段模式

美国人口学家弗兰克·华莱士·诺特斯坦在《人口变动的经济问题》等著作里，联系工业化的发展对自己原有的模型进行了修正，提出四阶段模式：工业化以前的阶段、工业化的初期阶段、工业化进一步发展阶段和完全工业化阶段。四阶段模式更富有概括性，也能够近似地反映人口转变的历史过程。美国经济学家金德尔伯格（C. P. Kindleberger）和赫里克（Brace Herrick）在其《经济发展》一书中，也把与经济发展密切相关的人口转变过程分为四个阶段。他们的人口转变四阶段模式可用图 3-4 表示。

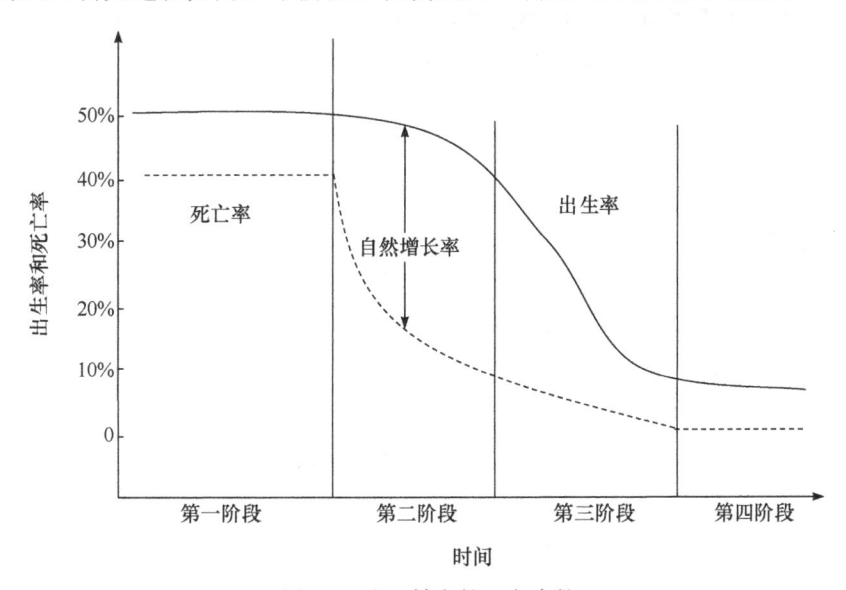

图 3-4 人口转变的四个阶段

第一阶段，出生率和死亡率都很高，人口再生产大体上不受控制；第二阶段，由于工业化加速发展，经济进一步发展及医学卫生等技术的进步，死亡率开始下降，同时出生率继续保持在原有水平，两者差距扩大，人口自然增长率逐渐提高；第三阶段，死亡率继续下降，但由于卫生支出收益进一步递减，死亡率下降速度放慢，而出生率同样下降，反映了包括城市化、教育和更有效避孕技术的综合力量，人口自然增长率仍然保持在很高水平；第四阶段，随着社会经济的发展，出生率和死亡率达到均衡，人口增长率又一次接近于零增长。上述模式表示了从高出生率和高死亡率的稳定人口，转变为低出生率和低死亡率的稳定人口的发展过程。

1990年，联合国提出了新的四阶段划分方法，以人口的出生率、死亡率、总和生育率（total fertility rate，TFR）[①]、平均预期寿命等指标将人口再生产的类型分为四种类型。第一，转变前阶段（传统型人口转变）：高出生率、高死亡率，总和生育率大于6.5，平均预期寿命小于45岁，人口增长缓慢，属于传统型人口再生产类型。第二，前期转变阶段（过渡型阶段）：死亡率先下降，出生率后缓降，总和生育率在4.5～6.5，平均预期寿命45～55岁，人口增速加快，属于过渡型人口再生产类型。第三，后期转变阶段（过渡型阶段）：出生率和死亡率加速下降，总和生育率在2.5～4.5，平均预期寿命在55～65岁，人口增长速度回落，属于过渡型人口再生产类型。第四，低出生率低死亡率阶段（现代型人口转变）：总和生育率小于2.5，平均预期寿命大于65岁，人口低速增长，属于现代型人口再生产类型。

3. 人口转变的五阶段模式

英国人口经济学家查利斯·布莱克（Charles Blacker）于1947年最先提出人口转变的五阶段模式。他以人口发展的五种类型来表现人口转变的五个阶段，即高位静止（high stationary，HS）、初期扩张（early expanding，EE）、后期扩张（late expanding，LE）、低位静止（low stationary，LS）和减退（diminishing，D），具体如图3-5所示。

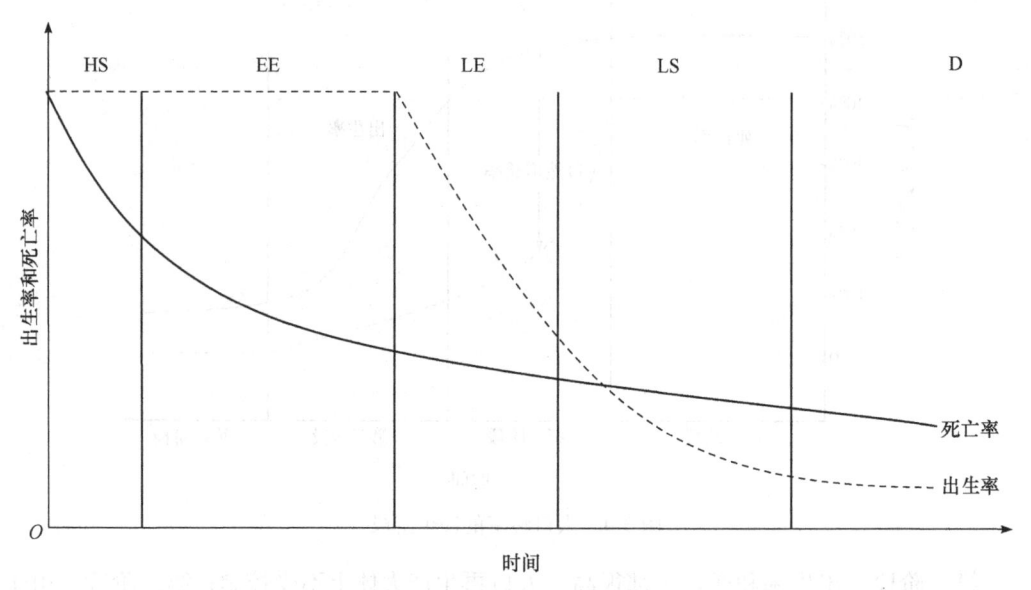

图3-5 人口转变的五个阶段

HS阶段以高出生率和高死亡率保持高位平衡为特征；EE阶段由于经济发展受到某种必要的刺激而得到较快发展，死亡率逐渐下降，而出生率仍维持在较高水平上，因此

[①] 总和生育率即平均一个妇女一生所生育的子女的数量。当总和生育率达到2.1时，则认为达到生育更替水平，即维持人口的再生产水平。

人口规模不断扩展，最终达到最高人口增长率；LE 阶段，经济进一步发展以后，死亡率继续下降，最后接近可能达到的最低限度，出生率开始下降，而且后来下降速度很快甚至超过死亡率，从而使人口增长速度逐渐放缓；LS 阶段，存在着低出生率和低死亡率的均衡，经济和人口都进入停滞阶段；D 阶段，出生率和死亡率都很低且出生率低于死亡率，人口处于绝对减少的状态。

人口转变理论简要地描述了人口再生产的转变规律，通过上述模式可以看出人口转变的关键在于出生率，而促使出生率下降的关键则是工业化的发展。人口转变论的基本观点对各国人口发展变化具有一定的现实意义和借鉴意义。但这些模型未能完全揭示人口发展变化与生产方式的内在关系。实际上，人口转变是整个现代化进程中的组成部分而非孤立的现象，现代人口转变的进行与工业化、城市化有着不可分割的联系。之后，许多学者从多方面研究人口转变的原因，如结构主义、"多相反应理论"、临界值假说、生育率经济学、转变机制理论等，这使人口转变理论得以进一步发展。

3.3.2 低生育率与老龄化

1. 低生育率水平现状及其经济影响

人口转变理论认为人口转变的关键在于出生率，当人口开始减退时，人口出生率很低，即进入低生育水平阶段。一般认为，总和生育率在更替水平与 1.8 之间，称为低生育水平；总和生育率小于 1.8，称为极低生育水平；总和生育率在 1.5 以下，称为超低生育水平。当一个国家和地区陷入持续的低生育水平以后，会引发少子化危机和老龄化问题，从而导致人口结构发生极大改变，其长期积累的规模结构的变化会对经济社会产生重要影响。

国家统计局公布的数据显示，我国出生人口数连续六年下跌，由 2016 年的 1883 万人下降至 2022 年的 956 万人，年均下降 154.5 万人，总和生育率更是在 2022 年下降至 1.1，迈入超低生育率水平行列。由图 3-6 可以看出，自 2016 年以后我国人口自然增长

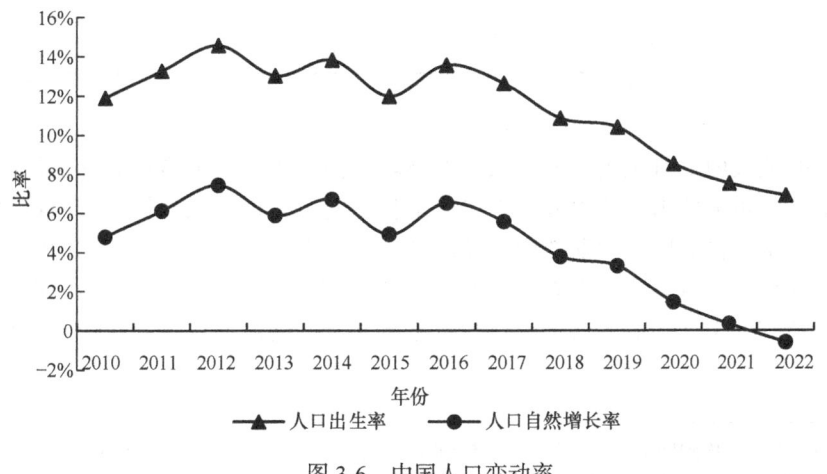

图 3-6 中国人口变动率

资料来源：国家统计局（http://www.stats.gov.cn/）

率和人口出生率都急剧下降，截至 2022 年，人口自然增长率为–0.6‰，人口再生产面临严峻挑战。与此同时，在持续低生育率影响下，我国人口年龄结构也发生急剧变化，与第六次全国人口普查数据相比，15~59 岁劳动年龄人口占比由 2010 年的 70.1%下降至 2022 年的 62.0%，降幅达 8.1 个百分点，60 岁及以上老年人口由 13.3%上升至 18.7%，老年人口数量和比重超过 0~14 岁少儿人口。持续的低生育水平所引发的少子化危机和老龄化问题已经成为中国人口结构转变的基本表征，人口形势不容乐观。

当一国人口出生率持续下降到一定水平以后，就会陷入"低生育率陷阱"[①]，而一旦陷入"低生育率陷阱"，很少有国家能够爬出这一陷阱，即使能够爬出也需要很长的时间，这就导致该国人口结构持续恶化，带来人口危机。从表 3-3 可以看出经济合作与发展组织（Organization for Economic Cooperation and Development，OECD）国家中掉入"低生育率陷阱"的国家占比 50%，而爬出"低生育率陷阱"的国家占比只有 10.53%。当前我国面临生育率持续下降的情况，我们应该及时调整生育政策，以防掉入"低生育率陷阱"，造成人口结构持续恶化。

表 3-3 OECD 国家和金砖四国陷入"低生育率陷阱"情况

国家	类型		国家	国家数量
OECD 国家	从未掉入陷阱		澳大利亚、比利时、加拿大、智利、芬兰、法国、冰岛、爱尔兰、以色列、卢森堡、墨西哥、荷兰、新西兰、挪威、瑞典、土耳其、英国、美国、哥伦比亚	19
	曾经掉入陷阱	没有爬出	德国（1983~）、意大利（1984~）、西班牙（1988~）、希腊（1989~）、捷克（1994~）、日本（1995~）、匈牙利（1996~）、斯洛伐克（1996~）、波兰（1997~）、韩国（1998~）、哥斯达黎加（1982~）、拉脱维亚（1992~）、立陶宛（1990~）	13
		爬出	丹麦（1981~1986）、瑞士（1994~2008）、爱沙尼亚（1993~2004）、斯洛文尼亚（1990~2007）	4
		挣扎型（最后还是掉入陷阱）	奥地利（1985~1990, 1994~）、葡萄牙（1994~1998, 2001~）	2
金砖四国	曾经掉入陷阱	爬出	俄罗斯（1993~2007）	1
	从未掉入陷阱		中国、巴西、印度	3

资料来源：OECD 数据库、世界银行数据库

低生育率从表面上看是出生人口数量的下降，但基于人口负增长的发生机制，其会对人口结构造成重大冲击，使得社会人口老龄化加剧，人口缩减态势短期内难以逆转，从而对经济产生结构效应、预期效应和长波效应三个方面的不良影响。结构效应是指人口年龄结构的变化会对经济各方面产生影响。[②]预期效应是指学界、政府、企业乃至个人都能够提前预判和主动适应人口老龄化和低生育率所带来的人口结构变化，并相应调整

[①] "低生育率陷阱"概念是奥地利学者鲁茨于 2005 年提出的，该理论认为，一旦总和生育率低于 1.5，那么生育率如同掉入陷阱，扭转生育率下降趋势将会变得很困难甚至不可能。

[②] Chesnais J C. 2000. The inversion of the age pyramid and the future population decline in France: implications and policy responses[C]. Expert Group Meeting on Policy Responses to Population Ageing and Population Decline. New York.

预期、改变行为。①长波效应是由美国经济学家理查德·A. 伊斯特林于20世纪60年代提出的，他将人口变化和经济变化共同置于一条长期的时间轴上进行观察，认为存在一种人口增长和劳动力增长的长波，会使得现阶段人口规模和结构波动对经济的影响随着时间推移在未来显现出来。

低生育率蕴含着人口结构的变化，会使得人口规模缩减的同时还伴随严重的人口老龄化，其年龄结构变化对经济的影响主要有三个。第一，结构效应会促进劳动参与率的提高。在总人口和劳动力不断老化、低龄老年人社会活动参与意愿较强且参与能力有所保障的背景下，企业和单位会通过调整雇佣结构促进老年劳动力劳动参与率的提高。第二，人口年龄结构老化会对技术进步产生影响。随着年龄增长，个体的身体机能逐渐衰退，认知能力出现下降，工作动机减弱，拥有更低的工作替代弹性，难以适应新的工作，对经济变化和市场变化的适应性更差，从而创新能力趋于下降。因此，技术创新主体的年龄结构会影响技术进步。第三，低生育率导致的年龄结构老化还会对社会消费、投资和资本积累产生影响。人口年龄结构老化和老年群体的增加会抑制社会总需求，因为随着年龄的提高，人们的劳动收入逐渐减少乃至消失，老年人的消费能力明显下降，这在养老保障尚不健全的社会更加凸显。

低生育率导致的人口负增长并不会突然到来，而是经过多年的人口负惯性积累才会逐渐显现，一旦发生将长期持续，并且伴随着个体预期寿命的延长。人口负增长会影响企业的投资预期，由此形成的预期效应会对资本积累产生影响。形成人口下降的预期后，投资者将会更加审慎地考虑投资，因为人口减少引发的需求下降会导致产品过剩和产能过剩，从而降低企业通过投资扩大产出能力的意愿，最终导致国内投资需求下降。产品生命周期越长，人口增长带来的投资负效应越强。

低生育率的出现伴随着出生人口数量不断下降、劳动年龄人口和新进入劳动年龄的人口规模长期缩减、人口年龄结构和劳动力结构持续老化，整体人口规模和结构的变化趋势比较稳定且长期持续，因此对经济发展的影响更呈现出一种相对稳定的长波效应。此外，低生育率导致的人口负增长的长波效应更具隐蔽性。从现有的人类实践来看，截至2022年，全世界有20多个国家的人口负增长以低生育率导致的人口负增长为主，包括德国、俄罗斯、匈牙利、意大利、葡萄牙、波黑、日本等国。这些国家中，匈牙利的最长人口负增长域（持续时间最长的一次人口负增长）位列第一，达39年，其间人口规模缩减了10.03%左右；拉脱维亚的最长人口负增长域达30年，其间人口规模缩减了28.82%，超过1/4。目前人口负增长时代的有限数据表明，即使在人口负增长风险存续数十年、人口规模大幅缩减的情况下，这些国家的GDP和人均GDP依然保持增长态势，没有出现明显的衰退迹象。

2. 老龄化现状及其经济影响

人口老龄化是人口转变的必然结果。人口老龄化亦称人口老化，是指老年人口数占总人口的比例随时间的推移而不断上升的动态变化，特别是指在年龄结构类型已属年老

---

① Coleman D, Rowthorn R. 2011. Who's afraid of population decline? A critical examination of its consequences[J]. Population and Development Review, 37: 217-248.

型的人口中，老年人口比重持续上升的过程。随着社会的进步和经济的发展，人口出生率、死亡率的下降和人类预期寿命的延长，导致人口平均年龄逐渐增加，人口逐渐趋向老龄化。人口老龄化体现为总人口的老龄化、劳动力人口的老龄化和老年人口自身老龄化三个方面。

老龄人口通常指60岁及以上或65岁及以上人口，60岁及以上老年人口占总人口比重达10%以上，或者65岁及以上的老年人口占总人口比重达7%以上，则标志着这个国家或地区的人口进入老年型。随着产业革命的兴起，社会经济不断发展而带动医学技术进步，从而使死亡率不断降低。此后，又由于避孕技术的进一步普及和推广，生育率加速下降，而人们的平均预期寿命又不断延长，人口逐渐趋向老龄化。表3-4为2021年不同国家和地区人口年龄构成。

表3-4 不同国家人口年龄构成（2021年）

国家	0~14岁	15~64岁	65岁及以上
世界	25.33%	65.13%	9.54%
中国	17.60%	69.99%	12.41%
孟加拉国	26.31%	68.36%	5.33%
文莱	21.92%	72.12%	5.96%
柬埔寨	30.70%	64.32%	4.99%
印度	25.78%	67.45%	6.78%
印度尼西亚	25.62%	67.87%	6.51%
伊朗	24.84%	68.36%	6.80%
以色列	27.72%	59.70%	12.58%
日本	12.30%	59.00%	28.70%
哈萨克斯坦	29.18%	62.65%	8.17%
朝鲜	19.75%	70.62%	9.63%
韩国	12.27%	71.16%	16.57%
老挝	31.62%	64.01%	4.37%
马来西亚	23.27%	69.29%	7.45%
蒙古国	31.20%	64.33%	4.48%
缅甸	25.11%	68.42%	6.47%
巴基斯坦	34.63%	60.97%	4.40%
菲律宾	29.53%	64.75%	5.72%
新加坡	12.41%	73.32%	14.27%
斯里兰卡	23.43%	64.93%	11.63%
泰国	16.30%	70.16%	13.54%

续表

国家	年龄构成		
	0～14岁	15～64岁	65岁及以上
越南	23.17%	68.62%	8.21%
埃及	33.83%	60.74%	5.43%
尼日利亚	43.31%	53.93%	2.76%
南非	28.59%	65.77%	5.63%
加拿大	15.75%	65.69%	18.56%
墨西哥	25.49%	66.68%	7.83%
美国	18.24%	64.72%	17.04%
阿根廷	24.27%	64.22%	11.50%
巴西	20.45%	69.61%	9.94%
委内瑞拉	26.54%	65.30%	8.16%
白俄罗斯	17.28%	66.62%	16.10%
捷克	15.81%	63.75%	20.44%
法国	17.49%	61.42%	21.09%
德国	14.04%	63.98%	21.98%
意大利	12.79%	63.61%	23.61%
荷兰	15.55%	64.00%	20.45%
波兰	15.25%	65.38%	19.37%
俄罗斯	18.49%	65.52%	16.00%
西班牙	14.22%	65.46%	20.32%
土耳其	23.57%	67.14%	9.29%
乌克兰	15.91%	66.78%	17.31%
英国	17.62%	63.53%	18.85%
澳大利亚	19.32%	64.17%	16.50%
新西兰	19.29%	63.98%	16.74%

资料来源：世界银行数据库

从表3-4可以看出，人口老龄化进程在加速进行，世界上绝大多数国家已步入人口老龄化的行列，发达国家的人口老龄化比较严重，而发展中国家的老年人口规模正在不断扩大。这是因为人口老龄化标志着经济的发展和进步，是人口发展到一定阶段后出现的一种不可避免的趋势。只有在生活水平上升及医疗技术发达的国家，出生率和死亡率才会呈现下降趋势，人们的平均预期寿命才会延长，从而致使老年人口规模不断扩大，老年人口比重不断增大。

随着人口老龄化的加重，其对经济发展必然产生阻碍作用。其一是人口老龄化使劳动年龄人口所占比重下降,不利于经济发展。劳动力人口进入45岁以后,人体机能的下降将会显著降低劳动者的生产能力和劳动力供给,从而提升企业用工成本,影响企业市场竞争力,降低经济活力;而且老龄化人口趋于保守,缺少创新活力,从而不利于提高劳动生产率,会削弱创新和发明的力量。其二是人口老龄化使老年抚养比上升,加大了劳动年龄人口和公共支出的压力。老年抚养比是指老年人口数量与劳动年龄人口数量之比值,这一比值的上升意味着用于赡养老人的公共与私人两个方面的支出都会增加。由于老年社会保险金的给付、医疗保健等公共支出上升,消费与投资结构会发生变化,这种消费性支出增加,会相应减少生产性投资,从而导致经济增长率的降低。其三是人口老龄化对消费、储蓄及投资水平产生抑制作用,进而影响经济发展。从微观家庭来看,家庭人口老龄化会使家庭收入水平降低,影响家庭人均消费水平的提高,由于老年人的收入水平较低,储蓄倾向较低,老年人口的增加会带来总储蓄水平的降低。这势必影响资本积累和投资,对经济发展产生不利影响。但也有学者认为,人口老龄化对经济发展的不利影响可能被夸大了,实际上,人口老龄化对经济发展也有有利的一面。例如,年长的劳动者具有丰富的工作经验,而且教育水平的提高,人们健康状况的改善及预期寿命的延长也会在一定程度上缓解老龄化带来的劳动力减少和老化的压力。还有学者认为人口老龄化与储蓄水平下降并不必然存在正相关关系,而且为满足老年人口的消费需求的老年产业对经济发展会产生有利影响。

本 章 小 结

人口数量的变化在相当程度上表现出了人口再生产类型的转变,而抑制人口数量的增长对于缓解自然资源、土地、生态环境及经济发展的压力有很大的必要性。人口质量也称作人口素质,随着工业经济向知识经济的转变,人口的质量被看作决定一个国家的综合国力的关键因素。

人口分布与城市化是流动与迁移的重要结果,人口城市化又是人口分布最主要的特征,人口城市化是现代化的组成部分之一。

人口转变理论是以人口的发展阶段、演变过程及其生成原因为研究对象的人口学说。低生育率所导致的人口负增长是人口转变所引致的一个人口学后果,是人口转变的两个基本要素——出生率和死亡率的相继下降导致了人口年龄结构的变化。一次人口转变过程的完成不仅是出生率和死亡率由高向低的下降过程,同时也是人口年龄结构由低向高的"抬升",即"老化"过程。

低生育率从表面上看是出生人口数量的下降,但基于人口负增长的发生机制,其会对人口结构造成重大冲击,使得社会人口老龄化加剧,人口缩减态势短期内难以逆转,从而对经济产生不良影响。

关键概念

人口质量　人口分布　城市化　人口密度　集中型城市化模式　分散型城市化模式　人口转变　人口结构变化　低生育率

思考题

1. 简述人口数量的变动趋势及其控制措施。
2. 什么是人口质量?
3. 影响人口分布的因素有哪些？这些因素和人口分布之间怎样相互影响？
4. 根据城市化发展的理论，试评析我国目前的城市化水平。
5. 试评述以中小城市为主的分散型发展模式和以大城市为主的集中型发展模式，并比较这两种模式。
6. 简述人口转变理论的几种模式。
7. 试分别评述发展中国家和发达国家低生育率的影响，并分析其趋势。

推荐阅读的文献资料

蔡昉, 张车伟. 2015. 中国人口与劳动问题报告（No. 16）[M]. 北京: 社会科学文献出版社.

郭志刚, 王丰, 蔡泳. 2014. 中国的低生育率与人口可持续发展[M]. 北京: 中国社会科学出版社.

国务院发展研究中心课题组, 马建堂, 李建伟, 等. 2022. 认识人口基本演变规律促进我国人口长期均衡发展[J]. 管理世界, 38: 1-20, 34.

厉以宁. 2018. 中国道路与人口老龄化[M]. 北京: 商务印书馆.

马尔萨斯 T R. 2012. 人口原理[M]. 陈小白, 译. 北京: 华夏出版社.

米尔斯 E S. 2003. 区域和城市经济学手册（第 2 卷: 城市经济学）[M]. 郝寿义, 徐鑫, 孙兵, 等译. 北京: 经济科学出版社.

Place F, Himes N E. 1931. Illustrations and proofs of the principle of population[J]. The Economic Journal, 41: 129-131.

第 4 章　微观人口经济理论

微观人口理论是近一百年的经济学理论发展的产物。进入 20 世纪，尤其是 20 世纪 50 年代以来，微观经济学家将家庭看作追求效用最大化的理性经济组织，众多学者从微观视角研究人口问题，认为家庭生育行为、人力资本投资及人口流动行为是家庭基于效用最大化做出的理性决策。用微观经济学方法研究人口经济问题开辟了人口经济研究的新领域。微观人口的研究从子女数量的决策开始，进一步发展到关注子女质量的决策，并对于个人的理性迁移选择等内容都多有讨论，而对这些微观问题的深入讨论也进一步丰富了这一领域的研究内容。

4.1　生育率的经济分析

4.1.1　莱宾斯坦的成本-效用分析

美国人口经济学教授莱宾斯坦最早运用西方微观经济学的理论考察家庭的生产决策，并进行了孕育孩子的成本-效用分析，建立了生育率研究的微观人口经济学理论模型。其最有代表性的是提出了"边际孩子合理选择理论"，即用经济学的"边际效用理论"来解释家庭决定生育孩子的理想数量。

莱宾斯坦把孩子产生的成本分为直接成本和间接成本两部分：直接成本是指从怀一个孩子到孩子生活自立这段时间，父母所花费的种种抚养费用，包括衣食住行的生活费用支出、教育费用、医疗费用及其他支出；间接费用即机会成本，是指父母抚养一个新增孩子所损失的受教育和带来收入的机会。而增加孩子所得到的效用分为三类：第一，消费效用，即把孩子看作"消费品"，亦即父母的一种快乐源泉而从其本身直接得到的效用；第二，经济效用，即把孩子看作生产力而从中可以预期的劳动力收入所带来的效用；第三，潜在的保障效用，是指父母进入老年阶段期望孩子能给予生活保障而得到的效用。

莱宾斯坦认为，父母对边际孩子的选择主要是建立在对其成本-效用分析的基础上。随着经济的发展，家庭人均收入不断增加，孩子的成本也随之增加，而孩子的边际效用或者边际孩子的效用却随之下降。这种随收入增长而带来的孩子成本上升与效用下降，必然导致家庭期望的孩子数量减少。

图 4-1 中，假设第 n 个孩子的效用小于第 $n-1$ 个孩子，负效用则相反，因为孩子的效用是依次递减的，位次（胎次）越高，孩子的效用越低，所以父母必然先减少对高位孩子的需求。随着人均收入的上升，孩子的边际效用随之下降，而孩子的边际负效用随之增大。这一假设的根据是：首先，孩子的消费效用与收入水平无关；其次，经济效用随着经济的发展而明显减少；最后，随着收入水平的提高，父母会更多地为年老后的储蓄做准备，孩子潜在的保障效用减弱。由此可以认为，人均收入的增长会减少其对孩子

效用的作用。从成本的角度看，孩子的养育费用、教育费用等直接成本都随收入的增加而增长。家庭经济变好会使父母或子女产生不就业倾向，因而机会成本增加，负效用上升。

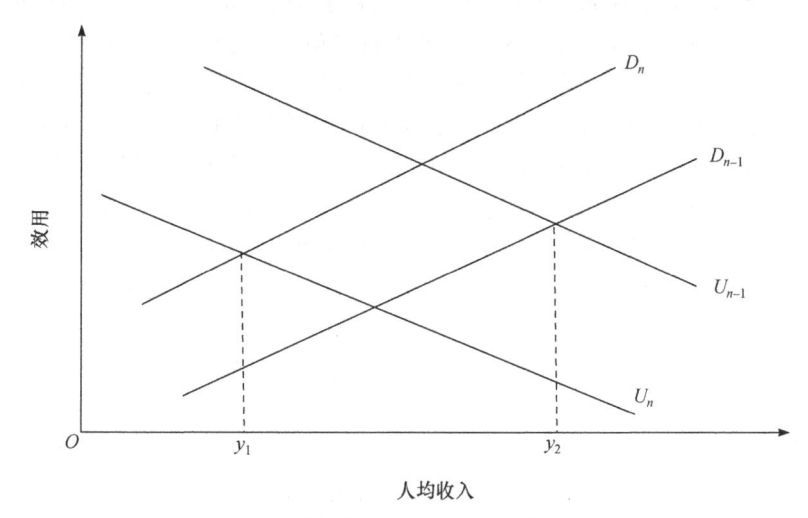

图 4-1　不同位次边际孩子的效用与家庭收入

图 4-1 中，U_n 表示第 n 个孩子的效用，U_{n-1} 表示第 $n-1$ 个孩子所产生的效用；D_n 表示第 n 个孩子所产生的负效用，D_{n-1} 表示第 $n-1$ 个孩子所产生的负效用；y_1 表示高于此收入时夫妇决定不生育第 n 个孩子，y_2 表示高于此收入时夫妇决定不生育第 $n-1$ 个孩子。

如图 4-1 所示，当人均收入水平低于 y_1 时，效用 U_n 高于负效用 D_n，夫妇愿意生育第 n 个孩子；当收入水平超过 y_1 时，第 n 个孩子所产生的负效用高于其效用，因而夫妇不会想要生育第 n 个孩子；当人均收入水平超过 y_1 但未超过 y_2 时，第 $n-1$ 个孩子的效用将高于负效用，因而父母愿意要第 $n-1$ 个孩子；当人均收入水平超过 y_2 时，父母最多再要第 $n-2$ 个孩子。以此类推可以得出：随着经济的发展，人均收入水平随之上升，具有代表性的家庭中高位次的孩子数将随之减少，社会上希望的平均子女数量也将逐渐减少。

此外，人们还会通过判断可否维持家庭社会经济地位来决定边际孩子的取舍。莱宾斯坦认为，人口可根据社会地位划分为不同的集团，各集团内部存在某些共同的生活标准，各个家庭为了维持其社会地位不得不花费一定的支出，如用于购买家用电器、汽车、住宅等高档耐用消费品或高级礼品的支出。在经济发展的过程中，社会地位高的家庭为了维持其社会地位，就要比社会地位低的家庭花费更多的支出，而在收入一定的约束下，就要减少对孩子这一拘束产品（需要在一定期间内连续支出的产品）的支出。因此，往往社会地位高的家庭孩子数量少于社会地位低的家庭。但在同等社会地位的集团内部，经济上相对富裕的家庭因为较少受收入的制约，会比收入在平均线上的家庭拥有更多的孩子。此外，人们总是期望社会地位由低向高移动，这又导致了对孩子偏好的减少和对物品偏好的增加，在这种前提下，人们选择边际孩子的位次必然又被降低。

4.1.2 贝克尔的孩子数量-质量替代理论

美国经济学家贝克尔在其 1960 年出版的《生育率的经济分析》中，运用传统的微观经济学理论和消费者选择理论来分析家庭的生育决策。他最先提出了孩子的"质量"概念。孩子的质量是指孩子的身体健康状况和智力水平，而高质量的孩子是指需要花费更多支出的孩子，父母可以从高质量的孩子身上得到更多的追加效用，因此高质量的孩子也就是效用更大的孩子。他的基本假定是：当家庭经济处于偏好不变时，在一定的收入范围内人们要满足多种消费欲望，其行为总是以获得家庭经济的最大总效用为原则，即消费量越大，总效用越大，而家庭内部影响生育率的决定因素是父母对孩子的数量和质量的选择。他的理论的基本观点是：育龄夫妇以提高孩子的质量替代增加孩子的数量。

在家庭对孩子的需求方面，孩子的数量与质量之间具有可替代性，是一种负相关关系。在收入一定的条件下，对孩子质量的需求增加必然会带来数量需求的减少；而对孩子数量需求的增加导致分配在每一个孩子身上的教育费用和医疗费用减少，从而影响孩子的质量。一般来说，较高收入水平的家庭会增加投入一个孩子质量的费用；父母对高质量的孩子偏好较大，也会相应投入较多的资金和时间来提高孩子质量。因此，贝克尔建立了父母对孩子数量与质量的选择模型，来解释孩子的生育数量与养育质量间的关系（图 4-2）。

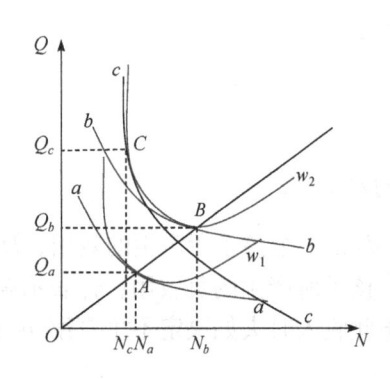

图 4-2 孩子数量和质量的选择

我们用 Q 表示孩子的质量，N 表示孩子的数量，家庭除孩子以外的各种消费资料支出总和为 P，家庭总收入为 I。孩子的质量 Q 是孩子人均支出的函数，家庭内所有的孩子具有相同的质量，因此有

$$I = P + QN \tag{4.1}$$

如图 4-2 所示，以孩子的数量和质量为坐标轴，收入函数即预算约束线 aa 是非线性的，效用的无差异曲线 w_1 与收入曲线 aa 的交点 A 处决定了孩子的数量与质量的最佳组合（N_a, Q_a）。当收入增加时，收入曲线上移至 bb，形成新的最佳组合点 B。如果孩子的数量和质量之间的关系不变，则收入曲线与效用曲线的新交点 B 会位于 OA 的延长线上。但实际上的收入曲线表现为 cc，与效用的无差异曲线交于 C 点，最佳组合为（N_c, Q_c）。这是因为，孩子作为一种耐用消费品，随着收入的增加，花费在孩子的数量和质量上的支出都会增加，但是父母往往会将所增加的大部分支出用于提高孩子的质量，因此孩子的数量的弹性小于质量的弹性。收入曲线由 bb 移动至 cc，孩子的质量弹性增大，对孩子的数量需求的上升程度小于对孩子质量需求的上升程度，因此在实际中的切点是向 B 点的左上方移动至 C 点，孩子的数量可能从 N_a 减少到 N_c。

在分析孩子的数量与质量关系时，贝克尔还运用了影子价格的概念。孩子的数量的影子价格是指假定孩子的质量不变时新增加一个孩子的成本,它与孩子的质量相关;孩子的质量的影子价格则是指假定孩子的数量保持不变时,孩子质量增加一个单位的成本,它与孩子的数量相关。贝克尔用影子价格来对"孩子"这一商品进行估价,认为随着收入的上升,家庭为满足"孩子"的消费要付出更高的代价,更倾向于生产质量高的孩子,这将导致孩子的质量替代孩子的数量。

在贝克尔建立的理论模型中,联系孩子的质量来考察孩子的数量变动与生育决策,在一定程度上揭示了父母如何决定对孩子的支出,以及孩子的数量减少与质量提高的替代关系。贝克尔认为,当家庭收入增加时,人们的生育能力会随之提高,应该形成多生育的结果,但在现实中收入水平的提高却往往导致生育率的下降,对这一矛盾的合理解释是因为人们对孩子的质量的需求替代了对孩子的数量的需求。在一定的条件下,这种相对替代关系可以转化为绝对替代关系,转变机制主要是避孕知识变量的加入。

从莱宾斯坦与贝克尔的比较来看,在莱宾斯坦的模型中没有考虑到孩子的数量和质量的替代关系,即认为父母的效用只由孩子的数量来决定,而贝克尔的模型实质是一种家庭收益最大化、孩子效用最大化的理论模型。他引入了孩子的质量这一概念,将孩子的质量作为父母效用最大化的一个选择变量,即在一定的收入水平下,父母不但可以通过选择孩子的数量来最大化自己的效用,而且可以通过选择孩子的质量来最大化自己的效用。由于数量与质量的替代关系,孩子的数量的增加会降低孩子的质量,反之亦然。虽然莱宾斯坦和贝克尔的理论前提已经隐含了一些制度性因素,但并没有对制度性因素在生育率转变或者收入与生育率变化关系中的作用进行理论分析,因此其理论受到了后来的经济学家和人口学家的进一步修正和发展。

4.1.3 伊斯特林的供给-需求理论

生育率决定的供给-需求理论由美国著名人口学家伊斯特林创立,在 1985 年出版的《生育率革命:一种供求分析》中,他在总结前人理论的基础上,运用新的分析视角和分析方法讨论生育的供给和需求,多因素、多层次、全方位地考察了生育率的转变。

伊斯特林的生育理论与贝克尔的基点完全不同。贝克尔是典型的芝加哥学派,其分析的假说在于偏好不变。他在《人类行为的经济分析》中说,"所有人类行为均可以视为某种关系错综复杂的参与者的行为,通过积累适量信息和其他市场投入要素,他们使其源于一组稳定偏好的效用达至最大"[①]。相反,伊斯特林全盘否定了偏好不变的假说,在他的生育率的供给-需求理论中,人的偏好会不断变化,而偏好的改变对生育的选择有重要作用。例如,在收入方面,伊斯特林认为,随着收入的增加,家庭对于其他商品的偏好也会改变,因为家庭要满足自身的消费欲望,所以可能不会增加生育。

伊斯特林提出了一个供给-需求分析的综合理论框架,模型中影响生育率的 3 个核心变量为孩子需求 C_d、孩子供给 C_n 和生育控制成本 R_c。孩子需求 C_d 指的是"当生育控制成本为零或几乎为零时父母想要的孩子数",反映了一对夫妇对家庭规模的主观渴望。孩

---

① 贝克尔 G S. 2016. 人类行为的经济分析[M]. 王业宇,陈琪,译. 上海:格致出版社,上海三联书店,上海人民出版社: 12.

子供给 C_n 指的是"在不故意限制家庭规模的情况下,一对夫妇会拥有的存活的孩子数",指在现实条件(如寿命、医疗条件)下的潜在孩子数。生育控制成本 R_c 则是"控制生育(如某项流产计划或家庭生育计划)的心理成本和经济成本",即节育的成本。

而决定这3个核心变量的是"基本决定因素",包括公共卫生服务、教育水平、城市化、新产品的传播、家庭计划的制订与实施,还有种族、信仰和遗传因素等。这些"基本决定因素"作用于3个核心变量,通过改变偏好、孩子的效用和成本来改变孩子需求 C_d;通过改变家庭抚养能力和孩子存活率而改变孩子的供给 C_n;通过改变节育观和节育费用来改变生育控制成本 R_c,最终决定了家庭的生育行为。

伊斯特林认为,随着社会进步和现代化的发展,孩子的供求关系必然从供不应求转变为供过于求,即从 $C_d > C_n$ 变为 $C_d < C_n$。这是由于,正规教育的普及和城市化的演进,会在增加人均收入的同时降低对孩子数量的偏好和孩子的相对价格,使需求 C_d 趋于下降。公共健康和医疗事业的改善,普及教育带来的科学知识增进,又会在提高自然生育率的同时提高人们的预期寿命,使供给 C_n 趋于上升。一旦供给超过需求,就会产生"家庭自觉生育控制动机",并随现代化的推进而不断加强。家庭规划的建立、生育控制产品的引进及教育水平的提高,会促使生育控制成本 R_c 降低到接近于零的"完全避孕"状态[①]。社会经济现代化所导致的,一方面是生育控制成本(R_c)的降低,另一方面却是自觉生育控制动机($C_d < C_n$)的加强,两种效应的直接结果是生育率由高到低转变的"生育率革命"。由此,伊斯特林提出只有当社会经济的现代化达到一定的高度以后,生育率控制方式才会逐渐从"各种社会与技术因素控制生育行为"转变成"家庭的自觉生育控制"。这种个人生育理念及生育行为的根本转变是"生育率革命"的实质所在。

伊斯特林对于生育率的供给-需求分析跳出标准的经济分析,综合了社会学的方法,他对社会各类因素进行了广泛的考察,这使其生育率的微观分析同时带有宏观视角。伊斯特林生育率的供给-需求理论因其视角的全面性,得到了众多学者的支持。

从世界各国经济发展的进程来看,发达国家生育率呈现不断下降的趋势,甚至出现了人口负增长,而一些发展中国家的生育率却居高不下,这些现象都可以从莱宾斯坦、贝克尔和伊斯特林对于生育的微观经济分析中得到解释。在发达国家,高度的经济发展和激烈的竞争环境使人们不得不加大对子女教育的投资,从而增加了养育孩子的直接成本。同时,随着经济的发展和妇女受教育水平的提高,妇女就业机会增加,导致了生育孩子的机会成本增加。从效用角度来看,发达国家普遍推行退休、失业救济、社会救济、公共福利等福利制度,社会保障健全,不必再依赖子女的"养儿防老",成本的增加和效用的降低都会使发达国家的生育率下降。此外,发达国家的人们往往追求生活的质量和自我价值的实现,从而在偏好上减弱了对于孩子的需求。与此不同的是,广大的欠发达地区(主要是一些发展中国家),生育率虽有下降的趋势但仍然很高,这主要是因为大多数发展中国家的产业结构中以落后的农业生产和生产率低下的手工业为主,需要大量的劳动力,人们为了追求家庭的兴旺发达往往追求多生育孩子;教育的落后

---

① 张世晴. 1989. 生育率革命的临界假说[J]. 南开经济研究, (2): 60-63.

使得人们对子女教育投资和健康投资都较少，从而降低了生育孩子的直接成本；社会保障制度不健全，对生育子女以供养老的需求较高；在传统观念影响下还存在着"多子多福"的观念，这在偏好上导致对孩子的需求较高。因此，一些发展中国家生育率居高不下。

发达国家与发展中国家的生育率差异导致世界范围呈现两极分化。一方面，欠发达地区人口高增长幅度无法得到控制，将导致粮食供应、教育和公共医疗等多方面的沉重负担，同时也会加速全球气候变化，破坏地球生态系统，导致饥荒，使一些发展中国家更加贫困；另一方面，欧洲和亚洲的一些国家和地区陷入"生育低迷"。从长期看来，全球生育率持续走低，人口增长率下降。联合国发布的《世界人口展望2022》预计未来将有61个地区和国家的人口减少1%或者更多。

4.2 现代人力资本理论

4.2.1 现代人力资本理论的产生及主要观点

现代人力资本理论研究开始于20世纪五六十年代。一方面，第二次世界大战以后，世界各国的经济复苏，科学技术发展迅速，处于主流学派的新古典经济学对很多新经济问题的解释能力开始受到挑战，强调物质资本的传统资本理论无法解释第二次世界大战后，遭到重创的一些新兴工业国家的迅速崛起及与传统理论相悖的国民收入增长快于总生产要素增长等一些增长余值现象。经济学一时出现了很多难解的"经济之谜"。一些学者敏锐地感觉到了这种变化，为了求解这些"经济之谜"，他们开始对前人在人力资本领域的思想进行挖掘和发展，开创了现代人力资本理论的研究，形成了人力资本理论。另一方面，个人收入分配不均等的事实也推动了以人力资本为基础的分配理论研究。一般人们公认的人力资本理论的创始人是美国的两位著名经济学家西奥多·W. 舒尔茨和贝克尔，而对人力资本要素作用的计量分析做出巨大贡献的则首推爱德华·丹尼森。

舒尔茨被西方学术界誉为"人力资本之父"，他主要从经济发展特别是农业发展的角度研究人力资本理论，并于1979年与刘易斯同时获得了诺贝尔经济学奖。1960年，他在当选为美国经济学会会长时发表的就职演说中，不仅第一次明确地阐述了人力资本投资理论，使其成为经济学的一个新的领域，而且提出了人力资本形成的方式与途径，并对教育投资的收益率和教育对经济增长的贡献做了定量的研究。他因此成为在经济增长领域构建人力资本理论最重要的代表人物，对人力资本投资理论的发展做出了卓越的贡献。

首先，舒尔茨界定了人力资本的内涵。他将人力资本定义为凝结在劳动者身上的经验、知识、能力和健康，是人们通过有目的的投资（如接受教育或培训等）获得的，是资本的一种形式。人力资本投资在货币形态上表现为个人在提高人口质量和提高劳动者时间价值时所支付的各种费用。人力资本投资的途径分为五大类，包括医疗保健、在职培训、正式教育、成人学习项目及就业迁移等，其中人力资本的关键投资就是教育。他批判了传统的资本同质性的假定,认为资本的外延应该扩大,虽然人力资本和物质资本都是经济的动力源泉,都为经济发展做出贡献,但是,"决定性生产要素不是空间、能源和耕地,而是人口质量"。

其次,舒尔茨论证了人力资本投资是经济增长的主要源泉,对许多传统资本理论无法解释的经济现象进行了分析,为经济学研究注入了新思维。他指出经济发展过程中,人力资本投资收益率要高于物质资本投资收益率。他认为单纯从自然资源、实物资本和劳动力的角度,并不能解释生产力提高的全部原因。他使用人力资本的概念,分析了第二次世界大战后发达国家经济增长(尤其是日本和联邦德国的经济复兴)中出现的用传统资本理论无法解释的三个事实。一是根据传统理论,资本-收入比率将随经济的增长而提高,但是统计资料都表明这个比率在下降。舒尔茨认为,这是因为没有把人力资本因素考虑在内。二是根据传统理论,国民收入的增长与资源消耗的增长将同步提高,但统计资料都表明国民收入远远大于投入的土地、物质资本和劳动等资源的总量。舒尔茨认为,投入与产出的增长速度之差,一部分是因为规模收益,另一部分是因为人力资本带来的技术进步的结果。三是战后工人工资大幅度增长,它反映的内容是传统理论所无法解释的。舒尔茨指出,这个增长正是来自人力资本的投资。这些分析都有力地证明了人力资本在经济增长中所起的决定作用。

最后,舒尔茨指出了人力资本是社会进步的决定性因素。他认为,一国人力资本的存量越大,人力资源的质量(包括人口受教育程度、科技文化水平和生产能力)越高,其国内的人均产出或劳动生产率就越高。同时,人力资源的取得不是免费的,它的形成是投资的结果。并非一切人力资源都是经济活动中起主导作用的要素,只有那些掌握了知识与技能的人力资源才是一切生产资源中最重要的资源。人力资本除了本身具有收益递增的重要特点外,还能改善物质资本的生产效率。为了进一步论证他的理论,舒尔茨采用收益率法测算出美国 1929~1957 年人力资本投资中最重要的教育投资在经济增长中的贡献比例高达 33%,这一数据显示了人力资本在经济增长中的重要作用。

与舒尔茨一同推动人力资本理论发展的代表人物是美国经济学家贝克尔。贝克尔于 1992 年获诺贝尔经济学奖,他的著作《人力资本》被西方学术界认为是"经济思想中人力资本投资革命"的起点。其研究贡献在于将新古典经济学的基本工具应用于人力投资分析,系统地强化了人力资本理论的微观经济学基础,提出了较为系统的人力资本理论框架。贝克尔以追求效用最大化行为、市场均衡和稳定偏好为基本假设,从微观经济学角度建立了人力资本投资-收益的均衡模型,系统地阐述了形成人力资本的各类投资支出及其产生的收益。他强调,人力资本是通过对人力投资而形成的资本,所有用于增加人力资源并影响其未来货币收入和消费的投资都是人力资本投资,主要包括教育支出、保健支出、国内劳动力流动的支出或移民入境的支出等。人力资本投资具有较长的时效性,因此投资时既要考虑短期收益,又要考虑长期收益。他提出了人力资本的投资-收益均衡模型,即人力资本投资的边际成本的当前值等于未来收益的贴现值。此外,贝克尔还提出了估算人力资本投资量的若干方法,并通过在职培训这种人力资本投资的方式研究了人力资本投资对就业和收入的各种重大影响。1987 年贝克尔进一步把时间因素引入人力资本概念。他认为人力资本不仅意味着才干、知识和技术,而且意味着时间、健康和寿命。贝克尔为人力资本理论提供了坚实的微观经济分析基础,并使之数学化、精确化和一般化,填补了人力资本理论的空白,其理论被视为现代人力资本理论最终确立的标志。至此,一个具有重要影响的新的经济学理论和经济学分析工具——现代人力资本理论形成了。

美国经济学家丹尼森对人力资本理论的贡献在于对人力资本要素作用的计量分析。他在《美国经济增长因素和我们面临的选择》(1962)一书中,对美国经济增长因素进行了详尽的计量和分析,认为在美国的经济发展中投资于"具体"资本的重要性减少了,而对"人力"资本的投资相对来说变得更重要了。他通过精细分解计算,得出美国劳动者教育水平的提高(仅指受正规教育年限增加),对1929~1957年美国经济增长的贡献为23%。这显然对舒尔茨关于教育对美国经济增长贡献率进行了修正。

丹尼森通过定量分析和令人信服的解释提出了一套分析"残差"的方法,即在用传统经济分析方法估算劳动和资本对国民收入增长所起的作用时,产生了大量的未被认识的、不能由劳动和资本的投入来解释的"残差",他将"残差"中包含的因素分为规模经济效用、资源配置和组织管理改善、知识上的延时效应及资本和劳动力质量本身的提高等。这不论是在理论上还是在现实上,都有重要意义。

4.2.2 现代人力资本研究的新趋势

20世纪70年代后期,西方学术界关于人力资本的理论研究出现了一个相对萧条期。进入80年代以后,随着知识经济的兴起,西方的人力资本理论研究呈现出不同的发展趋势。

第一,侧重研究人力资本与经济增长的关系,将人力资本作为独立的内生变量纳入经济增长模型。与经典的人力资本理论研究不同,新一轮的人力资本理论的宏观研究在构建"经济增长模型"和"经济发展模型"中把人力资本视为最重要的内生变量,强调人力资本存量和人力资本投资在经济增长和经济转变中的首要作用。这使得"内生经济增长"问题成为西方经济学家研究的热点。20世纪60年代中期,芝加哥学派的日裔教授乌扎华(Uzawa)把只包含单纯生产部门的新古典经济增长模型拓展到包含教育部门和生产部门的两部门模型,这被认为是最早的人力资本增长模型。而以罗默的《收益递增和长期增长》及卢卡斯的《论经济发展的机制》的论文为标志,经济增长理论研究发生了深层变化,即出现了"内生经济增长理论",学术界称其为"新增长理论"。新增长理论的核心在于将人力资本的投入引入古典模型的生产函数,这给人力资本理论增添了新的内容。

罗默的内生技术变化模型是将知识作为一个独立要素纳入了经济增长模式。他认为知识的积累是促进现代经济增长的重要因素。他把人力资本区分为一般知识的人力资本和具有专业知识的人力资本两类:一般知识可以产生规模经济效益,专业知识可以产生要素的递增收益。由于知识的外溢性,这两种效应的结合不仅使知识、技术和人力资本本身产生递增收益,而且使资本、劳动等其他投入要素的收益递增,从而使整个经济的规模收益递增。这就修正了传统经济增长理论中收益递减或不变的假定,充分解释了世界经济高速增长的原因,同时也说明了发达国家和发展中国家经济水平差距日益扩大的缘由。

1995年诺贝尔经济学奖获得者卢卡斯也解释了经济增长的内在机制。卢卡斯以阿罗的"干中学"模型为基础,建立了人力资本积累模型,强调了外部溢出效应对人力资本积累的作用,并把人力资本的获得途径分为学校教育和"干中学"两类。在《论经济发展的机制》中,他提出了两个经济增长模型:①两资本模型。它将舒尔茨的人力资本引入索洛模型,视其为索洛模型中技术进步的一种增长的动力形式,并将其具体化为"每个人的专业化的人力资本";强调劳动者脱离生产而从正规的学校教育中积累的人力资本是经济增长的决定因素,它产生的是内部效应。②两商品模型。它建立在阿罗的"干中学"模型基础之上,强调劳动者的时间全部用于商品生产,表明人力资本是通过边干边学形成的,它产生的是外部效应。卢卡斯认为人力资本积累内生化是经济长期增长的决定性因素。他将劳动划分为原始劳动和专业化人力资本,认为专业化的人力资本才是促进经济增长的真正动力。

与罗默、卢卡斯的增长模型不同,英国经济学家斯科特(A. D. Scott)提出了"资本投资决定技术进步"模型,说明产出的增长率由年均投资率与年均生产率所决定。他强调资本投资决定技术进步,但又不是简单地重复古典的资本积累论,而是同时强调了经济增长中知识和技术对劳动力质量与劳动效率的影响。依据对10个国家一百多年经济增长的统计和技术专利史的研究,他强调了技术进步对资本投资的依赖关系,即资本投资决定技术进步。除此之外,他还强调了不发达国家发展国际贸易的意义,即国际贸易可以产生一种"赶超效应",通过贸易来吸引外国的先进技术和管理经验,就会少走弯路,通过捷径赶超发达国家。

虽然新增长理论有其局限性,如人力资本因素难以度量,定量分析没有令人满意的结果,但它提出的思想和观点是不容忽视的。它以人力资本为核心,强调对特殊知识和生产某一产品所需专业化人力资本的分析,从而使人力资本的分析更具体,为人们在实践中正确认识人力资本的作用及调整经济增长速度、预测经济增长趋势等提供了新的方法和工具。

近年来,人力资本对经济增长影响的研究主要集中在以下几个方面[1]。一是人力资本与各地区发展水平的关系。人力资本作为经济增长水平的决定因素,很大程度上能够解释各国之间生产率出现高低差异的问题。因此,提高人力资本投资是不发达国家走向发达国家的关键所在。这不仅发展了人力资本理论,也使人们在实践中能够正确地认识人力资本在经济增长中的作用。二是人力资本如何影响经济增长。学界针对人力资本影响经济增长的路径机制展开了讨论。例如,Teixeira和Queirós[2]认为,除了传统理论认为的人力资本通过改善劳动力供给促进增长的直接影响外,人力资本还可通过吸取外国先进技术而产生创新,促进产业升级,从而间接拉动经济增长。三是人力资本的积极的外部性能够优化产业环境,进而促进经济增长。这主要体现在外商投资上,外商投资对东道

---

[1] 王士红. 2017. 人力资本与经济增长关系研究新进展[J]. 经济学动态, (8): 124-134.

[2] Teixeira A A C, Queirós A S S. 2016. Economic growth, human capital and structural change: a dynamic panel data analysis[J]. Research Policy, 45(8): 1636-1648.

国劳动力的技能培训和示范效应都能够影响东道国的经济发展。学者还对人力资本作用的发挥条件进行了讨论,有些学者认为人力资本禀赋是加剧经济社会不平等的重要因素。人力资本对经济增长的探讨愈发多元。

第二,加入了管理学视角的微观研究[1]。与经典的人力资本理论研究不同,新一轮的人力资本理论的微观研究将人力资本视作组织智力资本的构成部分,强调人力资本是智力资本的核心,组织在智力资本管理中要特别重视对人力资本尤其是知识型员工的管理。这方面的代表人物有布鲁金(Annie Brooking)和斯图尔特(Thomas A. Stewart)。英国学者布鲁金将组织中的智力资本区分为四个模块:人力资本、市场资本、知识产权资本和基础结构资本。美国学者斯图尔特在布鲁金研究的基础上提出了智力资本的三模块说:人力资本、客户资本和结构资本。

第三,将制度引入人力资本的研究当中,产生了制度激励思潮。从20世纪末到进入21世纪以来,随着知识经济和信息浪潮对现代社会的激烈冲击,人力资本的研究较前期又有所改变。在这一阶段,人力资本的概念得到发展和延伸,知识资本和智力资本在一定程度上成为人力资本的代名词;现实中研究的重心更多地从经济学范畴向管理学范畴倾斜,人力资本核算、定价和会计方法取代单一的统计分析和模型研究而被大量使用;在研究内容方面,从20世纪60年代至80年代研究人力资本对经济增长的关系和作用,到目前研究人力资本构成及其具体的作用途径,更多的人主张通过制度激励提升人力资本的增量和构成水平,如20世纪90年代以来兴起的知识资本理论,其代表人物为加尔布雷恩、埃德文森、沙利文、斯图尔特及斯维比[2]。知识资本理论是从分析知识资本的结构角度来阐释人力资本理论的,其对人力资本理论的贡献在于揭示出人力资本与结构性资本之间的互动关系。由于人力资本从所有权看属于个人,但其使用权是可以让渡的,人力资本的使用者必须尊重其所有者。如果人力资本产权遭到破坏,其价值将立即贬值或荡然无存,因而其价值的实现必须有相应的结构性资本支持,即通过制度安排和组织安排来促进人力资本的积累和价值的实现。在企业经营管理中,重视结构性资本的建设正是人们充分地认识到人力资本的特性的结果。

第四,进一步发展家庭人力资本的积累理论[3]。近年来,区别于传统理论将人力资本积累看作个体在经济理性下追求最大化的结果,研究开始更加注重家庭的作用。通过将家庭结构、家庭决策同人力资本积累过程相结合的方式构建了较为统一的理论框架,从而拓展并加深了对异质性家庭成员间的互动关系、家庭组织特征等内容的研究。在考察家庭结构对人力资本形成与积累的影响中,学者主要关注了跨代家庭结构的影响,即父母对于孩子人力资本的投资动机和投资积累机制的技术特性。在父母的投资动机方面,利他主义被广泛讨论,但也有学者指出父母也可能出于利己主义动机(如让子女承担赡养义务)来对后代进行人力资本投资。在投资积累机制方面,主要围绕着"家庭如何进行人力资本投资"展开讨论,主要关注点在于模型的生产机制假定、技术性设定及具体

---

[1] 郭庆松. 2006. 人力资本理论研究的最新进展及其现实启示[J]. 上海行政学院学报, 7: 83-85.
[2] 杨明洪. 2001. 论西方人力资本理论的研究主线与思路[J]. 经济评论, (1): 92.
[3] 杜丽群, 王欢. 2021. 家庭经济学视角下人力资本理论研究进展[J]. 经济学动态, (5): 129-145.

的生产函数形式等。早期"静态互补"①的人力资本投资机制认为，子女人力资本的水平取决于自身的禀赋和父母的投资；Cunha 和 Heckman②的"动态互补"理论则提出一个多阶段的人力资本积累模型，主张人生不同阶段进行的人力资本投资对个体人力资本水平形成的补充作用具有异质性。也有研究聚焦父母双方的差异对子女人力资本的投资的影响，还有单亲家庭、隔代家庭的不同人力资本投资特征。除了家庭结构的异质化讨论外，人力资本投资也和其他家庭决策息息相关，部分学者讨论了家庭的生育决策和子女间资源分配的决策中的人力资本投资。随着各类因素被纳入模型进行考量，家庭人力资本的积累理论日渐丰满。

此外，除了人力资本理论本身的发展，人力资本概念及其分析方法还被广泛运用于经济学的其他一些理论分支，如卫生经济学、教育经济学、人力资源会计学等。人力资本分析还被纳入以制度分析为特征的新的企业理论和劳动力市场研究之中。

4.2.3　国内人力资本理论研究状况

我国人力资本研究起步较晚，"人力资本"的概念首次出现于中国经济学界是在 20 世纪 80 年代，并于 90 年代得到广泛传播。其先后经历了从介绍引进到理论推广再到理论与实践结合指导实践活动的过程。目前国内对人力资本理论的研究主要集中在以下几个方面。

第一，对人力资本的测度研究。中国学者对于人力资本的测度主要运用成本法、收入法、指标法，或者直接采用教育水平法来估计人力资本水平。③一是运用成本法、收入法或指标法等综合性方法对人力资本进行测度，如李海峥等运用并改进了 Jorgenson-Fraumeni 的终生收入法，对中国 1985~2007 年的人力资本进行了测量。④终生收入法是将个人预期生命期的终生收入进行折现加总来衡量一个人的人力资本水平。假设人力资本可以像物质资本一样在市场上交易，那其价格就是个人的预期生命期的未来终生收入的现值。使用终生收入法可以更好地利用人力资本的各个指标，包括教育、资历、健康情况等，比单纯的指标法更加全面完善。二是直接采用教育水平、工作绩效等某项人力资本的特征值作为人力资本水平的代理变量，此类做法常见于同时考察人力资本与其他社会经济因素的研究中，将人力资本浓缩于某一特征中，考察人力资本与其他变量的互相影响。除了对于人力资本水平的测度，学界还关注中国的人力资本错配问题的衡量。人力资本错配是相对最优配置而言的，表现为对人力资本最优或有效配置的偏离程度。国内大多数研究通常采用企业层面的微观数据和生产函数错配指数，少数研究采用"工资基尼系数"来刻画劳动力错配，或者基于行业人力资本强度的差异来测度不同行业的人力资本错配程度。⑤

---

① Becker G S, Tomes N. 1986. Human capital and the rise and fall of families[J]. Journal of Labor Economics, 4(3): 1-39.
② Cunha F, Heckman J. 2007. The technology of skill formation[J]. The American Economic Review, 97(2): 31-47.
③ 王增武, 张晓东. 2022. 人力资本理论文献综述[J]. 江苏师范大学学报（哲学社会科学版）, 48(3): 97-110, 124.
④ 李海峥, 梁赟玲, Fraumeni B, 等. 2010. 中国人力资本测度与指数构建[J]. 经济研究, 45(8): 42-54.
⑤ 杨仲山, 谢黎. 2021. 中国人力资本错配测度：区域差异及影响因素[J]. 财经问题研究, (11): 109-119.

第二，人力资本与中国经济增长的研究。一是对人力资本在我国经济总量增长中的作用进行实证分析，认为人力资本作为生产要素对经济增长具有决定作用，人力资本投资对我国经济总量增长具有战略意义，因此我国应加大人力资本投资的力度；并且从改善劳动个体产出率、促进技术进步等角度讨论了人力资本促进中国经济增长的机制。二是考察人力资本对中国经济社会发展各个方面的影响。学者关注人力资本对中国经济增长质量的影响，考察了人力资本对高质量发展、绿色发展、区域创新等的影响；同时，学界关注人力资本如何影响中国农村发展，探讨了人力资本对城乡收入差距、乡村振兴的影响；此外，人力资本对于企业行为、家庭与个人行为的影响也被广泛讨论，形成一系列微观研究。在关注人力资本水平对经济增长的作用的同时，人力资本错配对经济增长的影响也被中国学者所关注。人力资本错配会削弱人力资本对经济增长的正向促进作用，当今中国技术密集型部门和产品生产部门之间的人力资本错配情况突出，研发人员比例较低是当今中国存在的重要问题。

第三，影响人力资本积累的因素的研究。人力资本的积累与人力资本水平的决定受到多方面共同影响，国内学者对于影响人力资本积累的多种因素进行实证研究。一是从宏观角度考察对地区人力资本积累产生影响的因素。众多学者研究了公共教育支出、研发投入等对于人力资本积累的促进作用；国际合作对于人力资本的积累的影响也被广泛关注，学界研究了国外技术引进、外国直接投资、对外直接投资等因素的影响；同时，也有学者探讨了地区特征，如传统文化、空气污染等因素对于人力资本积累的影响。二是从家庭和企业的微观视角讨论影响人力资本积累的原因。在家庭方面，学者从家庭经济状况、家庭结构、外界政策等方面研究了其对于家庭人力资本积累的影响。有大量研究探讨家庭收入对家庭人力资本的影响，也有研究聚焦母亲收入对于子代人力资本投资的影响。不同家庭结构特征，如家庭子女数量、家庭老人数量对于人力资本积累的影响也存在较多研究；学者也关注家庭代际结构的影响，研究了人力资本在代际间的传递特点。外界政策变动会对微观家庭的人力资本决策产生影响，养老保险等社会保障措施对于家庭人力资本决策的影响被广泛关注。此外，学者还从家庭氛围、家庭成员性格等特征出发，研究其对于家庭人力资本积累的影响。在企业方面，对于人力资本积累的影响因素的研究呈现碎片化，主要是从一些独特的角度出发进行研究，如探讨企业性别偏好、地区腐败、财税政策等对于企业人力资本投资决策的影响。

我国学者重点研究了人力资本测度、人力资本产权理论、人力资本与经济增长及人力资本积累的影响因素等方面的问题，这些研究对于解释目前中国的现实问题有极大的意义。但是总的来说，与国外已趋向成熟的人力资本研究相比，我国对人力资本领域的研究还存在着相当的差距。在基础理论方面，我国大多是借鉴国外的成熟理念，引用多，探索少，缺乏统一完整的、合乎我国国情的理论体系；在实证研究方面，相关学者结合中国实际，对人力资本现状及其存在的问题、人力资本与中国经济发展、人力资本积累的原因等问题都进行了实证分析，宏观研究和微观研究并重，运用现实数据广泛并细致地研究了人力资本的多方面问题，得出了相对可靠的结论，但是理论分析部分多为直接借鉴已有研究，这导致了实证研究的价值下降，人力资本理论对于人力资本实证研究的指导有待进一步加强。因此，人力资本理论的研究还有很大的空间可以挖掘，还需要我们不断深入下去，用成熟的理论更好地解决现实中遇到的问题。

总体来看，现代人力资本理论强调了人的因素的重要性，即侧重于人的质量，认为人力资本的大力发展可以推动经济持续增长。实际上，作为一种不同于物质资本的生产要素，人力资本基于其自身的特点及其在开发利用过程中的性质，不仅对于经济增长，而且对可持续发展都能起到巨大的推动作用，能够更有效地实现可持续发展[1]。第一，人力资本具有可再生性。它是通过人口的更替及个体知识、技能的自生和再生，成为用之不尽、可无限开发的资源，这一特征和经济的持续性增长要求是相适应的。第二，人力资本具有能动性，在经济活动中居于主导地位。人力资本的主观能动性使得它在经济活动中可以大大提高物质资源特别是不可再生资源的利用程度，寻找出物质资源的替代物，这与经济可持续性增长要求也是相适应的。第三，人力资本具有无污染的特点。人力资本的使用过程就是消耗体力和脑力的过程。它不会产生污染物，而主要是通过作用于物质资源，提高物质资源的生产效率和利用效率，来促进经济增长。第四，人力资源的开发是可持续发展的核心内容。可持续发展是以人为中心和目的的发展观，而可持续发展的核心在于尽可能地保证人类的生存、发展及社会的全面进步。总之，在经济增长和可持续发展的实现过程中，由重视物质资源的开采和利用向重视人力资源的开发和利用转变，是可持续发展理论的一次丰富和发展，也是得到实践证明了的人类社会发展的必然结果。

4.3 人口迁移的经济分析

4.3.1 人口迁移规律

人口迁移是指人们由于经济因素或社会因素离开居住地转移到其他地区，通过地域的移动行为来改变人口规模和结构。人口迁移与出生、死亡三者共同构成人口变动的要素。一个国家或地区可以由出生和迁移而增加人口，也可以由死亡和迁移而减少人口。由于迁入人口大于迁出人口而增加的人口称为迁移净增长人口；反之，由于迁出人口大于迁入人口而减少的人口，则称为迁移负增长人口。

1. E. G. 雷文斯坦的七大迁移规律

早期在对人口迁移模型的研究中，既没有关于迁移行为的模型，也没有正式的统计分析。较早提出影响人口迁移因素的是人口学家雷文斯坦，他通过对英国和其他20个国家国内迁移的细致研究，提出了人口迁移的法则，总结出了"迁移规律"，其主要包括七个方面内容。第一，人口迁移率与迁移距离成反比。大多数的迁移者是短距离迁移，长距离迁移者倾向迁往工商业中心。第二，迁移具有阶段性。一个国家或地区的居民首先倾向迁往邻近的镇，之后再迁入城镇。这也被称为迁移的梯度作用。第三，迁移存在着

---

[1] 江永红. 2004. 可持续发展实现的路径选择与理论丰富[J]. 求实, (8): 56-58.

主流和逆流,每一个在规模上占优势的主迁移流都会产生一个补偿性的逆迁移流,也叫反向迁移流,即两点之间的净迁移总要小于这两点间的总迁移。第四,在迁移方向上,净人口迁移流通常是从农村流向城市。第五,迁移中存在性别差异。在迁移人口中,一般情况下是男性多于女性,但是女性人口在短距离迁移和婚姻迁移中占有优势。第六,技术和交通对迁移具有影响。迁移流随着交通工具的增加和制造业、商业的发展而扩大。第七,经济因素在人们的迁移决策中具有支配地位。雷文斯坦认为就业率和工资水平是迁移的决定性因素,从他的调查中可以看出,迁移者大多是为了寻求比迁出地更高的工资或更优厚的报酬。

2. 人口推拉理论

唐纳德·J. 博格(D. J. Bogue)于 1959 年在《国内迁移》[①]一文中对推拉理论做了比较完整而又简明的概括,提出了"人口推拉理论"(push-pull theory)。这一理论认为,人口迁移之所以发生,是因为迁移者受到原住地的推力或排斥力及迁入地的拉力或吸引力的交互作用,迁移的结果是原住地推力或排斥力和迁入地的拉力或吸引力相互作用后的结果,因此地区之间的经济和社会发展水平差异越大,迁移的可能性就越大,迁移的人口就越多。

推动人口迁移的力量主要包括生存环境和人为因素两方面:一方面,自然环境和资源的变化是推动人口迁移的基本动力,自然环境的恶劣、自然资源的枯竭和自然灾害会直接促成人口迁移;另一方面,从人为因素来看,就业岗位的丧失、就业歧视、政治迫害及宗教因素等也会推动人口从原住地迁出。

迁入地的拉力主要包括丰富的就业机会、自由的政治环境、适宜的气候、舒适的生活环境等。工业革命后,迁入地对人口迁移的拉力越来越强,主要原因在于迁入地劳动力需求的增强及迁出地和迁入地间收入水平、生活水平差距的拉大。

1966 年,E. S. 李(E. S. Lee)在《迁移理论》一文中对"人口推拉理论"做了相应的拓展,认为尽管存在各种各样的推力和拉力影响着人们的迁移行为,但并非所有感受到这些力量的人都会采取迁移行动,而是存在着"中间障碍"。迁移者在做出迁移决策和实施迁移过程中存在着四类障碍:原居住地的相关因素;迁入地的相关因素;迁移过程的中间障碍;迁移者的个人因素。这些因素对推力和拉力的作用可能会随着时间而变化。原住地不仅有推力,而且有反推力的因素作用;同样,迁入地也不仅有拉力,而且有反拉力的因素作用。

"人口推拉理论"是研究人口迁移最为经典的理论之一,它把迁移过程高度概括为迁出地和迁入地两极,用推力和拉力的作用分析简化了复杂的迁移过程。但这一理论同时也受到了相应的批判:一方面,这一理论是建立在经验观察的基础上的,缺乏科学推断和假设检验;另一方面,这一理论仅适用于地区间的中观层面分析,而对于微观层面及个体迁移内因的研究适用性不强。

近几十年来,不同学派对于人口迁移的考察更倾向于从某个侧重点出发,探讨人口

---

① Bogue D J.1959. Internal migration[M]// Hauser P M, Duncan O D. The Study of Population. Chicago: University of Chicago Press: 97-101.

迁移的规律与特点。以克鲁格曼和藤田昌久为代表人物的新经济地理学开创于20世纪90年代。新经济地理学以迪克西特-斯蒂格利茨的垄断竞争模型和萨缪尔森的"冰山运输成本"作为分析框架，即规模经济和多样化消费的存在与冲突，以及像冰山会在运输途中融化一样所有产品的运输都存在部分消耗。在此框架下，规模经济会导致人口迁移和集聚，集聚程度越高，该区域的价格指数越低，从而厂商能够支付的工资越高，这进一步加强了劳动力的迁移与集聚程度。这就是新经济地理学的代表理论"核心-边缘"模型，该模型对当今的发展中经济体仍有较强解释力。而在新家庭经济学中，迁移的微观决策是家庭收益最大化的结果。家庭成员的迁移将使家庭预期收入扩大和总体风险减弱。这种将家庭作为决策单位来配置成员迁移的思想拓展了新古典经济学个人效用最大化的假设。不同学派的讨论使得人口迁移具有多样化色彩，促进了迁移理论的发展。

4.3.2 发展经济学中人口迁移理论

1. 刘易斯-费-拉尼斯模式

1954年，刘易斯发表了论文《无限劳动力供给下的经济发展》，在文中提出了二元经济结构发展的理论模型，论证了发展中国家农业劳动力向城镇工业部门流动的两部门人口迁移。后来，由拉尼斯和费景汉对这一理论进行了更深入的、切合实际的发展。

刘易斯认为，发展中国家一般存在着二元经济结构，即国民经济中有两种性质不同的部门：一个是仅能满足糊口的、只能维持最低生活水平的、以土著方法进行生产的传统农业部门；一个是以现代化方法进行生产、劳动生产率和工资远比前一部门高的城市工业部门。二者间的工资差异导致了农村剩余劳动力向现代部门的转移。农业部门的边际劳动生产率接近于零，甚至为负值，劳动者在最低工资水平提供劳动。因此，相对于有限的土地而言，农村存在着大量剩余劳动力，也就是说传统部门存在着无限的剩余劳动力供给，即使他们从农业部门中转移出来也不会影响农业生产。

刘易斯把发展中国家的经济发展分为两个阶段。第一阶段为无限劳动力供给阶段，如图4-3中WS段所示。在这一阶段中资本是稀缺的，劳动力是充足的，产生的利润用于再投资，因此随着资本量的增大，劳动生产率得到提高，劳动边际产品曲线即劳动需求曲线上移，劳动力流向工业部门的规模扩大，工业利润增加；然后资本量又进一步增大，劳动生产率再提高……这一过程一直不断循环，直到农业部门的剩余劳动全部流入工业部门为止，也就是到达拐点S，开始进入第二阶段。在第二阶段中，劳动力不再是无限供给的，当剩余劳动力消失后，农业的劳动边际生产率将提高，农业劳动者的收入也随之提高。此时，工业部门必须提高工资水平来与农业部门竞争，再不能得到无限剩余劳动力的供给。如图4-3所示，超过OL，劳动供给将不再是一条与横轴平行的直线，而将是向右上方上升，成为SS'段。在此阶段，农村劳动力的边际生产率由零变为正值，当城乡边际劳动生产率相同时，二元结构逐步走向趋同，从而实现了向现代经济结构的转型。这一模型从本质上看是对人口城市化伴生于工业化的一种解释[1]。

---

[1] 李通屏，朱雅丽，邵红梅，等. 2014. 人口经济学[M]. 2版. 北京：清华大学出版社：329.

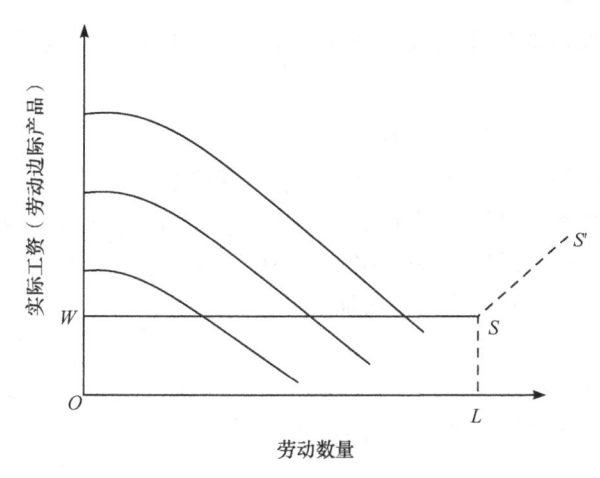

图 4-3　刘易斯的发展中国家的经济发展阶段

费景汉和拉尼斯对刘易斯模式进行了修正，将传统农业部门与现代工业部门的发展联系起来并加入了时间概念，使刘易斯的模型更具动态性。费-拉尼斯模式把劳动力转移过程分为三个阶段。第一阶段，传统农业部门存在大量显性失业人口，农业部门的边际生产率为零，此时劳动力供给弹性无限大，农业劳动力的流出不仅不会减少农业生产量，反而会使农业部门生产出剩余，从而保证工业部门的粮食供应。这一阶段基本与刘易斯模式相同。第二阶段，农业剩余劳动人口的流出使农业部门的边际劳动生产率上升，但仍然低于制度工资。农业部门不再有显性失业人口，但隐性失业依然存在，农业剩余劳动力仍然会继续流入城市现代工业部门。由于这一阶段农业部门的劳动边际生产率为正，劳动力的流失会引起农业总产量的减少，粮食的短缺引起粮食价格的上涨，进而导致工业部门的工资上涨，工业部门的继续扩张将受到阻碍。第三阶段，农业剩余劳动力被工业部门完全吸收，农业部门的边际劳动生产率逐渐高于制度工资，农业部门的劳动力收入由农业劳动的边际产值决定，这意味着农业部门已经商业化，由此开始进入稳定增长的发达经济。

2. 托达罗的城乡人口迁移模型

托达罗认为人口流动是一种符合理性的经济行为。影响农业劳动者是否迁入城市的预期因素主要有两个：一是城乡间的实际工资差异，二是城市的失业状况。托达罗的人口流动模型是

$$M=f(d), f'>0 \\ d=pw-r \quad (4.2)$$

式中，M 表示从农村迁入城市的人口数；d 表示城乡预期收入差异；$f'>0$ 表示人口流动是预期收入差距的增函数；w 表示城市实际工资水平；r 表示农村的实际收入；p 表示就业概率。当城市不存在失业时，就业概率 p 为 1，则劳动力迁移的动机就完全取决于城乡实际收入差异，这就与刘易斯-费-拉尼斯模式的假定相一致了。

在任一时期，迁移者在城市现代工业部门找到工作的概率取决于现代工业部门新

创造的就业机会和城市的失业人数。就业概率与前者成正比，与后者成反比。用公式表示为

$$\Pi = \gamma N/(S-N) \qquad (4.3)$$

式中，γ 表示现代部门的工作岗位创造率；N 表示现代部门的总就业人数；S 表示城市总劳动力规模。所以 γN 表示现代部门在某一时期创造的工作岗位；$S-N$ 表示城市失业人数。

托达罗的人口流动模型为发展中国家解决失业问题提供了新的思路和方法。由于预期收入的存在，流入城市的农业人口增加，城市的失业率也逐渐上升。在既定的预期收入差异下，随着工业部门的扩张，城镇的就业率上升，流入城镇的农业劳动力也随之增加，失业率反而上升。可以说，这一现象的根源在于城乡经济发展的不平衡和经济机会不平等，因此大力发展农村经济才是根本的解决途径。

3. 舒尔茨和斯达科的迁移成本-效益分析

舒尔茨在研究人力资本时，将人力资本投资分为五大类，其中的迁移投资是指个人和家庭为谋求更好的生活或更大的效益，通过迁移以适应不断变化的就业机会的投资。他认为迁移是否发生取决于迁移行为的成本与效益对比。迁移的效益是指迁移者在迁移以后因为拥有更好的机会而增加的收入。迁移的成本是指为了实现人口迁移而花费的各种直接和间接的费用，包括现金成本和非现金成本。迁入地和迁出地的收入差距必须大于迁移的成本，迁移的发生在经济上才有效益。

斯达科将舒尔茨的"迁移成本-效益"模型用于解释迁移的动因，并进行了定量化的研究。他认为，人口迁移行为取决于迁入地的平均收入是否超过迁出地平均收入加上用于迁移过程的花费。如果迁移者在迁移后除去折扣率和实际收入值超过迁出地的实际收入与迁移成本之和，则人们就会选择迁移；否则，这种投资是不经济的，人们不会选择迁移。同时这一理论解释了人们的迁移活动会随着年龄的增加而递减的现象[①]：青年人在迁移过程中的投资和代价较小，迁移后，他们比中老年人有更长的工作时间，获得利润和好处的可能性也更大，因此青年人比中老年人更倾向于迁移和流动。

4.3.3 人口迁移效应

人口迁移是人们由于各种经济和社会因素由迁出地向迁入地的大规模人口流动，这种流动必然会影响迁入地和迁出地的人口、资源、环境及经济发展，产生正面的与负面的效应。

人口迁移的正面效应表现在以下几点。第一，人口迁移引起了人口分布和人口结构的变化，有助于提高人口素质。在工业社会，人口的自发式迁移以市场为导向，以供求关系决定劳动力的流向，它主要表现在农村人口向城市的迁移。一方面，在迁移途中由于优胜劣汰增强了人口的素质；另一方面，迁移者对城市新知识的学习和吸收有助于提高人口素质。第二，人口迁移会推动工业化的发展。人口迁移为工业化的发展提供了充足的劳动力，劳动力供给的增加造成的工资较低的优势支持了早期工业化发展。另外，

---

① 林友苏. 1987. 人口迁移理论简介[J]. 人口研究，（2）：55-57.

劳动力供给的增加又有利于分工和专业化水平的提高,从而能够极大地推动工业化发展。第三,人口迁移有助于产业结构的优化。随着经济的发展,产业结构不断优化,第一产业所占比重缩小,第二、三产业所占比重上升,特别是第三产业所占的比重以更高的速度增长。而产业结构的转移很大程度是由劳动力在产业间的转移实现的。经济刺激下的人口迁移,使劳动力从第一产业流向第二产业,再流向第三产业,从而调整了产业结构,加快经济的转型。

人口迁移对迁入地和迁出地也会带来负面效应,表现在以下三点。第一,人口迁移改变了劳动力市场的结构,使迁出地劳动力减少,而对落后地区而言,较高素质劳动力的流出,降低了本地的科技含量和创新能力,从而阻碍了当地经济的发展。此外,需要引起注意的是现代社会的国际迁移。国际迁移对于迁入国和迁出国都各有利弊,最常见的是发展中国家大量人才向发达国家的迁移形成的"智力外流",也产生了"技术逆转移",影响了迁出国经济发展的速度。第二,人口城乡间的迁移会产生相应的社会问题,如城市就业压力的增大,城市贫民窟的出现,城市犯罪问题的加剧,以及交通、住房等方面的压力加大,即出现"城市病"。第三,人口迁移改变了人口的区域分布,使得迁入地的人口规模急剧扩大,带来环境问题。受自然条件和社会经济条件的限制,人口承载力和环境承载力在一定时期内存在一个最优值和一个最大阈值。大量外来人口的迁入有可能会打破人口与环境的平衡甚至突破环境阈值,带来环境和生态问题的恶化,破坏自然生态系统,如中国历史上几次人口南迁,他们的垦荒辟地加重了黄土高原的水土流失。因此,在人口迁移中必须将环境因素置于重要的地位并加以重视,以促使其形成良性循环。

总之,人口迁移效应是社会、经济与环境等因素综合作用的结果,相互间的影响是复杂的多元关系,只有将各环节和各因素作为一个有机联系的整体加以系统分析和研究,才能得出更为科学的结论和客观的评价。

■ 专栏4-1 新中国成立后的劳动力迁移历程 〉〉〉

新中国成立后我国劳动力迁移的发展,大致可以以1978年为界,划分为改革开放前和改革开放后两个阶段。这两个阶段主要受到经济体制和改革开放的影响,表现出不同的劳动力迁移特征。

改革开放前(1949~1978年)的劳动力迁移受社会主义计划经济及户籍制度的制约,主要以计划型迁移为主,同时也存在以改变生活困境为目的农村自发性迁移。1949~1957年的劳动力迁移的主流是农村劳动力的自发性迁移,同时存在着一定的有组织的计划性迁移。由于当时经济发展的重点在城市地区,自发性迁移基本以农村人口向城市迁移为主。"一五"期间,为了改变旧中国不甚合理的工业布局,政府有计划地组织东部沿海城市的一些工厂企业迁往东北、西北、华北等内地和边疆地区,带动东部地区劳动力向上述地区迁移。1958~1965年的劳动力迁移大起大落,主要以被动迁移为主要特征。"大跃进"掀起了农村人口涌向城市的乡→城迁移,"大跃进"结束后呈现出完全反向的城→乡迁移,知识青年"上山下乡"的开展进一步导致城市劳动力骤减,直接导致城市化水平迅速跌至"大跃进"之前的18%左右。此外,"三线"及"支边"建设计划所导致的劳动力迁移表现为由东向西、向北的迁移模式。1966~1978年的劳动力迁移主要以城市知识青年"上山下乡"和干部下放等由城市迁向农村的"逆"城市化迁徙构成迁移的主流。此外，这一时期仍延续以经济建设为目的的劳动力迁移，主要向东北、西北迁移。总体而言，此阶段人口流动并未放开，劳动力迁移仍处于低潮期。

改革开放后（1979年至今）的劳动力迁移空前活跃，并形成由西向东、由农村向城市的迁移大潮。1979~1983年的劳动力迁移主要发生在农村地区。农村地区实行家庭联产承包责任制，把大量的农村劳动力从土地上解放出来，向当地发展起来的乡镇企业转移。由于户籍制度的存在，这些劳动力的迁移表现为"离土不离乡""进厂不进城"，总体迁徙量延续改革开放前的趋势。1984~1993年劳动力迁移仍受户籍制度制约，但呈现缓慢发展态势。随着1984年《国务院关于农民进入集镇落户问题的通知》的出台，农民迁移进镇的标准逐渐放宽。同时，城市"保障就业或安置就业"制度的改革使得劳动力市场初步建立，提供了农村劳动力迁入城市并就业的机会，农村劳动力开始向"异地转移""异地流动"模式转变，并开始向各级城市甚至大城市迁移，迁移规模逐渐扩大。1994~2014年户籍制度迎来了新一轮改革，1997年《小城镇户籍管理制度改革试点方案》出台，允许满足一定条件的农村劳动力在小城镇办理常住户口，劳动力迁移进入高度活跃期。进入21世纪，国家先后实施"十一五""十二五"发展规划，正式提出多样化城市发展方针，坚持大中小城市和小城镇协调发展。同时，户籍制度改革同步推进，初步建立起城乡统一的户口登记制度。2010年国务院常务会议通过的《关于2010年深化经济体制改革重点工作的意见》提出要"深化户籍制度改革，加快落实放宽中小城市、小城镇特别是县城和中心镇落户条件的政策。进一步完善暂住人口登记制度，逐步在全国范围内实行居住证制度"。户籍制度的改革，促进了农村劳动力的转移；加之"西部大开发战略"和"东北老工业基地振兴战略"的提出，激发了劳动力迁移的活跃性。

近年来，我国经济发展由高速增长阶段转向高质量发展阶段，经济高速发展所带动的劳动力迁移活性相应减弱。不同地区经济社会发展特征对劳动力迁移产生新的影响。总体看来，劳动力迁移呈现以下特点。第一，劳动力人口依旧呈现出向东部地区和城市群、都市圈聚集的特点，劳动力迁移保持稳定性。第二，特大城市人口规模空前，对城市发展造成压力，北京、上海等超大城市纷纷出台严厉措施，试图控制和减少外来人口。第三，中西部地区努力打造强省会，并叠加人才吸引政策，中西部省会城市劳动力吸引力显著增强。第四，劳动力省内流动占比提高，以农民工为主的流动人口加速回流。劳动力流动的新特征带来了新的机遇与挑战，促进中西部地区产业升级与技术创新、加快流动人口市民化相关进程改革、积极应对流动人口老龄化等问题需要持续关注。

资料来源：王桂新. 2019. 新中国人口迁移70年：机制、过程与发展[J]. 中国人口科学，（5）：2-14.

王梅婷，周景彤. 2022. 我国人口流动的新特征新变化[J]. 宏观经济管理，（6）：30-37, 45.

本 章 小 结

微观人口经济理论是指运用微观经济学的分析方法来研究人口经济问题的理论，本章将其概括为三大部分,即生育率的经济分析、现代人力资本理论和人口迁移的经济分析。首先,从家庭这一微观视角出发,用莱宾斯坦的成本-效用分析、贝克尔的孩子数量-质量替代理论模型及伊斯特林的供给-需求理论分析了影响家庭生育决策的因素;其次,从人的重要性角度出发,对人力资本理论的发展脉络进行了梳理,从其理论的产生,到发展的新趋势,再到对国内学者的研究状况进行了相对系统的论述;最后,从人力资本的流动角度探讨了人口迁移问题,从人口迁移规律的总结出发,然后用"人口推拉理论"、刘易斯-费-拉尼斯模式及托达罗模型等经济理论从微观视角解释了人口迁移的原因和特点,并分析了人口迁移对人口、资源、环境及经济发展产生的正面与负面效应。

这三部分理论各有侧重:生育率的经济分析侧重于对影响人口数量的因素进行理论上的解释;现代人力资本理论侧重于人口质量方面的探讨;人口迁移的经济分析则是从行为人的理性经济活动角度分析了人口对空间环境的选择。三者又彼此相联系,统一于人口理论这一大的框架之下,并共同运用微观经济学的分析方式对理论加以阐释。

人口理论的微观研究不仅着眼于经济学意义,同时也着眼于人口与资源、环境等外部因素的相互作用。一方面,随着社会的发展和生产力水平的提高,人具有了改造自然的能力,人口生育率、人力资本的水平和人口迁移行为都会对周围的生态环境产生直接或者间接的影响,人作为能动的主体具有对自然环境、生态系统强大的影响力;另一方面,人的发展又受制于自然生态的约束,人口的生育水平、人力资本的发挥和人口迁移的进行都在很大程度上取决于外部的资源与环境条件。因此,对于人的发展而言,人口问题的研究必然是跟整体世界相互联系的,必须将这一问题置于整个生态系统中来讨论。人终归是自然界的人,人只有认识自然,遵从自然,与自然相互协调,才能实现更好和更长远的发展。

关键概念

人力资本　新增长理论　人口迁移　人口推拉理论　传统部门　人口迁移　人口迁移效应

思考题

1. 请用莱宾斯坦和贝克尔的观点来解释发达国家和发展中国家的生育现象。
2. 请从人力资本理论的角度分析教育的意义;过度教育的出现又说明了什么?
3. 根据我国的实际情况,如何制定农村人口流动政策?
4. 简述人口迁移对迁入地和迁出地产生的各种效应。

推荐阅读的文献资料

贝克尔 S. 2016. 人类行为的经济分析[M]. 王业宇,陈琪,译. 上海: 格致出版社,上海三联书店,上海人民出版社.

舒尔茨 T W. 2010. 对人进行投资[M]. 吴珠华,译. 北京: 商务印书馆.

张霞,夏巧娟. 2018. 生育意愿与生育率研究进展[J]. 经济学动态,694(12):108-120.

Bogue D J. 1959. Internal migration[M]//Hauser P, Duncan O D. The Study of Population. Chicago: University of Chicago Press: 97-101.

Easterlin R A, Crimmins E M. 1985. The Fertility Revolution: A Supply-Demand Analysis[M]. Chicago: University of Chicago Press.
Leibenstein H. 1975. The economic theory of fertility decline[J]. The Quarterly Journal of Economics, 89(1): 1-31.
Lewis W A. 1954. Economic development with unlimited supplies of labour[J]. The Manchester School, 22(2): 139-191.

第5章 自然资源与经济发展

自然资源是社会物质财富的源泉，是社会生产过程中不可缺少的物质要素，是人类生存的基本条件。对于自然资源的不恰当利用是导致环境污染和生态破坏的直接原因，因此，自然资源的可持续利用是实现人口、资源、环境与经济可持续发展的基础。人类在开发利用自然资源的过程中，必须努力实现自然资源在时间和空间上的合理配置，提高人类对自然资源利用的数量和质量，并最终实现自然资源的可持续供给，进而实现人类社会的可持续发展。

5.1 自然资源概述

5.1.1 自然资源的内涵与分类

1. 自然资源的内涵

由于研究的角度和出发点不同，目前对"自然资源"一词的认识也不完全相同。《大不列颠百科全书》将自然资源定义为"人类可以利用的自然生成物及生成这些成分的环境功能"。前者指土地、水、大气、岩石、矿物及其群聚——森林、草地、矿产、海洋等，后者则指太阳能、生态系统的环境机能和地球物理化学的循环机能等。联合国环境规划署将自然资源定义为"一定时空条件下，能够产生经济价值以提高人类当前和未来福利的自然环境因素的总称"。对自然资源的理解需注意以下几个方面。

第一，自然资源应区别于自然环境。自然资源是指自然环境中一切能够为人类所利用的自然要素，即环境要素。自然环境要素是一个庞大的系统，包括土地、光、热、水、岩石矿物、生物等。在特定的历史发展阶段和一定的社会经济技术条件下，有的可以为人类所利用，有的则不能或暂时不能为人类所利用。凡是可以被人类利用的环境要素，都称为自然资源。

第二，自然资源是一个动态的概念，它的内涵必将随着社会经济技术的发展而不断扩大。在大约100万年前的旧石器时代，称得上自然资源的只有维持人类生存的野果、野兽和作为简单工具的石头、木头。如今随着空间技术和电子技术的发展，人类利用和改造自然的空间不断扩大，更多的稀有元素和半导体材料乃至海洋空间及宇宙空间也渐渐成为自然资源的内容。可以说，技术因素决定着自然资源的历史进程。因此，从一定的历史阶段来看，资源是有限的，但从人类发展的历史长河来看，它又是无限的，现在被废弃的物质，在未来可能就是一种新的资源了。

第三，自然资源同样是一个包含自然和社会经济的综合体，人与自然的关系是随着人类社会和人类开发利用的发展而发展的。人与自然资源应该是一个协调发展的过程，但由于人类的原因，如人口失控、资源的过度开发及浪费等，人与自然资源的关系就会失去平衡，从而产生灾难，恢复这种平衡关系是实现自然资源可持续利用的初衷。

2. 自然资源的分类

自然资源的分类是研究自然资源的特点及其对社会经济活动的影响的基础。由于分类的角度和标准不同，自然资源存在着多种分类方法和分类体系，但从可持续发展研究的角度来看，大多数学者关注的是地理学的分类和经济学意义上的分类。

地理学的自然资源分类是根据自然资源的形成条件、组合状况、分布规律及其与地理环境各圈层的关系等进行的，自然资源可分为土地资源、水资源、气候资源、生物资源和矿产资源五大类。经济学对自然资源最基本的划分，是将其划分为两大类：可再生资源和不可再生资源。前者指能够通过自然力，以某一增长率保持或不断增加的自然资源，如太阳能、潮汐能、风能、大气、森林、农作物及各种野生动物等；后者指假定在任何对人类有意义的时间范围内，资源质量保持不变，而资源蕴藏量却不再增加的自然资源。因此，不可再生资源的持续开采过程也就是资源的耗竭过程。

从理论上讲，可再生资源是可持续利用的，即使用一次之后仍可更新再次使用，一些可再生资源的存量和持续性不受人类的影响，如太阳能。但有些可再生资源的存量和可持续性受人类利用方式的影响：在合理开发利用资源的情况下，资源可以恢复、再生，以至不断增长；而在不合理开发利用资源的情况下，其可再生性便难以维持，从而使存量不断减少，直至耗竭，如过度捕鱼使鱼的存量减少，进而降低了鱼群的自然增长率。因此，对可再生资源的开发利用不能超过其极限或者其再生的能力。可再生资源在合理的开发、管理和利用下，可以不断地更新利用；反之，则有退化和耗竭之忧。

不可再生资源按其能否重复使用，又分为可回收的不可再生资源和不可回收的不可再生资源。

可回收的不可再生资源是指资源产品的效用丧失后，大部分物质还能够回收利用的不可再生资源，主要包括金属矿物和除了能源矿物外的许多非金属矿物。这些资源的更新能力极弱，但当它被人类开采使用之后可以回收利用。这一特点为人类更有效地利用有限的资源开辟了广阔的前景。但是，可回收的不可再生资源最终仍会耗竭，其耗竭的速度取决于需求、资源产品的耐用性和该产品回收利用的程度。除了需求缺乏弹性的情况外，一般来说价格的上升会使需求量减少；资源产品的使用寿命越长，对资源的需求也就越少；回收利用的程度越高，对资源的需求量越少。需要指出的是，可回收的不可再生资源不可能 100%地循环利用，每次的回收利用都会使资源产生某种退化。因此，可回收的不可再生资源依靠回收利用而得到补充的数量是有限的，它对资源的存量不会产生显著的影响。

不可回收的不可再生资源是指在使用过程中不可逆，并且在使用后不能恢复原状的不可再生资源，主要包括煤、石油、天然气等能源矿物。不可回收的不可再生资源的特点决定了它的耗竭速度快于其他资源，加上当代社会对能源资源的巨大需求，更加快了这种资源的耗竭速度。因此，要减缓不可回收的不可再生资源的耗竭速度，提高资源的利用率是一条重要的措施，它一方面能减少资源的浪费，另一方面还可以减少对环境的污染。

5.1.2 自然资源的特点

一般来说，自然资源主要是自然产物，很少凝聚人类的劳动，因此，自然属性是自然资源的基本属性。另外，自然资源存在于各种层次的生态系统中，是生态系统的重要组成部分，各种自然资源之间相互影响和相互制约，因此自然资源又具有系统性。除此之外，自然资源的特点主要包括以下几个。

一是自然资源分布的不均匀性。自然资源的数量和质量在空间上的分布很不均衡，有些国家或地区的资源比较丰富，有些国家或地区的资源却极其贫乏。自然资源之所以会在空间分布上存在差异，是由于自然资源的形成遵循一定的地域差异规律：在资源丰富的区域，自然资源密度大、数量多、质量好，易于开发利用；在资源匮乏的区域，自然资源密度小、数量少、质量差，开发利用难度大。在世界范围内，自然资源的分布表现出极为不均的状态。例如，煤炭资源的分布呈现出明显的不均衡，北半球明显高于南半球，特别是在亚洲、北美洲和欧洲的中纬度地带高度集中地分布着高达世界总量96%的煤炭资源。石油和天然气的分布也一样，主要集中分布于中东波斯湾附近地区及原苏联和欧美等地区。

二是自然资源功能的多样性。大部分的自然资源都具有多种功能和用途。例如，河流资源对于农业部门来说可以作为灌溉系统的主要部分，对于能源部门来说可以用作水力发电，对于交通部门而言是交通线路，旅游部门则把它当作风景资源；煤和石油，既可以作为燃料，又可以作为化工原料；森林资源既可以用作燃料、家具、建筑等，又可以用来防风固沙、涵养水源和改善环境，还可以作为人类的旅游场所，提供观赏森林风景和森林公园的机会。认识到自然资源功能的多样性，有助于引导我们更有效地利用自然资源。首先，注重自然资源综合效益的开发和利用，充分发挥自然资源的多用性；其次，注重自然资源之间的替代和互补作用，减少对稀缺资源的消耗；最后，注重自然资源的机会成本问题，在做资源利用决策时要全面考虑自然资源利用的真实成本。

三是自然资源数量和质量的可变性。世界上的自然资源不是一成不变的，其数量和质量均处于不断变化之中。自然资源的数量和质量发生变化是自然因素和人类影响共同作用的结果，其中最主要的原因是人类的作用。对于不可再生资源来说，人类对其任何形式的利用都将导致其数量的减少和质量的降低；对于可再生资源来说，在相对稳定的系统内，自然资源的数量和质量会保持一种平衡，但是当系统的稳定性被外部干扰破坏后，自然资源的数量和质量就会发生变化。

四是自然资源的稀缺性。由于人类需求的无限性及地球上自然资源总量的有限性而产生的自然资源的稀缺性，是指相对于人类需求而言自然资源在数量上表现出来的不足，其含义包括自然资源的绝对稀缺和相对稀缺两方面。自然资源的绝对稀缺即绝对数量上的短缺，即当自然资源的总需求超过总供给时所造成的稀缺。首先是全球自然资源储存量有限且分布不均；其次是相对于人口数量的增长趋势和人类的无限需求，自然资源是稀缺的；最后是现有经济机制下快速的经济增长以自然资源的大量消耗为代价，这使自然资源更为稀缺①。自然资源的相对稀缺即自然资源在结构上的相对短缺。首先是总体资源的结构性短缺，主要是指在全部自然资源中，重要资源的所有量不足；其次是同类自然资源的结构性短缺，主要是指在具有较强替代性的同类自然资源中，优质与劣质的质量结构不均衡；最后是开发条件的结构性稀缺，主要是指自然资源的开发利用在难易程度和成本高低上存在差异而导致的稀缺性。

五是自然资源的难以替代性。自然资源是稀缺的，虽然各种资源之间存在着可替代性，但是自然资源的替代是在一定范围之内的。当一种资源因为稀缺而使经济上无法利用时，我们可以寻找替代资源来解决该资源的稀缺问题。技术进步不仅可以提高原有资源的利用程度，而且可以发现新的替代资源。虽然科学技术的不断进步使得一些自然资源产品可以通过人工合成的方式得到替代品，但是替代品的原材料依然是来自自然资源及其衍生物，本质上还是自然资源①，因此，自然资源作为社会财富的源泉及经济发展和人类生活必不可少的物质基础，整体上是很难找到替代品的。

六是自然资源的整体性。自然界中，每个区域的资源都是一个系统，彼此之间存在着紧密的联系，如果不注重自然资源的综合利用与治理，将会带来由于资源失衡而出现的生态环境问题，由此就会给人类经济社会发展带来挑战和阻碍。比如，在整个森林系统中，树木、草地、水土及各类动物等构成了一个完整的生态系统，当过度砍伐造成林木被破坏以后，就会带来水土流失，甚至土地荒漠化，动植物等生存面临严重威胁，继而大量减少。而当人类开始通过种树种草来恢复原有生态系统以后，树木的增加使得水土得以保持，进而更多植被的生存环境得到改善，植被开始恢复，从而形成整个生态系统的良性循环，自然资源在一定程度上得以恢复与再生。因此，自然资源具有整体性和系统性，其往往表现为牵一发而动全身，必须坚持资源与生态的整体治理，这样才能使人类社会更高效地利用自然、保护自然。

5.1.3 自然资源对经济发展的意义及不利影响

1. 自然资源的使用对经济发展的意义

第一，自然资源是人类社会发展的基本要素和基本空间，是物质资料生产的来源。在不同的发展时期，虽然人类利用着不同的自然资源，但是这些自然资源都为当时人类的生存及生产活动提供了物质保障。在经济发展水平较低的阶段，自然资源对于发展的影响起着决定性的作用，由于当时的人们没有发展产业、进行物质生产的能力，主要的生存依靠人类打猎、采食，所以，丰富的自然资源及适宜人类生存和相应自然资源生长的气候条件对当时人类的生存繁衍起着决定性的作用。随着人类社会向前发展，人类能够运用工具对自然界进行改造，在经济发展处于初级阶段时，人类开始了农业耕作，这一阶段社会经济产出的主要来源为第一产业，而自然资源中土地资源、水资源、林木资源等都对农业发展起到至关重要的作用，为农业产量的增加提供保障。当经济进入更高的发展阶段，经济增长的主要推动力来源于第二产业，此时自然资源中矿产资源的开发利用就对经济总量的提高至关重要。其不仅为机械设备提供动力，提高劳动生产率，同

---

① 钟水映, 简新华. 2005. 人口、资源与环境经济学[M]. 北京：科学出版社: 7.

时也为钢铁、化工、建材等产品的生产提供重要原材料，实现了快速的经济增长，也极大地丰富了物质资料，但与此同时也带来了严重的资源危机与环境问题，因此就需要进一步转变经济发展方式。

第二，自然资源一方面为物质生产、经济总量增长提供原材料和基本空间，另一方面，自然资源又决定着经济活动的种类和效率。从早期发展阶段没有主导产业，人类通过狩猎等方式获得生存要素，到现代以清洁的新能源为经济提供动力，自然资源也在经济结构调整上发挥着重要作用。例如，旧石器时代人类还没有主导产业的发展，农牧业也没有发展起来，主要依靠狩猎为生；到了新石器时代，随着石质工具成为主要劳动工具，农业和畜牧业也逐渐产生，出现了三次社会大分工，农业和畜牧业成为主导产业，到了新石器时代末期，人类开发并利用了天然金属，逐渐制作出了铜器、青铜、铁器，对自然资源的开发利用使得人类能够进一步改造自然并使其为我所用。从最初的薪柴到煤炭、石油，人类使用的能源发生了几次决定性的变革，自然资源开发利用的种类和使用价值也在不断深化。随着人类经济社会进入工业时代，越来越多的化石能源及电能被应用于社会发展中，主导产业也因为能源资源的开发利用而逐渐转移到了第二产业，重工业得到了飞速发展，与此同时人类对资源的需求也进一步扩张，因此带来了很多自然资源供需的矛盾。而随着人类经济社会进入更高发展阶段，为了解决全球在资源问题上面临的种种矛盾，人类逐渐开始开发利用清洁的新能源，如太阳能、风能等，对新的自然资源的利用使得产业结构也发生着变化，主导产业也从第二产业向第三产业过渡，产能利用效率也在提升。因此，人类对自然资源开发利用的变革历程不断催生着产业结构的调整，新的能源利用也将把人类带入更高的资源利用效率、更可持续发展的新阶段。

第三，自然资源的分布对于区域经济发展起着至关重要的作用。从原始社会开始，自然环境与资源的区位决定了人类居住的方位，而随着经济社会的向前发展，自然资源在区域经济的发展上起到的作用更是不可忽视，如欧洲三面环海，有着便利的航运条件和丰富的海洋资源，这也是欧洲航海业得到快速发展的重要原因；再如中东地区拥有十分丰富的石油储备，这些得天独厚的地理优势也使得中东地区国家经济得到迅速发展。我国经济发展也同样遵循这个规律，自然资源丰裕的地区往往有更多产业发展的空间，相应自然资源的储备也决定了一个地区能够发展的产业类型，如山东招远拥有大量黄金储备，因此山东招远黄金采矿业就得到较快发展；广东具有天然的地理优势，交通便利、海路通畅，是我国对外开放的重要窗口，因此广东在对外贸易、制造业发展上都具有得天独厚的优势。自然资源的区位及丰裕程度在很大程度上决定了一个地区产业选择与经济发展程度，自然资源丰富、自然区位优越的地区由于开发建设成本小更容易吸引投资，从而更能够带动当地发展，因此，自然资源对于区域经济发展起着至关重要的作用。

2. 自然资源的使用对经济发展的不利影响

第一，自然资源的使用对资源型地区或者国家的经济结构带来不利影响，从而影响经济发展的可持续性。Auty[①]首次提出"资源诅咒"的概念，其含义是自然资源越丰裕的地区，经济增长水平不一定高，相反，丰富的自然资源可能会对经济增长产生副作用。而后，许多学者对这一理论进行了验证，结果表明的确存在"资源诅咒"现象，即资源禀赋与经济增长之间存在显著的负相关关系。"资源诅咒"概念的提出，颠覆性地表明了资源禀赋对于一个地区的发展所具有的作用不仅是为其提供工业发展的基础，如开发利用不当反而会因为丰富的自然资源而给经济社会带来一系列问题，如寻租、腐败，使得一些地区的经济增长遇到阻碍，发展难以突破过度依赖资源带来的瓶颈。"荷兰病"现象就是"资源诅咒"表现之一，20世纪60年代，荷兰由于过度发展石油、天然气业，出口剧增，带来经济快速发展，而快速增长的经济进一步加大了荷兰其他制造业的生产成本，其工业产品国际竞争力下降，从而造成经济恶化。国际上也有一些国家，如委内瑞拉，由于拥有丰富的能源资源，并且严重依赖其出口贸易，导致了整个国家经济结构单一，抗风险能力差，经济发展模式不可持续等问题，在国际能源价格出现波动时，其国内经济也由此面临重大冲击，进而陷入严重经济危机。因此，自然资源的利用一方面为经济发展提供着十分必要的动力来源，另一方面，由于过度依赖自然资源而导致寻租腐败的滋生，以及经济结构不协调从而影响经济发展速度和质量的问题也同样值得关注。

第二，自然资源中的化石能源利用加剧了碳排放。化石能源的利用是全球碳排放的主要来源，其中电力和热力生产所产生的碳排放占的比例最高，如图5-1所示。从全球范围内看，2019年电力和热力生产所产生的碳排放量为14 068.0吨，占全球当年排放总量的41.84%，而我国这一比例更高，占比约为53.1%。目前供电行业发电方式主要是以煤炭等化石燃料的燃烧为主，同时交通运输业的碳排放量在全球范围内和在我国均位列第二位，这是由于目前汽车、飞机、轮船等主要交通工具还是以燃油为主要动力的，所以在现代交通高速发展的今天，大量燃油的消耗也带来了较多的碳排放。当前，世界范围内面临的碳排放压力也逐渐加大，持续增加的碳排放使得温室效应加强，进一步带来了更多的环境问题，如北极海冰面积减少、北美的北方森林火灾和虫害、南极西部的冰盖加速消融和失冰等。而在我国，《中国气候变化蓝皮书2021》数据显示，1951~2020年，中国地表年平均气温呈显著上升趋势。面对不断增加的人类活动带来的碳排放，以及逐步恶化的生态环境，世界范围内对此也提出了相应的应对手段，2016年签署的《巴黎协定》指出要为把全球平均气温较工业化前水平升高控制在1.5℃之内努力，并且尽快实现温室气体排放达到峰值，21世纪下半叶实现温室气体零排放。这一系列目标及由此展开的政策措施，都是为了进一步抑制碳排放的过快增加对人类带来的影响。目前，全球范围内碳排放空间的不断缩小及抑制排放的紧迫性都要求各国在减少使用化石能源、开发利用替代能源方面做出努力，这也促使人类在对自然资源的使用上进一步做出改变。

---

① Auty R M. 1993. Sustaining Development in Mineral Economies: The Resource Curse Thesis[M]. London: Routledge.

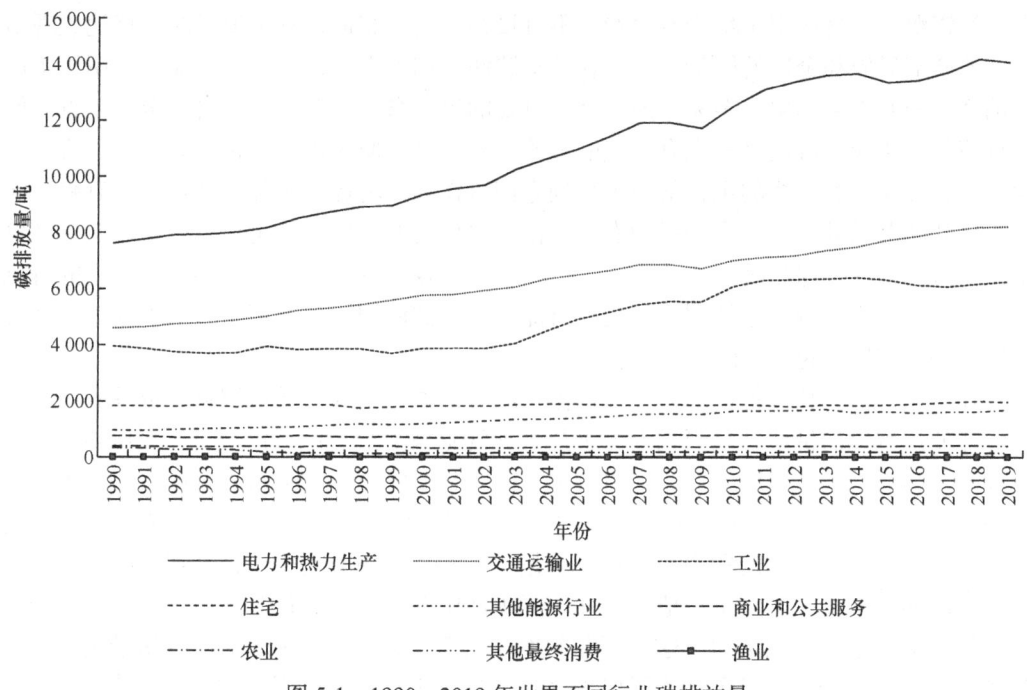

图 5-1　1990～2019 年世界不同行业碳排放量

资料来源：国际能源署（International Energy Agency，IEA）网站数据（https://www.iea.org/data-and-statistics/data-tools/energy-statistics-data-browser?country=WORLD&fuel=CO2%20emissions&indicator=CO2BySector）

5.2　自然资源的经济价值及经济评价

5.2.1　自然资源的经济价值

在现代可持续发展理论中，自然资源的价值内涵要广泛得多，自然资源的价值应等于经济价值（生产要素）+对人的服务价值（对当代人而言）+自然与生产系统维持或环境价值（对未来人而言，要求资源有稳定性和持续性的潜在价值）。自然资源的经济价值，即它作为生产要素被人类利用（主要为消耗性利用）所具有的价值，在市场经济中，它由资源的稀缺性、附加的劳动、消费者对产品的偏好等所决定。英国环境经济学家皮尔斯和沃福德在其合著的《世界无末日：经济学·环境与可持续发展》一书中，对自然资源的经济价值做了较为系统和详细的分析，认为可持续发展的自然资源的经济价值分为两个部分，即使用价值和非使用价值。

地球各圈层中的一切自然资源都以其被人类认识和掌握的程度来表现自身的使用价值。人类对阳光的认识是通过取暖、光合作用到驱动全球循环的基本能量这一过程逐步提高的；矿藏之所以有价值，在于人类掌握了它的提炼技术和加工使用技术，如果没有人类技术积累，矿藏始终是一个自然物。因此，人类劳动历史的积淀，形成了自然资源的使用价值。自然资源的使用价值包括直接使用价值、间接使用价值和选择价值。直接使用价值是指自然资源可直接用于生产或消费的经济价值，是对自然资源的部分或全部效用的直接消费所体现的经济价值。间接使用价值，是指对自然资源的使用是间接的，即自然资源不是直接用于生产或消费，不直接在市场上交换，其价值只能间接地表现出来，如调节局域和全球的能量平衡、森林水源涵养和水土保持等。它不能直接用于生产或消费，但对人类的生存至关重要，具有重要的生命系统支持功能。自然资源的直接使用价值与间接使用价值之间也有直接的依赖关系，直接使用价值经常由间接使用价值衍生而来，如植物和动物的生长就必须得到它们所在的环境提供服务的支持；还有森林涵养水分和调节局部气候，也能保护农田并使其农作物的直接使用价值得以实现。选择价值是指人们保存或保护某一自然资源，以便将来做各种用途所愿支付的数额。它的特点在于某一资源不是现在被使用，而是有可能在将来被使用，它类似于为了保证一种资源和服务的供应所支付的保险金。

非使用价值包括遗传价值和存在价值。遗传价值是指为后代保留自然资源的使用价值和非使用价值的价值，是当代人为了把某种资源保留给子孙后代而自愿支付的费用。它体现了当代人为了他们的后代在将来可以因为某些资源（如热带森林或珍稀物种）的存在而得到一些利益（如观光等），而自愿支付的保护费用。存在价值是人们为某一环境资源的存在而愿意支付的费用。存在价值是与人们对资源的利用（包括现在的使用和未来的选择使用）无关的经济价值。这在实际生活中并不少见，很多人愿意出钱来保护某一资源环境的存在，只是为了这些资源的生存延续。例如，美国著名的自然景观区科罗拉多大峡谷，问卷调查显示，为了保护这一景观的收益，若按愿意支付额计算，其存在价值高达 78 亿美元。

5.2.2 自然资源定价

自然资源的使用价值和物质性效用构成了自然资源价格的内在依据，而其有限性和稀缺性又构成了它的外在依据。自然资源的内在使用价值、物质性效用与外在的有限性和稀缺性，构成了赋予自然资源价格的充分且必要的条件或根据，也形成了可以对自然资源进行定价的原理和准则。

1. 资源定价的理论基础

马克思在论述地租问题时曾指出，自然资源如耕地、矿山、渔场、森林、水流等，都可以作为土地来理解。为了租用土地，租用者必须在一定期限内按契约的规定支付给土地所有者一定的货币额，而这个货币额，只要是对耕地、建筑地段、矿山、渔场、森林、水流等的支付，都统称为地租。马克思曾指出："真正的矿山地租的决定方法，和农业地租是完全一样的。"[①]因此，马克思的地租理论和土地价格理论是资源定价问题的理论基础。

应用马克思的地租理论来分析资源的价格问题可以得出以下认识。其一，资源的价格是资本化的地租。马克思指出："瀑布和土地一样，和一切自然力一样，没有价值……在没有价值的地方，当然也就没有什么东西可以用货币来表现。……这种价格不外是资

[①] 中共中央马克思恩格斯列宁斯大林著作编译局. 1972. 马克思恩格斯全集[M]. 第 25 卷. 北京：人民出版社：873.

本化的地租。"① "这样资本化的地租形成土地的购买价格或价值,一看就知道,它和劳动的价格完全一样,是一个不合理的范畴,因为土地不是劳动的产品,从而没有任何价值。"② 以上说明,土地价格不是价值的货币表现形式,而是资本化的地租。因而,资源的价格也无非是资源资本化的地租。其二,地租是资源所有权在经济上的实现。马克思认为,地租不过是土地所有权在经济上依以实现自己和增殖自己的形式。这就是说,土地所有权的实现形式就是地租,没有地租,所有权在经济上就无法体现出来。在我国的现阶段,资源所有权和使用权是相对分离的,国家和集体是资源所有者,企业或个人是资源使用者,国家和集体凭借资源所有权向企业或个人征收资源使用费。因此,国家、集体和企业、个人在资源上的经济关系实际上是一种租赁关系,即通过有偿的形式让渡资源使用权的交换关系。

2. 确定自然资源价格的理论和方法

关于自然资源的定价,主要方法有影子价格法、李金昌定价模型、机会成本法、替代价格法、市场估价法、补偿价格法等,这些方法与准则为自然资源定价提供了一般的、普遍的思路与参考,而具体自然资源的定价又要根据其特点运用更有针对性的定价方法。

第一,影子价格法。影子价格的含义是:处于社会某种最优状态下,能够反映社会劳动消耗、资源稀缺程度和最终产品需求状况的价格。该理论的基础是边际效用价值论,它是为实现稀缺资源的合理分配而提出的一种价格理论,是20世纪初荷兰的简·丁伯根(Jan Tinbergen)和苏联的康托罗维奇分别针对市场经济体系和计划经济体系如何实现资源的最优配置提出的。他们都从资源的有限性出发,以资源的合理分配为核心,以最大化经济效益为目标来测算资源价格。后来萨缪尔森发展了丁伯根的影子价格理论,并从三个方面对影子价格做了补充:其一,影子价格以线性规划为计算方法;其二,影子价格是一种资源价格;其三,影子价格以边际生产为基础③。当影子价格大于零时,表示资源稀缺,且稀缺程度越大,影子价格越大;当影子价格为零时,表示资源不稀缺,并有剩余,增加此种资源不会带来经济效益。实际上,这时的影子价格仅仅表示该资源稀缺时的使用价值。

影子价格为弥补和校正资源的市场价格或国家颁布的流通价格、合理地组织生产和使用资源提供了一个有力的手段,但影子价格的使用仍有很大的局限性,如实践应用困难、资源和经济数据庞大、计算困难等。另外,影子价格反映的只是一种静态的资源最优配置价格,不能表现资源在不同时期动态的最优配置价格。最后,影子价格没有表现出资源本身的价值。

第二,李金昌定价模型。李金昌④立足于马克思的劳动价值论,结合效用价值理论与地租理论,建立了自然资源的定价模型。该模型的基本思想是:资源价格是资本化的地租,决定资源价格的地租形式有级差地租、绝对地租和垄断地租。自然资源的价值 P 包

---

① 中共中央马克思恩格斯列宁斯大林著作编译局. 1972. 马克思恩格斯全集[M]. 第25卷. 北京: 人民出版社: 729.
② 中共中央马克思恩格斯列宁斯大林著作编译局. 1972. 马克思恩格斯全集[M]. 第25卷. 北京: 人民出版社: 702.
③ 邓宏兵, 张毅. 2005. 人口、资源与环境经济学[M]. 北京: 科学出版社.
④ 李金昌. 1993. 关于环境价值的探讨[J]. 林业经济, 4: 1-9.

括两部分：一是自然资源本身的价值，即未经人类劳动参与的、天然产生的那部分价值 P_1；二是基于人类劳动所产生的价值 P_2。因此，$P = P_1 + P_2$。

在确定 P_1、P_2 的具体计算方法时，该模型利用了地租理论和生产价格理论。资源本身的价值 P_1 等同于资源租，根据地租理论，资源租由基本租或地租与代表自然资源丰富程度和开采条件（地区、品种和质量差别）等级系数的乘积决定；P_2 由生产所投入的总成本决定，同时考虑了对总投入的年均分摊和资本的平均利润率因素。自然资源价值的大小还取决于其稀缺性，而稀缺性可以用供求变化的比率体现。另外，供求变化的伸缩要用供给弹性系数和需求弹性系数来调整。同时，资源作为一种实物资本也应该考虑其时间价值，然后再用贴现率表示第 t 年的价值即自然资源的最终价格。

李金昌定价模型符合完全的生产价格应该等于成本加利润再加上地租的原则，尤其是从资源租金的角度把自然资源本身的价值考虑进去，使自然资源本身的价值有所体现。影响自然资源价值的其他因素（利息率、时间、贴现率、供给与需求弹性系数等）也可以在基本公式的基础上进行扩展。

第三，机会成本法。机会成本可以理解为把一定资源投入某一用途后所放弃的在其他用途中所能获得的利益。自然资源的机会成本，是以自然资源的稀缺性和有限性为前提，以自然资源的个别应用和消费过程为出发点，以各个部门、行业及整个社会的经济利益作为参照系数而确定的价格，是一种比较逼近某种自然资源对人类社会真实的使用价值的表征。具体来说，自然资源的机会成本，就是将其安排于这种用途而不安排于另外几种用途，或放弃其他用途所造成的损失和付出的代价。例如，某种自然资源被开发和利用于某种或某项生产活动，增加了产量，提高了产品质量，带来了效益，或者减少了生产的其他耗费等；而同一种自然资源，用于不同部门、不同行业和不同项目的生产活动，所带来的或所增加的效益往往又是不同的或者有较大的差别。该种自然资源的机会成本，一般参照其在各部门和各行业的效用，结合整个社会经济状况和技术经济条件来确定。由此可见，采用机会成本赋予自然资源价格，是一个从个别到一般反复进行的社会过程。

自然资源的机会成本计算方法，从理论上反映了自然资源效用和稀缺程度的变化的影响，不仅包括生产者收获自然资源所花费的生产成本，而且包括因自然资源利用对他人、社会、环境和子孙后代造成的损失。这种将资源与环境相结合并从经济学的角度来度量使用资源所付出的全部代价的方式，弥补了传统资源经济学中忽视资源使用所付出的环境代价及损害子孙后代利益的不足，是一个新的突破。另外，机会成本可以作为决策的有效判断依据，用来判断有关资源环境保护的政策措施是否合理，包括投资、管理、税收、补贴及自然资源的控制价格等。

第四，替代价格法。自然资源的替代价格理论是在研究不可再生资源的稀缺性、有限性及其与人类社会对该种自然资源的需求和消费不断增加的矛盾中提出的，其目的有两个：一是促使人们更加合理、更加经济地节约和利用不可再生性自然资源，或者说，以限制其需求和消费，求得延长自然资源的使用时间；二是提醒和促使人们去探寻和开发不可再生性自然资源的替代资源。可以说，任何一种不可再生性或非补偿性自然资源的稀缺性都是相对的，因为人们对某种自然资源的需求主要不是特定物质资源本身，而是其物质特性；而这种自然资源的物质特性，又可以通过一定的经济技术条件被另一种或另一些物质资源所替代。

科学技术的发展，为人类开发利用自然资源不断探索和开辟出新的途径，也为人类不断开辟和扩展出新的自然资源领域[①]。从社会经济和技术经济的观点来看，不可再生性或非补偿性自然资源的价格，应该根据发现、开发和获取替代资源的费用（成本）来确定。这是符合社会经济运行规律和价格原则要求的。需要注意的是，自然资源的替代价格主要是或常常是在某种自然资源接近枯竭之时，根据人们研究和开发替代物质的机会成本，并参照其对社会经济发展的作用，以价格形态给出的。这样得出的自然资源的替代价格，因为研究、开发的途径和方案不同，其变动幅度往往较大，并且缺乏确定性，所以自然资源价格，尤其是不可再生的非补偿性自然资源价格，不能完全依据其替代价格来确定。自然资源的替代价格只能作为确定不可再生性自然资源价格的参照，或作为预测其价格的重要参数。

第五，市场估价法。市场估价法的基本思路是：人们对自然资源的开发和利用既会给人类带来正的经济效益，也会对环境产生负效应，通过自然资源在市场上的价值表现，将两种效益进行换算，通过直接或间接的市场价格来估算自然资源和环境资源的经济价值。市场估价法主要有两种：一是直接市场估价法；二是间接市场估价法。

直接市场估价法有时称为常规法，又称物理影响的市场评价法，它是根据生产率的变动情况来评估环境质量变动所带来的影响的方法。直接市场估价法中不含有任何间接性方法，它主要通过主观结合客观进行评价，包括剂量-反应法、生产率变动法、疾病成本法、人力资本法、机会成本法等。间接市场估价法是将由于资源环境的破坏对人们造成的经济上的损失作为核算对象，从而间接地估算资源环境的价值。这种估算方法一般体现在对环境变化的考察上，特别是旅游景区的环境破坏带来的经济损失。但这种估算方法涉及特定资源的研究较少，其中比较有代表性的是人力资本模型和旅行费用模型。

市场估价模型以资源使用的市场价值为基础进行定价，方法众多，形式直观，在实际定价工作中，被广泛应用于计算资源商品价值和资源服务价值方面。但它也有明显的局限性：其一，许多资源缺乏准确的市场价格，即使有也是扭曲的，不能真实地反映消费者的支付意愿，不能充分地衡量自然资源开发的全部成本；其二，模拟市场法主观性强，而且每种方法对具体行业和资源种类都有严格的限制，因而调查的结果可能产生各种偏差，无法衡量不同种类资源价值的可比性。

第六，补偿价格法。自然资源补偿价格的理论和方法，主要是表征自然资源的有限性特征，是可再生资源价格确定的重要方法。该类自然资源价格的确定是依据补偿原则进行的。可再生资源是指经过使用、消耗、加工、燃烧、废弃等程序后，仍能在一定可预见的周期内重复形成的、具有自我更新的、自我复原的特性并且可持续被利用的一类自然资源或非自然资源。虽然自然资源能够在一定的自然条件下进行再生和更新，但是在以粗放型增长为主的经济发展方式作用下，人们对可再生资源的开发与利用已经超出了其能够通过自身恢复的范围。因此，为了使其能够再生、恢复和更新，就必须经过人

---

① 邓宏兵, 张毅. 2005. 人口、资源与环境经济学[M]. 北京：科学出版社.

工手段的协助，由于人工介入所产生的耗费就称为"补偿费用"，即人类为自然资源的损失所需要付出的成本。所以，自然资源尤其是可再生资源的价格在一定程度上就是这种耗费所带来的成本的体现，故可再生资源的价格可由此来确定。

■ 专栏5-1　不同资源的定价方法 ▶▶▶

1. 水资源

由于世界水资源紧缺，水资源的供需矛盾日益尖锐，合理的水资源定价有利于水资源得到有效利用，减少水资源的浪费。传统的水资源定价方法有成本分析法（包括平均成本定价法、边际成本定价法、完全成本定价法）、影子价格法、收益还原法、供求定价法、可计算一般均衡模型等。此外学术界也就水资源定价问题展开了丰富的讨论，高兴佑和高文进（2012）基于德尔菲法和层次分析法，对资源水价、工程水价和环境水价的构成成分及其比重关系进行了分析；秦长海等（2014）基于可计算一般均衡模型原理构建水资源价格政策模拟模型，分析了水资源价格水平变动、不同部门价格差价、政府补贴等条件变化对评价目标的影响，由此确定合理水价水平；朱永彬和史雅娟（2018）基于模糊数学方法，从供水、需求和水质三方面构建了水资源价值评价指标体系，并对我国32个城市水资源价值进行了评价。

2. 森林与林地资源

国内外森林环境资源核算这一领域的研究成果越来越丰富，其中美国、日本等国家对其研究十分重视。20世纪60年代美国国会通过了森林多效益方案，以此来指导私有林主合理经营森林；1978年日本林野厅利用数量化理论多变量解析方法对全国7种类型的森林生态效益进行了评估。国内研究方面，孔繁文（1993）指出林业资源的可持续发展需要进行系统的森林环境资源核算并将其纳入国民经济核算体系；李金昌（1997）从理论与方法上阐述了森林生态价值的计量，同时也标志着我国对森林资源核算方法向科学的计量方法迈进；近年来，我国学术界也对森林环境资源定价有了更深入的研究，杨建州等（2006）将外部性理论作为解释经济活动与森林生态环境问题的基础理论，利用外部性理论对森林环境外部性进行了分析，推出公式"森林环境资源价格=森林资源产品原木的国际价格−边际生产成本−边际使用成本"；国常宁等（2013）将边际机会成本理论应用于森林环境资源定价中，并以森林生物多样性价值评估为例，对其进行精确的计算与评估；董敏等（2019）将资本资产定价模型运用于森林资源资产评估中，在定量计算无风险利率、市场风险溢价和营林行业市场风险系数的基础上，对森林资源资产评估中的基准折现率进行了测算。

3. 矿产资源

矿产资源是重要的自然资源，是社会生产发展的重要物质基础。学者基于不同理论从不同角度对矿产资源价值进行估计，李国平和华晓龙（2008）认为不可再生资源价格应由三部分构成，即价格=资源成本+生产成本+环境（生态）成本，要通过市场化改革和制度改革推进不可再生资源定价改革；曾先峰等（2012）认为矿产资源的理论价格应该包括生产成本、企业的正常利润、使用者成本和环境外部成本四部分，并基于此测算了 2008~2010 年碳酸稀土的理论价格，为我国进行稀土资源定价机制的改革提供政策建议；张华等（2012）提出煤炭资源开发应从内部成本、外部成本和使用者成本三部分来构建，以实现资源的可持续利用；张高勋等（2018）依据实物期权理论，运用等价鞅测度方法，构建了 Copula-GARCH（其中 GARCH 为 generalized autoregressive conditional heteroscedasticity 的缩写，意为自回归条件异方差）矿产资源采矿权定价模型，该模型刻画了开采过程中的期权价值，体现了资源所有者的权益。

资料来源：董敏，陈平留，张国防. 2019. 基于资本资产定价模型的森林资源资产评估基准折现率测算[J]. 资源科学，41（3）：572-581.

高兴佑，高文进. 2012. 自然资源价格构成成分的比重关系研究：以水资源为例[J]. 生态经济（学术版），1: 371-374.

国常宁，杨建州，冯祥锦. 2013. 基于边际机会成本的森林环境资源价值评估研究：以森林生物多样性为例[J]. 生态经济，5: 61-65, 70.

孔繁文. 1993. 试论森林环境资源核算[J]. 生态经济，3: 11-15.

李国平，华晓龙. 2008. 我国非再生能源资源定价改革构想[J]. 华东经济管理，6: 33-38.

李金昌. 1997. 试论资源可持续利用的评价指标[J]. 中国人口·资源与环境，3: 39-41.

秦长海，甘泓，贾玲，等. 2014. 水价政策模拟模型构建及其应用研究[J]. 水利学报，45(1): 109-116.

杨建州，周慧蓉，张春霞，等. 2006. 外部性理论在森林环境资源定价中的应用[J]. 生态经济，2: 32-34.

曾先峰，李国平，汪海洲. 2012. 基于完全成本的碳酸稀土理论价格研究：兼论中国稀土资源定价机制改革[J]. 财经研究，38（9）：134-144.

张高勋，秦春艳，曹茜. 2018. 基于实物期权的矿产资源采矿权定价模型及其实证[J]. 数理统计与管理，37（3）：509-519.

张华，庄立，梁进社. 2012. 采煤损毁土地之整治成本与煤炭资源定价[J]. 中国人口·资源与环境，22（S2）：190-194.

朱永彬，史雅娟. 2018. 中国主要城市水资源价值评价与定价研究[J]. 资源科学，40(5): 1040-1050.

5.2.3 自然资源经济评价

自然资源经济评价是按照经济学的观点，从经济发展和生产布局出发，对自然资源开发利用的可能性、开发利用的方向，以及开发利用的经济合理性所进行的综合论证。经济评价必须从经济发展的方向和具体生产部门布局的实际要求出发，在全面分析的基础上找出对特定的生产部门和地区的经济发展与布局产生影响的主导因素并进行重点评价，最后在技术可能性的基础上论证经济的合理性，通过经济指标进行比较计算，选定优化方案。还有学者认为自然资源经济评价是应用一定的理论、准则和方法，对自然资源的经济价值和开发利用的生态效益、经济效益进行以货币为计量单位的估价和评判。

自然资源经济评价的主要内容有：自然资源的数量与质量及其与生产部门的关系；自然资源的地理分布与区域组合特点；自然资源开发利用的技术经济条件分析；自然资源开发利用的可能方式、方向的选择和比较论证；自然资源开发利用的经济效益、生态效益和社会效益的预测。目前自然资源经济评价的方法主要有以下几种。

一是级差收益分析方法。根据马克思关于农业土地资源评价中的级差地租理论，等量资本投在不同自然条件下的相同面积的土地上，所产生的超额利润转化为级差地租Ⅰ，也就是说，自然生产力较高的土地定价应该高一些，只有这样，才能保证在经济管理和生产效率等人为条件相同的情况下，等量劳动带来等量收入。其他自然资源也具有相似的情况。因为较好的土地需付较高的费用，从而使这些土地可以得到更有效的利用，并有利于自然资源的合理开发利用。

如果把土地等自然资源看成固定资产，并同样地进行评价和折旧分摊，那么国家或企业对自然资源的基本投资都应计入相应的资源价值中，并通过折旧分摊转移到资源产品价值中去。这种分摊应按具体受益范围和受益程度的不同计算分摊费用。

二是费用-效益分析方法，又称为费用成本分析。最初是由美国水利部门为评价水资源投资而发展起来的，后来逐渐扩展到资源环境领域。它通过计算全部预期效益和全部预计成本的现值，借助净现值、效益成本率等指标来评价资源开发利用的各种方案及其可行性。净现值是指资源开发利用的效益减去成本得出的净效益按一定的贴现率进行折现后的货币现值，它是衡量资源开发利用经济效益的绝对指标。效益成本率是指净现值与全部投资现值之比，它是衡量资源开发利用经济效益的相对指标。

资源开发利用的效益可分为两种，即内部效益和外部效益。内部效益是指资源开发利用后本身所产生的能直接用市场价格估计的效益，通常用资源开发利用后产生的产品数量乘以单位产品的市场价格求得。外部效益是指资源开发利用后对周围环境所产生的影响的效益，这部分效益不受市场规律制约，往往表现为社会效益和生态效益，其货币值可以采用影子价格法和支付意愿法进行估算。例如，黄土高原的土地资源的合理利用，可以减少水土流失，使黄河下游泥沙淤积量减少，从而节省了河堤维修费，而这部分费用就是外部效益的货币值。

资源开发利用的成本也可分为两种，即内部成本和外部成本。内部成本是指资源开发利用所需的直接费用支出，包括投资经营、开发投资等费用。外部成本是由于资源开发所引起的周围环境的损失。因为外部成本不是资源开发者的直接支出，所以它的货币估计值可以采用影子价格法和机会成本法来估算。

三是成本分析方法。成本分析方法的基本思路是：已知一个确定的目标，实现这一目标所花费的最低成本是多少。它的目标是根据一定的技术要求或专家评分法来确定的。如果目标发生变化，那么最低成本也要重新计算。由于市场价格的影响，最低成本往往难以计算，但通过分析影子价格可以估算。成本分析方法适用于已知确定的目标，但不能很快地知道目标实现后带来的效益情况，它被广泛应用于水资源品质评价、大气质量评价等领域。成本估算的方法同样是多种多样的。例如，资源质量成本法是将自然资源的质量评价因素按其质量高低打分，然后将各因素的质量总分乘以一个不变的货币值，用以评定其收益或损失;资源功能成本法,是对资源各种功能的大小进行估价,再将其汇总以求出总币值来计算其收益或损失;资源能量成本法,是根据生态系统产生的能量总值,将其换算为货币单位以估算自然资源的经济损失值;机会成本法,是在决定资源的某一特定用途时,不直接估计该种用途可能获得的收益,而是从被放弃的其他用途的损益中间接求得。自然资源的使用存在多种相互排斥的方案。由于资源是有限的,选择了一种使用方案也就放弃了其他的使用方案,同时也就失去了获得其他收益的机会。由于它是为获得某一种效益而放弃的另一种效益,因而在经济学上被称为机会成本。在资源经济学中,一般将其他使用方案中获得的最大经济利益作为该资源失去其他使用机会的成本,这种机会成本,可以作为其经济损失,单位资源的机会成本称为该资源选择方案的影子价格。

四是风险效益分析法。风险效益分析法是指对在资源开发利用中所遭遇到的异常结果的概率及其效益进行分析。这种分析将有助于决策者进行正确的决策,从而避免给社会造成巨大的危害。风险效益分析法的重点是超前估算风险函数,设法减轻或避免未来可能产生的风险。风险函数的估算包括两个方面的内容:一是风险发生的概率及其损失的估算;二是风险发生后对社会所产生的影响评价。关于风险发生的概率及其损失,可以根据对策论原理,通过建立偿付矩阵进行估算。

五是投入产出分析法。投入产出分析法的基础是建立投入产出表。投入产出表的一般结构有三个部分:第一部分是各种产品的最终需求;第二部分是各生产部门的生产和分配关系;第三部分是新创造的价值。在编制好上述投入产出表后,可以计算出表示各部门之间直接技术联系的直接消耗系数,即第 j 部门每生产一单位数量产品需要直接消耗的第 i 生产部门的产品数量,然后计算完全消耗系数,即第 j 生产部门每生产一单位数量最终产品所消耗的第 i 部门产品的数量。在自然资源的经济评价中,投入产出分析法经常与线性规划结合使用。

5.3 中国自然资源的利用现状及面临的压力

5.3.1 中国自然资源的需求现状

目前,中国已经全面建成小康社会,实现了第一个百年奋斗目标,这也标志着中国进入了新的发展阶段,在这一新的历史时期,中国经济社会发展的重心也将从重视经济规模的"高增速"转到提高发展质量上,从而全面推进社会主义现代化强国的建设。但现阶段,中国在科技创新水平上与世界先进水平仍有差距,传统产业结构的转型升级需要逐步改革,因此,在经济发展过程中仍会产生大量自然资源的需求。据预测,在未来的几十年内,中国的自然资源除了海洋资源(水产资源除外)、草地资源和部分矿产资源相对富足外,耕地资源、水资源、森林资源、大宗矿产资源、优质草地资源等都将出现较大的缺口。

有关研究报告显示,我国一些重要自然资源的具体需求态势如下。

(1)矿产资源。中国对矿产资源的需求不断增长,2020年,中国矿产品消费量中有

36种位居世界第一，有22种矿产的消费量占全球消费量超过50%。有学者预测，中国矿产资源中有9种会在2021～2025年达到需求峰值[1]，虽然需求量较高，但其增速有进一步放缓的趋势[2]。

（2）石油资源。中国石油集团经济技术研究院在2019年《2050年世界与中国能源展望》中预测，中国石油需求将于2030年前后达到最大值，为7.05亿吨，2050年为5.9亿吨。经济结构调整是中国石油需求达峰后下降的主要原因。据其预测，到2030年，中国石油产量有望达到2.3亿吨，到2050年会下降到1.6亿吨。清华大学气候变化与可持续发展研究院报告显示，以控制1.5℃升温为目标，到2050年，我国能源总需求为50亿吨标准煤，非化石能源占比将超过85%。[3]

（3）水资源。水利部统计显示，2021年全国水资源总量为29 638.2亿立方米，用水量为5920.2亿立方米，并且近年来我国的用水量持续增长。[4]据《21世纪中国水供求》分析，中国到2030年缺水量达400亿～500亿立方米，将进入缺水的高峰期。2019年，我国人均水资源量2048立方米，约为世界平均水平的1/4，且时空分布极不平衡。[5]

（4）森林资源。根据《中国环境经济发展研究报告2018：关注森林资源管理》，中国森林面积占全球森林资源面积的5%，位列世界第五。[6]截至2020年，中国森林资源面积达22 044.62万公顷，森林覆盖率为22.96%，近年来也一直保持增长状态。[7]但由于我国幅员辽阔，各地区在地理环境、气候条件之间的差异，各省（自治区、直辖市）森林资源分布不均匀，森林资源主要集中于东北、西南、东南和华南丘陵地区，其他地区森林分布较少。并且虽然我国森林面积总量较大，但我国人均森林蓄积量仅为世界平均水平的12.5%[8]，还远不能满足我国庞大的人口基数对林业资源的需求。

5.3.2 中国自然资源的供给现状

中国自然资源的供给呈现以下特点。

一是资源供给总量大，但人均供给量小。中国自然资源的人均供给量处于世界平均水平之下，与俄罗斯、加拿大、美国、澳大利亚和巴西相比，中国的人均资源占有量水平处于落后的状态。在巨大的人口压力面前，我们必须正视人均资源占有量不足的现状。中国部分资源总量位于世界前列，如矿产资源中钨、锑、稀土、钼和钛等的探明储量居世界首位，淡水资源居世界第6位，天然气资源居世界第6位，陆地面积居世界第3位[9]，但人均资源占有量在世界主要国家或地区的排序靠后。

---

① 田郁溟，瑶宜太，周尚国.2022.我国战略矿产资源安全保障若干问题的思考[J].地质与勘探，58（1）：217-228.
② 王安建，王高尚，邓祥征，等.2019.新时代中国战略性关键矿产资源安全与管理[J].中国科学基金，33（2）：133-140.
③ 项目综合报告编写组，何建坤，解振华，等.2020.《中国长期低碳发展战略与转型路径研究》综合报告[J].中国人口·资源与环境，30(11): 1-25.
④ 中华人民共和国水利部.2022.中国水资源公报2021[M].北京：中国水利水电出版社：1.
⑤ 陆昊.2021.全面提高资源利用效率[EB/OL].http://opinion.people.com.cn/n1/2021/0115/c1003-32000213.html[2022-08-24].
⑥ 宋马林，高新宇.2018.中国环境经济发展研究报告2018：关注森林资源管理[M].北京：科学出版社：4.
⑦ 国家统计局.2021.2021中国统计年鉴[EB/OL].http://www.stats.gov.cn/sj/ndsj/2021/indexch.htm[2022-09-02].
⑧ 宋马林，高新宇.2018.中国环境经济发展研究报告2018：关注森林资源管理[M].北京：科学出版社：8.
⑨ 中华人民共和国年鉴.2021.自然资源[EB/OL].http://www.gov.cn/guoqing/2005-09/13/content_2582636.htm [2022-08-24].

二是资源种类多,但资源质量存在巨大差异,低劣资源占有比重较大。中国各类自然资源在供给种类上比较齐全,但供给的质量不高,且原始再生能力较低。例如,在矿产资源中,《中国矿产资源报告 2018》显示,截至 2017 年底,我国尾矿堆存量为 195 亿吨,82%为铁矿、铜矿、金矿和磷矿采选产生的尾矿和废石。尾矿一方面对环境有着很大污染,另一方面尾矿是待挖掘的宝藏,因此要加强科技创新,提升尾矿综合利用率。

三是资源的分布空间差异大,开发利用难度高。中国地域广阔,资源的地域分布极不均衡,从而加重了资源的开发利用难度,如长江流域及其以南地区,水资源量占全国的80%以上,而耕地面积只占全国的36%;长江流域以北地区,水资源量只占全国的18%,耕地面积却占了全国的64%,特别是黄淮海地区,耕地面积占全国的40%,但水资源只占全国的 6.6%。[1]加上"南涝北旱"的影响和北方的土地沙漠化,致使大片土地难以得到充分开发利用。矿产资源中,煤炭储量的 61%集中于晋、陕、蒙三省(区);铁矿储量的 47%集中于辽、冀、晋、川四省;还有一些大型矿床也多集中在边远地区,如新疆和内蒙古的煤,西藏、新疆和内蒙古的铬矿,西藏的铜矿,青海的盐湖资源等。[2]这样的边缘化分布格局相应增加了配套水、电、运输等基础设施的需求总量。

四是资源的综合开发供给潜力大。中国自然资源中的共生伴生资源较多,有利于进一步综合开发利用,加之科技的进步和生产力水平的不断提高,从长期来看中国资源供给的潜力很大。2020 年我国新发现矿产地 96 处,其中大型 29 处,中型 36 处,小型 31 处。推断新增资源量煤炭 119.64 吨,铁矿石 0.99 亿吨,锰矿石 3172.15 万吨,铜 85.82 万吨,铅锌 138.87 万吨,铝土矿 3.74 万吨。常规油气勘查不断在新区、新层系取得多项新成果,页岩气等非传统油气矿产勘查取得重要突破,其中在新疆、四川、黑龙江等地矿产资源勘查都取得重大进展,盆缘复杂构造区勘探也实现了突破。[3]

据有关研究报告,我国一些主要自然资源具体供给态势如下。

(1)矿产资源。截至 2020 年底,中国已发现矿产 173 种,其中能源矿产 13 种,金属矿产 59 种,非金属矿产 95 种,水气矿产 6 种;稀土、钨、锡等金属矿产和许多非金属矿产储量位居世界前列;[4]2020 年,中国在页岩气等非传统油气矿产勘查中取得了重要突破,其中页岩气新增探明地质储量 1918.27 亿立方米,煤层气新增探明地质储量 673.13 亿立方米。[5]中国矿产资源供给的区域分布也不均匀,有些矿产(如钨矿),虽在全国多个地区都有分布,但主要集中于湘东南、赣南、粤北、闽西等,此种分布形式有利于大规模开采,但也给运输带来了压力。[6]

(2)水资源。中国幅员辽阔,水资源总量在全球位居第六,且在 2021 年,全国水资源总量为 29 638.2 亿立方米,比多年平均值高 7.3%,其中地表水资源量(天然河川径流

---

[1] 中华人民共和国水利部.2022.中国水资源公报 2021[M].北京:中国水利水电出版社:1-12.
[2] 自然资源部.2021.2020 年全国矿产资源储量统计表[EB/OL].https://www.mnr.gov.cn/sj/sjfw/kc_19263/kczycltjb/202111/P020211122581854693756.pdf[2022-08-24].
[3] 中华人民共和国自然资源部.2021.中国矿产资源报告 2021[M].北京:地质出版社:12.
[4] 中华人民共和国自然资源部.2021.中国矿产资源报告 2021[M].北京:地质出版社:4.
[5] 王中建.2021.2020 年我国油气勘查取得多项重要突破[EB/OL].https://www.cgs.gov.cn/xwl/cgkx/202109/t20210924_681651.html[2022-08-24].
[6] 中华人民共和国年鉴.2021.自然资源[EB/OL].http://www.gov.cn/guoqing/2005-09/13/content_2582636.htm[2022-08-24].

量）为28 310.5亿立方米，约占水资源总量的95.5%。地表水源供水量为4928.1亿立方米，占供水总量的83.2%，地下水源供水量为853.8亿立方米，占供水总量的14.5%，其他水源供水量为138.3亿立方米，占供水总量的2.3%。①中国人均淡水资源占有仅为2200立方米，仅为世界平均水平的1/4、美国的1/5，中国是全球人均水资源贫乏的国家之一，属于缺水严重的国家。

（3）森林资源。根据联合国粮农组织发布的《2020年全球森林资源评估》可知，2020年全球森林面积为40.6亿公顷，森林覆盖了全球约1/3的土地，全球人均森林面积达到了0.52公顷。中国的森林面积居于俄罗斯、巴西、加拿大和美国之后，位列全球第五，森林面积约为2.2亿公顷，约占全球的5%。中国在2010~2020年新增森林面积1936万公顷，年净增大约为194万公顷，年均净增位居世界第一。但根据数据推算，我国目前人均森林面积约为0.15公顷，相当于世界平均水平的30.4%，根据全国森林资源管理工作会议的数据，在2018年中国人均森林面积全球排名第118位，因此，在总量上，我国虽然拥有较大的森林面积总量，但我国依然是森林资源相对匮乏的国家。

（4）耕地资源。据国家统计局数据，2019年中国耕地面积为12 790万公顷，位列全球第三，人均耕地占有量仅为0.09公顷，低于世界人均耕地占有量，中国耕地面积约占全国土地面积的13.3%，占世界耕地面积的7%。②水利部监测结果显示，2021年全国水土流失面积为267.42万平方千米，较2020年减少1.85万平方千米，降幅为0.69%，我国水土流失面积和强度持续保持"双降"。③

（5）草地资源。根据第三次全国国土调查数据，到2019年，中国草地面积为2.645亿公顷，约占全国国土面积的27.5%。其中，天然牧草地21 317.21万公顷，占草地面积总量的80.59%；人工牧草地58.06万公顷，占草地面积总量的0.22%；其他草地5077.74万公顷，占草地面积总量的19.19%。草地主要分布在西藏、内蒙古、新疆、青海、甘肃、四川等6个地区，占全国草地的94%。据有关预测，在基准情况下，2020~2025年，我国草地面积会出现明显的增加趋势，而2025~2030年新疆西北部、西藏、青海中北部和内蒙古中南部草地会出现减少现象，与此同时，我国大部分地区草地质量将有所好转。④

（6）海洋资源。中国目前已记录海洋生物有28 661种，按照五界分类体系，含原核生物界575种、原生生物界4894种、真菌界291种、植物界1496种、动物界21 405种⑤；海洋石油资源量约240亿吨；天然气资源量14万亿立方米；滨海砂矿资源储量31亿吨；海洋可再生能源理论蕴藏量6.3亿千瓦。⑥

---

① 中华人民共和国水利部. 2022. 中国水资源公报2021[M]. 北京：中国水利水电出版社：18.

② 国家统计局. 2021. 2021中国统计年鉴[EB/OL]. http://www.stats.gov.cn/sj/ndsj/2021/indexch.htm[2022-09-02].

③ 新华社. 2022. 我国水土流失面积和强度继续保持"双降"[EB/OL]. http://www.gov.cn/xinwen/2022-06/28/content_5698072.htm[2022-08-24].

④ "中国草地资源、草业发展与食物安全"课题组，黄季焜，任继周. 2017. 中国草地资源、草业发展与食物安全[M]. 北京：科学出版社：49.

⑤ 中华人民共和国生态环境部. 2022. 2021年中国海洋生态环境状况公报[EB/OL]. https://www.mee.gov.cn/hjzl/sthjzk/jagb/202205/P020220527579939593049.pdf[2022-08-24].

⑥ 中国国土资源报. 2009. 我国海洋石油资源量约240亿吨[EB/OL]. https://www.mnr.gov.cn/dt/hy/200908/t20090812_2329358.html[2022-08-24].

5.3.3 中国自然资源利用面临的压力

自然资源需求量的不断攀升和资源的有限供给导致的巨大资源缺口是我们现在已经面临的和未来不容回避的现实问题。面对未来中国经济增长和人口刚性的要求，中国自然资源的利用存在着以下压力。

一是人口基数大及国民收入的不断提高，使人均资源仍较为紧缺。虽然近年来人口增速放缓，且2022年人口增长率为负值，但中国人口基数仍然较大，对各类资源仍有较多需求。同时，随着中国经济发展，人均收入水平也在不断提高，预计2035年我国人均GDP将达到中等发达国家水平，这种不断趋高的收入也必将导致人均资源需求量的迅速上升。因此，新增人口的基本需求和基础人口提高生活质量的递增需求都对资源供应量提出了更高的要求并带来更大的压力。

二是短期内中国资源需求仍然较大，能源供给持续面临挑战。2000~2020年中国GDP年平均增长率为8.7%，属于世界上经济增长速度较快的国家，随着中国经济进入新发展阶段及世界经济发展阻力加大，经济发展也从高速增长转变为中高速增长，这就要求中国转变发展动力，从粗放式发展向集约式发展转变。但目前，中国创新能力有待进一步提升，产业转型与发展方式转变未来仍有较大空间，短期仍需要大量的资源供给总量的支持。面对强大的消费需求，资源型产业必须尽快地调整内部治理模式和企业经营模式，并在管理和技术上创新，推进改革，从而进一步提高供给能力。

三是国民环保意识的普遍增强，使资源开发和利用的成本增加。在中国，环境保护的意识在国民心中逐渐形成。频发的自然灾害也使国民不断觉醒，意识到环境安全和环境质量的重要性，并开始自觉维护自身所拥有的环境权利。国民环保意识的普及，使资源的开发和利用方式必须相应调整，资源型企业不得不转变粗放经营模式，加大开发技术及基础设施的投入力度，这就会增加企业固定资产投资的成本；同时，还需要取消一批技术不达标的企业的开采资格。因此，资源的开发和利用成本明显增加，成为中国自然资源利用面临的又一大压力。

四是经济和资源全球化，使中国不得不面对激烈的国际资源竞争。世界正经历着百年未有之大变局，当前国际格局、全球治理体系及国际力量对比正在发生深刻的调整与变革。在这样的情况下我国能源安全面临严峻挑战，并且由于我国是发展中国家，仍需要进一步发展经济，因此资源需求量也较大，需要从国外进口资源，而世界各国对战略性资源的争夺越来越激烈。因此，我国未来还会面临更加严峻的发展条件及更加激烈的国际资源竞争。

以上各方面因素给中国能源利用带来的巨大挑战整体表现为资源，尤其是战略性资源的供需缺口加大，短缺威胁显而易见。据有关学者对我国矿产资源需求指数的预测[①]，未来时期我国大量矿产资源的需求仍处于增长阶段（图5-2）。

---

① 文博杰，陈毓川，王高尚，等. 2019. 2035年中国能源与矿产资源需求展望[J]. 中国工程科学，21(1): 68-73.

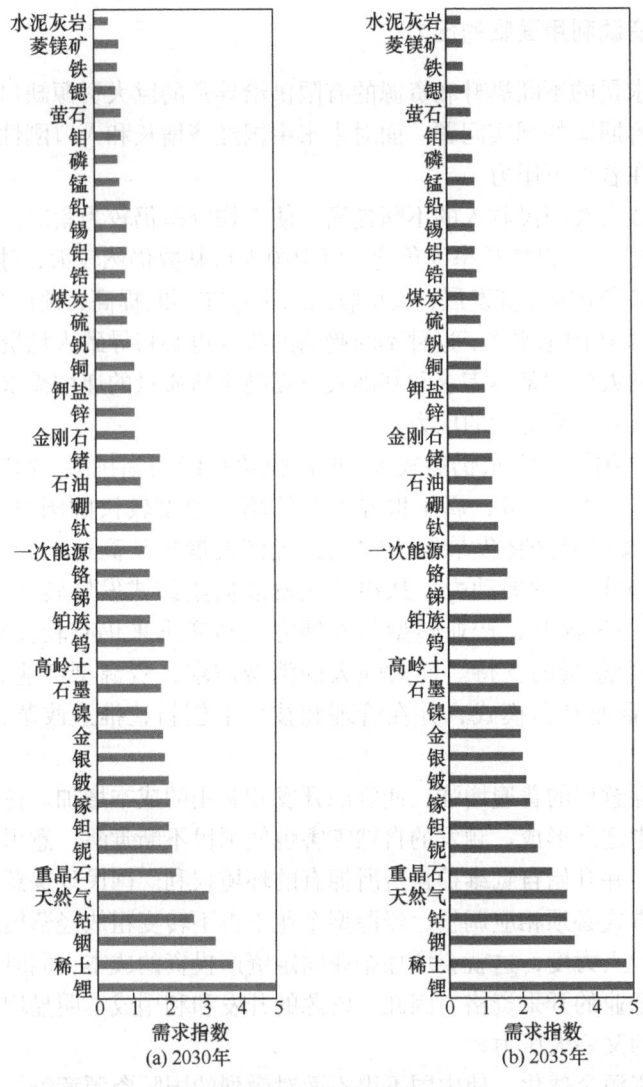

图 5-2 中国矿产资源需求指数

需求指数 2015 年为 1

5.4 自然资源可持续利用的实现

5.4.1 努力增加自然资源供给

第一，加强自然资源的调查和勘探，增加自然资源的储量。首先要加强自然资源的调查和勘测工作，为决策提供准确、可靠的依据。对此，2022 年自然资源部制定了《自然资源标准体系》，其中明确了土地资源、地质和矿产资源等调查、勘查过程中的标准，为进一步明确我国自然资源存量提供支撑。其次要加强资源的培育和养护。在自然资源中，有许多资源是不可再生的，无法用人为的方法增加其供给量，也有相当一部分资源是可再生的，通过培育和养护，可以有效地增加其存量。最后，还要加快构建自然资源资产产权体系,根据 2019 年中共中央办公厅、国务院办公厅印发的《关于统筹推进自然资源资产产权制度改革的指导意见》,要进一步推进自然资源统一确权登记、完善自然资源资产有偿使用等方面措施,同时要注意加强综合利用,在增加能源供应的同时发挥自然资源的最大效益,扩大利用资源的广度和深度。

第二,将自然资源开发与保护结合起来。自然资源开发与管理保护既相互联系又相互制约,必须全面权衡自然资源在生态系统中的地位、作用及人为干预引起整个生态系统改变后对人类所产生的反作用。建立完善统一的自然资源管理体系对于当前我国自然资源的开发与保护至关重要,我国拥有丰富的自然资源,统一有序的管理有助于我国在不同地区间合理配置资源,从而加快构建山水林田湖草为一体的生态系统。对此,我国在 2015 年出台了《生态文明体制改革总体方案》,为实现我国资源在更大范围内高效利用提供制度保障。此外还要完善自然资源的核算和监督管理工作,在科学核算与统计的前提下开发利用好自然资源,最终实现资源的合理开发与有效保护。[1]同时,对那些珍贵的稀有野生动植物资源及其生存环境,以及已经开发利用或待开发利用的自然资源,采取切实的保护措施,并且把保护资源同对资源的培育和改造结合起来,从而使资源能够得到改善和发展,充分发挥其效益。

第三,加强对国际资源的研究,提高对国际资源的利用能力。目前,经济发展对资源的需求量越来越大。不同国家生产同种资源的成本存在很大的差异,因此每个国家都应充分利用国际资源来提高经济效益,为本国经济的发展提供资源保障。这就要求我们要加强对国际资源的研究,为制定国家的全球资源战略提供可靠的依据,同时还要进一步加强国际合作,以更好应对我国资源相对短缺的情况。比如,在 2021 年,中国石油化工集团有限公司与美国维吉液化天然气公司签署了为期 20 年的液化天然气长期购销协议,进一步缓解了我国能源困局,有助于我国能源供应的稳定。另外,2022年中俄双方签署了《中国石油天然气集团有限公司与俄罗斯天然气工业股份公司远东天然气购销协议》,这是我国在新能源领域进行国际合作的又一大标志性成果,能够更好地助力我国"双碳"目标的实现。目前全球权力和治理格局面临解构和重组,经济全球化遭遇逆流,国际形势的不稳定性和不确定性增加,面对复杂的环境,中国更应进一步加大开放,提高对国际资源的利用能力与效率,实现自然资源的可持续利用。同时,应对国内的稀缺资源和珍稀资源实行保护性开采,而对那些重要的战略资源则应建立必要的资源储备,并通过适当进口国内紧缺资源和产品来调剂余缺和品种,从而满足经济建设的需要。

5.4.2 抑制对自然资源的需求

第一,调整产业结构,促进产业结构向更合理更高级的方向转变。自然资源的开发利用对产业结构形成起着重要的作用,产业结构的调整与发展同样影响着自然资源的需求结构,因此,积极调整产业结构,促使我国发展科技水平更高、更清洁的产业能进一步使我国自然资源的需求结构向更合理的方向发展。实际上在我国,存在着依托本地

---

[1] 宋马林,崔连标,周远翔. 2022. 中国自然资源管理体制与制度:现状、问题及展望[J]. 自然资源学报, 37(1): 1-16.

矿产、森林等自然资源开采、加工发展起来的特殊类型区域，这部分区域的经济结构优化是我国实现经济转型的重要组成部分。2021年国家发展和改革委员会（以下简称国家发改委）等三部门印发了《推进资源型地区高质量发展"十四五"实施方案》，主要是为了推动我国资源型地区建立更加完整健全的现代产业体系及绿色宜居的生态环境，从而实现这些地区产业从依赖资源利用到实现绿色发展的跃迁。同时，我国也要进一步加快建设高科技含量、高附加值的制造业供应链，使得我国制造业从高污染高耗能转向更加绿色清洁低碳的发展模式。并且要大力发展新兴产业，如新一代信息技术、生物技术、新能源等，通过科技创新，不断加快新资源的开发利用，培育新产能，从而逐渐转变自然资源的需求现状。比如，2020年，为了促进生物天然气的产业化发展，国家发改委等十部门提出了相关指导意见，其中指出了要建立健全生物天然气产业体系，促进生物天然气的开发利用，从而进一步建立绿色能源体系，推动能源结构与产业结构转型升级。与此同时，我们还要进一步推动第三产业的高质量发展，虽然近些年我国第三产业的发展有了长足进步，第三产业增加值占GDP的比重已经超过第二产业，成为我国经济发展中的强有力支柱，但仍需要不断扩大服务业有效供给。随着我国经济发展不断迈向新的高度，需要服务业提供与之相配套的高质量服务供给，使得居民的有效需求得到满足。产业结构的调整，现代化产业体系的形成能够在一定程度上改变现有自然资源的需求现状，能够催生出更具创造性的新型产业，从而缓解目前面临的自然资源的供需矛盾。

第二，树立勤俭节约的消费观，从自身做起，节约自然资源。我国是化石能源消费大国，并且由于我国拥有富煤缺油少气的能源结构，在正常生产生活中对煤炭资源的消费有着更深的依赖，如我国电力结构，据IEA 2017年数据，我国煤电发电量占我国总发电量的79%。因此，如果能够树立勤俭节约的消费观，在日常生活中注意资源节约，节约用电，在一定程度上能够减少我国对于煤炭资源的需求量，从而进一步改善能源利用结构。同时，我国也是个淡水资源匮乏的国家，需要建立更加合理的能源价格机制，通过外部作用帮助个人树立节约意识，树立绿色消费意识，在物质生活不断进步的同时，选择高效、环保的产品，从而降低消费过程中的资源消耗和污染排放。在建立相应法律法规的基础上，个人要充分认识当今世界面临的资源矛盾，积极向环境友好型消费理念转变，科学消费、绿色消费，促进自然资源的可持续利用。在树立节约型消费观的同时要进一步形成节约型消费行为，在日常生活中坚持节水、节能、垃圾分类、帮助推进可回收资源的回收再利用等，从日常行为方式出发，建立勤俭节约的消费模式与资源节约型的社会经济体系。

5.4.3 提高资源利用效率，开发利用替代资源

第一，加大科技投入力度，进一步提高资源利用效率。目前我国面临的生态环境问题，主要是由于对自然资源的过度开发、粗放使用，其中很大一部分在于资源利用效率不高。2018年我国万元GDP能耗0.52吨标准煤，明显高于世界平均水平，2017年万元工业增加值用水量为45.6立方米，是世界先进水平的2倍。因此，要实现集约发展，实现自然资源的可持续利用就需要提升企业创新能力，从资源消耗源头出发，创新产品生

产流程，同时要鼓励支持绿色产业的发展和绿色技术创新，利用先进技术对旧的生产过程进行改造，从而进一步降低单位 GDP 的能源消耗。

第二，充分发挥市场在资源配置中的决定性作用，运用市场机制来调控资源的利用，最大限度减少政府对价格形成的不当干预，建立健全充分反映市场供求和资源稀缺程度、体现生态价值和环境损害成本的资源价格机制。[①]建立并完善自然资源核算体制，对其实物量和价值量进行系统核算，并将其纳入市场中进行配置和资源调节，令价格充分反映价值及市场需求，进而通过市场手段有效控制企业对自然资源的粗放式利用。以往资源利用效率不高的很大一部分原因在于企业使用资源成本较低，而其付出的成本对于弥补所造成的生态问题还远远不够，这是因为在过去我们没有将生态损耗列入对经济发展的核算中，资源价格也就没有反映出真实的使用成本，因此要实现资源的可持续利用就需要建立完整的自然资源价格形成机制。

第三，充分发展替代能源，开发利用非化石能源进而推动能源绿色低碳转型。进一步降低石油、煤炭等自然资源的使用，大力推进低碳能源替代高碳能源、可再生能源替代化石能源。全面推进太阳能、风能、水能等的多元化高效利用，可采用市场竞争机制配置光伏发电项目建设，进一步推进技术进步，同时完善光伏发电分布式应用的电网接入等服务机制。积极开发风能资源，进一步对分散风能资源进行利用，同时发展海上风电，推动风电的规模化开发利用，从而扩大风能资源的利用范围、提升利用效率。在保持生态环境绿色发展的基础上，稳定有序推进水电开发，同时加大流域生态修复的财政投入，在充分利用水能资源的同时保护好生态环境。此外要安全有序发展核电，以核安全作为核电发展的生命线，有序推进核电建设，同时也要因地制宜发展生物质能、地热能和海洋能，全面提升可再生能源的利用种类、范围及利用率，充分发掘替代能源的利用潜力，从而减少不可再生自然资源的利用。[②]

5.4.4 建立健全绿色低碳循环发展的政策体系

第一，建立健全自然资源可持续利用的法律法规体系。自然资源大多是共享资源，其开发利用存在外部性问题。我们必须重视法律法规对自然资源可持续利用的保障作用，完善自然资源可持续利用方面的法律体系的建设，健全自然资源可持续利用法规的实施机制和保障机制，从而保证法律法规的贯彻实施。我国已先后制定和颁布了包括《中华人民共和国土地管理法》《中华人民共和国森林法》《中华人民共和国草原法》《中华人民共和国水法》《中华人民共和国矿产资源法》等在内的一系列关于资源管理的法律法规，为我们运用法律手段来保护资源奠定了基础。根据形势的发展，我们还要继续制定必要的保护综合性自然资源的管理法规和具体的实施办法，建立完备的资源勘查与调查制度、资源产权制度、资源登记制度、资源许可制度及资源的有偿使用制度等，从而保证自然资源利用和保护的法治建设得到不断完善。同时，还要进一步强化有关执法机构和执法

[①] 陆昊. 2021. 全面提高资源利用效率 [EB/OL]. http://opinion.people.com.cn/n1/2021/0115/c1003-32000213.html [2022-09-02].

[②] 国务院新闻办公室. 2020.《新时代的中国能源发展》白皮书[EB/OL]. http://www.gov.cn/zhengce/2020-12/21/content_5571916.htm[2022-08-24].

队伍的能力建设，不断提高执法人员的素质，加大执法力度，确实做到有法可依、有法必依、违法必究，真正实现资源管理的法治化。

第二，建立健全税收体制，强化政府在资源可持续利用过程中的管理职能。我国作为一个发展中国家，一方面我们需要发展经济，实现人民生活水平的提升，另一方面需要进行生态保护，坚持绿色发展。因此我国要实现自然资源的可持续利用不仅需要市场手段进行资源配置与调节，还需要通过建立完善的政策体系来进行资源管理，税收体系就是很重要的途径。为了实现绿色发展，我们需要完善包含资源税、环保税等在内的税制体系，从税收层面推动自然资源的合理利用，同时可以加大可再生能源发电的税收扶持力度，并且可以对新能源汽车购置等实行税收优惠，对可再生资源等回收利用及进行再生创新研发的企业进行企业所得税的减免等。此外，为了实现"双碳"目标，可以适时对碳排放进行税收调节，对高排放的企业征收碳税，通过成本调节使其进一步革新技术，减少碳排放，从而实现绿色发展。

第三，完善监督保障制度，促进自然资源可持续发展。为了强化政府及有关部门在自然资源利用保护过程中的监督检查职责，要继续推行落实"河长制""林长制"等责任制，明确地方党政干部保护资源的目标责任，建立长效机制，从而加强河流管理、保障水安全及实现绿色发展的目标。加大扶持力度，国家应采取财政、税收、金融等措施，支持自然资源的保护发展，如推行绿色金融，为环保、节能、清洁能源等领域的项目融资及运营等方面提供金融服务，引导资金从高污染、高消耗产业流向技术先进的绿色产业，进一步推动能源消耗低、环境污染程度小的企业迅速发展，从而减少自然资源的消耗，实现发展与保护并行。同时，要加强对自然资源开发利用和保护监管工作，进一步完善自然资源统一监管体制，实现自然资源的优化利用。

本章小结

自然资源的可持续利用是实现人口、资源、环境与经济可持续发展的基础。人类在开发利用自然资源的过程中，必须努力实现自然资源在时间和空间上的合理配置，提高人类对自然资源利用的数量和质量，并实现自然资源的可持续供给，最终实现人类社会的可持续发展。自然资源可分为可再生资源和不可再生资源，其特点主要包括：分布的不均匀性、功能的多样性、数量和质量的可变性、稀缺性、难以替代性和整体性。自然资源对经济发展有着积极意义和不利影响，一方面自然资源对于不同发展阶段的经济总量、产业结构、区域发展等都有推动作用，而另一方面又存在着"资源诅咒"，自然资源的使用不利于某些地区的经济增长，同时过度的资源开发利用所产生的碳排放增加也会阻碍经济社会的可持续发展。

自然资源的经济价值，即它作为生产要素被人类利用（主要为消耗性利用）所具有的价值。在市场经济中，它由资源的稀缺性、附加的劳动和消费者对产品的偏好等决定。自然资源的经济价值可分为两个部分，即使用价值和非使用价值。自然资源的使用价值和物质性效用构成了自然资源价格的内在依据，而其有限性和稀缺性又构成了它的外在依据。自然资源经济评价是按照经济学的观点，从经济发展和生产布局出发，对自然资源开发利用的可能性和开发利用的方向,以及开发利用的经济合理性进行的综合论证。

中国经济的快速增长使自然资源的需求量不断攀升,资源的有限供给导致的巨大资源缺口是我国自然资源利用面临的巨大压力。因此,实现自然资源的可持续利用进而突破资源约束,是我国摆脱当前资源困境的唯一出路。要通过增加自然资源供给、抑制对自然资源的需求和提高资源利用效率、开发利用替代资源,同时建立健全绿色低碳循环发展的政策体系等来实现自然资源可持续利用。

关键概念

自然资源　　可再生资源　　不可再生资源　　可回收的不可再生资源　　不可回收的不可再生资源　　自然资源的经济价值　　自然资源的使用价值和非使用价值　　影子价格法　　机会成本法　　替代价格法　　市场估价法　　补偿价格法　　自然资源经济评价　　自然资源的可持续利用

思考题

1. 简述自然资源的定义及类型。
2. 阐述自然资源在经济发展中的不同作用。
3. 对自然资源进行定价的理论有哪些?请做简要评述。
4. 简述我国自然资源的供给呈现的特点。
5. 如何实现自然资源的可持续利用?

推荐阅读的文献资料

蒂坦伯格 T, 刘易斯 L. 2021. 环境与自然资源经济学[M]. 11 版. 王晓霞, 等译. 北京: 中国人民大学出版社.
马中. 2019. 环境与自然资源经济学概论[M]. 3 版. 北京: 高等教育出版社.
珀曼 R, 马越, 麦吉利夫雷丁, 等. 2002. 自然资源与环境经济学[M]. 2 版. 候元兆, 等译. 北京: 中国经济出版社.
徐康宁, 王剑. 2006. 自然资源丰裕程度与经济发展水平关系的研究[J]. 经济研究, (41): 78-89.
杨云彦, 陈浩. 2011. 人口、资源与环境经济学[M]. 2 版. 武汉: 湖北人民出版社.
Auty R M. 1993. Sustaining Development in Mineral Economies: The Resource Curse Thesis[M]. London: Routledge.
Hotelling H. 1993. The economics of exhaustible resources[J]. Journal of Political Economy, 39(2): 137-175.
Sovacool B K, Ali S H, Bazilian M, et al. 2020. Sustainable minerals and metals for a low-carbon future[J]. Science, 367(6473): 30-33.

第 6 章　不可再生资源的优化配置与利用

资源问题永远是人口、资源与环境经济学的核心问题，其中不可再生资源的有效利用问题更是备受关注。因为不可再生资源的总量是一定的，而且绝大多数不可再生资源是推动现代经济发展的重要资源，是各国发展争夺的焦点。伴随着世界人口的增加、环境恶化及资源枯竭等问题的日益严峻，石油、煤炭等不可再生资源的优化配置和合理使用已成为当今世界各国实现国民经济可持续发展的基础。

6.1　不可再生资源的概念及开采

6.1.1　不可再生资源的概念及特征

不可再生资源又称为非可再生资源，是指本身没有自我循环生长能力、供应量基本固定的自然资源。按照资源能否回收的属性，不可再生资源可以分为可回收的不可再生资源和不可回收的不可再生资源。其中，可回收的不可再生资源的特征是在使用中和使用后，可以重新回收再次使用，如金、银、铜、铁、铅、锌等金属资源；不可回收的不可再生资源的特征是资源在使用过程中消耗殆尽，或作为原有的物质形态已不复存在，转化为其他形态的物质，如石油、天然气等能源资源。不可再生资源具有以下基本特征。

第一，不可再生资源的绝对稀缺性。与可再生资源相比，不可再生资源总量是一定的，每开发利用一部分，其储藏量就会减少一部分。因为任何一种不可再生资源的形成都要经历极其漫长且复杂的地质过程，另外受技术、开采条件等因素的制约，不可再生资源在特定时空条件下被开发利用的规模也是有限的。

第二，不可再生资源的非再生性。可再生资源在耗尽后，能够较快补充再生，但对于不可再生资源来说，其不能迅速再生，因而补充速度非常缓慢。因此，当前的开采量将影响未来可能的开采量。

第三，不可再生资源消耗的不可逆性。资源消耗的不可逆性，是指已经消耗的资源通常情况下不可能重复使用，而且不可能在短时间内恢复到原储存量，也不能像一般商品那样根据价格的变化而任意地增加或减少。因此，这就要求人们必须从长期的角度来开发和利用不可再生资源，从而实现资源的可持续利用。

6.1.2　不可再生资源的开采与霍特林定律

不可再生资源的供给包括勘探、开发和采集三个互相联系的阶段。勘探是确定资源储存量和探明资源地质特性的过程；开发是为采集准备场所和设备的过程；采集是从地下取出资源的过程。整个供给过程的每一个阶段都是其下一个阶段的引致需求。勘探的发现是新开发的投入,新开发的矿山是采集的投入。最终开采出来的资源的价格不但影响采集决策,而且影响勘探和开发决策。也就是说,每一阶段的成本不仅影响本阶段的决策,而且影响其他阶段的决策。[①]

霍特林最早研究了不可再生资源的最优耗竭问题,并提出了霍特林定律:在最优条件下,不可再生资源的价格与开采成本之差,将按照与其他资本盈利率相同的速度增长。当开采成本下降,租金上涨时,市场价格也会不可避免地上升,需求数量将开始下降。在最优耗竭率下,资源将被耗竭,需求将持续地降到零,并且生产将完全停止。霍特林定律的基本思想是:把全部资本分为资源和其他财产两类。资源所有者有两种选择:一是开发资源,同时购买其他财产,取得资产收入;二是把资源保存在地下,获取资源随时间推移的预期资源资本收益。当资源资本收益的增长率等于其他财产的利率时,资源就会以最优路径来消耗。如果假定资源开采成本为零,当资源价格的增长率等于其他财产的利率,那么对所有者而言,把资源保存在地下和开采出来这两种选择没有差别。这就是简单的霍特林定律,即在最优耗竭率下,开采资源的价格的增长率必须等于贴现率。

简单的霍特林定律假设开采成本为零,但是实际上地下矿藏的价格低于井口价格。开采的总边际成本包括递增的边际开采成本和边际使用者成本,总边际成本和价格决定开采的数量。如果当前开采的使用者成本上涨,或者未来开采成本下降,资源所有者都将会推迟开采。如果当前其他财产的利率上升,当前矿山的开采率就会上升,对勘察新矿的投资会下降,这将部分抵消当前矿山开采率的上升。

达斯格普特和黑尔[②]在霍特林分析的基础上,融入了经济增长最优轨迹分析内容。他们假定,生产 Q 依赖于某一特定不可再生资源 R 的耗竭和再生产资本存量 K,则 $Q=F(K, R)$。消费 C 被设定为社会福利 u 的增加,计划者的目标是在贴现率为 r 的条件下使社会福利 u 最大化。图 6-1 是不可再生资源的最优耗竭的图示。

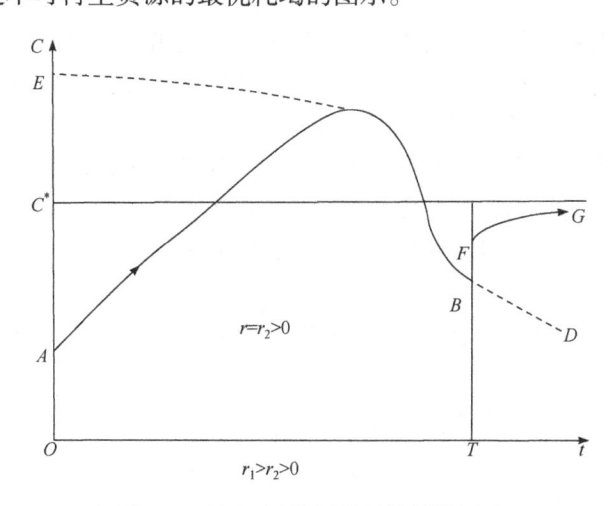

图 6-1 不可再生资源的最优耗竭图示

---

① 张帆, 夏凡. 2016. 环境与自然资源经济学[M]. 3 版. 上海: 格致出版社, 上海三联书店, 上海人民出版社: 134.

② Dasgupta P, Heal G. 1974. The optimal depletion of exhaustible resources[J]. The Review of Economic Studies, 41: 22.

若 R 与 K 的替代弹性小于 1，贴现率 r 为正，且没有技术变化引起的替代品产生，则消费 C 将在初始阶段上升，然后趋近于零（曲线 ABD）。如果不考虑不可再生资源对后代的影响，则贴现率（r_1）更高，消费 C 的高峰点就在其起点 E 上。消费的变动如曲线 EBD 所示。如果在 T 时间点加入技术变化，则消费曲线在 B 点上升至 F 点并将趋近于 C^*（曲线 $ABFG$），最终形成长期静态消费曲线 C^*。

兰德尔[①]将不可再生资源最优耗竭问题定义为开采资源的净收入流量的现值 V_0 最大化问题，即

$$V_0 = (P_0 - C_0) + \frac{P_1 - C_1}{1+r} + \frac{P_2 - C_2}{(1+r)^2} + \cdots + \frac{P_T - C_T}{(1+r)^T} \tag{6.1}$$

式中，P_t 表示时期 t 开采的资源价格（t 为变量"时期"，T 为 t 的取值，即资源耗尽的时期，二者不同，请读者注意）；C_t 表示时期 t 开采资源的单位成本；T 表示资源耗尽的时期。定义时期 t 的单位矿区使用费为 $R_t = P_t - C_t$。如果 R_t 在每一时期都相同，那么资源持有者将在初始期开采出所有的矿物，并把所得的一部分用于当前的消费，把剩下的进行投资，以利率 r 产生利息。如果预期 R_t 每一时期的增长率超过利率 r，那么地下矿藏的净现值大于开采收入所能购买的金融证券的净现值，资源持有者将不会开采矿物。如果 R_t 的增长率等于 r，那么保有矿藏和金融证券投资没有差别。根据式（6.1），最大化 V_0 的结果是

$$R_0 = \frac{R_1}{1+r} = \frac{R_2}{(1+r)^2} = \cdots = \frac{R_T}{(1+r)^T} \tag{6.2}$$

也就是说，每一时期的单位矿区使用费的现值必须相等，否则，资源持有者可以把开采从一个时期改到另一个时期。只有当 R_t 以 r 的速率增长时，在每一时期才会开采某一数量的矿藏。

也有经济学家分析市场条件对不可再生资源优化利用的影响，如在市场不完全条件下不可再生资源的优化利用问题。一些不可再生资源具有公共物品的属性，每一个开采者都尽可能在成本允许的条件下最大限度地开采资源，导致资源耗竭偏离霍特林的社会最优利用原则。斯蒂格利茨认为在排他性所有权（如垄断）条件下，不可再生资源的开采率可以达到最优。达斯格普特和黑尔进一步得出了在排他性所有权条件下，任何对最优开采率的偏离都将会导致过度保护，而不是过度开采的结论。

6.2 可回收的不可再生资源：金属矿产资源

金属矿产资源是工业生产中的重要原材料，相比石油、天然气、煤等不可回收的不可再生资源，金属矿产具有可回收的特征，如电缆废弃后，电缆中的废铜可以回收利用。不过，资源的可回收利用程度是由经济条件所决定的。只有当回收利用的成本低于开采新资源的成本时，回收利用才有可能。

---

① 兰德尔 A. 1989. 资源经济学[M]. 施以正，译. 北京：商务印书馆: 219-220.

可回收的不可再生资源最终仍会耗竭,但是耗竭速率取决于需求、资源产品的耐用性和回收利用的程度。除了需求缺乏弹性的情况外,一般来说价格增高会使需求量减少;资源产品的使用寿命越长,对资源的需求就越少。回收利用可以通过提高产品使用率、重新利用废弃产品,减少对资源的需求。然而,可回收的不可再生资源不可能100%地循环利用,每次资源利用都会使资源产生损耗。例如,铜币能被熔化而铸成铜锭,但是在流通过程中摩擦掉的铜却不能恢复。只要资源的回收利用率小于100%,那么资源存量最终一定会降低到零。[①]

金属矿产资源的回收利用可主要分为以下两个问题:一是尾矿的回收利用问题,二是资源产品的回收利用问题。

6.2.1 尾矿的回收利用问题

尾矿是矿石经过选矿以后出来的以浆体形态存在的具有一定粒级的矿物加工的最终产物,也就是在当前技术经济条件下可以利用的有用矿物提取以后留下的产物。不同选矿工艺流程产生的尾矿在工艺性质和颗粒形态等方面都存在一定的差异。根据选矿工艺流程,尾矿种类有重选尾矿、磁选尾矿、手选尾矿、化学选矿尾矿、浮选尾矿、电选及光电选尾矿;从矿石种类来看,常见的尾矿有铜尾矿、铅锌尾矿、钼尾矿、金银尾矿、铁尾矿、煤尾矿、铀尾矿、铝土矿尾矿等。

随着我国工业化进程的不断推进,钢铁和有色金属的产量整体呈增长态势。伴随着富矿资源的不断消耗,贫矿资源开采比重增大,金属矿山选厂的数目增加,选厂的规模日益扩大,部分金属矿山选厂的尾矿堆积,对环境造成破坏。

一方面,尾矿堆积会占用大量的土地资源,而且还会对周围的环境造成严重的污染。尾矿的颗粒比较细,干燥后形成飘尘,会污染空气;尾矿中残留的砷化物、超标的重金属离子、选矿药剂等,经过风化和雨水的冲刷,会渗透到土壤中,导致植被死亡、土壤污染和种植功能退化。另一方面,尾矿中含有大量的金属元素未被充分利用。过去受选矿技术和设备的限制,或者由于选矿工艺流程不够合理,大量有用组分留在尾矿中。尾矿还有大量可利用的伴生组分,如四川攀枝花铁矿中含有铜、镍、钒、钛等十几种伴生组分。此外,尾矿资源除了具有一般矿床的资源性质(开发利用其中的目的组分和伴生组分),还具有可整体利用资源的性质。根据尾矿矿物组分、化学成分和工艺性能,以尾矿为主要原料,可以制成尾矿产品,如制造微晶玻璃、陶瓷、墙地砖、玻璃、铸石、水泥等,其被广泛应用于建筑、化工、机械及日常生活等领域中。

矿产资源是不可再生资源,社会发展对矿产资源的需求量逐年增加,而地球上的矿产资源却越来越少,因此选矿厂尾矿中有价矿产资源的综合回收与利用是大势所趋。受经济和技术发展水平的制约,世界各国在尾矿综合回收与利用方面的差距较大,西方发达国家尾矿的综合回收率大多在60%以上,而我国尾矿的综合利用率仅为32.7%。

选矿厂尾矿中有价矿产资源具有贫、细、杂化的特点,采用现阶段的常规选矿技

---

① 马中. 2019. 环境与自然资源经济学概论[M]. 3版. 北京: 高等教育出版社: 80.

开展综合回收，所产精矿品位和回收率低，经济效益差。因此，根据尾矿资源特点，深入开展与其相应的新设备、新技术研究十分重要。目前，我国尾矿综合利用的方法主要有二次选矿、用作建筑材料、尾矿发泡输送技术、加工矿物肥料、充填采空区和尾矿土地复垦。

尾矿矿物组成单一或与某些行业原料矿物组成相近的尾矿适于整体综合利用，尾矿中有价矿产资源综合回收程度较高。尾矿整体综合利用可免去尾矿库建设与维护费，不仅直接经济效益好，还能产生良好的环境效益与社会效益。

6.2.2 资源产品的回收利用问题

金属矿产资源从矿山中开采出来，经过一系列加工，就进入各行各业的生产活动，形成生产和生活所需要的资源产品。当资源产品的使用价值耗尽后，产品中的金属可以被回收利用。资源产品中金属的回收主要面临回收成本问题和回收技术问题。

当资源回收利用的成本低于开采新资源的成本时，回收利用才有可能。因此，金属矿产资源的回收利用需要形成一定的规模，从而降低回收的平均成本。但是，相比资源产品，尾矿堆积在尾矿库中，可回收利用的金属资源较为集中，而产品中的金属资源分散在全国各地，集中金属资源的难度比直接开发尾矿要高，因此回收资源产品中的废弃金属的运输成本会比尾矿高。降低回收成本，一方面需要发展新技术，提高资源的回收率，另一方面需要完善回收流程，提高企业和个人在生产生活中的垃圾分类意识，自觉将可回收的金属资源与其他垃圾分类，减少废弃金属的收集成本。

产品中金属资源的分散不仅表现在地理位置上，也表现在产品的生产中。资源产品的生产对金属资源的需求具有多样性。例如，生产一块太阳能电池板需要铁、钛、镓、锂等十几种矿产资源。材料的多样性提高了金属分类回收的技术难度。许多产品生产时使用的金属是多样却微量的，如果金属回收的技术水平不够高，不能将各种金属尽可能完全分离，以保证金属的纯度，那么，这不仅会降低金属回收的产量，同时也会降低分离出来的金属的质量。因此，需要不断地提高回收金属资源的技术水平，提高回收效率，降低回收过程中的资源损耗。[①]

金属矿产资源的循环利用对于缓解资源供给压力，节能减排，促进经济绿色可持续发展具有重要意义。中国再生金属行业仍有较大的发展空间和潜力。2020年中国再生有色金属产量为1450万吨，占国内十种有色金属总产量的23.5%，其中再生铜、再生铝和再生铅产量分别为325万吨、740万吨和240万吨。中国仍存在金属矿产资源循环利用率低、再生金属消费比重低、回收技术水平落后的现状。2020年，中国铝、铜、锌、铅四大金属消费总量约为7760万吨，其中再生金属2150万吨，占消费量的27.8%，比世界平均水平35.3%低7.5个百分点，与发达国家平均水平的45%比则相差更远。因此，我国需要推动金属回收产业的发展，提高金属矿产资源的循环利用率和消费占比。

---

① Kesler S E, Simon A C. 2015. Mineral Resources, Economics and the Environment[M]. 2nd ed. Cambridge: Cambridge University Press: 350.

6.3 不可回收的不可再生资源：石油、天然气和煤炭

石油、天然气和煤炭是能源资源的主要组成部分，随着现代工业的发展，这些资源在人类的生产和生活中扮演着越来越重要的角色。当前各国之间围绕石油、天然气和煤炭展开了激烈的争夺，这些资源已成为制约全球经济发展的瓶颈。对我国来讲，资源瓶颈问题，尤其是石油、天然气和煤炭等不可回收的非可再生资源已成为新时期中国经济增长最主要的制约要素。一方面，石油、天然气、煤炭等不可回收的不可再生资源储量有限，而且在生产、生活中扮演着重要角色；另一方面，这些资源的开发往往都带有一定的外部性，一旦开发不当会对自然环境造成负的外部性。

对于石油、天然气和煤炭而言，它们主要面临三个关键问题：一是垄断问题；二是价格管制问题；三是能源安全问题。[①]

6.3.1 垄断问题

经济学定义的垄断必须满足以下条件：一家卖主；没有接近的替代品；存在某种障碍使得竞争者难以进入市场。以石油为例，在世界原油市场上，石油输出国组织就是典型的垄断组织——卡特尔。卡特尔是若干企业达成协议，操纵市场，分享利润的一种组织。作为不可再生资源的代表——石油，其在需求弹性方面的特点及其他供给者的影响决定了其市场中卡特尔组织的长期存在。

一是需求弹性。原油市场的特殊性主要体现在需求的价格弹性和需求的收入弹性这两点。首先是需求的价格弹性。原油的需求价格弹性取决于替代资源的供给。因为寻找替代资源需要时间，所以原油需求的短期价格弹性较小。但在长期，经过调整，原油需求的价格弹性比短期要大。替代资源为消费者提供了其他选择。价格适当的替代资源供给也为卡特尔价格设定了上限。如果卡特尔不能控制这些替代资源，其价格一旦高于替代资源价格，消费者就会转而消费替代资源。就目前而言，对原油具有替代性的资源主要有：一些非常规性的石油资源（如深海石油、极地石油），但其开采成本十分高昂；煤炭资源，但其使用往往带来污染；太阳能，尽管已经投入使用，但是其技术进步和普遍推广尚需时日。所有这些资源大规模使用的前提条件是，替代资源的成本和价格大幅度下降，或者石油价格大幅度上升，但这些都是需要时间的。其次是需求的收入弹性。需求的收入弹性表示的是需求对收入变动的敏感性。一方面，原油需求的收入弹性表示原油需求对世界经济增长的敏感性，收入增加，对原油的需求也增加；另一方面，需求的收入弹性也表示需求对经济周期的敏感性。收入弹性越大，需求对经济周期越敏感。经济衰退引起的需求减少越多，对卡特尔降低价格的压力就越大。

二是其他供给者的影响。在世界原油市场上，除卡特尔以外，还存在着其他供给者。如果其他供给者增加产量，卡特尔的市场份额就会减少，从而使价格降低。因此，卡特

[①] 本部分内容参照以下文献：蒂坦伯格 T, 刘易斯 L. 2021. 环境与自然资源经济学[M]. 11 版. 王晓霞, 等译. 北京: 中国人民大学出版社；张帆, 夏凡. 2016. 环境与自然资源经济学[M]. 3 版. 上海: 格致出版社, 上海三联书店, 上海人民出版社.

尔在制定价格时必须考虑其他供给者的行为。Salant[①]用一个卡特尔和其他竞争性企业同时存在的垄断定价模型来说明这个问题。模型假设有若干个供给者，其中大部分组成卡特尔，小部分没有加入。卡特尔在考虑其他供给者的销售量的变化的基础上，制定垄断价格以使其各期利润现值最大化。其他供给者作为价格的接受者，把市场价格作为给定条件，选择适合的产量使其各期利润最大化。其他供给者的产量影响卡特尔的定价策略。卡特尔和竞争性企业的利润最大化决定了均衡状态的价格变动模型。模型的结论是，当存在其他供给者时，卡特尔制定的初始价格比无竞争性企业时低，价格上涨得更快。它是以竞争性企业被逐出市场以前的利率作为上升的速度。这种策略使其他供给者在早期生产得很多，并且最终耗尽其供给量。当其他供给者耗尽供给量而被逐出市场后，卡特尔提高价格。因此在早期，其他供给者的利润很高，卡特尔能做的只是等待其他供给者耗尽其资源，然后它再垄断市场。

6.3.2 价格管制问题

由于不可再生资源的特殊性，在很多情况下政府都采取了价格管制的方法。政府实行价格管制的主要目的是防止价格过高，管制的主要方式是规定价格上限。在资源开采的初期，过低的价格会促使人们过多地开采和消费资源。在价格管制下，在需求方面，资源的消费量将会高于最优状态。在供给方面，当边际成本超过价格上限时，尽管需求很大，生产者由于亏本将停止生产。因此，在持久性的价格管制下，资源产量将少于没有管制时的产量，于是就会出现缺口。政府实行价格管制是一种寻租行为，可以用消费者和生产者剩余模型来解释（图6-2）。

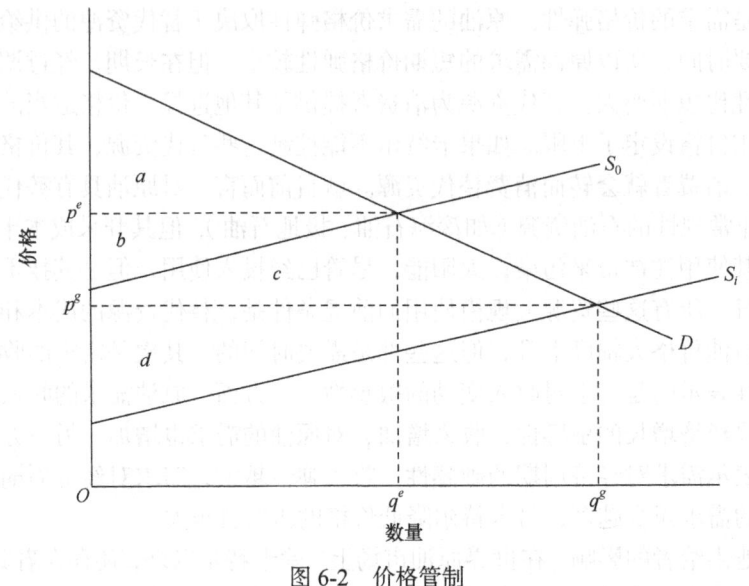

图6-2 价格管制

---

① Salant S W. 1976. Exhaustible resources and industrial structure: a Nash-Cournot approach to the world oil market[J]. Journal of Political Economy, 84: 1079-1093.

图 6-2 中，D 和 S 分别代表天然气的需求和供给曲线，S_0 代表最优状态下的供给曲线，有效配置是 q^e 和 p^e。消费者剩余面积为 a，生产者剩余面积为 b，整个社会得到的净效益面积为 a 加 b，即消费者剩余加生产者剩余。

若由政府制定价格上限，供给曲线为图 6-2 中的 S_i，供给曲线的移动使开采量增加到 q^g，价格降低到 p^g，高于最优状态的开采量。则当前消费者剩余变为 a 加 b 加 c，消费者的状况改善，消费者剩余增加了 b 加 c。但是，生产者的净效益受损。乍一看，如果 d 大于 b，生产者剩余就会增加。但是，因为过度生产，生产者牺牲了无价格管制时本来可以得到的稀缺租。一些未来消费者的利益也受到损害。因为资源消耗过快，最终资源价格会变得比无价格管制时更高。向替代资源的转变将过早，可能转换到成本更高的替代资源，而这些成本都将由未来的消费者承担。稀缺租作为一种机会成本，其特殊功能是保护未来的消费者。政府通过价格管制降低这种稀缺租，表面上是把收入从生产者转到消费者，实质上是从未来消费者转移到当前消费者，从而损害了未来消费者的利益。

这样，价格管制使资源配置显著地偏离了有效配置。在各种偏离中，最重要的两种：第一种是向替代资源转换的时间过早；第二种是转换时不连续或太突然的，价格突然跳跃到新的更高的水平。总之，价格管制不仅影响了向替代资源转换的时间，而且还造成了向非有效的替代资源的转换。

6.3.3 能源安全问题

新时期的能源安全以石油、天然气、煤炭等能源的安全为主体。例如，石油是战略性能源，往往与国家安全有关，对石油的垄断可以由经济性武器变为政治性武器。现阶段，石油、天然气、煤炭等能源安全已成为世界各国普遍关注的焦点，尤其是在当前的高油价时期，能源危机在某种程度上已演变为经济危机的导火索。

能源安全在 20 世纪 70 年代从经济安全（供应安全）的角度引起人们关注。1973 年 12 月在中东战争背景下，石油输出国组织将其基准原油价格从每桶 3.011 美元提高到 10.651 美元，从而触发了二战后最严重的全球经济危机。世界主要发达国家于 1974 年成立 IEA，正式提出了以稳定原油供应和价格为中心的国家能源安全概念。1997 年《京都议定书》的签署，标志着世界各国开始考虑赋予能源安全以环境保护的内涵，也就是能源的消费和使用不应对人类自身赖以生存与发展的生态环境构成大的威胁。进入 21 世纪，能源安全朝着更加广阔的社会、经济、环境、气候、消费者等安全方向扩展，涵盖能源可获取、可支付、可持续、能源治理、国际合作等多个维度。不同国家的资源禀赋、经济环境需求各不相同，其能源安全战略的重点和措施也各有侧重。中国能源对外依存度较高，根据国家统计局公布的数据，2022 年中国原油对外依存度和天然气对外依存度分别为 71.2%和 40.4%。石油海上运输安全风险加大，跨境油气管道安全运行问题也不容忽视。国际能源市场价格波动增加了保障国内能源供应的难度，中国应当加强对能源安全问题的重视，提升能源应急能力。[①]

[①] 黄维和, 韩景宽, 王玉生, 等. 2021. 我国能源安全战略与对策探讨[J]. 中国工程科学, 23(1): 112-117.

相关链接 6-1 立足国情统筹降碳与能源安全

富煤贫油少气是我国国情，短期内煤炭的"压舱石"地位很难改变。在全国已探明的化石能源资源储量中，煤炭占94%左右；煤炭占一次能源消费的消费比重达到57%。天然气燃烧排放的二氧化碳远低于煤炭，但目前我国天然气的对外依存度仍超过40%，利用它来替代煤炭的主体地位，不利于把能源的饭碗牢牢端在自己手里。以电力供应为例，在我国，煤电目前以不到五成占比的装机，生产接近六成的电量，并支撑超过七成的高峰负荷需求，仍然是电力供应的主力能源。

从能源供应的稳定性来看，新能源在短期内也很难完全替代煤电。近年来，以太阳能和风能为代表的新能源快速发展，但它们发电"靠天吃饭"，具有波动性、随机性、间歇性的不足，依然需要煤电发挥基础保障性和系统调节性电源的作用。去年的欧洲能源危机，某种程度上能够说明问题。2020年，欧盟可再生能源发电量首次超过化石能源发电量，但去年欧洲风电出力显著低于常年均值，以至于不得不增加煤电和气电来弥补缺口。这也提示我们，在大力发展新能源的同时，仍要做好煤炭等常规能源的应急储备，以保障用电高峰时段的供应。

要夯实国内能源生产基础，保障煤炭供应安全，统筹做好煤炭清洁低碳发展、多元化利用、综合储运这篇大文章，加快绿色低碳技术攻关，持续推动产业结构优化升级。一方面，煤电机组的改造升级是有效手段。经过近年来的努力，截至2020年底，我国达到超低排放水平的煤电机组约为9.5亿千瓦，节能改造规模超过8亿千瓦。特别是碳捕集、利用与封存技术的应用，给煤电减排二氧化碳提供了一种转型路径。或许有一天煤炭也能够实现低碳利用，成为低碳能源。另一方面，从燃料向燃料与原料并举，也是煤炭清洁高效利用的重要方向。与燃烧发电相比，煤化工排放的二氧化碳集中度高、易回收。在技术和环境条件允许的前提下，发展煤制油气、醇类燃料替代，也能降低我国的油气进口依赖度。

实现"双碳"目标要坚定不移，但不可能毕其功于一役。减排不是减生产力，也不是不排放，更不意味着要"一刀切"去煤。把握好降碳的节奏和力度，使煤炭和新能源实现更加优化的组合，经济发展与绿色转型必将实现良性互促、协同并进。

资料来源：丁怡婷.2022-02-16.立足国情统筹降碳与能源安全[N].人民日报，（18）.

6.4 不可再生资源的最优利用

对于不可再生资源来讲，由于其不可再生性，其在有限的存量内的最优利用主要表现为配置问题，包括对社会和企业两种不同主体的配置最优化问题和跨时间的有效配置问题。

6.4.1 不可再生资源的稀缺性衡量

资源稀缺可分为绝对稀缺和相对稀缺。绝对稀缺，即在任何时候可用的资源都是一定的有限的，而对资源的需求却是无限的，所以所有的资源都稀缺。只要存在资源市场，所有正的净价格就是绝对稀缺的证明；如果资源市场不存在，那么正的影子价格，也就是有效地利用资源时的必需净价格，就是资源绝对稀缺的指标。相对稀缺是指为了获得资源而上升的机会成本。不可再生资源不仅是相对稀缺的，更是绝对稀缺的，衡量不可再生资源稀缺程度的指标通常有资源开采边际成本、实际市场价格、经济租金。[1]

（1）资源开采边际成本。稀缺与获得附加资源数量的实际机会成本有关，这表明，从现有存量中获取资源的边际成本适合作为稀缺的指标。Barnett 和 Morse[2]在他们的经典研究中，使用实际单位成本指标 c，其定义为

$$c = \frac{(\alpha L + \beta K)}{Q} \quad (6.3)$$

式中，L 表示劳动力；K 表示资产；Q 表示开采企业的产出；α 和 β 表示累计投入的权重。增大的资源稀缺被增大的实际单位成本代替。虽然由于数据的限制难以做到，这里还是使用了理想边际成本。开采成本指标的一个重要优点是它与技术变化一致。如果技术进步通过提高开采效率放松了资源约束，稀缺的下降就反映出成本下降的趋势。但这样的测量存在问题。首先，因为需要获得资本存量的单一测量积累，资本测量通常很困难。同样，测定投入的有效积累也很困难。其次，指标是滞后的，而理想的指标应该反映将来潜在的稀缺。最后，在许多例子中，资源的数量和质量严重下降，同时技术进步加速了价格下降。在极端的例子中，经过长期的价格下降，资源突然耗尽。仅仅依靠开采成本的数据，无法得到关于稀缺的确凿证据。

（2）实际市场价格。最常用的稀缺指标是实际市场价格的时间序列数据。这与霍特林定律的检验结果非常相似。市场价格数据是现成的，并且像资产价格一样，至少在某种程度上具有前瞻性。但是价格数据的使用主要有三个问题。第一，价格经常受到税收、津贴、外汇管制及政府干预的影响，要得到可靠的衡量标准，就需要对这些影响进行校正。第二，实际价格指标极易受到缩减指数的影响。第三，市场价格不可能任何时候都反映正确的情况。理想的价格标准反映资源的净价格。霍特林定律表明，资源变得稀缺时，价格将随之上涨。但资源的净价格是不可直接测量的，所以在经验分析中，难以利用它们作为标准。

（3）经济租金。租金是指资源产品现价与边际开采费用之差，也称原位资源价格、矿区使用费或使用者成本。因为这一价值只来自稀缺本身，所以常被称为租金，并与李嘉图的土地租金概念密切相关。遗憾的是，资源租金很少被直接观察到，也未被记录在统计数据里。但是在资源经济学中，往往利用新发现资源（矿床）的费用来间接估算资源的租金，以此来衡量资源的稀缺程度。[3]

---

[1] Perman R, Ma Y, Common M, et al. 2003. Natural Resource and Environmental Economics[M]. 3rd ed. London: Pearson Education Limited: 530-531.

[2] Barnett H J, Morse C. 1962. Scarcity and Growth: The Economics of Natural Resource Availability[M]. Baltimore: The Johns Hopkins University Press: 164-199.

[3] 伯格斯特罗姆 J C, 兰多尔 A. 2015. 资源经济学: 自然资源与环境政策的经济分析[M]. 3 版. 谢关平, 朱方明, 译. 北京: 中国人民大学出版社: 42.

6.4.2 不可再生资源的社会最优利用

不可再生资源的社会最优利用是指实现以最小的资源消耗及对环境的影响来为社会创造最大福利的状态。因此社会最优利用在计算社会收益时，既要考虑到开采成本和使用成本，还要考虑由于开采而导致的资源储藏量的消耗和对环境的破坏及恢复治理费用等。

为了尽可能保持数学上的简单，模型必须简单且能抽象出实质，因此模型假定忽略资源开采、消费及破坏环境等外部不利因素，并将开采成本放入背景值。因此，将 P 定义为不可再生资源的净价格，即减去开采成本后的价格。$P(R)$ 表示对资源的需求函数，这个函数表明资源净价格是资源开采量 R 的函数。在某一时间点上的社会效益定义为

$$U(R) = \int_0^R R \mathrm{d}R \tag{6.4}$$

将社会效益对资源开采量 R 求微分得到

$$\frac{\partial U}{\partial R} = P(R) \tag{6.5}$$

这个公式表明资源的边际社会效益等于资源的净价格。

假设瞬时时间内的社会福利函数采用实利形式，将来的社会效益以社会效益贴现率 ρ 贴现，于是，从时间段 0 到时间段 1 的某一时间间隔里的社会福利可以表述为

$$W = \int_0^T U(R_t) \mathrm{e}^{-\rho t} \mathrm{d}t \tag{6.6}$$

为了达到最大社会福利，我们的问题是要选择以下两个数据。

（1）从 $t=0$ 到 $t=T$ 间的 R_t（其中，我们希望在每一个时段选择一定的资源开采数量）。

（2）T 的优化值（在这个时间点资源存量的消耗已经停止），并满足限制条件

$$\int_0^T R_t \mathrm{d}t = \overline{S} \tag{6.7}$$

式中，$\overline{S}$ 表示不可再生资源的总初始存量。也就是说，资源总开采量等于资源总初始存量。值得注意的是，在这个问题上，资源耗尽的时间范围是一个由决策者选择的内生变量。

我们定义在时间 t 时的剩余资源存量为

$$S_t = \overline{S} - \int_0^t R_t \mathrm{d}t \tag{6.8}$$

对时间求微分，得

$$\dot{S}_t = -R_t \tag{6.9}$$

式中，$\dot{S}_t = \mathrm{d}S_t/\mathrm{d}t$，表示剩余资源存量随时间的变化率。

因此，动态最优问题涉及在时间间隔 $t=0$ 到 $t=T$ 间选择资源开采途径 R_t，并满足资源存量限制和最大社会福利 W，用数学表达即

$$\max W = \int_0^T U(R_t) \mathrm{e}^{-\rho t} \mathrm{d}t \tag{6.10}$$

且满足 $\dot{S}_t = -R_t$。

整理得到

$$\frac{\partial U_t}{\partial R_t} \mathrm{e}^{-\rho t} = P_t \mathrm{e}^{-\rho t} = 常数 = P_0 \tag{6.11}$$

$$P_t = P_0 \mathrm{e}^{\rho t} \tag{6.12}$$

求微分后得到

$$\frac{\dot{P}_t}{P_t} = \rho \tag{6.13}$$

式（6.13）也称霍特林定律。它表明，如果要不可再生资源的社会价值达到最大，该资源的净价格或所有权价值 P_t 应以与社会效益贴现率同样的比率上升。

由以上分析可知，资源的净价格或所有权价值必须上升。然而，这个并没有完全描述最优化问题的解，还需要知道许多其他的条件。因此，取需求函数为

$$P(R) = K\mathrm{e}^{-aR} \tag{6.14}$$

式中，$P(R=0) = K$，K 被称作窒息价格，即在这个价格下，对资源的需求降为 0。在窒息价格下，人们对该资源的需求将转换为一些可替代的不可再生资源。

根据函数的形式，如果各参数 K、ρ 和 a 已知，就可以利用模型得到整个资源开采周期中有关利率等变量的值。图 6-3 是优化资源消耗模型的图解。图 6-3 表明，优化资源开采和净价格变化途径对社会福利最大化反应滞后。可以看到，图 6-3 还表明了在完全竞争市场中开采与价格途径的利润最大化。

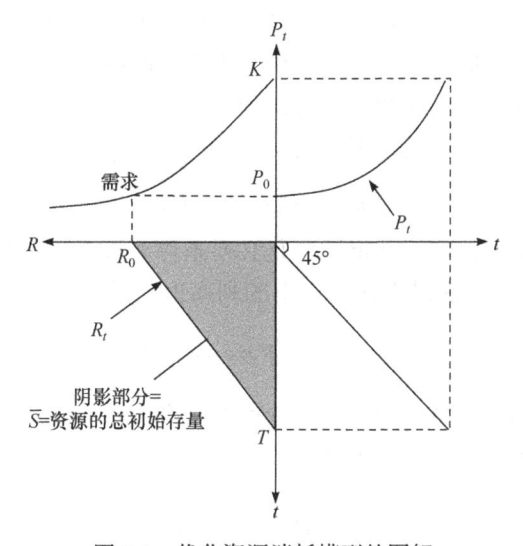

图 6-3　优化资源消耗模型的图解

6.4.3 不可再生资源的企业最优利用

1. 不可再生资源的企业最优利用基本条件——竞争性企业

假设其余情况不变,如果决策者并非理性的且掌握各种情况的社会计划者,而是完全竞争的市场经济中的企业,则资源配置的结果与社会计划者的资源配置结果也是相同的。

所有公司具有相同且不变的资源开采边际成本。现在所有公司处于同一竞争市场,在所有时间都面临相同固定的售价,而市场资源所有权价值,对于各公司也是相同的。假设市场资源所有权价值是 P_t,每个公司都选择一定的开采量 $R_{j,t}$ 以便获得最大利润。

此时的目标函数是

$$\max \int_0^T \varPi_{j,t} e^{-it} dt \tag{6.15}$$

式中,$\varPi_j = PR_j$ 表示公司 j 的利润;i 表示市场利率。

约束条件为

$$\int_0^T \left(\sum_{j=1}^m R_{j,t} \right) dt = \overline{S} \tag{6.16}$$

资源存量对所有公司具有相同的制约作用,在整个时间水平线上,企业不可能开采到超过固定初始存量的资源。当每个公司选择了开采量 $R_{j,t}$,使得它的贴现边际利润在任一时间与之相等,也就是当

$$M\varPi_{j,t} e^{-it} = \frac{\partial \varPi_{j,t}}{\partial R_{j,t}} e^{-it} = \frac{\partial PR_{j,t}}{\partial R_{j,t}} e^{-it} = P_t e^{-it} = 常数 \tag{6.17}$$

时,可以获得利润最大化。其中,$M\varPi_j$ 表示公司 j 的边际利润函数。如果贴现边际利润随时间推移发生变化,那么,可以通过调节不同时间的开采量,来增加总利润。贴现利润高时,开采量高一些,贴现利润低时,开采量低一些。

各时间段贴现边际利润相同,则表明

$$P_t e^{-it} = P_0 \text{ 或 } P_t = P_0 e^{it} \tag{6.18}$$

对于利润最大化来说,霍特林定律仍是必要条件。这样资源的市场净价格必然随着时间以速度 i 增长,这一利润最大化状态下的利率也就是市场利率。

2. 不可再生资源的企业最优利用基本条件——垄断性企业

通常认为,垄断的目标是使随时间变化的贴现利润最大化。因此,垄断企业选择净价格 P_t 和产量 R_t,此时的目标函数是

$$\max \int_0^T \varPi_t e^{-it} dt \tag{6.19}$$

式中,$\varPi_t = P(R_t) R_t$。

约束条件是

$$\int_0^T R_t \mathrm{d}t = \overline{S} \tag{6.20}$$

与完全竞争环境的情况相同，基于企业追求利润最大化的原因，垄断性企业确定了产量 R_t，当贴现边际利润在各时刻相等时，就可以获得利润最大化方案。因此有

$$M\prod_t \mathrm{e}^{-it} = \frac{\partial \prod_t}{\partial R_t}\mathrm{e}^{-it} = 常数 = M\prod_0 \tag{6.21}$$

即

$$M\prod_t = M\prod_0 \mathrm{e}^{it} \tag{6.22}$$

观察上述等式，并且与式（6.17）比较后，可以清楚地看到为什么垄断市场和竞争市场中利润最大化方案是不同的。在完全竞争条件下，市场价格对每个公司来讲都是外生的。这样我们得到如下的结果：在竞争市场中，边际成本等于价格。但在一个垄断市场中，价格是变化的，它依赖于公司的产量。在这种情况下，边际收入低于价格。

根据以上分析，垄断公司完全耗尽不可再生资源所用的时间将是完全竞争市场的几倍。如图 6-4 所示，垄断市场的初始净价格会比较高，而价格增长的速率也较低。在垄断市场，资源开采初速度较慢，但会以较快的速度到达耗尽水平线。至少在这个案例中，垄断延缓了资源的完全耗尽。由图 6-4 中的比较可以看出，与完全竞争对应，垄断者一开始就会限制产量，抬高价格。但其价格增长速率比完全竞争要慢，因此垄断市场使资源开采时间线拉长了。

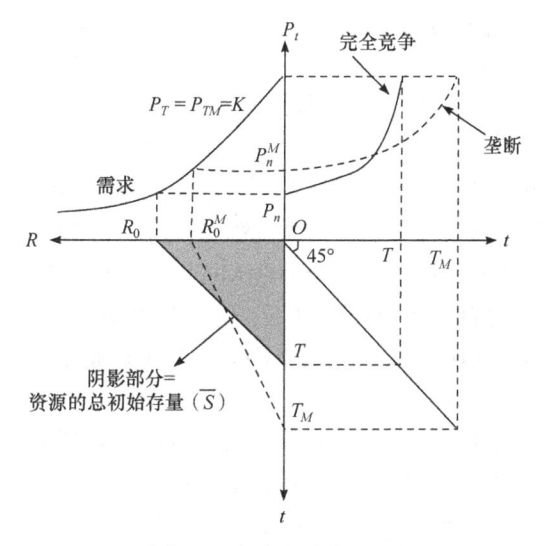

图 6-4 竞争和垄断市场中资源耗损的比较

资料来源：Perman R, Ma Y, Common M, et al. 2003. Natural Resource and Environmental Economics[M]. 3rd ed. London: Pearson Education Limited: 513-519

6.4.4 不可再生资源的跨时间有效配置

不可再生资源由于其不可能再生，增加目前的开发利用就意味着要减少未来的开

发利用，减少目前的开发利用则意味着未来可以开发利用更多的资源数量，实际上就是最优配置问题。它包括在不同时期合理配置有限的资源和使用可再生资源替代不可再生资源两方面内容。不可再生资源在不同时期合理配置的核心问题是实现不同时期高效率的资源配置。高效率资源配置的社会目标是资源利用净效益的现值最大化。对于不可再生资源而言，需要合理分配不同时期的资源使用量。下面采用成本-效益分析方法来分析一种资源在两个时期的配置模型，然后将其推广到更长时期和更复杂的情况。①

1. 不可再生资源的跨时间有效配置：两个时期的资源配置模型

我们假设两个时期需求函数是相同的，边际支付意愿的函数为 $p=8-0.4q$（p 表示价格，q 表示资源开采量），资源供给的边际成本不变，为每单位 2 元。

当资源总供给量为 30 个单位或 30 个单位以上时，也就是拥有足量的可耗竭资源时，无论贴现率是多少，在每个时期生产 15 个单位是有效的配置（图 6-5）。这意味着时期 1 对资源的需求量不会减少资源对时期 2 的供给量，两个时期分别实现本期的高效率，因为在这种情况下，时间不是一个重要的因素。

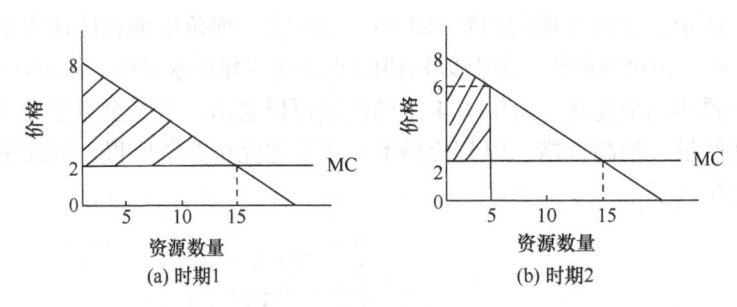

图 6-5 充足的不可再生资源在时期 1 和时期 2 的资源配置
MC 为边际成本（marginal cost）曲线，也为供给曲线

现在我们考察资源总供给量不足时的资源配置，假设资源的总供给量为 20 个单位。以一个具体的分配为例：时期 1 为 15 个单位资源，时期 2 为 5 个单位资源。则时期 1 的净效益现值就等于需求曲线以下、供给曲线 MC 以上面积（45 元）；时期 2 的净效益现值就等于在横轴 0~5 之间，需求曲线以下、供给曲线 MC 以上的面积再除以 $1+r$（r 是贴现率）。令贴现率 $r=0.10$，那么时期 2 净效益现值就是 22.73 元，两期的净效益现值之和为 67.73 元。

通过以上例子，我们知道了如何计算两个时期的净效益现值，但是这种分配未必是最优配置。为了找到最大化现值的资源配置方案，我们可以通过计算机找出时期 1 资源配置量（q_1）和时期 2 资源配置量（q_2）所有可能的组合（$q_1+q_2=20$），然后选出净效益现值最大的配置组合。这种方法较为复杂，对于数学知识有较高的要求。

资源的动态有效配置必须满足以下条件：时期 1 边际净效益的现值等于时期 2 边际净效益的现值，为此，我们以一个简单图示来表示两期配置问题（图 6-6）。

---

① 蒂坦伯格 T，刘易斯 L. 2021. 环境与自然资源经济学[M]. 11 版. 王晓霞，等译. 北京：中国人民大学出版社：90-93.

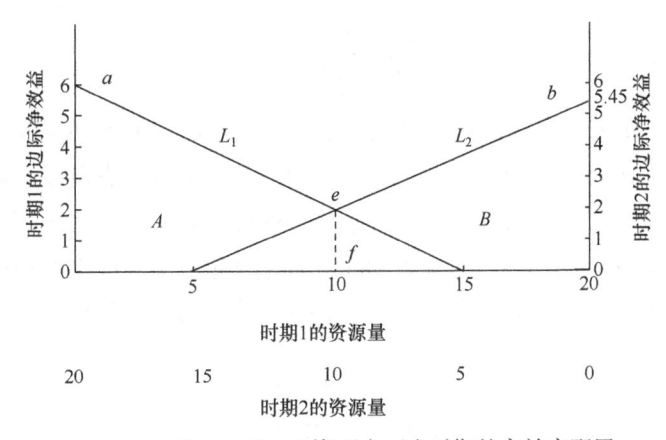

图 6-6 稀缺的不可再生资源在两个时期的高效率配置

图 6-6 中 L_1 和 L_2 分别表示时期 1 和时期 2 的边际净效益现值曲线,两期的资源总量不超过 20 个单位,同时假定贴现率为 0.1。当时期 1 资源配置量为 0 时,最大边际净效益为 6 元,即等于最大边际效益(8 元)减去边际成本(2 元)。当时期 1 的资源配置量为 15 时,边际净效益为 0,边际支付意愿等于边际成本。由于时期 2 的边际净效益必须贴现,当时期 2 的资源配置量为 0 时,边际净效益的现值为 6÷(1+0.1)= 5.45 元,因此,时期 2 边际净效益的现值线 L_2 与图 6-6 中右边的纵轴的交点为 5.45。当时期 2 的资源配置量为 15 时,其边际净效益的现值为 0,所以时期 2 的边际净效益现值线 L_2 与横轴的交点也为 15。

L_1 和 L_2 相交于点 e,在 e 点上两个时期净效益现值之和最大,两个时期总的净效益现值就等于直线 ae、eb 以下的面积之和。如图 6-6 所示,时期 1 的资源量为 10.238 个单位,时期 2 的资源量为 9.762 个单位。

不可再生资源具有稀缺性,因此还要考虑资源稀缺性产生的额外的边际成本,即边际使用者成本(图 6-6 中 ef)。有效的市场不但要考虑边际开采成本,而且要考虑边际使用者成本。如果不存在稀缺问题,资源价格等于边际开采成本;如果存在稀缺问题,资源价格还需加上边际使用者成本。边际使用者成本是指边际机会成本的现值,其大小不仅受资源稀缺程度的影响,还受到贴现率的影响,贴现率越大,边际使用者成本越小。贴现率的大小在一定程度上决定了资源在当期和未来的配置,因此选择一个合适的贴现率对合理配置资源具有重要意义。

2. 不可再生资源的跨时间有效配置:n 个时期的资源配置模型

假设前面的需求曲线和边际成本曲线仍然保持不变,时间由两个时期延长到 n 个时期,资源的供给量也相应增加。例如,改变时间和资源的总供给量的假设,把资源配置在 T 年中,总供给量增加到 40 个单位。现在要解决的问题是,计算不可再生资源的跨时间有效配置。假定开采时间是有限的,净效益现值最大化的条件是

$$\frac{a-bq_t-c}{(1+r)^{t-1}} - \lambda = 0, \quad t=1,2,\cdots,n \tag{6.23}$$

$$\overline{Q} - \sum_{t=1}^{n} q_t = 0 \quad (6.24)$$

式中,λ 表示边际使用者成本,每一时点开采的净效益的现值都必须等于边际使用者成本。令参数值为:$a=8$,$b=0.4$,$c=2$,$\overline{Q}=40$,$r=0.10$。满足以上条件的配置情况如下:$q_1=8.004$,$q_2=7.3052$,$q_3=6.535$,$q_4=5.689$,$q_5=4.758$,$q_6=3.733$,$q_7=2.607$,$q_8=1.368$,$q_9=0.000$,$T=9$,$\lambda=2.7983$。λ 为边际使用者成本的现值,λ 乘以贴现率,可以得到边际使用者成本的当期值。以上结果可以用图 6-7 表示。

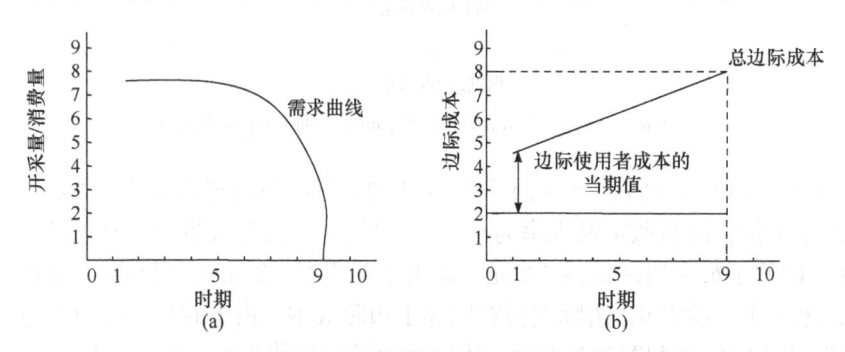

图 6-7 n 个时期资源的有效配置及其成本

资料来源:蒂坦伯格 T, 刘易斯 L. 2021. 环境与自然资源经济学[M]. 11 版. 王晓霞, 等译. 北京: 中国人民大学出版社: 116-117

图 6-7(a)表示资源开采量随时间的变化,图 6-7(b)表示边际开采成本和边际使用者成本随时间的变化。其中边际使用者成本的当期值等于其现值乘以贴现率,总边际成本是边际使用者成本和边际开采成本的加总。

由图 6-7 可知,尽管边际开采成本保持不变,有效率的边际使用者成本呈现稳步上升趋势。这种上升趋势代表资源日益稀缺和剩余存量减少导致当前消费的机会成本相应增加。随着时间的推移,成本上升,开采量也随之下降,最终降为 0,即时期 9 时,开采量为 0,总边际成本为 8 元。在这一时点上,消费者愿意支付的最高价格等于总边际成本,供给量和需求量都等于 0。由此可见,即使开采成本没有任何变化,有效配置也会使资源平滑过渡到耗竭状态。尽管本例中资源最终用尽,但资源枯竭并不是突然发生的。

3. 不可再生资源的跨时间有效配置:可再生资源对不可再生资源的替代

假设不可再生资源在使用时存在一种可再生资源的替代物,且该可再生资源能够以固定的边际成本获得,将如何有效配置不可再生资源?例如,当太阳能以替代品出现时,如何有效地配置煤、石油和天然气?本节将研究这一问题。

我们主要分析如何将对不可再生资源的消费转向对可再生资源的消费。假设不可再生资源存在可再生资源的替代品,且当单位价格为 6 元时,可以获得无限多可替代资源。因为可再生资源的边际成本为 6 元,小于不可再生资源的最大支付意愿(8 元),因此人们将转向对可再生资源的消费。在替代资源成本价格为 6 元时,不可再生资源的边际总成本不会超过 6 元,这是因为人们更倾向于使用价格更便宜的替代产品。由此可知,当不可再生资源不存在替代资源时，人们愿意支付的最高价格就成了边际成本的价格上限；如果存在替代资源，且它的边际成本低于不可再生资源的边际总成本时，它的边际成本就成为上限。

伴随着不可再生资源边际使用者成本的不断上升，其开采数量会不断下降，直至转向对可替代资源的使用。图 6-8 展示了用边际开采成本不变的可再生资源替代可耗竭资源时，后者的开采数量和边际成本，从中可知，无论是从边际成本角度，还是从数量角度，这种转变都是自然发生的。

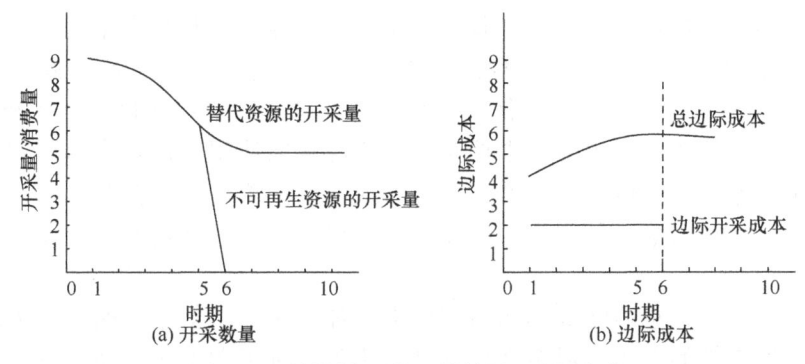

图 6-8　可耗竭资源的开采数量和边际成本

从图 6-8 中可以看出，在有效的资源配置中，实现了不可再生资源向可再生资源替代品的平滑过渡。不可再生资源的开采量随着边际使用者成本的增加而逐渐减少，直到替代品出现并最终替代它。但是，由于可再生资源的出现会加速不可再生资源的开采，结果是不可再生资源比没有替代品的情况下耗竭得更快。在这个例子中，不可再生资源是在时期 6 停用的。而在前面的例子（图 6-7）中，可耗竭资源是在时期 9 停用的。

在图 6-8（b）中，可再生资源的使用开始于过渡点（时期 6）。在过渡点之前，只使用不可再生资源；而在过渡点之后，只使用可再生资源。这个资源使用模式的变化导致了成本的变化。在过渡点之前，不可再生资源比较便宜；在过渡点上，不可再生资源的总边际成本等于替代品的总边际成本。由于替代品的可获得性，可再生资源的使用量在任何时候也不会降到 5 单位以下。

4. 不可再生资源的跨时间有效配置：不可再生资源之间的替代

我们讨论了一种不可再生资源的两个时期和扩展到 n 个时期的资源配置，考察了可再生资源对不可再生资源的替代情况下的资源配置。现在来考察一下两种不可再生资源之间存在替代的情况下资源的配置问题。

假设存在两种可替代的不可再生资源，并且两者的边际开采成本都不变，后者的边际开采成本较高，但在一段时间内它的边际开采成本的增长率较低。伴随着两种资源的开采，在一定条件下，边际开采成本低的不可再生资源可以被边际开采成本高的不可再生资源替代。这时，不可再生资源之间的有效配置如图 6-9 所示。

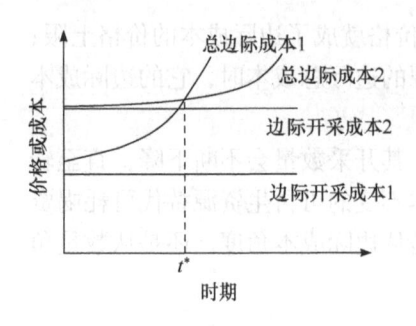

图 6-9 边际开采成本不变时，不可再生资源之间的有效配置

两种资源的总边际成本随时间不断增加，在过渡时点 t^*，第一种资源的总边际成本等于第二种资源的总边际成本。在过渡时点前，仅仅使用总边际成本低的资源，并且在到达 t^* 点时，总边际成本低的资源完全耗尽。

总边际成本路径分析揭示了两个值得注意的特征。第一，这种过渡是平滑的，总边际成本并不是跳跃到更高水平。第二，替代发生后，总边际成本的斜率变得更加平缓。我们很容易解释第一个特征。两种资源的总边际成本在过渡时点必然相等。如果二者不等，从使用总边际成本相对高的资源转向使用总边际成本相对低的资源可以增加净效益。在其他时点二者的总边际成本不相等。在过渡时点前，第一种资源更加便宜，只使用第一种资源，而在过渡时点后，第一种资源已经耗竭，仅第二种资源可用。

在过渡时点后，总边际成本的斜率变得更加平缓（由斜率陡峭的总边际成本 1 变为斜率较为平缓的总边际成本 2），这是因为第二种资源的边际使用者成本占总边际成本的比例要小于第一种资源。每一种资源的总边际成本取决于边际开采成本和边际使用者成本。对于这两种资源来说，边际使用者成本以速率 r 增长，边际开采成本保持不变。正如图 6-9 所示，第二种资源的边际开采成本占总边际成本的比例高于第一种资源。因此，至少在替代发生后的最初阶段，总边际成本增速较缓。[①]

6.5 不可再生资源最优利用的对策

当前在不可再生资源的利用过程中主要存在着短期行为严重，资源开发中的利益相关者之间矛盾冲突明显及利益补偿机制、产业对接机制与政府管理不到位等方面的问题。结合 6.4 节中社会、企业最优利用模型分析和现实中存在的问题，我们主要从观念创新、补偿机制、结构转型、科技创新、国际合作等方面推进不可再生资源的最优利用。

1. 不可再生资源开发与利用中的观念创新

不可再生资源的开发和利用要树立可持续发展的观念、代际公平的观念、资源开发和利用与环境保护相协调的观念，以及节约与高效利用的观念。第一，树立可持续发展的观念，即在开发和利用的过程中要着眼于长远利益而非眼前利益，在资源利用过程中要走循环经济的道路，实现资源利用的可循环，从而不断延长产业链条，最大限度地实现最优化利用。第二，树立代际公平的观念，因为不可再生资源是有限的，在资源开发

[①] 蒂坦伯格 T, 刘易斯 L. 2021. 环境与自然资源经济学[M]. 11 版. 王晓霞, 等译. 北京: 中国人民大学出版社: 106-109.

和利用过程中要照顾到不同代际间的分配，最大程度上使后辈人也能分享到不可再生资源。第三，树立资源开发和利用与环境保护相协调的观念，在资源开发和利用过程中，要积极采用先进技术，发展现代开采业，处理好资源开采过程中的环境治理问题，提高不可再生资源的利用效率，健全产业链条，强化资源利用过程中的环境监控，从而实现不可再生资源生产和利用与环境的和谐。第四，树立节约与高效利用的观念，积极发挥政府主导作用，把节能减排指标完成情况纳入各地经济社会发展综合考评体系中，切实落实节约和高效原则；完善相关政策措施，抑制能源的粗放消费，建立合理的能源价格体系；同时，积极调整和优化产业结构，加快产业升级，强制淘汰高耗低效的落后产品，建立节约型经济体系，发展知识密集型产业，提高服务业和高技术产业在国民经济中的比重，逐步降低能源密集型产业在国民经济中的比重。

2. 完善不可再生资源开发和利用的补偿机制

资源的补偿是以资源的使用者或可能对资源产生不良影响的生产、经营、开发者及受益于资源保护者为对象，通过征收一定的费用，用于资源的保护、整治和恢复以实现资源的可持续利用。通常来讲资源补偿有以下三种分类方法。一是从资源补偿的内涵角度将其划分为污染补偿、损害补偿、使用补偿、受益补偿。其中污染补偿是指向环境中排放污染物而支付的补偿，如排污费；损害补偿是指从事对资源有害的活动而支付的补偿，如开发矿产资源而支付的土地使用费；使用补偿是指因使用资源而支付的费用；受益补偿指因从其他人或其他地区的资源保护行动中获得收益而支付的费用，如资源保护受益区向资源环境保护区和保护者支付一定的费用作为补偿。二是从可持续发展的角度将其划分为代内补偿和代际补偿。三是根据资源补偿发生的范围将其划分为国内补偿和国家间补偿。[①]

目前我国对不可再生资源进行保护的手段主要是排污收费制度。这项制度的基本原则是"超标排污收费"。目前我国资源问题备受重视，现行的排污收费制度存在一定缺陷，因此需要尽快建立和完善资源税收制度，设定适当税率，对浪费资源的行为进行依法征税。更为重要的是合理划分税收分层，充分兼顾资源所在地政府和居民的利益，以税收手段构建资源消耗的补偿机制。例如，完善资源税的税收分成体制，将资源税设计为共享税，按税额比例或资源种类划分中央和地方收入级次，调动地方政府强化税收管理的积极性。此外，应积极发展循环经济，走新型工业化道路，从而转变经济发展方式，减少资源利用过程中的负外部性。

3. 推动"双碳"目标下不可再生资源的结构转型

为了实现碳达峰、碳中和的目标，实现能源的长久安全可靠供应，我国能源发展的总体思路应当是在保证能源安全的前提条件下，持续推进能源结构朝着绿色低碳转型。中国化石能源国外依存度较高，为保障能源安全，减少碳排放，化石能源消费总量要逐步减少，同时提高风电、光伏等可再生能源在能源新增供应量中占的比重。风电、光伏

---

① 过建春. 2007. 自然资源与环境经济学[M]. 北京：中国林业出版社：120.

是能源绿色转型、低碳转型的一个重要的主力能源，但是它波动性大，不能连续稳定出力，所以为了保障能源安全的供应，能源结构转型要把握以下两点。

一是要统筹好发展与安全。稳增长，调结构，立足于我国能源基本国情，处理好发展与减排、整体与局部、短期与中长期的关系。今后，在较长的一段时间内，我国能源需求总量还将持续增长，所以在"双碳"目标的约束下，要大力发展非化石能源，推动构建新型的电力系统，统筹好非化石能源特别是新能源与化石能源之间的互补和优化组合。能源消费总量中越来越多要来自非化石能源，在能源可靠供应方面，化石能源要发挥基础性调节作用，并且要推动化石能源合理开采及清洁利用。二是要深入推进能源体制改革。要健全适应新型电力系统的市场机制，建立全国统一的电力市场体系，推进适应能源结构转型的电力市场建设，深入推进能源领域"放管服"改革，通过市场化的方式实现化石能源消费总量持续减少的同时，保持能源安全供应能力不下降。可再生能源成本快速下降的同时，其绿色价值还要得到充分体现，要有效发挥不同品种能源的保障作用，培育和激发市场主体活力，推动高耗能产业向清洁能源丰富的地域聚集，引导产业结构转型升级。

4. 促进不可再生资源开发和利用中的科技创新

中国应坚持发挥科技创新第一动力作用，抓住全球新一轮科技革命与产业变革的机遇，在能源领域大力实施创新驱动发展战略，增强能源科技创新能力，通过技术进步解决能源资源约束、生态环境保护、气候变化等重大问题和挑战。

为了促进不可再生资源开发和利用中的科技创新，中国需要完善能源科技创新政策顶层设计，将能源作为国家创新驱动发展战略的重要组成部分，把能源科技创新摆在更加突出的地位；需要建设多元化多层次能源科技创新平台，依托骨干企业、科研院所和高校，建成一批高水平能源技术创新平台，有效激发各类主体的创新活力；需要开展能源重大领域协同科技创新，实施重大科技项目和工程，实现能源领域关键技术跨越式发展；需要支持新技术、新模式、新业态发展，大力推动能源技术与现代信息、材料和先进制造技术深度融合，依托"互联网+"智慧能源建设，探索能源生产和消费新模式。

5. 加强不可再生资源开发与利用中的国际合作

中国应践行绿色发展理念，遵循互利共赢原则开展国际合作，努力实现开放条件下能源安全，扩大能源领域对外开放，推动高质量共建"一带一路"，积极参与全球能源治理。

第一，持续深化能源领域对外开放。坚定不移维护全球能源市场稳定，扩大能源领域对外开放，大幅度放宽外商投资准入，打造市场化法治化国际化营商环境，促进贸易和投资自由化便利化，持续减少能源领域外商投资准入限制。第二，着力推进共建"一带一路"能源合作。中国秉持共商共建共享原则，坚持开放、绿色、廉洁理念，努力实现高标准、惠民生、可持续的目标，同各国在共建"一带一路"框架下加强能源合作，在实现自身发展的同时更多惠及其他国家和人民，为推动共同发展创造有利条件。第三，积极参与全球能源治理。坚定支持多边主义，按照互利共赢原则开展双多边能源合作，积极支持国际能源组织和合作机制在全球能源治理中发挥作用,在国际多边合作框架下积极推动全球能源市场稳定与供应安全、能源绿色转型发展,为促进全球能源可持续发展贡献中国智慧、中国力量。①

本章小结

不可再生资源又称为非可再生资源,是指本身没有自我循环生长能力,供应量基本固定的自然资源。按照资源能否回收的属性,不可再生资源可以分为可回收的不可再生资源和不可回收的不可再生资源。不可再生资源的基本特征是资源的绝对稀缺性、非再生性及消耗的不可逆性。

不可再生资源的消耗必须遵循以下路线:开采资源的价格的增长率必须等于贴现率。该定律被称为简单的霍特林定律。

金属矿产资源作为可回收的不可再生资源,其循环利用对于缓解资源压力和减少碳排放具有重要意义。金属矿产资源回收面临的问题可以分为尾矿的回收利用问题和资源产品的回收利用问题。

石油、天然气和煤炭构成能源的主要组成部分,随着现代工业的发展,这些资源在人类的生产和生活中扮演着越来越重要的角色。对于石油、天然气和煤炭而言,它们主要面临三个关键问题:一是垄断问题;二是价格管制问题;三是能源安全问题。

对于不可再生资源来讲,由于其不可再生性,其在有限的存量内的最优利用主要表现为对其的配置问题,包括对社会和企业两种不同主体的配置最优化问题和跨时间的有效配置问题。

当前在不可再生资源的利用过程中主要存在着短期行为严重,资源开发中的利益相关者之间矛盾冲突明显,以及利益补偿机制等方面的问题。应主要从观念创新、补偿机制、结构转型、科技创新、国际合作等方面推进不可再生资源的最优利用。

关键概念

不可再生资源　　可回收的不可再生资源　　不可回收的不可再生资源　　霍特林定律　　价格管制　　能源安全　　边际开采成本

思考题

1. 什么是不可再生资源,其基本特征是什么?
2. 什么是简单的霍林特定律,为什么不可再生资源的增长要遵循这一定律?
3. 分析金属矿产资源在回收利用中面临的问题。
4. 如何衡量不可再生资源的稀缺性?
5. 比较社会、竞争性企业和垄断性企业利用不可再生资源模型的差异。

---

① 国务院新闻办公室. 2020.《新时代的中国能源发展》白皮书[EB/OL]. http://www.gov.cn/zhengce/2020-12/21/content_5571916.htm[2022-08-24].

6. 结合当前中国能源开发和利用现状，分析当前中国在石油、天然气、煤炭的开发和利用中面临的挑战。

7. 分析当前不可再生资源利用中存在的问题与解决的对策。

推荐阅读的文献资料

蒂坦伯格 T, 刘易斯 L. 2021. 环境与自然资源经济学[M]. 11 版. 王晓霞, 等译. 北京: 中国人民大学出版社.

尼斯 A V, 斯威尼 J L. 2010. 自然资源与能源经济学手册（第 3 卷）[M]. 李晓西, 史培军, 等译. 北京: 经济科学出版社.

张帆, 夏凡. 2016. 环境与自然资源经济学[M]. 3 版. 上海: 格致出版社, 上海三联书店, 上海人民出版社.

André F J, Cerdá E. 2006. On the dynamics of recycling and natural resources[J]. Environmental and Resource Economics, 33（2）: 199-221.

Solow R M. 1974. The economics of resources or the resources of economics[J]. The American Economic Review, 64（2）: 1-14.

Strand J. 2010. Optimal fossil-fuel taxation with backstop technologies and tenure risk[J]. Energy Economics, 32（2）: 418-422.

第7章 可再生资源

可再生资源包括土地资源、水资源、生物资源，以及风能、太阳能、地热能和海洋能等，资源潜力巨大，具有自我更新、自我复原的特性，而且可以被持续利用，能够有效缓解不可再生资源的枯竭，降低环境污染，促进人与自然和谐发展。可再生资源是我国重要的自然资源，在改善能源结构、保护生态环境、应对气候变化、实现可持续发展等方面发挥着重要作用。研究可再生资源的可持续利用，对构建绿色低碳循环发展的经济体系，促进经济社会发展全面绿色转型，实现碳达峰、碳中和目标，建设人与自然和谐共生的现代化具有现实的指导意义。

7.1 可再生资源概述

可再生资源是指能够通过天然作用或人工活动不断再生，为人类所反复利用的自然资源，又被称为可更新自然资源。可再生资源的范围广泛，而且种类繁多，其中一类由有机生物群构成，如渔业资源和森林资源，它们具有自然生长的能力。另一类包括非生物系统，如水、太阳能、大气系统等，虽然它们不能够像生物一样通过繁衍来实现增长，但却能够以物理或化学的方式通过反应再生。

可再生资源的循环更新需要一定的条件，并且也并非永远持续进行着，即便是可再生资源最终也有可能耗竭。处于特定的自然条件下，可再生自然资源能持续再生和繁衍、从而保持甚至提高其存量水平，然而一旦适宜条件被破坏，可再生自然资源也会丧失再生能力，因此，只有以科学的方式合理地使用可再生资源，才能使之源源不断为人类永续利用，真正做到"取之不尽，用之不竭"。一些可再生资源的存量、流量与人类活动紧密相关。例如，"竭泽而渔"式的捕捞会大幅减少鱼类资源的存量，进而降低鱼类的自然增长率，严重时还会使鱼群灭绝；但同时也存在一些可再生资源，其流动循环与人类活动不相关或者相关度不大，如太阳能、风能等，当代人对这类可再生资源的开发利用不会影响后代对其的开发利用。

此外，研究可再生资源的存量和流量对实现可再生资源的可持续利用也十分关键。存量是衡量某种资源在某一时刻的总量，或是生物群落中现存个体数量的指标。流量是衡量存量在一段时间内变化量的指标，这种变化量既可能源于自然因素，如持续的高温或降水会导致水资源存量快速变化，也可能是一些人为的因素，如在上游修建大坝会导致下游水资源存量减少。

可再生资源与不可再生资源都属于自然资源，二者之间既存在许多相似之处，同时也存在着不小的差异。

二者的相似之处表现为以下两点。一是可再生资源与不可再生资源都是可以被消耗殆尽的资源。如果在一段时间持续被超额使用，对于可再生资源来说，尽管其具有自我更新、自我复原的能力，但如果资源消耗速度持续高于自然增长，或是所处的环境被破坏，阻碍了其再生能力，存量同样可以降低至零。二是两种资源的利用都与人类的开采利用息息相关，一些可再生资源的再生能力、存量、流量与人们的活动紧密相连，如工业活动可能产生对土地的侵蚀和污染，休渔和开渔也会对水域中鱼类种类、数量产生影响。不可再生资源的开采更是与人类的活动密不可分，在对不可再生资源开采的过程中，人们通常会考虑当代人开采活动对后代人的影响，使其可持续开发利用。

二者的区别表现为以下四点。一是在可再生性方面，可再生资源能够以自然界不可忽视的再生速率恢复资源的存量。在人类合理开发利用的前提下，可再生资源可以不断再生，但不可再生资源却只能被不断消耗。二是禀赋数量方面，不可再生资源的禀赋数量是有限的，如果对不可再生资源当期使用量增加，则会减少未来对该种资源的使用。而理论上可再生资源的禀赋数量是无限的，只要使用得当，总量便会持续不断地增加。三是储藏方面，对可再生资源与不可再生资源的储藏，其意义具有差别。不可再生资源的储藏是为了在当期使用和未来使用之间进行数量上的合理分配，延长其使用期限，并使总效用最大化，而可再生资源的储藏更多是作为调节周期性供需不平衡的一种方式。当供大于求时，多余的资源就被储存起来了，而等到供给不足时，储存的资源就可以用来填补空缺，如人类利用水坝对水资源的储存利用。四是在资源配置方面，配置可再生资源和不可再生资源所面临的挑战是不同的，配置不可再生资源的主要问题是如何在各个阶段分配好资源的储藏和使用，而配置可再生资源的主要问题是如何保持其有效的循环流动。

7.2 可再生资源的生物增长及开采定价

7.2.1 可再生资源的生物增长过程

可再生资源具有多样性，如森林、鱼类、畜牧等可再生资源各有不同的自然增长趋势和特点。为了实现可再生资源的最优利用与永续利用，我们需要明确可再生资源的生物增长过程，在这一方面最经典的是 Schaefer[①]提出的生物学模型，它建立了在没有人为干预情形下的生物增长模型。假设某种生物群落的内生增长率为 g，g 可以被认为是该生物群落的自然出生率与死亡率的差值。假设种群中个体数量为 S，而且以固定的增长率 $\dot{S}$ 保持稳定增长，则种群数量在一段时间内的变化形式为

$$\frac{\mathrm{d}S}{\mathrm{d}t} = \dot{S} = gS \tag{7.1}$$

整理式（7.1），可以得到个体数量在任意时刻的表达式为

---

① Schaefer M B. 1957. Some considerations of population dynamics and economics in relation to the management of the commercial marine fisheries[J]. Journal of the Fisheries Research Board of Canada, 14: 669-681.

$$S_t = S_0 e^{gt} \tag{7.2}$$

式中，S_0 表示初始种群中个体数量水平。由式（7.2）可知，若 g 值为正，那么个体数量会以指数形式持续增长而且没有上限。很明显，这种增长模式在很短的时间周期内才有可能存在，否则此种增长模式一定不符合实际情况，原因在于种群生存的环境仅能够对有限数量的个体提供物质及空间支持，即环境的承载能力是有限的，而这对种群中个体数量的增长也设置了上限。

为在式中体现出上述限制，我们需要对式（7.1）做出适当修正，使得增长率 g 不再恒定为常数，而是作为个体数量 S 的函数，于是种群数量的增长形式变化为

$$\dot{S} = g(S)S \tag{7.3}$$

为更好地体现实际增长率与种群数量之间的关系，对上式两边同时除以 S

$$\frac{\dot{S}}{S} = g(S) \tag{7.4}$$

一般认为，当方程有这样一种性质——当个体总量增加，增长率却降低时，就认为该方程具有补偿性。现在假设在给定的环境条件下，种群可以增长的规模（环境能够承载的极限）存在一个上限 S^*，此时可假设增长率 $g(S)$ 的表达式为

$$g(S) = G\left(1 - \frac{S}{S^*}\right) \tag{7.5}$$

式中，G 表示大于零的常数参数（种群的内在增长率或潜在增长率），于是最终得到的生物增长方程为

$$gS = dS/dt = \dot{S} = G\left(1 - \frac{S}{S^*}\right)S \tag{7.6}$$

这一生物增长方程可用来近似地描述许多鱼类、鸟类和部分其他动物的生物生长过程，也可以用来描述一些非生物资源的增长过程，如地下水的积累等。[1]

7.2.2 可再生资源的开采与定价

可再生资源与不可再生资源之间存在某种共通性，由于这种共通性，可再生资源与不可再生资源的数学模型在形式上具有相同的地方，因此克拉克认为可以将不可再生资源模型看作可再生资源模型的一个特例。尽管如此，两者之间依然存在着若干显著的区别，具体有以下方面。

第一，可再生资源（土地、海洋、森林）的产权通常为社会所占有，个人利益的最大化在这里一般难以实现，实际情况是许多国家的政府都直接干预可再生资源的开发与利用，因此，模型的优化目标一般为社会总效益的最大化。社会总效益通常由社会效用函数来衡量，并且，通过社会效用函数又可以推导出（假设消费技术与其他产品的价格

---

[1] Perman R, Ma Y, Common M, et al. 2011. Natural Resource and Environmental Economics[M]. 4th ed. London: Pearson Education Limited: 561-562.

外生给定）可再生资源的社会需求曲线。与个人的供给和需求曲线类似，社会总效益的最大化也可以表示成由供给曲线和需求曲线所围成面积在各时期贴现值之和的最大化。供给曲线和需求曲线所围成面积表示消费者剩余与生产者剩余之和，可视为社会总效益，消费者剩余与生产者剩余之和的最大化可以被认为是社会最优。

第二，目标函数中的"时间偏好"或贴现率，在社会总效益最大化问题中必须换成"社会贴现率"。

第三，通常假定可再生资源的开采不存在终止时间的限制，基于这一原因，积分的上限变更为无穷大。

第四，可再生资源存在一个自然增长率，这一增长率一般认为由自然条件决定并与资源的存量相关[①]。

通常用逻辑增长曲线（logistic growth curve）来对这一增长过程进行描述，其目标与约束为

目标：$\max\limits_{\{y(t)\}} \int_0^\infty \left\{ \int_0^{y(t)} p(q)\mathrm{d}q - c[x(t)]y(t) \right\} \mathrm{e}^{-rt}\mathrm{d}t$

约束：$\dot{x}(t) = f(x(t)) - y(t)$

$x(0) = \overline{x_0}$

$\mathrm{d}c(x)/\mathrm{d}x \leqslant 0$

$p(y(t)) \leqslant \overline{p}$

式中，r 表示社会贴现率；$p(y)$ 不再表示垄断价格，而表示社会需求曲线；积分上限变为无穷大，因此少了一个可控制的变量 T。积分 $\int_0^{y(t)} p(q)\mathrm{d}q$ 是 $[0, y(t)]$ 区间内需求曲线 $p(q)$ 与横轴围成的面积，其与总成本 $c(x)y$ 的差构成消费者剩余在 t 时刻的值。$\dot{x}(t) = f(x(t)) - y(t)$ 中的 $f(x(t))$ 即自然增长率，它与本期开采量 $y(t)$ 的差就是资源存量的净增长率。$p(y(t)) \leqslant \overline{p}$ 从严格不等式变成一般不等式是考虑到了可再生资源的开采成本上升可以极为缓慢，其中的价格不再是垄断价格，故该价格不再是成本 c 的函数。

目前对这一模型积分上限无穷大的解释还较少，也许正因对其解释存在困难，经济学文献常常局限于讨论可再生资源的"稳态解"。在控制理论中，事物从一个均衡向另一个均衡的过渡状态称为"过渡过程"。如果事物能够克服干扰并停留在一个均衡状态上，则该状态称为事物的"稳态"。但实际上，资源经济学家所讨论的"稳态解"仅为零增长率的状态，并不意味着在任何场合下都是抗干扰的，故称为"定态解"更加合适。

最早对"定态解"进行定义的著名学者是 Clark 和 Munro[②]。他们认为，当开采成本是存量 x 的函数时，这一解的形式为

[①] 张帆, 夏凡. 2016. 环境与自然资源经济学[M]. 3 版. 上海：格致出版社，上海三联书店，上海人民出版社: 146-147.

[②] Clark C W, Munro G R. 1975. The economics of fishing and modern capital theory: a simplified approach[J]. Journal of Environmental Economics and Management, 2: 92-106.

$$\mathrm{d}f(x^*)/\mathrm{d}x - \frac{y\mathrm{d}c(x^*)/\mathrm{d}x}{p-c(x^*)} = r \qquad (7.7)$$

$$y^* = f(x^*) \qquad (7.8)$$

式（7.7）和式（7.8）保证最优解 y^* 和 x^* 停留在一个固定的水平上，令 $R = p - c(x^*)$，此时 R 的含义为均衡状态下出售边际单位资源所获得的收入，将其代入式（7.7）并变形可得

$$0 = rR + f(x)\mathrm{d}c/\mathrm{d}x - R\mathrm{d}f/\mathrm{d}x \qquad (7.9)$$

式（7.9）可以看作汉森公式在稳态情形下的推广。许多专家认为可再生资源也是可耗尽的，并构建了一个一般性公式，涵盖了汉森公式与克拉克公式，这一公式为

$$\dot{p}(t) = rR + f(x)\mathrm{d}c/\mathrm{d}x - R\mathrm{d}f/\mathrm{d}x \qquad (7.10)$$

不难看出式（7.9）是式（7.10）在价格增长率 $\dot{p}(t)$ 为零时的特例。式（7.10）的经济学含义是：在均衡状态下出售边际单位资源所获得的收入为 R，其利息收入为 rR，rR 应当与开采单位该资源所付出的各项成本之和相等。这些成本包括：一是该单位资源在下一期交易的价格 P；二是由于开采了单位该资源而损失的其未来的增值 $R\mathrm{d}f/\mathrm{d}x$；三是由于开采了该单位资源所导致的资源存量下降，从而使得下一期开采成本上升造成的损失 $f(x)\mathrm{d}c/\mathrm{d}x$。

■ 专栏 7-1　生态足迹理论与研究前沿 》》》

生态足迹（ecological footprint，EF）又称生态占有，是指在给定人口和经济条件下维持资源消费和吸收废弃物所需的生物生产型土地面积。生态足迹概念由加拿大学者威廉·瑞斯（William Rees）于 1992 年提出，并由马希斯·威克纳格（Mathis Wackernagel）进一步完善。生态足迹尝试用具体可观测的指标来定义可持续性，通过建立一个综合账户来比较人类的生态需求和生态承载力，监测由人类需求引起的自然资源枯竭，并据此探寻可持续发展的途径，是评估人类活动对生态系统影响的有效工具。生态足迹自提出后不断得到完善和补充，逐渐衍生出水足迹、碳足迹及能源足迹等相关概念，其计算方法从最早的综合法拓展出投入产出分析法、成分法和能值法等，研究区间逐渐由单一静态评估发展为时空动态评估，研究方式也由历史数据分析演进为动态模拟与预测。

生态足迹概念提出至今，围绕生态足迹及其相关问题的研究一直以来都是国际生态经济学界研究的热点领域。生态足迹概念与经济学相结合，通过讨论边际价格、区域间风险、贸易条件和效率策略与生态之间的关系，提供了用生物物理学方法探索生态可持续性含义的可行性；之后，基于国家与地区的生态足迹计算，生态足迹的区域可持续发展指标也被提出，用于衡量国家与地区的生态负荷情况；当前，生态足迹被广泛应用于金融、旅游、农业、能源、教育、建筑等多个领域，为促进全球可持续发展、减轻生态压力提供了理论依据与决策支持。

近年来，国外生态足迹研究主要围绕国家生态经济协调发展问题，生态足迹作为能够同时反映多维环境与资源压力的综合指标被广泛应用于不同国家与地区，并与库兹涅

茨曲线研究相结合，用于探究生态足迹与经济增长之间的库兹涅茨假设成立关系，这一因果关系结果常常作为促进经济与生态协调发展的理论依据。此外，以生态足迹为重要衡量指标的生态网络分析成为新兴领域，通过探究不同区域和系统之间的空间连通性，为区域可持续发展规划提供依据。

国内生态足迹研究主要集中于足迹测算框架的应用及生态文明建设方面。碳足迹、水资源生态足迹、自然资本、水资源、三维生态足迹和生态补偿成了国内生态足迹研究前沿与热点。从呼吁发展低碳经济到确保实现碳达峰、碳中和目标，从首次以法律形式明确规定水环境生态保护补偿机制，到党的十九大报告强调建立市场化、多元化生态补偿机制，在国内战略背景下，生态足迹研究呈现出政策导向特征。

资料来源：付秀梅，李晓楠，林春宇，等.2022.基于科学知识图谱的生态足迹研究演进、框架与前沿中外比较[J].生态学报，42（13）：5543-5557.

徐中民，程国栋，张志强.2006.生态足迹方法的理论解析[J].中国人口·资源与环境，（6）：69-78.

7.3 土地资源

土地资源是指已被人类利用和在可预见的未来能够被人类利用的土地。与水资源、渔业资源、森林资源等单项自然资源相比，土地资源是一种综合的自然资源，是人类生活和从事生产建设必需的场所和重要的生产资料，是人类赖以生存的物质基础。世界人口保持持续增长而土地资源相对固定，如何在土地资源总量有限的条件下，合理配置人类生产、生活所需土地，保证土地资源的合理开发利用，协调好人地矛盾，是本节所要探索的重点。

7.3.1 土地资源的概念与属性

土地资源是指在目前的社会经济技术条件下可以被人类利用的土地，既包括可以利用而尚未利用的土地，也包括已经开垦利用的土地。土地资源是存量资源、流量资源和生物资源的综合体，存量资源既包括像铁、铜、锡这类的金属资源，也包括像煤炭、石油、天然气等能源资源，还包括细沙、炭泥、卵石等土壤中蕴藏的物质；流量资源则指像光照、风、潮汐及湖泊、江河等源源不断的资源，这些资源有些不予利用时其价值就会自然流失，如潮汐能，而有些流量资源却可以为人类捕获并储存起来以备将来利用，如利用光伏板将太阳能储存为化学能，此时这些流量资源也就具备了某些存量资源的特性；生物资源包括鱼类、森林、作物、畜群等，与流量和存量资源不同，生物资源的存量既可能下降，也可能维持不变或提高。

土地与土地资源的概念略有不同，可以简单地认为土地资源是目前或可预见的未来能够产生价值的土地，土地与土地资源的关系如图7-1所示。土地在一定条件下可以转化为土地资源，如随着人类改良土地手段的进步和工具的更新换代，以及随着社会发展所产生的对土地的多样化的需求，一些目前看来缺乏用途的土地也可能在未来转变为有用的土地资源。同样，由于人为污染或自然环境的变迁，土地资源也可能退化为无法为人所用的土地。

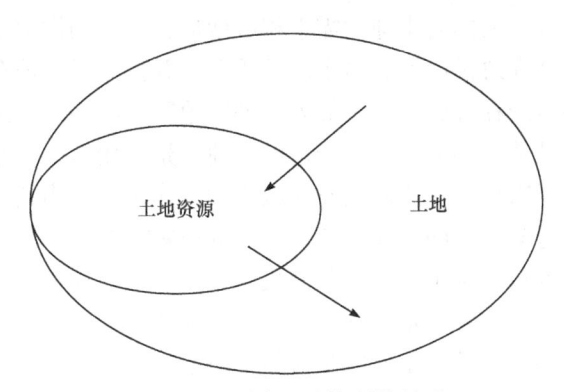

图 7-1 土地与土地资源的关系

"土地资源是由地球陆地表面一定立体空间内的气候、土壤、基础地质、地形地貌、水文及植被等自然要素构成的自然地理综合体,同时还包括人类活动对其改造和利用的结果,因此,它又是一个自然经济综合体。"[1] 土地资源的自然属性主要有以下几个方面。

一是生产性。不同的土地尽管在地貌、气候、土壤等方面存在诸多差异,但都具备一定的生产能力,即生产和产出物质的能力,这也是土地资源最本质和基础的属性。土地资源的生产力按产出方式的不同可划分为自然生产力与劳动生产力,前者是土地作为一种自然资源本身固有的属性,它的高低取决于土地自身类型的好坏,如东北天然形成的肥沃黑土拥有更高的粮食生产能力;而后者受到人为投入与改造的影响,它的高低取决于人类的技术水平和生产管理能力,可表现为对土地集约化利用的程度、对土地可持续利用的管理程度、对土地原有自然条件的改造程度等,如美国中部就通过规模化种植提高了土地的生产力。最终土地实际的产出能力是由土地的自然生产力与劳动生产力综合决定的。二是相对固定性。不同于水资源、渔业资源等资源是可流动、可迁移的,土地的空间位置则是固定的、不可移动的,尽管历史上也曾因为板块漂移、泥沙沉积等原因出现过"沧海桑田"这类土地位置的变化,但在可讨论的时间范畴内,这些变化均不足以改变土地相对固定性的属性特点。土地具有相对固定性,这也是土地资源区别其他资源最显著的特征。并且由于土地资源的利用只能在特定的土地范围内进行,土地往往又被称为不动产。三是可持续利用性或称可再生性。一般的生产资料都会在使用中磨损,最终完全损耗,但土地作为一种生产要素,在合理地开发与保护的前提下,其在生产时不会消失且可以被反复使用。土地的可持续利用性又决定了人类合理利用与保护土地的必要性,以及实现土地可持续发展的可能性。四是质量差异性,由于不同土地自身的条件(地形地貌、土壤成分、光照雨露等)存在差异,土地在质量方面也存在着巨大的差异性,土地的质量差异性既是促使土地自然生产力分化的重要原因,也是构成土地级差地租理论的重要基础,这种差异性要求人们采取因地制宜的原则,根据不同类型的土地来确定土地利用的合理程度与方式,从而取得土地利用的最佳效果。

土地资源的经济属性主要有以下几个方面。

---

[1] 张裕凤. 2019. 土地经济学[M]. 北京: 科学出版社: 1-2.

一是土地资源的稀缺性。土地资源总体数量有限，随着社会总人口数量的不断增加与社会经济水平的提升，人们对土地的需求相应增加，土地的供给呈现相对稀缺。土地资源的稀缺性不仅表现在总供给和总需求的矛盾上，并且由于土地存在相对固定性与质量差异性，稀缺性还表现在部分地区（如人口稠密地区、经济发达地区、城镇地区）土地供给与需求的矛盾及特定功能土地（如建设用地、景观用地）供给与需求的矛盾上。二是土地的边际报酬递减性。在边际收益递减规律的作用下，当技术水平保持不变时，对土地的投入一旦超过某一界限，便会产生明显的边际报酬递减的趋势，这一界限由土地的自然特性、人们的技术水平等因素共同决定。正因土地存在边际报酬递减趋势，人们在利用土地时，需要在找到特定条件下对土地的最适宜的投入，实现土地的人为最佳利用。三是土地利用的社会性。土地既是自然生态系统的基石，也是人类生产与生活的基础，土地之间并非相互独立，而是处于相互制约、互相影响的系统当中，每块土地所产生的外部性，不仅会影响其自身区域内的生态环境与经济发展，还会影响相邻地区乃至整个社会和国家的生态环境与经济发展。土地利用的社会性决定了国家要从全局角度出发，对社会土地进行宏观管理和合理规划。四是土地的可改良性。在人为地投入人力、物力、财力后，土地的自然属性会产生变化，如对荒地的开发，盐碱地的治理，沙漠的绿化等均属于土地改良。这种改良能在经济效益和环境效益方面带来提升，并且这种改良的效果具有持续性，而并非在一次使用或一段时间后就回归原样，如我国对塞罕坝常年实行绿化改造，最终成功使塞罕坝从荒漠变为林场，彻底改善了当地生态环境。

7.3.2 合理开发利用土地资源的原则

1. 因地制宜的原则

不同土地自身自然条件差异巨大，因此土地资源在功能上存在明显的地域差异，如作为建筑用地和农业用地时，其对土壤成分的要求截然不同，即便是同样作为农业用地，在种植不同农作物、放养不同牲畜时对于土地的自然条件要求也有所不同。这就要求人们在开发利用土地资源时，必须考察清楚土地的自然条件，明确土地利用的需求，坚持地域差异的观念，保持因地制宜的原则，发挥不同土地的优势，规避劣势，合理规划土地资源的用途，做到宜农则农、宜渔则渔、宜林则林、宜牧则牧。

2. 综合利用原则

随着人们需求的多样化与技术手段的进步，土地资源的综合性越来越强，土地的综合性是指综合利用土地资源的各类功能，不断提高土地资源的利用效率和生产力，实现土地资源的全面开发利用。土地资源的综合利用主要包括的内容有：一是将土地不同功能相结合的综合开发利用，使有限的土地生产出更多为社会所需要的使用价值；二是在考虑土地自然环境条件与社会经济条件的基础上，使不同类型的生产部门相结合，构成有机开发利用土地资源的组合模式。

3. 经济效益与生态、社会效益相结合的原则

土地资源的开发利用不仅要以社会经济效益为目标，还要充分考虑其生态、社会效益，这是因为土地除了是生产活动、创造经济价值的基础外，还是整个生态系统的基础，而生态系统又是整个人类社会生存的前提，故土地资源的开发利用，需要注意其产生的生态与社会效益。乱砍滥伐，过度放牧，随意排污等行为短期看可能取得一定经济效益，但长期来看，则会破坏土地的自我修复能力，对其生态、社会功能造成不可逆转的损害，从全局角度考虑得不偿失。因此，土地的开发利用需要以宏观视角进行调控，将经济效益与生态、社会效益相结合，将土地利用和土地保护同步进行，从而实现土地的最佳利用与永续利用。

4. 适度开发原则

土地资源的利用需要遵循社会经济限度与自然生态限度，一旦超出这两个限度，土地利用就会存在过度问题。一方面土地的产出下降，净收益为负，另一方面由于超出土地自我调节机制所允许的上限，还会导致生态系统的崩溃，使土地性质发生转变，土地彻底丧失生产力。但同时，适度也意味着对土地的利用程度需要达到一定水平，若实际利用水平距离社会经济限度与自然生态限度过远，则会导致对土地利用不充分，资源效益未被充分发掘。因此，在实际开发利用中，需要综合考虑这两个限度，比较其高低，最终选取合理的土地利用率。

第一，社会经济限度。由于土地的边际报酬递减性，土地资源的产出随着投入的增加呈现先递增后递减的趋势。随着土地利用率逐渐提高，从总产出、平均产出和边际产出角度出发，如图 7-2 所示，这一过程可划分为以下三个阶段。

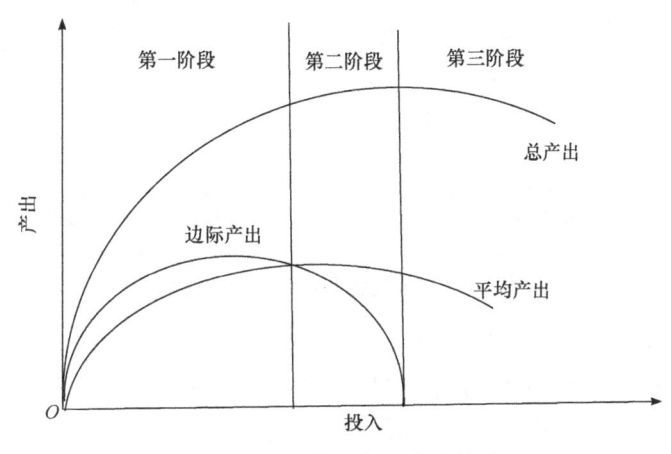

图 7-2 土地资源投入产出关系

第一阶段的特点是总产出和平均产出均随投入增加而迅速增加，边际产出刚开始递增，在增长到一定程度后开始逐渐转为递减，但由于边际产出依然大于平均产出，因此这一阶段平均产出始终保持增长，直至边际产出与平均产出相等时，此时进入第二阶段；在第二阶段，随着投入继续增加，对土地的利用程度也逐步提升，边际产出继续递减，

且由于此时边际产出位于平均产出下方,因此边际产出与平均产出同时下降,但由于边际产出始终为正值,因此总产出依然保持增长,直至边际产出归于零值,此时进入第三阶段;在第三阶段,由于边际产出为负,不仅平均产出继续递减,此时总产出也开始下降,就土地的利用程度进行分析,可认为这时出现了土地的过度利用,因此,合理的土地利用水平不应位于第三阶段。

第二,自然生态限度。由于土地资源既有社会属性也有自然属性,因此除了社会经济限度外,人们对土地的开发利用还应考虑土地的自然生态限度。一旦对土地的利用程度超过了自然生态限度,土地出现了过度利用,土地自身的自我调节机制就会失效,土地的生态系统趋于崩溃,除导致土地的生产力下降外,还会破坏土地原有的环境改善功能及社会性功能,阻碍经济和社会发展。

7.3.3 土地资源利用系统与评价指标

人类对土地利用的过程既受自然条件制约,又受经济、技术、社会条件的重要影响,因此,土地利用系统是由自然、经济、技术和社会条件等多个子系统构成的复合系统,系统内部通过生物与环境之间物质和信息交换,形成了具有一定结构功能和自我调节能力的自然生态系统,人类社会经济活动的介入使土地在进行自然生产力更新的同时,也进行经济社会生产力的更新,形成完整的土地生产力系统。土地资源利用系统构成关系如图 7-3 所示。

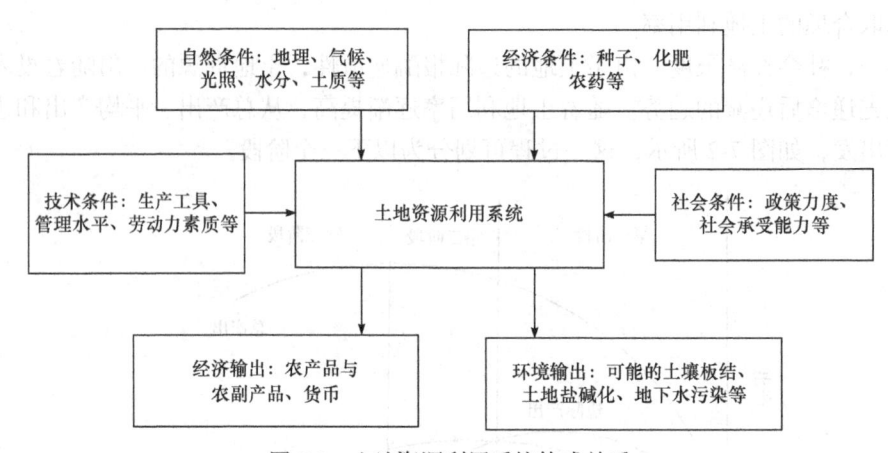

图 7-3 土地资源利用系统构成关系

土地资源利用系统是人类有目的的人工生态经济系统,不同等级层次的土地资源利用系统是为了实现各自层次的人类主体目标而建立的,同时,不同的主体也有各自的目标。以政府作为主体时,宏观层次目标包括四个方面。

第一是生存空间目标。所有的土地都具有一定的空间规模,这是土地的特点,土地资源利用的一项重要目标就是寻求人类生活和生产的空间。

第二是生产目标,即为人类提供衣食住行的产品。无论是作为生态系统还是作为劳动对象,土地被利用的根本目标就是用以进行各类生产。

第三是经济增长目标。在现代生活里,单纯的生产是不存在的,其必然与社会的经济增长相联系。土地资源利用的重要目标之一，是通过对土地空间和生态功能的利用，达到经济增长的目的。

第四是环境质量目标。随着人口和工农业及其他行业的发展，土地所承受的压力越来越大，政府不得不考虑当前利益与长远利益的协调，维持子孙后代对土地的永续利用。①

7.4 水资源经济学分析

通常意义上的水资源指可供人类直接利用，能不断更新的天然淡水，其中主要指陆地上的地表水和地下水。一般以淡水体的年补给量作为水资源的定量指标，如用河流、湖泊、冰川等地表水体逐年更新的动态水量表示地表水资源量，用地下饱和含水层逐年更新的动态水量表示地下水资源量。水资源具有稀缺性、不可替代性、可再生性、外部性、非排他性等多种特性。21世纪水资源正在变成一种宝贵的稀缺资源，水资源问题已不仅是资源问题，更成为关系到国家经济、社会可持续发展和长治久安的重大战略问题。

7.4.1 水资源的特征

一是稀缺性。水资源作为自然资源的一种，其最重要的经济特性就是稀缺性。稀缺性的经济学含义指相对于消费者的需求来说可供给的数量是有限的，从理论上来说，它可以分成两类：经济稀缺性和物质稀缺性。其中经济稀缺性指资源的绝对数量充足，但获取需要投入相当数量的生产成本，而物质稀缺性则指该资源的绝对数量短缺，不足以满足人类长时间的需要。当今世界，水资源既有经济稀缺性，缺乏大量的开发资金，又有物质稀缺性，可供水量不足。随着资源和环境问题日益突出，水资源的稀缺性问题越来越得到重视。

二是不可替代性。水资源是不可替代性的，水资源的功能一般可分为生态功能和资源功能两大类，其中，水资源的生态功能是一切生命赖以生存的基本条件，如水是植物光合作用的基本物质，水使人类及其他一切生物所需的养分得到溶解和运输。同样，水资源的资源功能大部分也是不可替代的，如水的汽化热和热容量是所有物质中最高的，水具有不可压缩性，是最好的溶剂等。水是人类生存和发展不可或缺的物质，具有不可替代性。

三是可再生性。水资源可以经过恢复和循环再生从而得到永续利用，因此，水资源是不可耗竭的可再生资源。随着社会飞速发展，对水资源的需求量超过自然界所提供的资源量，但人们可通过科技手段人为地再生水资源，在利用天然水体自净能力的基础上，采取生物工程等多种措施来实行水资源再生，这也是今后满足日益增长的水资源需求的重要途径。

四是外部性。水资源的使用者在使用水后，将会在水的供给量、水的质量等方面对其他使用者产生影响。例如，河流用水中，同一流域水用户之间存在着直接的外部影响。当在一条河流的上游进行抽水灌溉时，一方面减少了下游地区的用水量，另一方面上游地区一部分用过的灌溉用水会回流到河流的下游。地下水的使用也存在类似的外部性，如某个水泵先抽水时，将迅速降低水泵周围的地下水位，使得处于该水泵周围而后抽水

---

① 张正峰. 2022. 土地资源管理学[M]. 2版. 北京：中国人民大学出版社：169-176.

的水泵抽水深度增加，用水成本也相应增加。

五是非排他性。非排他性资源是指个人可以免费使用而社会必须为个人的使用付出成本的资源。非排他性资源实际上就是财产权减弱的资源，即无法对这类资源规定明晰的、排他的、可实施和可转让的财产权。在市场经济中，完全非排他的、不属于任何人的水资源的开发和使用必然是低效率的，由于缺乏排他权，价格便不能在使用者之间起分配水资源的作用，也不能为生产或维护水资源者提供收入。所导致的结果就是：水供给不足，水污染严重，水资源开发过度，以及在水资源的生产、管理和保护方面投资不足。水资源的非排他性是市场经济条件下配置低效率的原因。

7.4.2 水资源的需求和供给

1. 水资源的需求

水资源的需求是指在一定时间周期内，对于特定质量的水资源，消费者愿意购买的数量与水资源价格之间的关系。水资源需求既包括消费者对纯净水、自来水等商品水的直接需求，也包括生产者对地表水、地下水等水要素的引致需求。对水资源的需求往往具有数量和质量两方面要求，实质体现出大多数使用者在使用过程中的出水和传送方式。

从人们需求的必需程度划分，水资源需求可分为基本需求和非基本需求，前者是为了维持人基本生活所需的最低限度水需求，后者是除此之外其他的所有水需求。从用途方面划分，水资源需求可以划分为生活用水、生产用水及环境用水。其中，生活用水需求指人们日常生活中对水的需求，又被称为家庭生活用水需求；生产用水需求指生产者在生产活动中对水资源的需求，具体包括工业用水、农业用水等；环境用水则是为维持生态环境稳定或是改善环境所需的用水。在以上诸多水资源需求中，生活用水是最基本的水资源需求，在水资源配置中应当首先被满足。

与一般商品与价格的关系类似，水价与水资源的需求量呈反方向变动，需求曲线（D）向右下角倾斜，根据水资源需求的自身特点，图7-4描述了水价（P）与水资源需求量（Q）的变动关系。

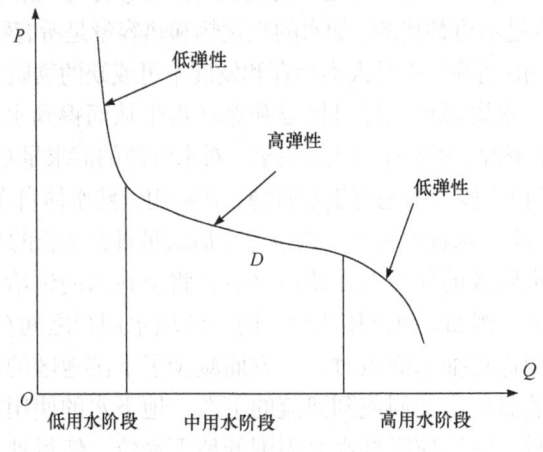

图7-4 水资源需求曲线

如图 7-4 所示，随着用水量逐渐提升，水资源需求价格弹性经历了从低弹性到高弹性再到低弹性的过程。对这一现象可以这样解释，在低用水阶段时，水是严格的生活必需品，用来满足人最基本的生存，此时水资源的需求是基本需求，需求价格弹性极低；当用水量增加时，人们将水用于其他方面，如农田浇灌、景观用水等，此时水需求价格弹性较高，因为一旦水价提高，人们便会减少非必需的水需求；在高用水阶段时，水资源量超过人们对水资源需求的上限，此时即便水价再降低，人们也不会提高对水资源的需求量。

2. 水资源的供给

水资源的供给是指在一定时间周期内，对于特定质量的水资源，生产者能够提供并出售的数量与水资源价格之间的关系。按照来源的不同，水资源供给可划分为地表水供给、地下水供给和其他供给等。其中，地表水供给是最容易获得的，也是水资源供给的主要来源，大型生产设施用水一般都是通过地表水来满足；而在地表水受到污染或供给不充足的时期及地区，地下水的供给会逐步增加，地下水又可以划分为浅层地下水与深层地下水，随着深度增加，其使用的成本也递增；其他供给一般不是主要的供给手段，通常用于特殊地区或特殊用途，主要方式有海水淡化、再生水等，成本一般较高。因此，水供给总方程具体如下式所示。

$$TS = GW + UW + OW$$

式中，TS 表示水资源总供给；GW 表示地表水供给；UW 表示地下水供给；OW 表示其他供给。

通常认为，水资源供主要受供水设施和自然因素两个外生因素影响，受价格内生因素影响。与一般商品类似，我们在这里也分短期和长期来讨论水资源的供给。如图 7-5 所示，曲线 SS 表示短期水资源供给曲线，在短期，供水设施和自然因素基本不变，此时价格是影响水资源供给的主要因素。随着价格的提升，水生产厂商愿意供给更多的水资源，但当供给量达到一定程度后，便利的供水途径（如地表水）已经趋于饱和，此时

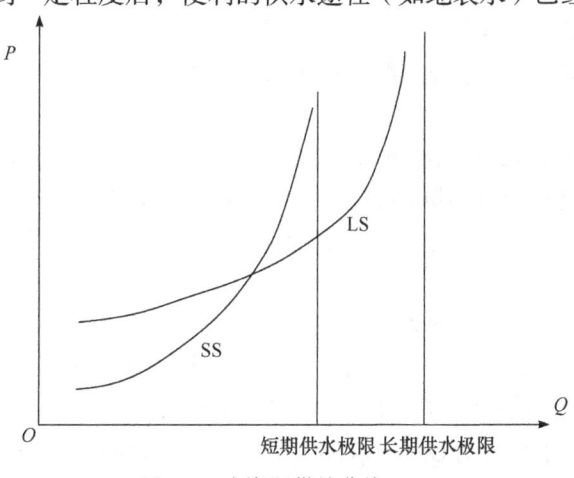

图 7-5 水资源供给曲线

要供给更多水资源，生产厂商只能选择成本更高、效率更低的供水方式（如地下水和其他供水），这也解释了 SS 曲线在后半段突然变得陡峭的原因。

供水设施建设的周期一般较长，但一旦建成则能大幅提升供水能力，图 7-5 中 LS 表示长期水资源供给曲线。在长期，由于供水设施的建设，相比短期水供给，水资源价格在供给量较大时会有明显的下降，同时其供水的极限值也有较大的提升。

7.4.3 水资源配置

1. 水资源有效配置的含义

水资源的有效配置可以定义为：在一个特定流域或区域内，以有效的方式，对有限的、不同形式的水资源，通过工程与非工程措施在各用水户之间进行的合理、科学的分配和使用。在中国，亟须实施水资源的有效配置。其主要原因包括：一是水资源的天然时空分布与生产力布局不相适应；二是地区间和各用水部门间用水竞争性较强；三是近年来水资源的不合理开发利用导致许多生态环境问题。

要讨论水资源的有效配置这个问题，先要明确考察的是地表水，还是地下水。在储量不足的情况下，地表水的配置实质是在竞争使用者之间配置和供给可再生的地表水问题。由于未来的供给更多取决于自然情况（如降雨），受当前对水资源的使用影响则较少，此时，代际间的影响显得并不那么重要，而当代用水量一般不会影响后代的可用水量。但对于地下水，水资源的代际配置就是需要考虑的重要方面，因为当代对水资源的使用会影响后代可用的地下水数量。由于对地表水的配置更便于理解，先从地表水的有效配置开始分析。

第一，地表水的有效配置。地表水的有效配置包括两方面的含义：一是地表水必须在众多的使用者之间达到均衡；二是必须提供一套可接受的、处理不同年份地表水流量变化的方法。第一方面的含义对于地表水的配置非常关键，因为许多不同的潜在使用者具有合法的竞争使用权利，一些人将其用于消费，如生活饮水和农田灌溉，而另一些人将其用于其他用途，如游泳、划艇等。第二方面的含义面临着挑战。由于不同年份、月份的降雨量、径流量、蒸发量等均有所不同，所以地表水的供给量也年年不同、月月不同。因此，不仅需要一个系统来配置地表水的平均数量，还需要预测和配置高于或低于平均数量时的流量。

对第一个方面而言，水的有效配置应使所有使用者的边际净收益相等。如果边际净收益不相等，则具有较低边际净收益的使用者，通过将水权转移到具有较高边际净收益的使用者，即可增加净收益。当边际净收益相等时，没有任何水权的转移可以增加净收益。

如图 7-6 所示，A 和 B 两条线描述了两个使用者的边际净收益。一个使用者的边际净收益曲线，可以从需求曲线与得到额外一单位水的边际成本的垂直距离来获得。对两个使用者的边际净收益曲线横向加总，就得到了总的边际净收益曲线（曲线 C）。在供给情形 S_0 时，有效的水数量为 Q_C，$Q_C = Q_A + Q_B$，即有效配置将 Q_A 数量的水给 A，将 Q_B

的水给 B。在这种配置下两个使用者的边际净收益（MNB_0）相等。[①]

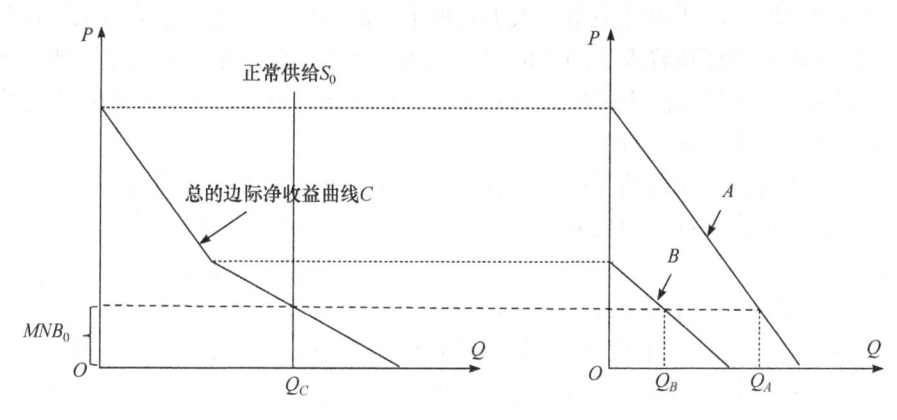

图 7-6　地表水的有效配置

现在考察第二个方面：水供给量波动时的处理。只要供给水平可以预测，边际净收益相等的配置规则仍然有用，但不同的供给水平将意味着使用者之间不同的配置。

如图 7-7 所示，水供给曲线此时为 S_1，这是一个相对严格的水资源供给情况，总的水资源供给数量被大大缩减了。在 S_1 条件下，出现了一种与图 7-6 截然不同的配置情况，这时，使用者 B 没有得到任何水资源分配，而使用者 A 得到了全部的水资源。为何当水资源供给从 S_0 压缩至 S_1 时，水资源配置产生如此变化呢？原因在于两个需求曲线的形状。使用者 A 的边际净收益曲线位于使用者 B 上方，这意味着随着水供给量的减少，由于减少水的使用而带来的损失（净收益损失），A 要高于 B。对于未来最小化成本，水供给短缺情况下，大部分会配置给 A 而不是 B。在一个有效配置中，我们很容易发现，当水的供给量减少时，与对于水的需求刚性较强的使用者相比，能找到替代或降低用水量的使用者得到的水资源分配比例更小。

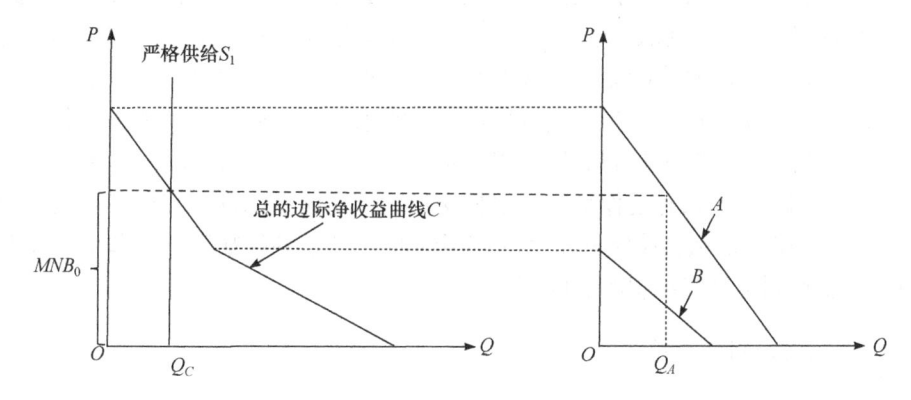

图 7-7　严格供给下地表水的有效配置

[①] 蒂坦伯格 T，刘易斯 L. 2016. 环境与自然资源经济学[M]. 10 版. 王晓霞，等译. 北京：中国人民大学出版社: 164-167.

第二，地下水的配置。讨论地下水的配置时，我们需要充分考虑地下水供给的可耗竭性。地下水供给的可耗竭性是指当人类对地下水的取用量超过了它从蓄水层得到补充的量时，地下水资源将随着人类的抽取逐渐耗竭，且抽取单位地下水的边际成本将会越来越高，直到成本高到人们不可接受的程度。这种情况与第6章所讨论的成本递增型可耗竭资源的开采利用情形类似。

地下水资源的有效配置须考虑使用者成本。与开采地下水有关的边际使用者成本，反映了当前使用单位水资源而放弃的未来使用这一单位水资源的机会成本。当需求为常数时，地下水的有效利用路径是：随着时间的延伸，地下水使用量将逐渐减少。边际开采成本（抽取最后一单位水到地面的成本）将随着时间的延伸而逐渐上升，地下水的水位逐渐下降。当地下水资源枯竭，或者地下水的边际抽取成本大于其边际收益，或者地下水的边际抽取成本大于从其他来源获得水的边际成本时，地下水的抽取和使用将停止。

当地表水很丰富，且与地下水的位置很接近时，地表水一般将作为地下水的替代品，同时也为开采地下水的边际成本设置了一个有效的上限，这是因为水的使用者不会为抽取一单位地下水花费比获取同等量地表水更多的成本。然而，遗憾的是，位于中国西部的许多缺水城市，不仅地下水超采非常严重，地表水的竞争也异常激烈，使用成本低廉的地表水源几乎不复存在。

2. 水的分配制度

水的分配制度影响用户竞争关系，在保证水资源利用的效率与公平方面作用十分关键。这些制度考虑、设立人们之间的有序的联系，这种联系定义人们的权利、对他人的义务、优先权及责任。在用水方面这些权利构成了个体之间的激励或抑制因素。有关水分配制度结构的研究与著作已经被看作"解析的制度经济学"的一部分。

选择一个合理的水权制度往往需要在几个冲突的社会目标之间相互权衡。因此，不同的文化会选择不同的水制度形式，这反映了各目标之间的相对重要性。在一个社会中，水的相对稀缺性是影响水分配制度形式的其中一个重要因素，而另一个因素是建立与实施水权制度所需的交易成本。当水资源供给相对需求来说很充足时，规定水资源使用与分配法律的制度性条款较少且限制性不强。然而，当水资源相对稀缺时，更加详细的产权制度就会被制定。如果有运作良好的水权交换的市场体系，且能够很容易地对产权的重新分配提供补偿，那么就能缓和水资源使用的冲突。"水的稀缺性增加和实施成本减少时，更易于出现制定这些机制的制度创新。"[1]

3. 水资源定价制度安排

水资源定价需要在水资源产权清晰及计价准确的前提下进行，水资源价格应包含三个部分：资源水价、工程水价和环境水价。资源水价是指资源水费或水权费，工程水价

---

[1] Binswanger H P, Ruttan V W. 1978. Induced Innovation: Technology, Institutions, and Development[M]. Baltimore: Johns Hopkins University Press.

是指产权成本和产权收益，环境水价是指水污染处理费，是引水或制水成本的体现。环境水价还应该包含水生态补偿费。[①]

国内目前采用的水资源重置成本定价策略，实际上是一种水资源价值模拟模型，其理论形态属于核算模型价格的数量调节体系。基本公式为

$$P_0 X_0 = (1+\alpha)\sum_j P_j X_j + (1+\beta) W + \gamma \sum P_j K_j$$

式中，P_0 表示水的价格；X_0 表示总供给水量；X_j 表示水利部门建设生产中利用其他部门的产品产量；P_j 表示相应产品价格；$P_j X_j$ 表示水利部门建设生产中利用的其他部门产品的价值量；W 表示水利部门员工的工资总额；K_j 表示水利部门生产建设基金中的其他部门产品的数量；$\sum P_j K_j$ 表示水利部门生产建设资金的占用总量；α、β、γ 表示利润相对于生产要素价值形成的比例常数。

因为 α、β、γ 取值不同，所以存在着三种不同的价格模型：价值价格模型、成本价格模型和生产价格模型。

价值价格模型的特征是利润按社会平均工资利润率形成，此时 $\alpha = 0$、$\gamma = 0$、β 内生决定，即

$$P_0 X_0 = \sum_j P_j X_j + (1+\beta) W$$

成本价格模型的特征是利润按社会平均成本利润率形成，此时 α、β 内生决定，$\gamma = 0$，即

$$P_0 X_0 = (1+\alpha)\sum_j P_j X_j + (1+\beta) W$$

生产价格模型的特征是等量资金获得等量利润，此时 $\alpha = 0$、$\beta = 0$，γ 内生决定，即

$$P_0 X_0 = \sum_j P_j X_j + W + \gamma \sum_j P_j X_j$$

上述三种水价的形成都是在模拟水资源的价值，即通过利润率的分配来决定价格，利润率的高低成为制定水价的最重要的外生变量。显然，水资源的定价过程完全排斥了市场价格机制。

实际上，该模型在实际应用中存在缺陷，主要表现在：①社会成本失真，水价在收入分配上具有较强的人为任意性；②没有考虑各行业生产条件的不同，利润率也有高有低，平均利润率产生的收入分配效应会使经济结构扭曲；③模拟水资源的价值难以反映市场的供需均衡。总之，在现实的经济生活中，市场的供给需求结构处于不断变化中，利用水资源价值确定水价难以达到水资源的优化配置。因此，我们应该充分考虑多方面的因素，如制度、产业等，以确保水资源的合理配置。

[①] 沈满洪，陈军，张蕾. 2017. 水资源经济制度研究文献综述[J]. 浙江大学学报（人文社会科学版），47（3）：71-83.

7.5 渔业资源的分析

从狭义上来看，渔业资源指渔业水域中鱼、虾、蟹、贝、藻类等水生动植物的数量、质量和分布情况。从广义上来看，渔业资源还包括水生动植物赖以生存的水体环境。渔业资源属于生物性可再生资源，具有自行繁衍的能力，如果有适宜的环境条件，且人类开发利用合理，则渔业资源可世代繁衍，但是如果遭受过度捕捞或是生长环境遭到破坏，渔业资源的自我更新能力就会降低，将会导致渔业资源衰退甚至枯竭。此外，鱼类资源的洄游性和流动性决定了渔业资源的共有性，容易导致竞争性捕捞。

7.5.1 渔业资源的特点与生物学模型

自然资源按照再生方式有如图 7-8 所示的分类。

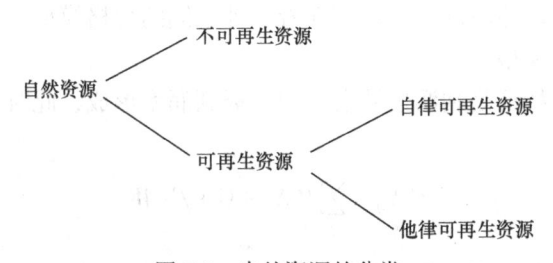

```
              ┌── 不可再生资源
自然资源 ──┤
              │              ┌── 自律可再生资源
              └── 可再生资源 ──┤
                              └── 他律可再生资源
```

图 7-8 自然资源的分类

其中，渔业资源是典型的自律可再生资源（self-regulating renewable resources）。它反复进行着产卵、孵化、幼鱼、成鱼、产卵这一再生产过程。渔业生产活动是从渔业水域中获取一部分渔业资源量的过程，它必定对资源量和再生产带来影响，尽管持续过量捕捞并非一定使渔业资源灭绝，但会导致资源量明显减少，影响渔业资源的可持续利用。因此，如何正确管理利用自律可再生资源，保证渔业资源的再生产能力不受影响，实现可持续利用，是现代渔业生产分析中重要的研究内容。[①]

渔业资源通过鱼类种群的不断繁衍得以维持和再生，所以可被纳入可再生资源的范畴，但是，与 7.4 节所讨论的水资源不同，渔业资源这种可再生资源，并不是在任何情况下都能够无限再生下去，鱼群为了存续下去，就必须维持一定的鱼类存量，如果当前存量水平低于最低可生存量的话，鱼群就将趋于灭绝。此外，当前渔业资源的增加量水准（或称为流量）是由上一期的存量水准所决定的。

基于渔业的基本特点，我们可以用图 7-9 来加以解释，其中，横轴表示鱼类存量，纵轴表示鱼类存量在单位时间内的增长数量，即流量。当鱼类存量在 X_m 与 X_n 之间时，流量为正，表明鱼类存量在这一范围内是增加的；而当鱼类存量小于 X_m 或大于 X_n 时，鱼类增长为负，表明此时鱼类存量是减少的。在 X_m 和 X_n 这两个点上，鱼类存量不变，此时鱼类增加的数量为零。

[①] 清光照夫, 岩崎寿男. 1996. 水产经济学[M]. 王强华, 李艺民, 译. 北京: 海洋出版社: 3-6.

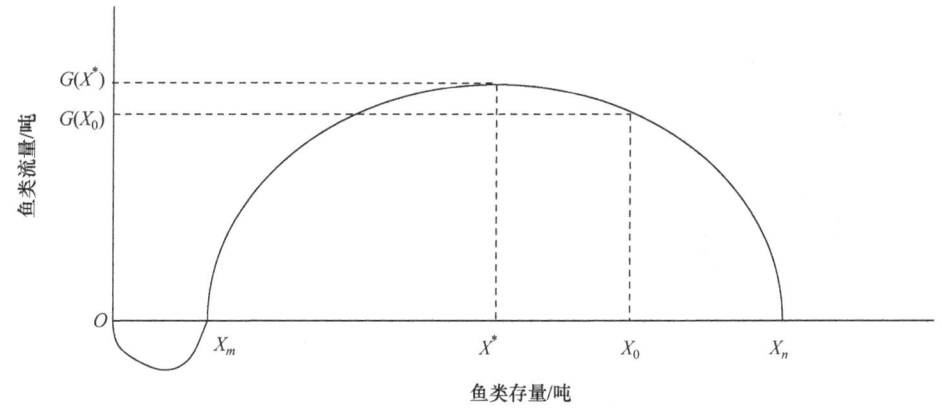

图 7-9　鱼类存量与鱼类存量的增长之间的平均关系

X_mX_n 表示可持续捕捞线；X_m、X_n 表示自然均衡点；X^* 表示最大可持续捕捞存量

需要注意的是，尽管 X_m 和 X_n 这两点的鱼类存量均不变，但两点的性质不同，一般认为，X_m 点不稳定，而 X_n 点则是稳定的。如果初始点在 X_m 点，那么，一旦偏离这一点，鱼类的存量就会向更大的偏离方向变化。因此，X_m 又被称为最低可生存量，如果鱼类存量低于 X_m，则该种鱼种将趋于灭绝，而如果鱼类存量高于 X_m，则鱼群数量将趋于不断增加，直到达到新的均衡点。但在 X_n 点，一旦鱼类存量超过 X_n 时，鱼类存量将减少，趋向于 X_n；而鱼类存量低于 X_n 的时候，鱼类存量增加，同样趋向于 X_n，因此，X_n 又被称为自然均衡点，此时，鱼类存量是稳定不变或以 X_n 点为中心上下波动的。

考虑到以上因素，当人类进行捕捞作业的时候，该鱼种的最大可持续捕捞量应为 $G(X^*)$。实际上，在图 7-9 的曲线上的任何一点，只要控制鱼类的捕捞数量与鱼类的增长数量相等，这一点即可成为"可持续捕捞点"。当鱼类存量为 X_0 时，由于此时鱼类的自然增长数量为 $G(X_0)$，因此，只要鱼类捕捞数量控制在 $G(X_0)$，就可使得鱼类的存量保持不变。显然，在这一曲线的最高点，$G(X^*)$ 就是最大的可持续捕捞数量，对应的 X^* 则为最大可持续捕捞存量。

7.5.2　渔业资源的静态分析

上述问题的介绍都是从生物增长规律的角度出发的，并未涉及经济上的效率问题，即未考虑捕捞活动的收益与成本，所确定的只是自然意义上的最大可持续捕捞量，然而从经济意义上，还需探讨在何种情况下，鱼类捕捞的净收益可达到最大。为方便问题研究，假定鱼的销售价格 P 外生给定，不随捕捞和销售数量的改变而变动，并假定单位捕捞活动的成本不变，而单位捕捞活动能够捕获的鱼类数量则与鱼类的存量相关。一般而言，鱼类存量越多，单位捕捞活动的捕捞量就越大。图 7-10 是静态经济下有效可持续捕捞量的图示。

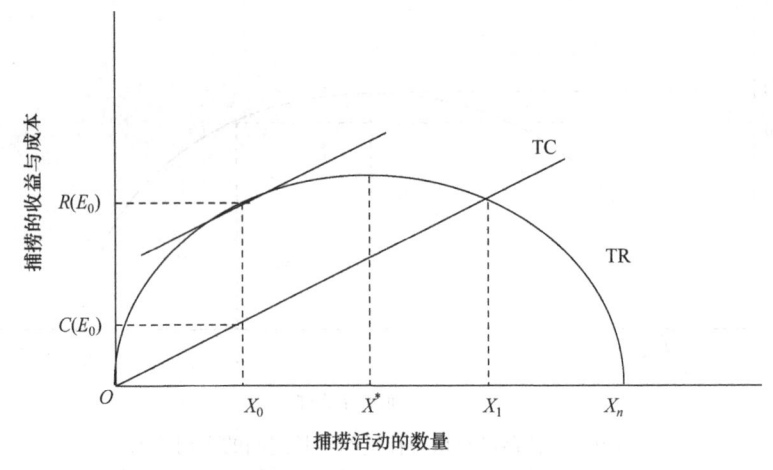

图 7-10 静态经济有效可持续捕捞量

由图 7-10 可得，鱼类捕捞的总收益为

$$TR = P \times H$$

式中，TR 表示鱼类捕捞的总收益；P 表示鱼的销售价格；H 表示捕捞量。进一步可得鱼类捕捞的成本函数为

$$TC = W \times E$$

式中，TC 表示鱼类捕捞的总成本；W 表示单位捕捞活动的成本；E 表示捕捞活动的数量。捕捞活动的数量可用捕捞时间或渔船出海次数等来衡量。值得注意的是，根据上述假定，捕捞量 H 是捕捞活动的数量 E 的函数，即

$$H = H(E)$$

在没有外界干扰的情况下，渔业种群均衡时的捕捞活动的数量为 X_1，即总收益等于总成本的点，也是每单位捕捞活动的平均收益等于每单位捕捞活动的平均成本的点，为何这将成为均衡点？我们观察 X_1 左侧的点，此时整个渔业的总收益大于总成本，这将刺激新的渔船进入渔业，同时现有的每艘船也有动力继续增加捕捞活动以扩大收益。再来考察 X_1 右侧的点，这些点总成本大于总收益，此时每艘船将会减少捕捞活动以削减亏损，同时一些渔船将退出渔业。因此，可知捕捞活动的数量将在高于 X_1 时减少，低于 X_1 时增加，所以开放渔业鱼类种群均衡时的捕捞活动的数量为 X_1，又称为开放渔业均衡产量。[①]

下面从经济学角度分析鱼类的有效捕捞数量应该为多大。我们先来讨论不考虑贴现情况下的有效可持续捕捞量，即静态有效可持续捕捞量。图 7-10 把静态有效可持续捕捞量定义为不考虑贴现情况下取得最大年净收益的捕捞量。静态有效可持续捕捞假设条件有以下三点：①鱼的销售价格 P 固定不变，不随销售量或天气、季节等外部因素而改变；②单位捕捞活动的成本 W 固定不变；③单位捕捞活动的捕捞量与鱼类存量有关，且鱼类存量越多，单位捕捞活动的捕捞量越多。

在上述假设的前提下，从图 7-10 可以看出，横轴与纵轴分别表示鱼类捕捞活动的数

---

① 安德森 L G. 2012. 渔业经济学[M]. 孙琛, 张海清, 等译. 上海: 上海财经大学出版社: 16-22.

量和捕捞的收益与成本。TC 是总成本，由于单位成本不变，表现为一条直线。TR 为总收益，由于捕捞量和捕捞活动之间存在函数关系，因此是一条曲线。事实上，当捕捞量一开始增加时，可捕捞量和总收益会不断增加，一直达到其收益的最大值。但随着捕捞强度的增加，每次捕捞活动能够捕获的鱼类数量将会降低，而鱼的销售价格不变，则捕鱼收益就会下降。总收益最大并不能保证净收益最大，在考虑成本的情况下，经济有效率的捕捞量应该使得捕捞活动的净收益最大，其必要条件就是边际收益等于边际成本。从图 7-10 中可以看出，在 X_0 点，总收益曲线的斜率与总成本曲线相等，即边际收益等于边际成本，因此，X_0 是经济上有效率的鱼类捕捞数量。

7.5.3 渔业资源的动态分析

现在上述情况中加入贴现率，讨论此时的有效可持续捕捞量，即动态有效可持续捕捞量。

（1）假定贴现率为 i，企业资本投资的机会成本和捕捞者的目标是在设定时间（t）内实现收入（Z）的现值（PV）最大化，即

$$PV = \int_{t=0}^{t=T} Z_t e^{-it} dt$$

另外，总成本为 C，与捕捞量 H 正相关，与资源存量 S 负相关，即

$$C_t = C(H_t, S_t), \quad C_H > 0, C_S < 0$$

那么，最大现值利润是多少呢？最大利润决定于投资理论，是否推迟进行捕捞取决于增加单位资源存量时的边际收益与边际成本的比较。

（2）边际成本。若选择不捕捞，渔民就会有保持这些资源存量的机会成本，即因为保持这部分而牺牲的回报。这一回报的价值是资源总（市场）价格 p。

$$p = P - c$$

式中，P 表示放弃捕捞（未捕捞时）的资源价格；$c = dC/dH$ 表示捕捞单位资源的边际成本（相当于边际开采成本）。

由于决定延迟一个阶段，因此这种回报的现值为 ip（i 为贴现率）。

（3）边际收益。资源投资所获得的收益包括以下三种类型。

第一，单位资源存量可能存在的升值 dp/dt。

第二，资源存量增加引起的捕捞成本的减少 dC/dS。

第三，新增资源量 dC/dS 的价值，即 $dG/dS \times p$。

$$边际收益 = \frac{dp}{dt} - \frac{dC}{dS} + \frac{dG}{dS} \times p$$

（4）决策准则（为简化省去时间下标）如下：

$$ip < \frac{dp}{dt} - \frac{dC}{dS} + \frac{dG}{dS} \times p$$

当边际成本低于边际收益时，选择增加资源存量，即

$$ip > \frac{dp}{dt} - \frac{dC}{dS} + \frac{dG}{dS} \times p$$

当边际成本高于边际收益时，选择减少资源存量。

因此，决定动态情况下的有效可持续捕捞量的均衡条件为

$$ip = \frac{\mathrm{d}p}{\mathrm{d}t} - \frac{\mathrm{d}C}{\mathrm{d}S} + \frac{\mathrm{d}G}{\mathrm{d}S} \times p$$

如果满足该式，则资源所有者从渔场获得的回报率将等于 i，即与通过投资在其他途径获得的经济回报相同。

该式是霍特林定律的一个变形，两边同除以 p 可得

$$i = \frac{\left(\dfrac{\mathrm{d}p}{\mathrm{d}t}\right)}{p} - \frac{\left(\dfrac{\mathrm{d}C}{\mathrm{d}S}\right)}{p} + \frac{\mathrm{d}G}{\mathrm{d}S}$$

可以认为静态有效可持续捕捞量是以上均衡条件的一个特例。由于静态时 $i=0$，且假定捕捞成本与资源存量为正比例关系，即 $\mathrm{d}C/\mathrm{d}S = W$；假定鱼价不变，即 $\mathrm{d}p/\mathrm{d}t = 0$。

将上述条件代入均衡条件等式，变形可得 $p \times (\mathrm{d}G/\mathrm{d}S) = W$，即边际收益=边际成本。

7.6 森林资源的经济学分析

森林资源是林地及其所生长的森林有机体的总称，以林木资源为主，同时也包括森林中其他植物、野生动物、土壤微生物等资源。森林资源属于可再生自然资源，也是一种无形的环境资源和潜在的"绿色能源"，具有多种多样的经济功能、生态功能及社会功能。人类主要通过对树木的利用（包括收获、种植、间伐和焚烧等）来管理森林，从而满足个人和社会需求。因此，如何确定树木砍伐或收获的最优时间成了森林经济学的最基本问题。

由于森林资源具有自身的一些固有特点，因此针对它的研究不同于上一节对渔业资源的研究。本节将要介绍森林经济学的基础模型——福斯特曼单轮伐周期模型与无限轮伐周期模型的假定和均衡分析，另外在此基础上介绍哈特曼多用途采伐模型，在对各模型解释的基础之上对森林资源进行经济分析。

7.6.1 森林资源的特性

一是森林资源具有多重功能。与渔业资源功能的单一性不同，森林资源的功能具有多样性，这是由森林构成结构的复杂性所决定的。森林资源不仅能够提供多种多样的物质产出，创造物质财富，如木材、胶合板、纸浆、木柴等，还能维系生态平衡、净化空气、涵养水源、保持水土、防风固沙、吸尘灭菌、净化和美化环境、消除噪声，对生态环境的改善具有重要作用，兼具经济功能与社会功能。正由于森林资源功能的多样性，单一目的的经营管理往往容易忽视其外部性的影响，从而造成扭曲效应，若缺乏税收和补贴等外部政策调控，很有可能导致经济效率低下。

二是林地从造林到生长成熟时间周期极长。从造林到采伐至少需要 25 年，最长甚至可能超过 100 年，这比绝大部分可再生资源的再生周期都要长，因此林业是一项长期资产而非流动资产，在对其进行决策时往往需要考虑贴现率，并进行动态均

衡分析。

三是森林资源的再生能力有一定限度。森林资源的再生能力是由该种类林木的繁殖能力、生长适应能力及生长周期决定的，其生长发育需要一定的时间和空间，如在林木密布的环境条件下，老的树木不砍伐，新的树木就很难生长。在合理的采伐条件下，林木的繁殖能力越强、生长适应性越强、生长周期越短，则森林的再生能力就越强。但无论再生能力有多强，其总归有一定限度，采伐量如果长期超过林木再生能力，森林资源最终将被耗尽，其经济功能与社会功能也随之消失。

四是林木生长所占有的土地具有潜在价值，即在进行采伐决策时需要考虑土地的机会成本。例如，一片土地如果确定要进行造林，则在相当长的一段时间内土地丧失了作为建筑用地和农业用地的机会，这一点显著区别于渔业资源，因为通常鱼类栖息的海域除用来进行渔业资源捕捞外无其他的用途，而且鱼类的繁衍和对其捕捞不会影响这片海域其他用途的实现。

7.6.2 林木的生长模型

Clawson[①]利用美国西北部太平洋地区花旗松林一些数据，对林木的材积（v）与树龄（T）的关系做了简单估算，得出

$$v(T) = -0.016T^3 + 3.1T^2 + 40T$$

在林木销售价格不变的情况下，林木的材积与树龄的关系曲线与林木商业价值与树龄的关系曲线在图形上一致。根据上式可绘制出林木商业价值与树龄关系曲线。如图7-11所示，初期林木商业价值增加缓慢，但接下来一段时间内迅速增加，随后林木趋于成熟，商业价值增长再次变得缓慢，直至达到最大值时完全停止增长，并在之后进入负向增长。[②]

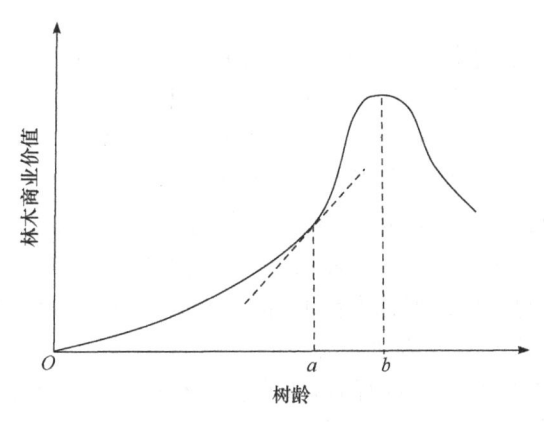

图 7-11 林木商业价值与树龄关系曲线

---

① Clawson M. 1977. Decision Making in Timber Production, Harvest, and Marketing[M]. Baltimore: Johns Hopkins University Press.

② Perman R, Ma Y, Common M, et al. 2011. Natural Resource and Environmental Economics[M]. 4th ed. London: Pearson Education Limited: 612-625.

7.6.3　福斯特曼单轮伐周期的林业模型

对于商业人工林，经济学家和林场主关注的焦点是，采取何种采伐方案能够使林木净收益的现值最大化。1849年福斯特曼在论文中提出一个简单的达成共识的模型，后又被称为福斯特曼最优采伐模型。

假设一片区域内种植的全部为同一种类的林木，所有的林木同时被种植并且在同一时刻被采伐，由于这一模型考察的为单个轮伐周期内的情形，因此采伐林木后，该区域不再重新造林，即该区域所种植的林木只经历三个阶段：造林、生长成材、采伐。为便于研究，还假设：①林木在 $t=0$ 年时种植，在 $t=T$ 年时砍伐，砍伐时木材的商业价值 $V(T)$ 为树龄 T 的函数，具体形式与7.6.2节估算的关系式类似，采伐成本记为 c，且固定不变；②区域面积固定，并认为土地是均质的，由于土地没有任何其他用途，并且采伐林木后也不会进行下一周期的生长与砍伐，因此土地机会成本为零；③不考虑森林的社会功能与生态功能，仅考虑其经济功能，并且森林的经济价值仅通过销售林木获取，不考虑其他副产品的经济价值。

林场主作为理性经济人，会选择在林木净收益的现值最大时采伐林木，假设林场主在 T 时刻进行采伐，则林木净收益的现值（NPV）为

$$\text{NPV} = e^{-rT}[V(T)-c] \tag{7.11}$$

为求林木净收益的现值 NPV 的最大值，将 NPV 对 T 求导，令一阶导为零，即

$$\text{NPV}' = e^{-rT}V'(T) - re^{-rT}[V(T)-c] = 0 \tag{7.12}$$

$$r = \frac{V'(T)}{V(T)-c} \tag{7.13}$$

式（7.13）左边表示利率，右边表示林木商业价值的增长率，此处可以将林木资源看作与存款、股票、债券、房地产类似的资产的一种形式，一旦当前持有的资产收益率低于另外一种资产，资产持有者就会变卖当前资产，选择持有另一种收益率更高的资产。如果式（7.13）等号左边大于右边，则表示持有林木资源带来的收益率低于利率，林场主就应当即刻采伐，出售木材、购买其他形式的资产以获取更高的收益率。如果式（7.13）等号左边小于右边，表示林木资源的收益率高于利率，林场主就应当推迟砍伐。随着树龄的增长，当林木商业价值的增长率下降到与利率相等时，此时选择采伐，木材净收益的现值将达到最大。

由式（7.13）可知森林采伐的时间将依赖于利率 r。根据7.6.2节估算的关系式，绘制出均衡分析图，如图7-12所示。当利率增加时，林木采伐时间将被提前，而当利率降低时，林木的采伐时间将推迟，直至利率为零时，林木的采伐周期可能会相当长。这一结论与实际情况略有出入，原因在于一方面土地没有机会成本的假设与现实不符，另一方面利率为零的情况在现实也几乎不存在。

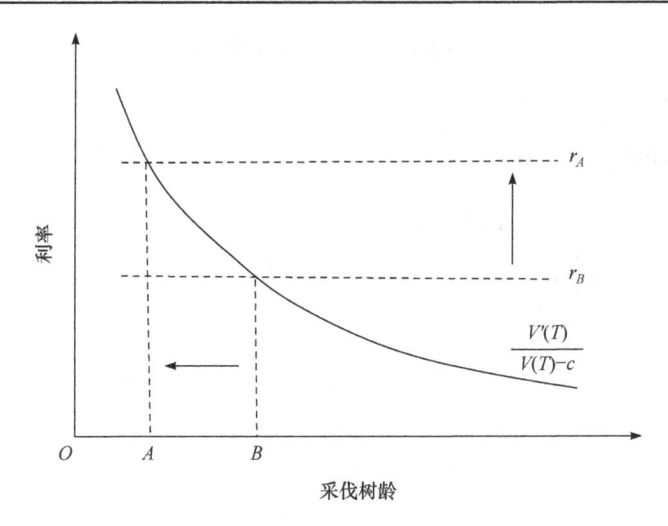

图 7-12 单轮伐周期的比较静态分析

7.6.4 福斯特曼无限轮伐周期的林业模型

由于只进行单个轮伐周期的前提假设与现实情况不符，本节将讨论多个轮伐周期的模型，在林业经济学中通常分析无时间限度的模型，即无限轮伐周期的林业模型。与单周期模型类似，同样假设砍伐时木材的商业价值 $V(T)$ 为树龄 T 的函数、采伐成本 c 固定不变，区域面积不变、土地均质，仅考虑木材的经济功能。与单个轮伐周期的林业模型不同的是，当上一轮林木砍伐完毕后，该区域会即刻进行下一轮林木的种植。

在无限轮伐周期的林业模型中，由于每次新一轮林木的种植需要等到上一轮林木采伐完成，因此土地出现了机会成本，这是由于推迟采伐造成了以后所有轮伐周期均会推迟，从而影响了林木净收益的现值。因此最佳的采伐周期应当使得延迟采伐所获得的边际收益与付出的边际机会成本及放弃利率收益的机会成本之和相等，这就要求采伐时林木商业价值的增长率更高，因此采伐周期相对于单周期林业模型有所缩短。

与单周期模型类似，我们需要计算林木净收益的现值 NPV，林木在 $t=0$ 时种植，并在随后 $t=T_1, T_2, T_3, \cdots$ 时进行采伐并同时开始下一轮林木的种植。第一个轮伐期林木净收益的现值是

$$\text{NPV}_1 = e^{-rT_1}V(T_1) - c \tag{7.14}$$

对各个轮伐期的净收益贴现并加总，得到所有轮伐期林木净收益的总现值为

$$\text{NPV}_\text{总} = e^{-rT_1}[V(T_1)-c] + e^{-rT_2}[V(T_2-T_1)-c] + e^{-rT_3}[V(T_3-T_2)-c] + \cdots \tag{7.15}$$

如式（7.15）所示，等式右边每一项分别为从第一至第无穷个轮伐期的净收益现值，无限轮伐周期的净收益现值等于每一个轮伐期的净收益现值之和。

由于各轮伐期在进行决策时各项条件，如商业价值与树龄的关系、采伐成本等均保持不变，因此在不同的轮伐期中，理性的林场主的最优采伐决策相同，即每个轮伐周期都会保持一样长。若假设最佳轮伐期的长度为 T，则

$$T_K = KT, \quad K = 1, 2, 3, \cdots$$

此时式（7.15）可改写为

$$\begin{aligned}\text{NPV}_{总} &= \mathrm{e}^{-rT}[V(T)-c] + \mathrm{e}^{-2rT}[V(T)-c] + \mathrm{e}^{-3rT}[V(T)-c] + \cdots \\ &= \sum_{k=1}^{\infty} \mathrm{e}^{-krT}[V(T)-c] \\ &= \frac{V(T)-c}{\mathrm{e}^{rT}-1}\end{aligned} \quad (7.16)$$

为求最大林木净收益的现值，与单轮伐周期做法相同，将式（7.16）对T求一阶导，令导数等于零，即

$$\text{NPV}'_{总} = \frac{V'(\mathrm{e}^{rT}-1) - [V(T)-c]r\mathrm{e}^{rT}}{(\mathrm{e}^{rT}-1)^2} = 0 \quad (7.17)$$

求解得

$$\frac{r}{1-\mathrm{e}^{-rT}} = \frac{V'(T)}{V(T)-c} \quad (7.18)$$

式（7.18）又被称为福斯特曼采伐条件，将式（7.18）与式（7.13）对比，发现式（7.18）等号左边多了分母$1-\mathrm{e}^{-rT}$，由于$1-\mathrm{e}^{-rT}<1$，等式左边增大，因此均衡时林木商业价值的增长率也将增加，这就意味着砍伐时刻将提前，轮伐周期T将缩短，验证了无限轮伐周期采伐树龄比单周期采伐树龄更短的结论。

通过作图进行均衡分析，如图7-13所示，当利率提高时，曲线$\dfrac{r}{1-\mathrm{e}^{-rT}}$上移，两曲线交点左移，最佳采伐树龄减小。同理，若采伐成本c增加，曲线$\dfrac{V'(T)}{V(T)-c}$上移，两曲线交点右移，最佳采伐树龄增大。

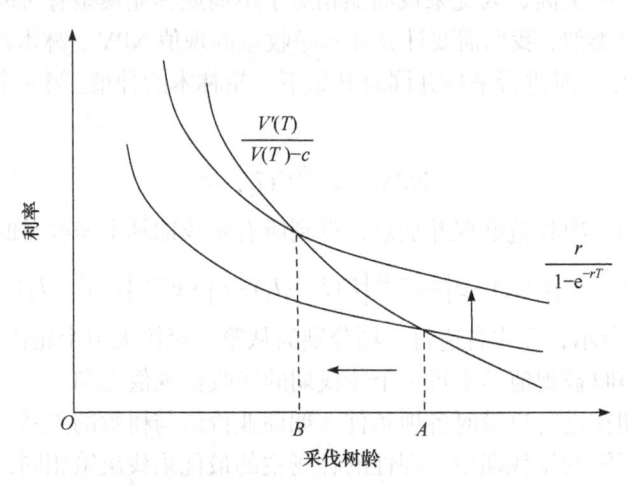

图7-13 无限轮伐周期的比较静态分析

7.6.5 哈特曼多用途采伐模型

单个轮伐周期的林业模型与无限轮伐周期的林业模型均假设只考虑森林的经济功能，但实际上，森林还具有重要的社会功能与生态功能，除一直讨论的木材价值外，森林还能产出多种多样的非木材效益，如保持水土，为野生动物提供栖息地，为人类提供娱乐场所和其他舒适性服务等。与土地资源类似，森林具有多种效益，实际为多用途森林，在进行采伐决策时，应当更加重视森林的其他多种用途。

由于传统的林木模型不反映林木直接提供的服务价值，Hartman[①]对福斯特曼最优采伐模型进行了拓展，考察对象依然为一片固定区域内单一树龄的同种林木，哈特曼假设非木材产品的价值也可以表示为树龄的函数$G(t)$，则在第一次周期长为T的轮伐期内，这些非木材产品价值的现值为

$$\int_0^T G(t)\mathrm{e}^{-rt}\mathrm{d}t \tag{7.19}$$

此时，决策问题变为如何选择采伐周期长度T，使得来自当前和未来采伐周期的木材及非木材净收益的现值之和λ最大。

$$\lambda = \frac{PV(T)\mathrm{e}^{-rt} - c + \int_0^T G(t)\mathrm{e}^{-rt}\mathrm{d}t}{1-\mathrm{e}^{-rt}} \tag{7.20}$$

式中，P表示销售净价格；$V(T)$表示木材采伐量；c表示林地再生成本。

令式（7.20）对T求一阶导，令一阶导等于零，整理得

$$PV'(T) + G(T) - rPV(T) - r\lambda = 0 \tag{7.21}$$

式（7.21）又称哈特曼采伐条件，与福斯特曼采伐条件类似，均要求当延迟采伐的边际收益等于机会成本时进行采伐。在哈特曼模型中，延迟收益既包括树木生长带来的价值增值，也包括加上$G(t)$，即延迟采伐期间的环境舒适性服务产生的收益。机会成本则与福斯特曼无限轮伐周期模型中的相同，包括推迟采伐所损失的现期收益的利息收入，加上推迟采伐造成的未来所有轮伐周期均推迟所损失的收益现值。要特别注意的是，当$G(t)$随林木树龄增长且收益相对较高时，可能发现没有满足一阶条件的轮伐周期T，此时最优决策为永不采伐。

本 章 小 结

可再生资源是指能够通过天然作用或人工活动不断再生，为人类所反复利用的自然资源。可再生资源种类繁多，一般包括土地资源、水资源、生物资源及风能、太阳能、地热能和海洋能等。

对于可再生资源的最优利用问题，本章以土地资源为例展开讨论，分析了土地资源的概念特征及属性；讨论了合理利用土地资源所需遵循的原则，并通过土地资源利用系

---

① Hartman R. 1976. The harvesting decision when a standing forest has value[J]. Economic Inquiry, 14: 52-58.

统分析了随着利用率逐渐提升,在社会经济限度和自然生态限度两个约束下土地资源产出的变化,以及土地资源的利用应处于何种限度内;之后又讨论了土地资源利用系统与宏观层次目标。

此外,对可再生资源来讲,由于其可再生性,可再生资源最优利用一方面应该是对其合理配置的问题。对可再生资源配置问题的介绍,本章主要以水资源为例,研究如何利用好水资源,包括对水资源的开发、利用、保护与管理等。分别从地表水和地下水的配置进行分析,最后简单介绍了水资源定价及其分配制度的重要性,认为水资源的合理配置对国民经济发展有极其重要的促进作用。

可再生资源的最优利用另一方面还必须考虑生长周期和循环过程,使其得到最佳的利用。一般来说,对可再生资源的最优利用从可再生资源的生长过程和收获的时刻两个角度考虑,对生长过程描述较为典型的两类模型是渔业资源的生物学模型和森林资源中提到的福斯特曼最优采伐模型与哈特曼多用途采伐模型。前者是采用逻辑增长曲线进行的分析,而后者主要是用来分析和说明在林业采伐过程中面对不同情况的决策问题。

关键概念

可再生资源　　逻辑增长曲线　　土地资源利用系统　　水资源供给及需求曲线　水资源配置　　最大可持续捕捞量　　福斯特曼最优采伐模型　　哈特曼多用途采伐模型

思考题

1. 可再生资源与不可再生资源的区别与相似之处分别是什么?
2. 合理开发利用土地资源需要遵循何种原则?
3. 试对比分析短期与长期水资源供给曲线,并解释图形呈现这一形状的原因。
4. 渔业资源的最优捕捞如何实现?
5. 结合中国当前发展阶段,谈谈可再生资源对解决当前资源与环境问题有何重要意义?

推荐阅读的文献资料

管健. 2021. 森林资源经营管理[M]. 3 版. 北京: 中国林业出版社.
刘卫东, 谭永忠. 2019. 土地资源学[M]. 北京: 高等教育出版社.
尼斯 A V, 斯威尼 J L. 2010. 自然资源与能源经济学手册(第 2 卷)[M]. 李晓西, 史培军, 等译. 北京: 经济科学出版社.
邱林, 王文川. 2015. 水资源优化配置与调度[M]. 北京: 中国水利水电出版社.
沈满洪. 2022. 生态经济学[M]. 3 版. 北京: 中国环境出版集团.
瓦克纳格尔 M, 拜尔斯 B. 2022. 生态足迹: 管理我们的生态预算[M]. 上海: 上海科技教育出版社.
Perman R, Ma Y, Common M, et al. 2011. Natural Resource and Environmental Economics[M]. 4th ed. London: Pearson Education Limited.

第 8 章 经济发展与环境

环境问题是人与环境之间互相依赖、互相融合关系的失调，其实质是经济发展，特别是工业化与环境保护之间的矛盾问题。本章着重研究经济与环境相互作用的一般理论框架与模型，以及经济全球化背景下的国际环境问题模型，探讨我国生态环境问题的现状、类型及生态环境与经济可持续发展的途径。

8.1 环境-资源-经济系统

8.1.1 资源与环境的相互作用

资源利用，特别是能源利用，几乎总会产生重大的环境效应，因此大部分环境问题都可以直接追溯到资源的利用。例如，硫化物排放引起的酸雨，二氧化碳过度排放引起的气候变暖，以及资源过度开采导致的自然保护区的破坏。即使是替代性能源也会对环境产生潜在的影响。例如，水力发电大坝的建设不可逆转地改变了自然环境，带来娱乐价值、审美价值或科研价值的丧失。同时，当环境问题发生时，政府环境保护部门要纠正环境问题产生的外部性，就需要制定一系列政策来控制资源的利用。这些政策既包括直接减少企业资源利用的命令性控制手段，也包括促进企业技术革新、提高资源利用效率的激励性控制手段。可见，资源与环境之间具有显著的相互作用。

资源与环境的相互作用在资源的开采和利用上表现得尤为突出。人类利用资源开展生产和消费时不可避免地会产生废弃物，废弃物在环境中被吸收、分解或形成其他化合物时，会对环境产生不同程度的影响。废弃物排放的类型、自然环境的吸收或同化能力等决定了其对环境的影响程度，当废弃物可以在较短时间内分解时，其对环境影响较小；而当废弃物需要很长时间才能分解或无法分解时，如果该废弃物不经过处理就被排放，就会对自然环境造成严重损害。根据研究时间的跨度，可以将资源与环境的相互作用分为静态相互作用与跨期相互作用。

资源与环境的静态相互作用主要关注公共环境资源的高效管理，是学术界的研究重点和热点。有关资源和环境静态相互作用的文献大致可以分为三类。第一类文献关注的是经济对特定环境法规的反应。这类文献实际上是考虑环境法规的直接成本问题。例如，测度电力与煤炭行业对大气污染法规的反应，是通过构建一个行业的空间局部均衡模型，并在模型中加入不同的环境法规来实现的。已知煤炭和电力生产的成本函数和区际运输成本，如果该区域电力需求能够由可积分的反需求函数来描述，那么就可以通过计算生产者和消费者剩余最大化而得出市场的局部均衡解。中国目前实施的环境法规包括命令控制政策（包括事前控制、事中控制和事后控制）、经济刺激政策（如排污收费、排污权交易等)和劝说鼓励政策(如环境信息公开、环境宣传教育和考核表彰等)[1]。第二类文献主要关注的是资源利用对环境产生的负外部性问题,即环境破坏问题。量化消费者对环境质量的需求,是测度生产者对环境法规反应的一个有效方法。第三类文献是成本-收益分析。在某种意义上,这是环境法规产生的经济影响和资源利用的负外部性的综合评价工作,目标是要用成本与收益平衡的观点寻找最佳的命令控制政策。通常完成这一分析工作需要三个步骤:详细考察经济活动产生污染的可能性,评估污染可能导致的环境破坏及其经济价值,结合成本和破坏的估计来评估最优污染释放水平。

资源与环境的跨期相互作用因自然资源储量和环境价值的长期存在而普遍存在。例如,当前释放的二氧化碳会因滞留在大气中对将来的气候产生影响,进而影响当前资源使用强度的相关决策。可见,通过动态分析能够更加全面地掌握资源利用和环境之间的相互影响。一般来说,构建一个良好的资源与环境相互影响的动态模型需要考虑以下几个方面:重要自然资源的可耗竭性、废弃物排放对环境影响的可积累性、环境质量对生产者和消费者的影响、企业或政府对资本资源(包括技术研发)的投资、对污染控制和循环利用的支出。此外,模型不能违背自然规律,如能量守恒定律,并且要考虑资源利用对环境影响的不确定性,同时要尽可能地考虑经济因素,集中分析资源与环境相互作用中最显著的动态特征并保证定性分析结果的稳健性。国外学者根据考察问题的不同提出了不同的动态模型:Harold[2]考察了经济增长中不可再生资源有限存量的影响;Robert[3]和Joseph[4]考察了一个在生产技术中引入可再生资本作为不可再生资源的替代品的增长模型。

环境也是一种资源,面对保护环境的法律法规,一些资源产业需要及时调整战略,寻找符合产业发展与环境保护的最优资源开采量。国内学者在此方面的研究主要是以矿产资源开采为研究对象,葛世龙和周德群[5]用最优控制理论研究分析了资源最优开采路径、影子价格和耗竭时间;王锋正和郭晓川[6]研究了矿产资源型企业的发展现状及面临的挑战;仓定帮等[7]研究了资源的可采储量、资源利用率、资源替代及资源开采成本对资源开采路径的影响。国内外众多研究表明,由于资源与环境的跨期作用的存在,资源开采行业需要寻找一个开采的最优路径,以此实现可持续发展。

---

[1] 《人口 资源与环境经济学》编写组. 2019. 人口 资源与环境经济学[M]. 北京: 高等教育出版社: 209.

[2] Harold H. 1931. The economics of exhaustible resources[J]. Journal of Political Economy, 39: 137-175.

[3] Robert S. 1974. The economics of resources and the resources of economics[J]. The American Economic Review, 64: 1-14.

[4] Joseph S. 1974. Growth with exhaustible natural resources: efficient and optimal growth paths[J]. The Review of Economic Studies, 41: 123-137.

[5] 葛世龙, 周德群. 2008. 税收政策不确定下资源动态优化开采研究[J]. 管理学报, 26(5): 674-677.

[6] 王锋正, 郭晓川. 2012. 可持续性科学视角下矿产资源型企业转型升级路径研究: 源自内蒙古的实证数据[J]. 工业技术经济, 31(10): 62-70.

[7] 仓定帮, 魏晓平, 曹明. 2019. 矿产资源最优开采问题研究: 环境约束、后备替代与Hotelling法则[J]. 中央财经大学学报, 379(3): 85-91, 102.

8.1.2 环境-资源-经济系统的构成

从广泛意义上理解，环境是指围绕着某一主体的外部世界。狭义的环境是指人类环境，即以人类为主体，围绕人群空间广泛存在的各种天然的和经过人工改造的自然因素的总和，如大气、海洋、土地、矿藏、森林、草原等。环境是人类生存发展的根基，它是一种资源，为人类生存和发展提供物质保障。人类依赖环境而生存和发展，环境和自然资源作为消费品、资源供应者和废弃物的接纳者，为人类提供不可或缺的服务。它是人类不可缺少的生命支持系统，为人类提供生活资料和生产资源，提供活动的空间和场所，并吸纳人类排放的各种废弃物。人类通过其生产经营活动影响自然环境，并与之形成相互依赖、相互作用的统一体，我们将其称为环境-资源-经济系统。据Costanza等[①]在1997年对全球生态系统服务与自然资本价值（包括不可再生燃料与矿物、大气层）的不完全估算，其价值为16万亿～54万亿美元，平均为33万亿美元，相当于当年全球GNP的1.8倍。

在传统经济学中，稀缺资源或决定经济增长的因素主要是资本（哈罗德-多马模型）、技术（新古典经济增长模型）或制度（制度经济学），环境对产出没有影响，自然资源被隐含地假定为不稀缺的。值得注意的是，虽然索洛和丹尼森随后对哈罗德-多马模型进行了修正与补充，将自然资源存量因素引入模型以考虑环境因素，但由于生产函数是参考柯布-道格拉斯生产函数的形式 $Y = Ae^{rt}K^{\alpha}L^{1-\alpha}$，而该式中各个要素是可以相互替代的，所以即使肯定了环境对生产的作用，其所需的量也可以任意小。即在该模型中环境不会对生产增长形成限制，生产函数也不考虑环境容量有限性的问题。随着理论的进一步发展，20世纪80年代兴起的新经济增长理论虽然通过"干中学"、人力资本积累与R&D模型等将技术进步内生化，却依然未将资源环境对经济系统的约束整合到经济分析模型。

传统经济模型把经济系统看作一个封闭系统，未考虑其与环境的关系。系统中仅有两个基本的经济行为主体：企业和家庭。这两个行为主体由物质流和货币流连接起来，形成要素市场和产品市场。在要素市场上，家庭将生产要素提供给企业，企业将货币支付给家庭；在产品市场上，企业将产品出售给家庭，家庭将货币支付给企业，从而形成了与周围环境没有物质或能量交换的孤立封闭系统（图8-1）。

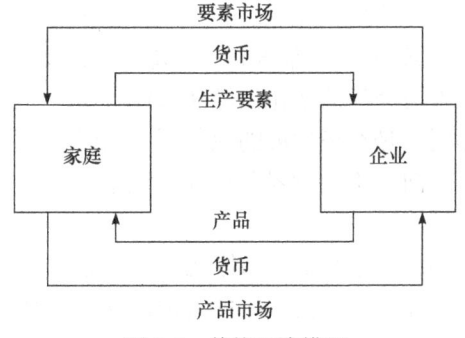

图8-1 传统经济模型

[①] Costanza R, d'Arge R, de Groot R, et al. 1997. The value of the world's ecosystem services and natural capital[J]. Nature, 387: 253-260.

现代环境经济学开拓了经济学的研究范围，在传统经济模型的基础上将环境、自然资源作为提供各种服务的复合性资产纳入经济分析中，把环境看作整个环境-资源-经济系统的一部分。环境为经济提供了可以通过生产过程转化为消费品的自然资源及使这种转化得以顺利运行的能量，最终这些原材料和能量以废料的形式又返回给了环境。理论上环境-资源-经济相互作用的一般框架如图8-2所示。该图说明了自然资源从环境中被开发，然后通过生产和消费的活动，最终回到环境的物质循环流动。

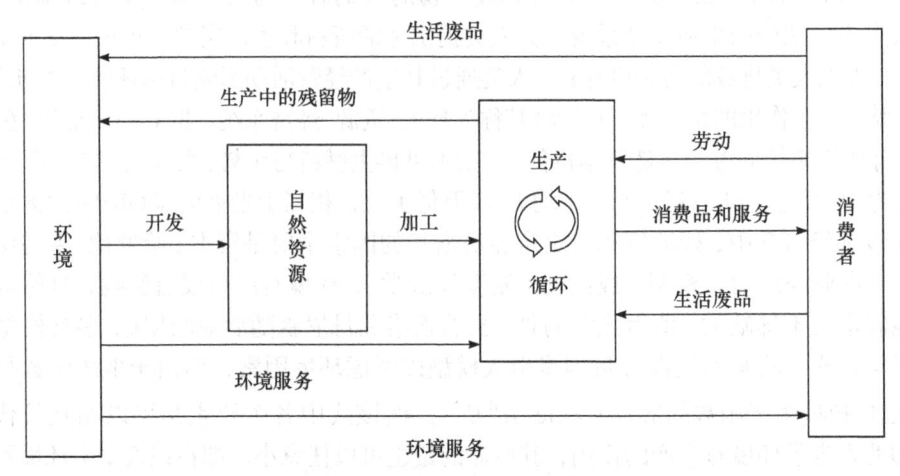

图 8-2　环境-资源-经济相互作用的一般框架

随着理论的进一步发展，新的理论范式指出：经济系统只是有限生态系统的子系统，且该子系统的存在和发展是以生态系统为基础的，所以人类的经济系统必须和生态系统保持协调，这些协调包括它们之间的物质循环和能量的流动，以及规模和尺度的互相协调。美国著名资源经济学家戴利对传统增长理论进行了尖锐的批判，提出了著名的"稳态经济"理论，他也被誉为"可以改变人类生活的当代100位有远见的思想家之一"。戴利指出，传统发展观的根本错误在于，它的核心理念把经济看作不依赖外部环境的孤立系统，认为经济是可以无限制增长的。而可持续发展的核心理念是把宏观经济看作一个更大的、有限的和非增长的生态系统的子系统，经济子系统的增长规模绝对不能超出生态系统可以永久持续或支撑的容纳范围。戴利在其《超越增长：可持续发展的经济学》一书中深刻论证了人类经济的演化已经从人造资本时代是经济发展的限制因素的时代，进入了剩余的自然资本是经济发展的限制因素的时代，揭示了可持续发展的时代特征，建立了"空的世界"向"满的世界"转变的理论模型，这就是"作为生态系统的开放子系统的经济"模型[①]。

在这一模型中，所有的经济系统都是有限的自然生态系统（环境）的一个子系统。由于生态系统的规模保持不变，而经济系统的规模却在不断增加，生态系统从一个"空的世界"转变为一个"满的世界"，自然资本代替人造资本成为稀缺要素。戴利说："世界从一个人造资本是限制性要素的时代进入一个自然资本是限制性要素的时代。捕鱼生

---

① 戴利 H E. 2001. 超越增长：可持续发展的经济学[M]. 诸大建，胡圣，等译. 上海：上海译文出版社：67-68.

产目前是受剩余鱼量的限制而不是受渔船数量的限制；木材生产是受剩余森林面积的限制，而不是受锯木厂多少的限制；原油的生产是受石油储量的限制，而不是受采油能力的限制；农产品的生产经营是受供水量的限制，而不是受拖拉机、收割机或土地的限制。我们已经从一个相对充满自然资本而短缺人造资本（以及人）的世界来到一个相对充满人造资本（以及人）而短缺自然资本的世界了。"[1]因此，所有经济系统都必须受到生态环境系统的约束，经济系统的运行须臾离不开环境系统的支持，两者之间一直进行着错综复杂的物质和能量的交换。总之，环境-资源-经济系统的建立是一个逐步形成并完善的过程，它拓宽了经济学的研究领域，深化了人们对经济与环境系统之间相互作用的认识，其建立与完善是经济发展理论探索的必然结果。

8.1.3 环境承载力与环境库兹涅茨曲线

环境有一定承载容量，这一承载容量是经济发展的客观基础条件。环境承载力是指在可以预见的时期内和现有的经济技术条件下，其自然资源包括环境资源所能支持的具有一定生活质量的人口规模和经济规模。环境承载力是就环境资源对人类活动支持能力的一种度量，是系统本身所具有的一个客观的量。它包括两个方面：环境承载力和资源承载力。环境承载力是一种人为约束，其大小与环境标准、环境容量、生活水平及人类的经济活动方式等因素有关，它对经济活动起限制作用；资源承载力是一种自然禀赋，其大小取决于生态系统中资源的丰裕度、人类对资源的需求及对资源的利用方式等因素，它对经济活动起支撑作用。在承载力范围内，环境具有一定的自我调节能力，但这种能力又是有限度的（又称为环境阈值）。一旦人类的活动超过了环境阈值，就会导致环境出现不可逆转的破坏，也称环境恶化。

1955年，美国经济学家库兹涅茨在对收入差距进行研究时发现，在经济发展过程中，收入差距随着经济增长先逐渐增大，后逐渐缩小，即收入差距和人均收入之间存在倒"U"形关系，描述这一关系的曲线被称为库兹涅茨曲线。20世纪90年代初，普林斯顿大学的经济学家格鲁斯曼和克鲁格[2]在对66个国家不同地区内的14种空气污染和水污染物质的12年来的变动情况进行研究时发现，大多数污染物质的变动趋势与人均收入水平的变动趋势呈倒"U"形关系，即污染程度随人均收入水平增长先增加而后下降，且污染程度的峰值大约位于中等人均收入水平阶段。据此，他们在1994年提出了环境库兹涅茨曲线的假说。环境库兹涅茨曲线如图8-3所示。

图8-3中纵坐标用人均污染物排放量等指标表示环境污染程度，横坐标表示人均收入水平。在经济发展的较低阶段，由于经济活动的水平较低，所以环境污染的水平也较低；在经济起飞、制造业大发展的阶段，资源的消耗超过资源的再生，环境恶化；在经济发展的更高阶段，经济结构改变，污染产业停止生产或被转移，经济发展带来的积累可以用来治理环境，人们的环境意识也加强了，环境状况因此开始改善。这样就形成了一条倒"U"形曲线，即环境库兹涅茨曲线。

---

[1] 戴利 H E. 2001. 超越增长：可持续发展的经济学[M]. 诸大建，胡圣，等译. 上海：上海译文出版社：112-113.

[2] Grossman G, Krueger A. 1991. Environmental impacts of a Nroth American free trade agreement[R]. Boston: National Bureau of Economic Research.

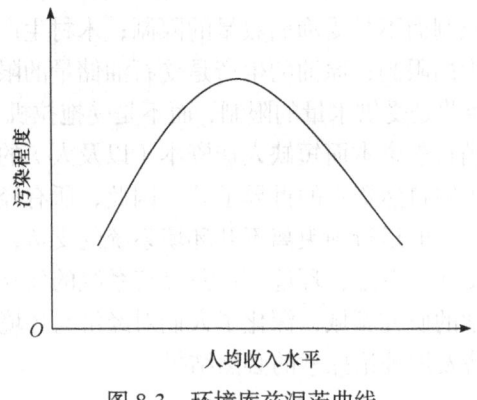

图 8-3 环境库兹涅茨曲线

钟茂初和张学刚将环境库兹涅茨曲线的理论基础归结为以下六个方面[①]：一是经济结构，随着人均收入的提高，经济规模扩大，导致污染增长，从而使得环境状况恶化，而伴随着经济发展水平的提高，经济结构将发生优化升级，资源密集型产业向技术密集型产业转变，环境质量得到改善；二是市场机制，随着经济发展和市场机制的完善，"资源"和"污染"逐渐被纳入市场体系；三是需求者偏好变化，随着经济增长，人们对环境质量的需求将迅速上升。四是国际贸易，污染会通过国际贸易和国际直接投资从高收入国家转移到低收入国家，使发达国家环境质量好转，同时造成发展中国家环境质量进一步恶化；五是技术进步，技术进步能够提高生产率并提高资源的循环利用率，以此改善环境；六是国家政策，当一国经济发展到一定水平，政府将加大环境投资并强化环境监管，这将产生改善环境质量的政策效应。

环境库兹涅茨曲线虽然反映了经济发展的自然进程，但值得注意的是，经济的可持续发展必须以自然资源为基础，并同环境承载能力相协调。而环境承载能力是有限的，在环境承载能力的限度内，生物圈能够承载人类利用自然资源的负荷，吸收人类排放的废弃物，从而自动调节生物圈的平衡。如果人类的生产和消费超过这一环境阈值，将可能导致生态系统的崩溃。环境库兹涅茨曲线是根据发达国家的经验得出的，并未被发展中国家的实践所证明，而且大部分发展中国家地处生态脆弱的热带和干旱地区，环境一旦遭到破坏就难以恢复。我国应避免走西方发达国家"先污染，后治理"的弯路，要充分发挥后发优势，走可持续发展道路。

■ 专栏 8-1 环境库兹涅茨曲线研究中的环境指标 ▶▶▶

环境库兹涅茨曲线研究中所用的经济指标多为人均 GDP、家庭收入等。环境指标最初仅指环境污染，随着经济发展、社会进步与科技发展，狭义的环境逐渐拓展为包括污染、资源和生态的大环境，并且为解决不同环境指标所得结论可比性较差的问题，还引入了发展效率指标。表 8-1 总结了已有研究中的环境指标。

[①] 钟茂初, 张学刚. 2010 环境库兹涅茨曲线理论及研究的批评综论[J]. 中国人口·资源与环境, 20（2）：62-67.

表 8-1　环境库兹涅茨曲线研究中的环境指标

环境指标类型	具体指标
环境污染类	大气：SO_2、CO、CH_4、CO_2、PM_{10}、工业废气排放量、工业化学需氧量排放量、工业氨氮排放量等
	水体：粪大肠菌/总大肠菌、重金属含量、溶解氧量、生化需氧量、常规化学毒物、硝酸盐、氮/磷含量、工业废水排放量
	其他：城市固体废物产生量、土壤氮、磷流失量、城市生活垃圾数量
资源生态类	剩余荒地比例、自然保护区比例、农用地比例、森林砍伐量、生物多样性大小、清洁水短缺率、初级原材料使用量
发展效率类	单位 GDP 能耗、单位 GDP-CO_2 排放量、人均道路能源消耗量、人均一次能源消耗、人类发展指数

资料来源：周静，杨桂山，戴胡爽. 2007. 经济发展与环境退化的动态演进：环境库兹涅茨曲线研究进展[J]. 长江流域资源与环境,（4）: 414；刘远书，籍国东，罗忠新，等. 2020. 南水北调东线治污对山东段的环境与经济影响：基于 EKC 曲线理论的实证分析[J]. 中国人口·资源与环境, 30（10）: 73-81；王树文，王京诚. 2022. 城市生活垃圾与经济增长的非线性关系：基于环境库兹涅茨曲线的实证分析[J]. 中国人口·资源与环境, 32（2）: 63-70

8.2　经济全球化与国际环境问题

经济的全球化带来了环境问题的全球化。一方面，国际贸易对各国以至全球环境的影响日益显著，特别是有可能通过贸易和投资转嫁污染；另一方面，环境问题开始成为发达国家建立贸易壁垒的借口，如制定复杂的进出口环境标准等。环境问题的全球化及采取的国际行动对贸易产生了一定的影响，目前关于臭氧消耗、气候变化、生物多样性、危险废物转移等方面大多数国家已经签订了一系列国际环境公约及附属的议定书。

8.2.1　全球化贸易与环境问题

根据国际贸易理论，如果每个国家都生产具有比较优势的产品，就能实现福利最大化。但是，如果这种比较优势是建立在环境损害的基础上（如出口污染密集型商品），则出口的增加所推动的生产规模的扩大将提高污染水平，从而导致社会福利的损失。在这种情况下，传统意义上的从贸易中所获的利益必须和环境质量的退化相比较，只有在净福利提高，即传统的贸易收益补偿超过环境质量退化时，全球化贸易才对经济有利[①]。

假设有一个污染产品的出口国，x 表示该产品的产量，y 表示国内总产值，z 表示污染排放总量，设污染水平 $z=e(\theta^C)x$，产品的世界价格为 P^W，国内净价格为 P^N，生产均衡点沿预算约束线移动。如图 8-4 所示，上半部分描绘了污染产品在出口面临贸易壁垒而导致产量和国内总产值变化的情况；下半部分则描述了这些变化所引起的环境效应。假设初始生产点是 $A(x^A,y^A)$，污染排放总量为 $z^A=e(\theta^A)x^A$。当贸易壁垒减少时，出口量增加，导致产品产量从 A 点增加至 C 点，新的国内净价格为 P^N，并且生产规模增长也带来了生产技术的进步，因此，总的污染排放强度会下降为 $e(\theta^C)$，污染排放总量会降低到 z^C。

---

① 尼斯 A V, 斯威尼 J L. 2009. 自然资源与能源经济学手册（第 1 卷）[M]. 李晓西, 史培军, 等译. 北京: 经济科学出版社: 142.

从 z^A 到 z^C 的移动可以分解为三个组成部分：①假定经济规模和技术不变，贸易产生一个从 A 到 B 的结构性改变，这个变动导致污染排放总量从 z^A 移动到 z^B，这就是贸易引起的结构效应；②在图 8-4 上半部分中，从 B 点到 C 点的移动反映了规模效应，由于生产规模的扩大，污染排放总量从 z^B 移动到 z^S，这反映了规模效应；③按世界价格计算的出口总值上升，并且通过实际收入（间接）产生了技术效应，由于清洁技术的运用及排放强度的下降，技术效应导致污染物排放从 z^S 下降到 z^C。因此对于一个污染产品的出口国来说，如果结构效应和规模效应之和超过了技术效应，那么贸易自由化可能导致污染减少。

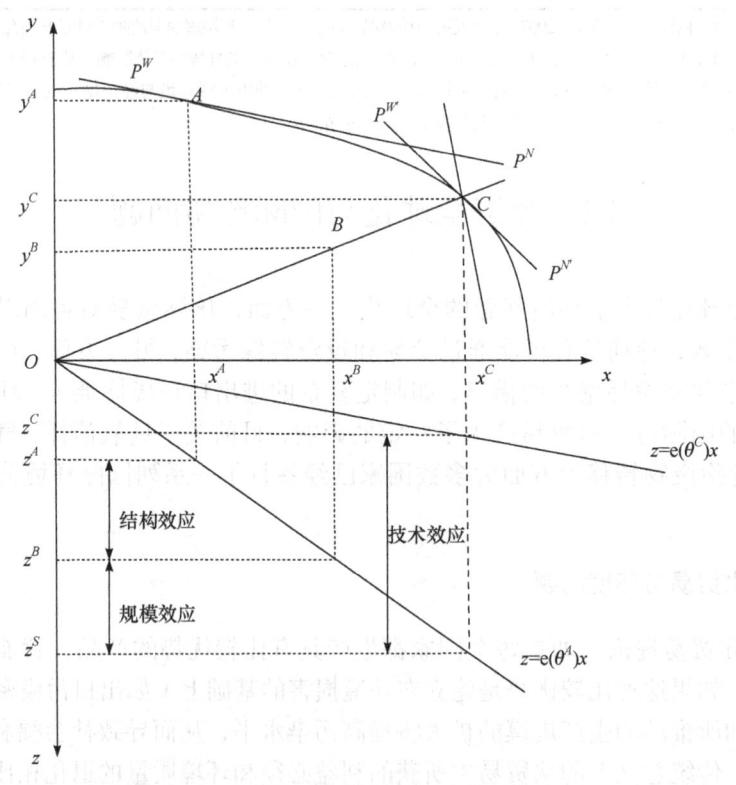

图 8-4　污染产品产量变化导致的环境效应[①]

相反，若一国进口该商品，按照国际贸易理论，其国内净价格最初高于世界价格，随着贸易壁垒的下降，国内相对净价格会趋于下降。进行国际贸易之前的国内净价格 P^N（图 8-4 中 C 点），贸易自由化使得国内净价格随之下降到 P^W，生产点从 C 移动到 A。在这个过程中存在两种效应。①结构效应：环境保护使污染产品被迁移，诱使生产者转向生产清洁商品，环境污染降低。②规模效应：贸易提高生产率，导致产出增加，从而污染增加。

总体来看，贸易自由化对地区和全球环境的影响依赖于各国比较优势的分布特征，这种比较优势的分布是由国家间污染政策差异和其他影响（如要素禀赋差

[①] 唐剑, 周雪莲. 2017. 中国对外贸易的环境影响综合效应分析[J]. 中国人口·资源与环境, 27（4）: 87-94.

异)共同决定的。

8.2.2 跨国境污染问题

伴随着全球化的发展,温室效应、酸雨、臭氧层空洞、热带雨林消失、生物物种灭绝等全球环境恶化问题日益显著,这些现象不仅涉及一个国家,一国的环境污染往往会通过某种机制扩散至其他国家,形成跨国境污染。

根据污染的流向,可将跨国境污染分为单向跨国境污染与双向跨国境污染(图8-5)。

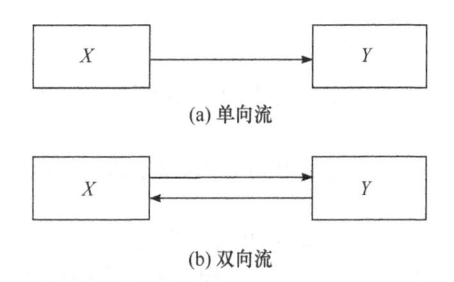

我们将考虑两种基本的情况。最简单的是考虑两个邻国(第一种情况),其中一国生产产品并制造污染,并且将该污染产品出口至另一国家。解决这一问题的有效方法是受害国对该进口商品征收额外关税。

图 8-5 跨国境的污染流
资料来源:珀曼 R, 马越, 麦吉利夫雷 J, 等. 2002. 自然资源与环境经济学[M]. 2版. 侯元兆, 等译. 北京: 中国经济出版社: 398

第二种情况是将两国模型拓展至多个国家,每个国家的生产活动都排放污染,共同承担着污染造成的损失,且每个国家受到的污染都不仅来自某一个国家,如二氧化碳导致的全球变暖。解决这一问题的一个途径是污染区域内国家共同制定并遵守一个环境协定。

在第一种情况下,图 8-6 表示了两个市场:污染排放国的市场和受害国的市场。图中显示了生产产品的边际私人成本和每个国家对产品的需求。最优的污染政策是征收与污染的边际损失相等的庇古税。额外税收使得该商品在受害国与污染排放国的价格都上升,只有那些消费产品的边际价值超过边际私人成本与污染的边际损失之和的消费者将消费这种产品。产品在两国的销售量将分别为 q_p^* 和 q_v^*,并且这将是有效率的。如果污染排放国不征收排放费,这将导致该商品的产量为 q_p^-。受害国可使用的唯一手段是对进口产品征收每单位 t^+ 的关税。征税情况如图 8-6(b) 所示,总税收为 $t^+q_v^+$。总损失为 $t^*(q_p^- + q_v^+)$。

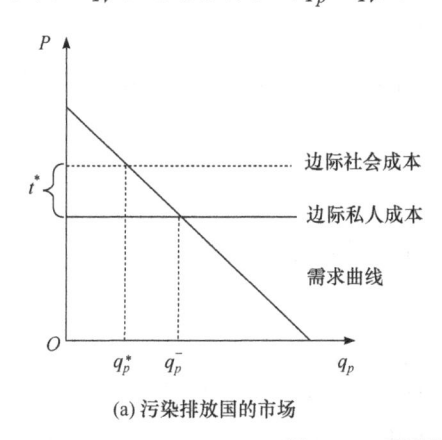

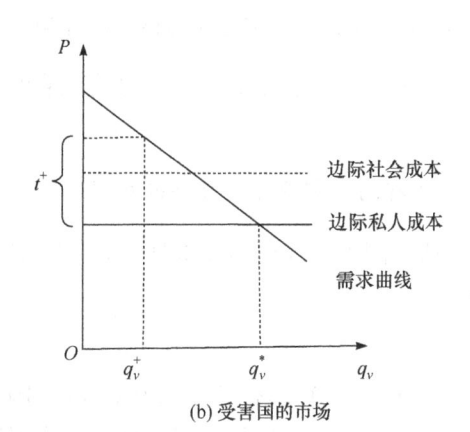

图 8-6 对跨国污染征收抵消性关税
资料来源:科尔斯塔德 C D. 2016. 环境经济学[M]. 2版. 彭超, 王秀芳, 译. 北京: 中国人民大学出版社: 398

在第二种情况下，确定加入环境协定的国家数量是一个重要问题。假设有 N 个完全相同的国家，每一个国家 i 的污染排放量为 e。每个国家都可以选择污染或减排。若国家 i 选择污染，则 $e=1$，选择减排则 $e=0$。一个国家的环境收益可以简化为

$$\prod = e_i - \gamma \left[\sum_j e_j \right] \tag{8.1}$$

这个收益公式包含两部分。第一部分是由于本国排放污染而获得的私人环境收益 e_i，第二部分是由于其他国家排放污染而产生的损失 $\gamma \left[\sum_j e_j \right]$。对任何一个国家来说，减排比污染的成本更高。根据上述条件，如果一个国家选择污染，那么这个国家的私人环境收益将等于 1；如果选择减排或不污染，其私人环境收益将等于 0。所以，如果一个国家选择减排，第一项 $e_i=0$，如果选择污染，$e_i=1$。由于是跨国污染，因此污染带来的损失取决于各国的排放水平，变量 γ 表示一单位排放造成的平均损失，如果 γ 值过小，环境问题就会变得微不足道，也就不需要进行国际合作来解决环境问题；如果 γ 值过大，那么环境问题将会变得十分严重，以致无论其他国家采取什么措施，该国都会选择减排。当 $\frac{1}{N} < \gamma < 1$ 时，签订国际环境协定会是一个比较有效的解决措施。

那么一个国家为实现它自己的利益将会采取什么样的策略呢？每个国家都可以选择合作（签订国际环境协定）或不合作（不签订国际环境协定），这会出现以下三种情况：①所有国家都选择合作；②所有国家都选择不合作；③有些国家选择合作，而其他国家选择不合作。

1. 所有国家都选择合作的情况

当各国都合作时，它们会协调各自的行动以谋求各自福利的最大化。因为所有的国家都是一样的，这就有两种可能：所有国家都减排，或者所有国家都污染。根据式（8.1），如果所有国家都减排，那么获利是 0；如果所有国家都污染，获利是 $1-\gamma N$。因为 $\gamma > \frac{1}{N}$，所以 $1-\gamma N < 0$。这意味着，合作的最好结果是每个国家都减排并且每个国家的环境收益均为 0。

2. 所有国家都选择不合作的情况

当所有国家都选择不合作时，对于国家 1 来说，其环境收益为

$$\prod_1 = e_1 - \gamma e_1 - \gamma \left[\sum_{j>1} e_j \right] \tag{8.2}$$

国家 1 的选择是 $e_1 = 0$ 或者是 $e_1 = 1$。因为 $\gamma < 1$，所以根据式（8.2），国家 1 选择污染时，国家 1 的环境收益更多。如果其他国家是相同的情况，那么都会继续选择污染。每个国家的获利都是 $1-\gamma N < 0$，也就是说，所有国家都选择不合作的结果要比都选择合作的结果差。

3. 有些国家选择合作，而其他国家选择不合作的情况

对这一情况的分析实际上是对国际环境协定规模的分析，可将加入国际环境协定的国家称为成员国（假设有 M 个国家参与协定），不加入国际环境协定的国家称为边缘国。根据对情况 2 的分析可知，边缘国会继续进行污染。如果成员国选择继续污染，成员国的私人环境收益为 $1-\gamma N$；如果成员国选择减排，其收益变为 $-\gamma(N-M)$，因此当 $-\gamma(N-M) \geqslant 1-\gamma N$，即 $M \geqslant \frac{1}{\gamma}$ 时成员国会选择减排。但是由于国际环境协定的规模不是一成不变的，成员国可以选择退出协定，边缘国也可以选择加入协定。对于规模特别大（$M=M^+$）的国际环境协定，其成员国为获得更大利益，就会希望退出该环境协定（图 8-7），这就会使成员国数量变为 M^+-1。然而，在 M^* 规模时，一个成员国的退出就意味着国际环境协定成员国的数量下降至低于 $\frac{1}{\gamma}$ 的水平，这时其他成员国会选择留在国际环境协定中，但会选择继续进行污染。这意味着，国际环境协定的一个稳定规模是成员国数量等于或略大于 $\frac{1}{\gamma}$。

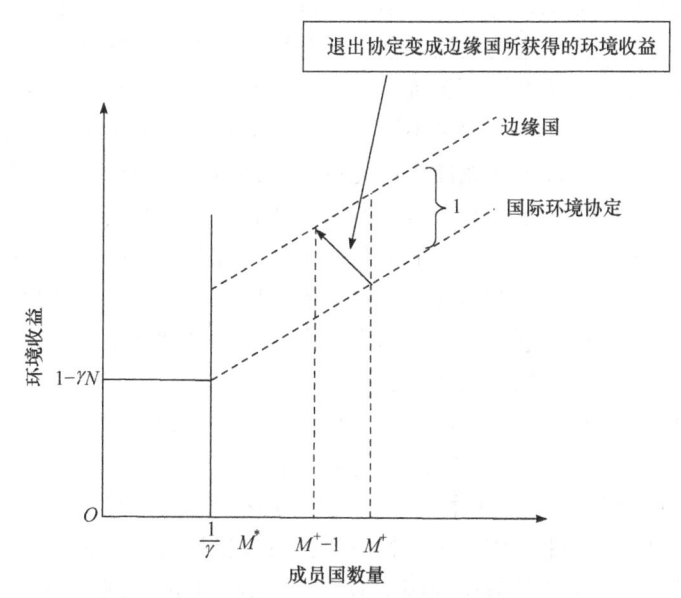

图 8-7　根据国际环境协定规模方程得出的成员国和边缘国的环境收益
资料来源：科尔斯塔德 C D. 2016. 环境经济学[M]. 2 版. 彭超, 王秀芳, 译. 北京：中国人民大学出版社：404

由此可见，一个国家对单方面地实施污染控制方案的动机不足，甚至存在相反的动机。一个国家不仅可能选择不单方面地进行任何污染控制，而且可能出于自身利益考虑而不参加其他国家进行的控制行动。因为不参与控制行动，这个国家不仅可以得到其他国家进行控制带来的利益，而且不用承担其他国家控制污染所需的费用，所以它在国际贸易中具有竞争优势。在某些情况下，自身的利益甚至驱使一个国家在别的国家都在控制污染时反而产生更多的污染。为了获得非纳什均衡，使两国均控制污染，需要对其收

益进行再分配以改变博弈结构。

8.2.3 环境问题的历史和现实

人类的生产活动是人与自然界进行物质交换的过程。人在从自然界攫取社会发展所必需的资源及向自然界排放废弃物的同时，必然会出现不同程度的环境问题，它随人类物质文明的提高而突出。环境问题，其实质是经济发展，特别是工业化与环境保护之间的矛盾问题，是人和环境之间互相依赖、互相融合的关系失调。

在工业革命以前，人类用手工劳动进行生产，人口和社会生产力都处于一种非常缓慢的增长状态，经济和社会的发展对环境的需求和作用相对较小，因此环境与发展基本和谐。人类社会早期的环境问题，主要表现为因乱采、乱捕破坏了人类聚居的局部地区的生物资源而引起的生活资料缺乏，或者因为用火不慎而烧毁大片森林和草地，迫使人们迁移以谋生存；以农业为主的奴隶社会和封建社会的环境问题，主要表现为在人口集中的城市，各种手工业作坊和居民抛弃生活垃圾导致的环境污染。总体来说，前工业社会的人类活动对环境的影响只是局部的，没有达到影响整个生物圈的程度。

随着工业化进程的加快，特别是在第二次世界大战以后，现代生产力的巨大发展使经济活动的需求及对环境作用的程度和强度日益增大。人们在处理发展与自然、环境的关系时，又往往片面地强调发展而忽视生态环境问题，使发展与环境的互馈关系趋于恶化。这是因为：一是与农业生产原理不同，工业社会建立在大量消耗能源，尤其是化石燃料的基础上，工业化的发展导致能源消耗量的急剧增加，由此带来的污染问题随之凸显；二是工业社会具有大量生产和大量消费的模式，在工业社会，人们不再仅仅满足于生理上的基本温饱的需求，更高层次的享受成为工业社会发展的动力，因而汽车等高档消费品进入了家庭和社会，由此引起的环境污染问题日益显著，如洛杉矶光化学烟雾事件等；三是工业化进程中大规模的开发与生产会引起一系列环境问题，伴随着大量污染事件，由于其影响面广，往往带来严重后果。

随着经济的飞速发展，环境问题已经从局部范围发展为地区性甚至全球性的问题，出现了环境污染的范围扩大、难以防范和危害严重的特点。具体表现为：全球气候变暖、臭氧层空洞、酸雨蔓延、生物多样性减少、大气污染肆虐、森林减少、土地荒漠化扩大、资源短缺、水资源污染严重和固体废弃物成灾，以及世界自然灾害显著增加等。其中，酸雨蔓延、全球气候变暖和臭氧层空洞是最严重、最普遍的全球性环境问题。①酸雨不仅对土壤、水体、森林等自然资源产生严重损害，还对名胜古迹等人文景观带来了严重破坏，对人类社会造成重大的经济损失，甚至危及人类生存和发展。目前，我国酸雨区是世界三大酸雨区之一，面积超过200万平方公里。我国酸雨区面积扩大速度和降水酸化率之高世界罕见。②随着全球化石能源的开采与利用，气候变暖问题逐步引起全球关注，为了抑制全球气候变暖，大部分国家已签署了《京都议定书》《哥本哈根协议》《巴黎协定》等国际性公约和文件。全球气候变暖会导致冰川融化、海平面上升、热浪侵袭、暴风雨和水灾、生物多样性丧失等环境损害。当前，地球吸收的热量增加的幅度前所未有，地球变暖的速度比预期的要快，美国国家航空航天局及国家海洋和大气管理局的研究发现,在 2005 年到 2019 年,地球热量失衡,"困住"的热量大约增加了一倍,导致海洋、空气和陆地更加迅速地变暖[①]。③臭氧层是人类免受紫外线伤害的保护伞,自 1985 年臭氧层空洞在南极首次被发现以来,臭氧层空洞面积呈现不断扩大的趋势,2000 年达到了 2800 万平方公里,而随着科学技术的更新换代,大多数破坏臭氧层的化学物质在国际上被禁止使用,近年来臭氧层空洞面积有所减小,但对臭氧层的保护仍不可以被忽视。

■ 相关链接 8-1　历史上的公害事件 ▶▶▶

1. 马斯河谷事件:1930 年 12 月 1~5 日,比利时马斯河谷工业区。由于工业区处于狭窄的盆地中,12 月 1~5 日发生气温逆转,工厂排出的有害气体在近地层积累,三天后有人发病,症状表现为胸痛、咳嗽、呼吸困难等。一周内有 60 多人死亡。心脏病和肺病患者死亡率最高。

2. 多诺拉事件:1948 年 10 月 26~31 日,美国宾夕法尼亚州多诺拉镇。该镇处于河谷,10 月最后一个星期大部分地区受反气旋和逆温控制,加上 26~30 日持续有雾,使大气污染物在近地层积累。二氧化硫及其氧化作用的产物与大气中的尘粒结合是致害因素,发病 5911 人,占全镇人口 43%。症状是眼痛、喉痛、流鼻涕、干咳、头痛、肢体酸痛无力、呕吐和腹泻,死亡 17 人。

3. 洛杉矶光化学烟雾事件:20 世纪 40 年代初期,美国洛杉矶市。全市 250 多万辆汽车每天消耗汽油约 1600 万升,向大气排放大量碳氢化合物、氮氧化物和一氧化碳。该市临海依山,处于 50 千米长的盆地中,汽车排出的废气在日光作用下,形成以臭氧为主的光化学烟雾。

4. 伦敦烟雾事件:1952 年 12 月 5~9 日,英国伦敦市。12 月 5~9 日英国几乎全境为浓雾覆盖,四天中死亡人数较常年同期约多 4000 人,45 岁以上的死亡最多,约为平时 3 倍;1 岁以下死亡的,约为平时 2 倍。事件发生后的一周中因支气管炎死亡的人数是事件发生前一周同类人数的 9.3 倍。

5. 四日市哮喘事件:1961 年,日本四日市。1955 年以来,该市石油冶炼和工业燃油产生的废气,严重污染城市空气。重金属微粒与二氧化硫形成硫酸烟雾。1961 年,因污染导致的支气管哮喘病患者人数剧增,1967 年一些患者不堪忍受痛苦而自杀。1972 年该市共确认哮喘病患者达 817 人,死亡 10 多人。

6. 米糠油事件:1968 年 3 月,日本北九州市和爱知县一带生产米糠油时,用多氯联苯作脱臭工艺中的热载体,由于生产管理不善,多氯联苯混入米糠油,人们食用后中毒。截至 1978 年 12 月,日本有 28 个县正式承认 1684 名患者。

7. 水俣病事件:1956 年,日本熊本县水俣市含甲基汞的工业废水污染水体,使水俣湾和不知火海的鱼中毒,人食用毒鱼后受害。1972 年日本环境厅公布:水俣湾和新县阿贺野川下游有汞中毒者 283 人,其中 60 人死亡。

8. 痛痛病事件:1955~1977 年,日本富山县神通川流域的锌、铅冶炼厂等排放的含

---

① 张佳欣. 2021-06-22. 2005—2019 年间地球热量失衡致变暖加速[N]. 科技日报,(4).

镉废水污染了神通川水体，两岸居民利用河水灌溉农田，使稻米和饮用水含镉而导致中毒，1963～1979年3月共有患者130人，其中死亡81人。

9. 日本福岛核泄漏事故：2011年3月11日日本东北太平洋地区发生里氏9.0级地震，继而发生海啸，该地震导致福岛第一核电站、福岛第二核电站受到严重的影响。

■ 相关链接8-2　全球气候变化大事记 >>>

全球范围大事记如下。

1988年：全球气候变暖警钟敲响。

1992年：制定《联合国气候变化框架公约》。

1994年：3月21日《联合国气候变化框架公约》正式生效。

1997年：12月11日《京都议定书》通过。

2001年：3月布什政府宣布拒绝批准《京都议定书》。

2005年：2月16日《京都议定书》正式生效，已有156个国家和地区批准了该协议。

2009年：12月，《联合国气候变化框架公约》第15次缔约方大会，在首都哥本哈根举行，缔约国就2012～2017年全球减排协议举行会议。

2015年：《联合国气候变化框架公约》第21次缔约方大会通过《巴黎协定》。

2016年：全球平均气温达到有记录以来的最高值。

2020年：2010～2019年报告的由于气候灾害造成的经济损失是1970～1979年的7倍多。

2021年：2月19日，美国自2020年11月4日正式退出《巴黎协定》后又重新加入《巴黎协定》。

2022年：7月15日至17日之间，格陵兰岛冰山以每日60亿吨的速度融化，3天的冰雪融化量足以填满720万个标准奥林匹克游泳池。

中国范围大事记如下。

1992年：中国成为《联合国气候变化框架公约》缔约国之一。

1998年：5月中国签署《京都议定书》。

2007年：中国印发《节能减排综合性工作方案》。

2008年：1月，中国南方发生低温雨雪冰冻灾害。

2008年：中国北京绿色奥运成功举办。

2009年：6月，两个最大温室气体排放国——中国和美国的气候谈判开启。

2009年：中国和美国作为两个最大温室气体排放国，在《联合国气候变化框架公约》第15次缔约方大会期间成为世界焦点。

2012年：《中华人民共和国环境保护法》修正，《中华人民共和国环境保护法修正案（草案）》起草工作完成。

2012年：党的十八大对推进新时代"五位一体"总体布局作了全面部署。

2015年：习近平在党的十八届五中全会第二次全体会议上的讲话明确提出了创新、协调、绿色、开放、共享的新发展理念。

2021年：2月、9月气温均为历史同期最高温。

2022年：夏季鄱阳湖因异常高温天气提前100天进入枯水期。

8.3 环境问题的经济原因

8.3.1 市场失灵

市场失灵是指市场存在缺陷，不能正确估价和分配环境资源，不能将环境成本内部化于商品和劳务的价格中，从而导致商品和劳务的价格不能反映它们的环境成本。在环境问题上，市场失灵的主要原因有以下几点。

第一，环境资源产权不安全、不存在或难以界定。市场机制正常作用的基本条件是明确定义的、安全的、可转移的和可实行的产权，但对于许多环境资源，如大气层、海洋及许多的森林和山地等，产权明确界定是非常困难的。环境资源很难符合市场机制正常运行所要求的产权条件。缺乏所有权导致了对环境资源的忽视或过度使用，Hardin[①]关于"公地悲剧"（tragedy of the commons）的著名论断就描述了所有权缺失所产生的后果。

蒂坦伯格和刘易斯在《环境与自然资源经济学》一书中以捕猎野牛为例，分析了不受限制的进入导致的过度捕猎现象。[②] 图 8-8（a）显示了捕猎野牛的边际收益和边际成本曲线，其中边际收益曲线向下倾斜，因为捕猎活动越多，野牛数量越少，每单位捕猎活动所能获得的回报越少。该模型中，有效捕猎数量（Q_1）由边际收益曲线和边际成本曲线的交点决定，在该点实现了净收益最大化，并给社会带来面积为 $A+C$ 的稀缺性租金（scarcity rent）。由于野牛所有权难以界定，所有捕猎者均可不受任何限制地捕猎野牛，这将会导致无效配置。其原因在于，不受限制的进入摧毁了保护资源的动机，没有一个人会愿意通过限制自己的捕猎活动来保护社会的稀缺性租金，因为他限制自己的捕猎带来的好处，在某种程度上也会被其他捕猎者所获得。因此，不具有排他性使得个体捕猎者将会不断地开采资源直到他们的总收益和总成本相等，即捕猎数量达到 Q_2，从而导致过度捕猎。

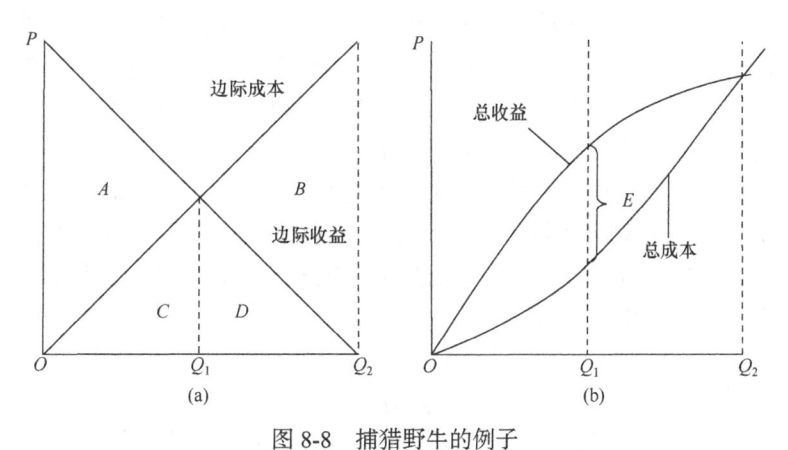

图 8-8 捕猎野牛的例子

[①] Hardin G. 1968. The tragedy of the commons: the population problem has no technical solution; it requires a fundamental extension in morality[J]. Science, 162(3859): 1243-1248.

[②] 蒂坦伯格 T, 刘易斯 L. 2016. 环境与自然资源经济学[M]. 10 版. 王晓霞, 等译. 北京: 中国人民大学出版社: 22-23.

第二，无市场和市场竞争不足。无市场是指环境资源的市场不存在，这些资源的价格为零，或者是有些资源（如地下水资源）的市场虽存在，但价格偏低，因而造成使用者的过度使用和滥用，从而导致日益稀缺。薄市场是指由于某些原因，在一些资源市场上买者和卖者的数量很少，从而使他们之间的竞争很弱，市场竞争不足或不完全，它们在市场中的价格无法体现出它们的公允价值，不利于资源的有效利用和保护[1]。以石油为例，主要的石油开采国组成了卡特尔，生产者签订了一个共谋协议来限制产量以提高价格，共谋协议使这一集团像垄断者一样行动，导致了高于正常的价格和低于正常的产量。如图8-9所示，理论上的有效配置状态产量为OB，市场竞争不足导致生产者只生产OA数量的产品，此时边际收益与边际成本相等，且价格为OF。在这一点上，虽然生产者剩余最大化，但给整个社会带来了三角形EDC的无谓损失（dead weight loss）。

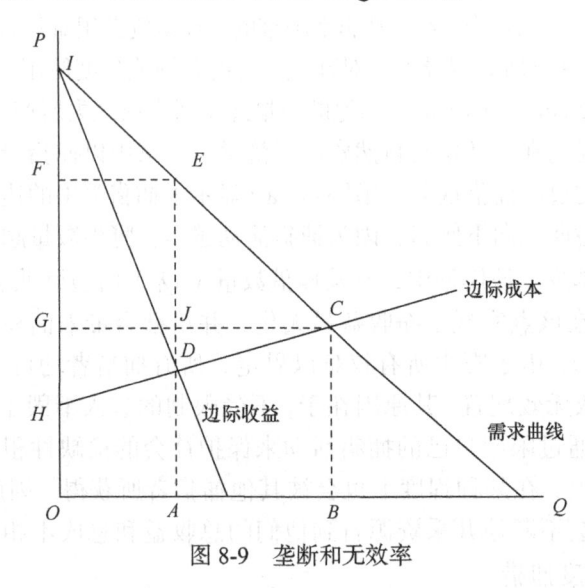

图 8-9 垄断和无效率

第三，外部效应。由于环境的强公共性，其外部性表现得相当明显，外部性的存在改变了竞争性市场中的效率条件。在存在外部性的情况下，私人的市场行为是无效的，其原因就在于如果厂商之间采取互不合作的行为（独自实现利润最大化），其产出将比相互合作（联合利润最大化）低。具体分析如下。

假设一个厂商生产X商品，另一个生产Y商品，为简化起见，假设生产X商品只需要投入K，生产Y商品只需要投入L。但两个厂商都需要空气作为生产投入，且不需要为使用这种资源付费。另外假设生产Y商品会产生大气污染并对X商品的生产造成负的外部影响，因而有两个生产函数。

$$X=X(K,M)$$
$$Y=Y(L)$$

式中，$M=M(L)$，假设$\partial X/\partial K>0$，$\partial X/\partial M<0$，且$dY/dL>0$，则两个厂商利润函数为

$$\Pi_X=P_XX-P_KK=P_XX(K,M)-P_KK$$

---

[1] Gan L, Li Q. 2016. Efficiency of thin and thick markets[J]. Journal of Econometrics, 192（1）: 40-54.

第 8 章 经济发展与环境

$$\prod_Y = P_Y Y - P_L L = P_Y Y(L) - P_L L$$

在竞争性市场经济中，每个厂商独自追求利润最大化，其条件是

$$\frac{\partial \prod_X}{\partial K} = P_X X_K - P_K = 0$$

$$\frac{\partial \prod_Y}{\partial K} = P_Y Y_L - P_L = 0$$

如果联合生产，则联合生产利润为

$$\prod_{X+Y} = P_X X(K,M) + P_Y Y(L) - P_K K - P_L L$$

通过对 K 和 L 的偏微分，可得联合生产利润最大化的条件为

$$\frac{\partial \prod_{X+Y}}{\partial K} = P_X X_K - P_K = 0$$

$$\frac{\partial \prod_{X+Y}}{\partial L} = P_X \cdot \frac{\partial X}{\partial M} \cdot \frac{\mathrm{d}M}{\mathrm{d}L} + P_Y Y_L - P_L = 0$$

将上式整理后得 $P_X \cdot \frac{\partial X}{\partial M} \cdot \frac{\mathrm{d}M}{\mathrm{d}L} + P_Y Y_L = P_L$，即 $P_Y = \frac{P_L}{Y_L} - \frac{P_X \cdot \frac{\partial X}{\partial M} \cdot \frac{\mathrm{d}M}{\mathrm{d}L}}{Y_L}$。

因此，Y 商品的社会经济价格等于 Y 商品的私人边际成本(P_L/Y_L)减去 Y 商品的社会边际成本。由于 $\partial X/\partial M < 0$，因而 $P_Y > P_L/Y_L$。

珀曼等在其《自然资源与环境经济学》一书中分析了外部负效应。他比较私人生产者利润最大化行为与联合生产利润最大化行为后而得出，外部负效应在私人边际收益与社会边际收益之间形成了一个楔形（图 8-10），私人生产者利润最大化的行为无法实现资源的有效配置。

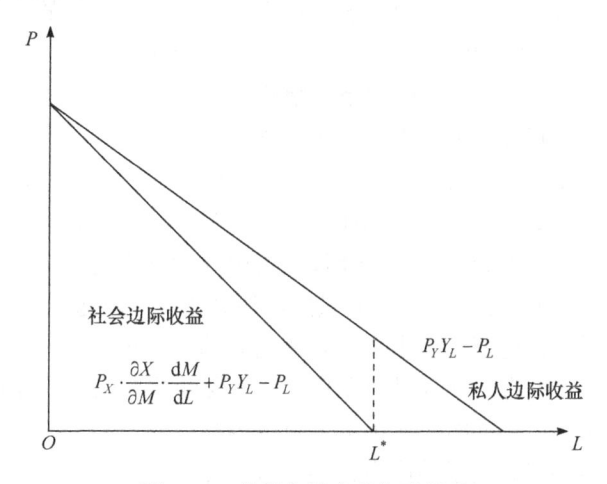

图 8-10 外部负效应的楔形图示

资料来源：珀曼 R, 马越, 麦吉利夫雷 J, 等. 2002. 自然资源与环境经济学[M]. 2 版. 侯元兆, 等译. 北京: 中国经济出版社: 153

一方面，当存在外部性时，由于当代人与跨越代际的贴现率之差，或环境使用者易于转移成本，导致环境资源的稀缺性价值被低估，环境被过度使用（图 8-11）。

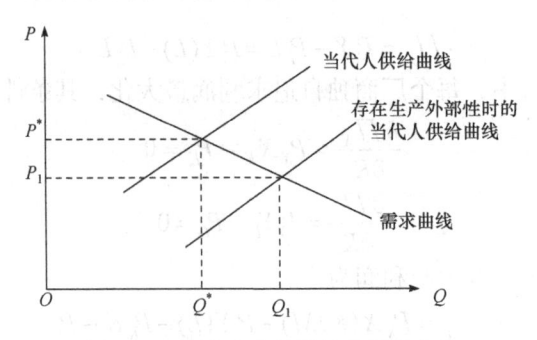

图 8-11 存在生产外部性的供需曲线

在没有生产外部性的情况下,最佳的产量在 Q^*。当存在生产外部性时,供给曲线向右移动,产量增加到 Q_1,且 $Q_1 > Q^*$。当前的过度开采和消费,造成后代人消费的减少,损害了可持续发展所要求的对资源均衡合理配置的要求

另一方面,环境保护行为具有很强的正外部性,即市场主体对环境改善所带来的利益并不能独享,却要独自承担环境改善的全部成本,因而容易产生"搭便车"问题,这必然使正外部性公共物品的供给低于社会最优水平,环境资源配置无法达到帕累托最优状态。

第四,环境信息的稀缺性与不对称性。不但人们对生态系统的了解很少,环境信息十分稀缺,而且信息的公共性和人的机会主义行为导致信息不对称,这就使得市场机制在环境问题上往往不能有效配置资源,很难达到帕累托最优状态。

8.3.2 政府失灵

在解决生态环境问题时,政府干预通常是为了矫正和弥补市场机制的功能缺陷,削弱外部性,促进公共物品的生产。但是,政府为此所采取的立法、行政管理及各种经济激励手段,在实施过程中往往会出现种种事与愿违的结果和问题,最终导致政府干预效率低下和社会福利的损失。也就是说,政府在力求弥补市场失灵的过程中,政府行动不能提高资源配置效率或政府把收入再分配给那些不应当获得这些收入的人,于是不可避免地产生了一种缺陷,即政府活动的非市场缺陷——政府失灵。

在环境问题上,政府失灵主要表现在两个方面。

一是环境政策失灵,指现行的部门政策和宏观经济政策在制定过程中没有给予生态环境以足够的重视,以致扭曲环境资源的使用或配置的成本,造成资源滥用与环境破坏。例如,20世纪美国政府为对抗飞蛾入侵果园,美国农业部大力推广砷酸铅这种危险的农药,为了清洗水果上面残留的农药,人们只能用醋洗水果。但随着害虫抗药性越来越强,果农被迫加大用药剂量,这就使得水果上残留的农药无法被完全清洗,它的毒性会对牲畜和人类身体造成巨大损害,并且时至今日,它所含的重金属一直存在于地表中。20世纪四五十年代,滴滴涕代替砷酸铅成了世界范围内被广泛使用的杀虫剂,《寂静的春天》一书讲述了滴滴涕的滥用导致了美国乡村的灾难,作者卡逊在书中指出政府的喷药计划无法对抗害虫的抗药性,详细描述了消灭害虫的计划同时也杀死了鱼类、鸟类和牲畜,并且导致了更多害虫的产生。而如今世界范围内大规模使用氮肥,也对世界生态环境造成了破坏,截至 2020 年,每年有超过 1000 万吨的沉积物混入氮肥和杀虫剂中进入珊瑚礁生态系统,严重威胁了珊瑚的生存及周边海域生态环境状况。2021 年联合国粮农组织、联合国开发计划署和联合国环境规划署联合发布了一份有关全球农业的报告,发现全球每

年给予农民的5400亿美元补贴中，近90%是"有害的"，报告认为农业补贴行为损害了人们的健康，加剧了气候危机，破坏了自然，并因排斥小型农户而加剧了收入不平等状况。

二是环境管理失灵，指各级政府组织中存在的一系列管理问题，导致有关政策无法有效实施。环境管理失灵可体现在两方面。一方面，各种政策在部门之间的协调不足，环境管理部门缺乏强有力的干预手段和强制措施以实现政策目标，政策工具的选择和搭配不适当等。例如，对工业的补贴政策使工农业产品价格出现剪刀差，影响了农民的积极性，导致土地投入的减少，部分剩余劳动力向林业和采矿挖掘业转移，增加了破坏森林和矿产资源的可能性。另一方面，企业为了降低成本采取的寻租行为有可能需要消耗社会资源，现行的环境规制为政府部门和企业提供了过多的寻租空间，可能使得环境管理效果和政策公信度下降，导致社会总福利受损。①

导致政府失灵的原因是多方面的，诸如制定和实施公共政策的各种制约因素、政府机构的相对低效率、政府行为的内在效应等，具体到环境问题，需要特别关注以下几个方面。首先是信息的不完全性导致的政策失效。政府制定和实施正确的干预政策并有效地解决生态环境问题的一个基本前提是掌握大量的信息，只有掌握了有关整个生态环境系统运行状况的全面的、准确的信息，才有可能进行有效的监控。但事实上政府决策部门所拥有的信息都是有限的，并且决策信息的获得总是困难且需要成本的，因而许多公共环境政策实际是在信息不完全的情形下做出的，也就很容易导致决策失误和政策失效。其次是公共物品供给的低效率。这是由于公共物品的供给一般是以非价格为特征的，而其具有的社会效益又缺乏准确衡量的标准及可行的估算方法；在现实中，公共物品往往由政府部门垄断经营，而政府部门缺乏降低成本、追求利润的动机，于是有可能过分投资，生产出多于社会需要的公共物品，并伴有机构不适当地扩大、雇员增加、薪金和费用提高，从而造成大量的浪费；加上监督机制存在缺陷和政府官员寻租现象的存在，政府部门也难以高效地提供公共物品，从而容易产生公共物品供给过剩和成本增加现象。最后是政策制定者个人主观认知的困难。政府公共部门的政策制定者必须在异常繁杂的环境中做出决策，也就是说，这些政府公务人员面对的情况往往超过了他们能以最优方式正确把握已知信息的能力，当面临这种决策过程中的认知困难时，就很容易发生政府失灵。

总之，环境破坏往往是由人类的行为造成的。在市场可以正常工作的情况下，市场机制是有效配置资源的手段；在市场不能正常工作的情况下，就会出现市场失灵。市场失灵是政府干预的一个理由，政府干预的巨大作用也不可否认，但有时政府干预的结果并不一定比市场失灵更好，盲目的干预和错误的决策都会对环境产生破坏。因此，尽管市场存在着诸多的失灵问题，但并不能就此得出不再需要市场的结论，相反，应该看到，市场在各种必要的规则下能够把资源浪费减少到最低限度。同时，既然市场在资源配置中所需要的制度变革并不能自动地形成，因此就需要政府为市场提供必需的推动力和必要的制度支撑。

8.3.3 二元经济条件下环境问题的特殊性

环境问题与经济发展密切相关，不同的经济发展状况下产生不同的环境问题，二元经济条

---

① 王珂，毕军，张炳. 2010. 排污权有偿使用政策的寻租博弈分析[J]. 中国人口·资源与环境, 20（9）: 95-99.

件下的环境问题有其特殊性，主要表现为落后造成的环境问题与发展造成的环境问题的并存。

二元经济条件下的发展中国家中存在着性质完全不同的两种经济部门：一是传统部门（主要指农业部门），生产率低且生产方式落后；二是先进的现代非农业部门（主要指工业部门），生产率较高且掌握先进的生产技术。一方面，在传统的农业部门中，劳动力丰富但生产方式落后，边际劳动生产率接近零，巨大的人口压力迫使劳动力过度开采自然资源，从而导致了一系列的环境问题，这类环境问题是由落后造成的，是生产力水平与人口数量不匹配造成的生态环境退化。另一方面，现代工业部门边际劳动生产率较高，这导致了严重的环境污染问题，带来了温室效应、热岛效应、臭氧层破坏等问题。由于现代工业部门扩大生产规模需要更多的劳动力，同时现代工业部门能够获得相较于传统农业部门更高的劳动报酬，传统的农业部门会源源不断地向现代工业部门输送劳动力，这就进一步导致了城市环境破坏与城乡发展不平衡问题。

总体而言，我国的经济增长具有典型的二元经济特征。若按1990年可比价水平计算，我国农业GDP份额从新中国成立初期的超过40%持续下降至2021年的7.3%，年均增长仅8.5%，远低于全国平均水平；而工业GDP份额则由1953年的19.8%稳步提高到2021年的32.6%，年均增长约12.1%，其高增长主要依赖于重要要素的大量倾斜投入。在改革开放期间，工业总产值年均增长达11.2%，工业能源消耗与工业二氧化碳排放年均增长均达6%以上，而工业部门所吸纳劳动力的增长率仅有1.9%。具体地，改革开放以来，只占全国四成左右GDP的工业消耗了全国七成左右的能源，排放出全国八成以上的二氧化碳。进入新时代以来，我国在创新驱动发展战略下稳步推动经济高质量发展，全国能源消耗与工业能源消耗增长率显著减慢（图8-12和图8-13）。

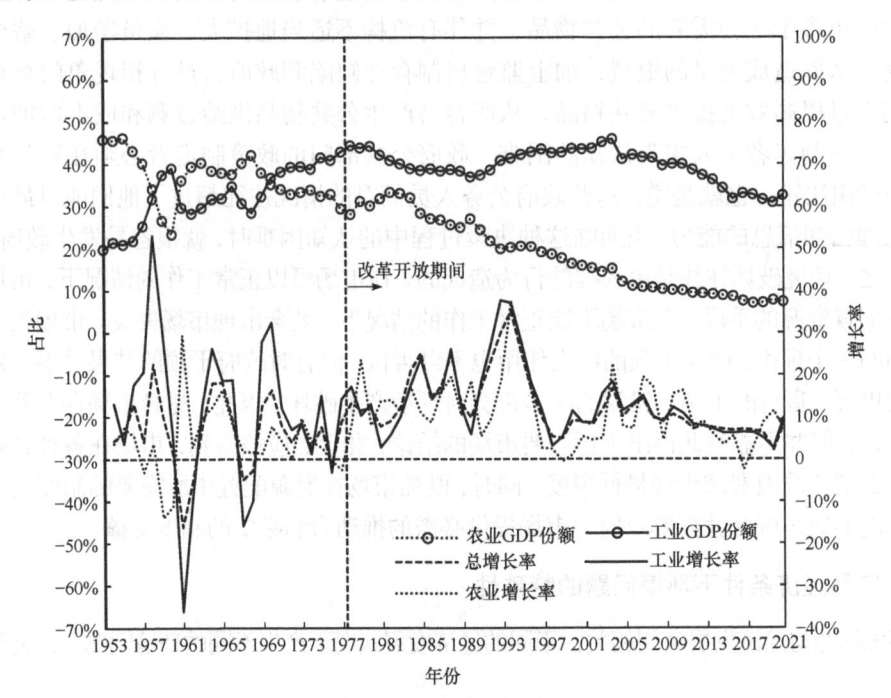

图8-12 中国1953~2021年经济增长率及产业占比情况
资料来源：《新中国五十五年统计资料汇编》、历年《中国统计年鉴》

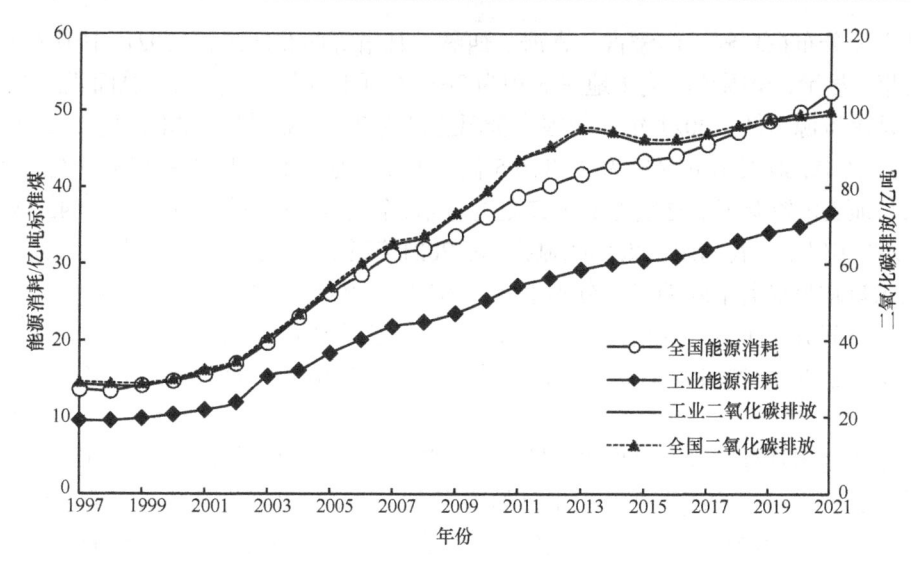

图 8-13　中国 1997～2021 年能源消耗与二氧化碳排放情况

资料来源:《新中国五十五年统计资料汇编》、历年《中国统计年鉴》、历年《中国能源统计年鉴》和中国碳核算数据库等

8.4　我国环境与经济的协调发展

8.4.1　我国生态环境问题的现状和类型

进入新时代以来,我国秉持新发展理念,积极推进经济高质量发展,在生态环境保护方面取得了重要成就。目前,我国的环境问题主要集中在两个方面,即生态破坏和环境污染。具体来讲,主要表现在以下几个方面。

一是水土流失。水土流失导致土地资源减少,同时会导致河床升高,湖泊、水库淤积,洪水泛滥等问题。近年来,我国水土流失治理成效显著,《2021 中国生态环境状况公报》显示,中国水土流失面积为 269.27 万平方千米,各强度等级水土流失面积中,轻度、中度、强烈及以上等级侵蚀面积分别为 170.45 万平方千米、44.31 万平方千米、52.51 万平方千米,其中强烈及以上等级侵蚀面积占全国水土流失面积的比例下降到 19.50%[①]。目前水土流失状况在稳步向好,但水土流失作为我国最突出的生态环境问题之一,依旧要引起重视。

二是植被破坏与土地荒漠化。我国植被破坏主要表现在森林面积不足和草场退化等方面。2021 年,我国森林面积达 34.6 亿亩,覆盖率达到 24.02%。虽然森林面积实现了多年的持续增长,但是仍然只相当于世界平均水平的 61.3%[②],保护森林任重道远。2017 年,全国草原面积 567 544 万亩,且每年呈下降趋势[③],天然草原出现不同程度的退化,草原退化、沙化已成为中国沙尘天气产生的主要原因。当前,我国发生严重土地荒漠化

---

① 中华人民共和国生态环境部. 2022. 2021 中国生态环境状况公报 [EB/OL]. https://www.mee.gov.cn/hjzl/sthjzk/zghjzkgb/202205/P020220608338202870777.pdf[2022-08-24].
② 国家林业和草原局. 2022. 2021 中国林草资源及生态状况 [M]. 北京: 中国林业出版社.
③ 全国畜牧总站. 2018. 中国草业统计 2017 [M]. 北京: 中国农业出版社.

的地区主要分布在新疆、内蒙古、青海、西藏、甘肃等西北地区,《2021 中国生态环境状况公报》显示,全国荒漠化土地总面积为 261.16 万平方公里,占国土总面积的 27.2%。

三是水资源短缺。2021 年,全国水资源总量为 29 638.2 亿立方米,比 2020 年减少了 6.2%。其中,地表水资源量为 28 310.5 亿立方米,地下水资源量为 8195.7 亿立方米,地下水与地表水资源不重复量为 1327.7 亿立方米,全国水资源总量占降水总量 45.3%。[①]虽然自 1997 年以来,我国用水效率明显提高,2021 年全国万元 GDP 用水量、万元工业增加值用水量均呈显著下降趋势,分别下降了 85.2%、88.0%(按可比价计算)[②]。但是我国水资源空间分布不均匀的情况仍然存在,北方六区水资源总量为 7460.1 立方米,南方四区水资源总量为 22 187.1 立方米,华北、胶东、辽中南、西北地区的多个城市常年缺水。

四是生物多样性减少。生物多样性是全人类食物、水及健康的保障。我国地域辽阔,生物种类繁多,是生物多样性特别丰富的国家之一,生物多样性居北半球第一位。生物多样性对于确保我国粮食安全、适当供水及医药事业的发展具有非常重要的意义。我国已于 1992 年加入了《生物多样性公约》,近年来,我国部分生物物种资源现状得到一定程度改善,但仍需谨慎防范物种资源丧失的总体趋势。

五是气候变化与自然灾害。2021 年,全国平均气温 10.53℃,较常年偏高 1.0℃,为 1951 年以来历史最高。各月气温均偏高或接近常年同期,其中 2 月和 9 月气温均为历史同期最高。自然灾害与生态环境有着天然的联系,是人与自然矛盾的一种表现形式。由于环境不断恶化,20 世纪 90 年代以来,我国各种自然灾害频繁发生,2021 年各种自然灾害共造成 1.07 亿人次受灾,因灾死亡失踪 867 人,紧急转移安置 573.8 万人次;倒塌房屋 16.2 万间,不同程度损坏 198.1 万间;农作物受灾面积 11 739 千公顷;直接经济损失 3340.2 亿元。灾害阶段性和区域性特征明显,全年呈现"上轻下重、南轻北重"态势[③]。我国发生的众多事例证明,气候的变化特别是区域性气候的变化及与气候相关的自然灾害的增加,都与植被的破坏有着密切的关系。

六是环境污染。我国的环境污染主要分为水污染、大气污染、农业污染和城市垃圾污染四类。伴随着工业的快速发展特别是水泥、化工等高污染行业的扩张,我国主要污染物的排放量基本呈现逐年递增的趋势。《2021 中国生态环境状况公报》显示,全国地表水污染较重、近岸海域的水质总体为轻度污染、部分城市大气和酸雨污染仍然较重、农村环境问题日益突出等。2021 年,全国地表水监测的 3632 个国考断面中,Ⅰ~Ⅲ类水质断面(点位)占 84.9%,比 2020 年上升 1.5 个百分点。主要污染指标为化学需氧量、高锰酸盐指数和总磷。2021 年,长江、黄河、珠江、松花江、淮河、海河、辽河七大流域和浙闽片河流、西北诸河、西南诸河主要江河监测的 3117 个国考断面中,Ⅰ~Ⅲ类水质断面占 87.0%,比 2020 年上升 2.1 个百分点。长江流域、西北诸河、西南诸河、浙闽片河流和珠江流域水质为优,黄河流域、辽河流域和淮河流域水质良好,海河流域和松

---

① 中华人民共和国水利部. 2022. 中国水资源公报 2021[M]. 北京: 中国水利水电出版社: 9.
② 中华人民共和国水利部. 2022. 中国水资源公报 2021[M]. 北京: 中国水利水电出版社: 26.
③ 中华人民共和国应急管理部. 2022. 应急管理部发布 2021 年全国自然灾害基本情况[EB/OL]. https://www.mem.gov.cn/xw/yjglbgzdt_202201/t20220123_407204.shtml[2022-08-24].

花江流域为轻度污染①。此外，由于农药、化肥和塑料薄膜的过量使用，农村环境问题日益突出。同时，随着我国城市化进程的加快，城市垃圾的产生量和清运量也在大幅度增加。2019年，我国196个大、中城市一般工业固体废物产生量达13.8亿吨，处置量3.1亿吨，贮存量3.6亿吨，倾倒丢弃量4.2万吨；生活垃圾产生量23 560.2万吨，处理量23 487.2万吨②。城市垃圾的填埋和处理，不仅占据了大量土地，而且还造成了严重的环境污染。

8.4.2 生态环境与经济可持续发展的途径

党的十八大以来，中国现代化进程加速，中国式现代化是人与自然和谐共生的现代化。进入新时代以来，习近平多次在讲话中提及生态文明建设。在2018年的全国生态环境保护大会上，习近平指出："新时代推进生态文明建设，必须坚持好以下原则。一是坚持人与自然和谐共生，坚持节约优先、保护优先、自然恢复为主的方针，像保护眼睛一样保护生态环境，像对待生命一样对待生态环境，让自然生态美景永驻人间，还自然以宁静、和谐、美丽。二是绿水青山就是金山银山，贯彻创新、协调、绿色、开放、共享的新发展理念，加快形成节约资源和保护环境的空间格局、产业结构、生产方式、生活方式，给自然生态留下休养生息的时间和空间。三是良好生态环境是最普惠的民生福祉，坚持生态惠民、生态利民、生态为民，重点解决损害群众健康的突出环境问题，不断满足人民日益增长的优美生态环境需要。四是山水林田湖草是生命共同体，要统筹兼顾、整体施策、多措并举，全方位、全地域、全过程开展生态文明建设。五是用最严格制度最严密法治保护生态环境，加快制度创新，强化制度执行，让制度成为刚性的约束和不可触碰的高压线。六是共谋全球生态文明建设，深度参与全球环境治理，形成世界环境保护和可持续发展的解决方案，引导应对气候变化国际合作。"③建设人与自然共生的现代化就是要大力推动生态环境与经济的可持续发展。

一是进一步发展绿色经济和完善绿色GDP核算体系的建设。传统的国民经济核算体系仅以最终产品和劳务的市场价值为核算指标，而未将经济增长对环境资源的消耗和破坏所造成的影响纳入其中，因此它无法衡量人类活动所使用的资源环境的真实成本，也反映不出人类为防治污染和改善环境所付出的巨大代价与社会福利的变动，结果导致资源的盲目开采和浪费，以及环境的任意污染与破坏。因此，必须对现有的国民收入核算方法做相应调整。2005年2月，国家环境保护总局和国家统计局在10个省市启动以环境核算和污染经济损失调查为内容的绿色GDP核算试点工作。进一步推进和完善绿色GDP核算体系的建设应做好以下工作：在理论与方法上，科学评估自然资源与环境的价值，建立绿色经济核算账户体系和绿色经济指标体系，如绿色增加值、绿色GDP和绿色

---

① 中华人民共和国生态环境部. 2022. 2021中国生态环境状况公报[EB/OL]. https://www.mee.gov.cn/hjzl/sthjzk/zghjzkgb/202205/P020220608338202870777.pdf[2022-08-24].

② 中华人民共和国生态环境部. 2020. 2020年全国大、中城市固体废物污染环境防治年报[EB/OL]. https://www.mee.gov.cn/ywgz/gtfwyhxpgl/gtfw/202012/P020201228557295103367.pdf[2022-08-24].

③ 新华社. 2018. 习近平出席全国生态环境保护大会并发表重要讲话[EB/OL]. https://www.gov.cn/xinwen/2018-05/19/content_5292116.htm[2022-08-24].

国内生产净值，修正传统的经济分析理论与方法，制定绿色统计、会计和审计的准则、制度及法规；在实践上，有计划、有步骤地开展绿色国民经济核算工作，加快绿色国民经济核算的基础工作建设，逐步积累经验，不断完善我国的绿色国民核算理论、方法和制度。

二是大力发展循环经济。循环经济是指遵循自然生态系统的物质循环和能量流动规律来重构经济系统，使其和谐地进入自然生态系统的物质能量循环利用过程，并形成以产品清洁生产、资源循环利用和废物高效回收为特征的新型经济模式，其主要特征是废弃物的减量化、资源化和无害化。它要求按照自然生态系统的循环模式，将经济活动高效有序地组织成一个"资源利用—绿色工业—资源再生"的封闭型物质能量循环的反馈式流程，以保持经济生产的低消耗、高质量和低废弃，从而将经济活动对自然环境破坏的影响降到最低程度。因此，循环经济是在实现人类社会可持续发展的进程中解决资源环境制约问题的最佳途径，是实施可持续发展战略的必然选择和重要保证。发展循环经济的基本途径包括推行清洁生产、综合利用资源、建设生态工业园区、开展再生资源回收利用、发展绿色产业、促进绿色消费等。

三是完善环境法规，加大执法力度，坚持依法治理环境。全球范围内，绿色经济的基石主要是《联合国气候变化框架公约》（1992）、《京都议定书》（1997）、《哥本哈根协议》（2009）和《巴黎协定》（2015）这四个具有里程碑意义的国际协议。我国绿色经济法律法规体系以宪法为基础，以《中华人民共和国环境保护法》与相关能源法律为主体。我国先后颁布了《中华人民共和国环境保护法》《中华人民共和国大气污染防治法》《中华人民共和国水污染防治法》《中华人民共和国环境噪声污染防治法》《中华人民共和国固体废物污染环境防治法》《中华人民共和国放射性污染防治法》《中华人民共和国海洋环境保护法》《中华人民共和国森林法》《中华人民共和国草原法》《中华人民共和国土地管理法》《中华人民共和国水法》《中华人民共和国矿产资源保护法》等专业性法规[1]。这些法律规定在我国的环境保护方面发挥了一定的作用。但由于这些法规大多是政策性的，缺少配套的实施细则，不足以成为执法部门的执法依据，所以，有法不依的现象依然较为严重，环境违法案件时有发生。此外，必须加强对这些法规执行情况的监督和检查，加大环境执法监管的力度，以确保环境保护的法律规范落到实处。

四是充分发挥市场机制作用，加强环境保护的制度建设。制度是一种社会或组织的规则，它提供了人们在交往活动中可以预期的行为准则。环境保护的关键在于制度设计者的环境理念，以及在这一理念指导下的制度安排。环境作为共有资源，它具有非排他性的特征，即人们即使不付费也可以享用环境资源，结果导致无论是厂商还是居民只依据自身的成本和收益状况来决定其生产与消费，而不考虑其行为对环境的危害所产生的外部性问题。在环境资源的使用方面，可以通过建立资源市场，明晰资源产权，让稀缺环境资源能够得到合理的定价，从而通过价格来规范环境资源的使用。在现实经济中，由于通过市场制度无法完全消除外部性，所以政府有必要实施干预。政府可以通过提供激励性的制度安排将外部效应内部化，从而有效地解决环境问题；建立生态补偿机制，

---

[1] 沈满洪. 2020. 资源与环境经济学[M]. 3版. 北京: 中国环境出版集团: 299.

利用有效的经济手段控制污染行为,使环境资源的外部效应内部化,而受益者需按照一定的资源环境价值对环境保护付出者进行经济补偿,如向排放废物者收取排污费,向影响环境质量的产品使用者收取使用费等。

五是以技术创新为根本手段,减少污染负荷,改善环境质量,节约自然资源。目前,我国环保技术的成果大多只停留在实验室阶段,没有转化为实际生产力,其原因在于与环保产业的高投入相伴的巨大风险是民间资本无力承担的,因此,以追求利润最大化为目标的私人资本对环保产业投资的动力不足。为此,政府必须采取相应的措施以加快我国环境保护产业的发展。首先,要加大对环保科研的投入,开发无废、少废、节水和节能的新技术、新工艺;其次,加强技术制度建设,如各项专利技术制度、环保产业及市场管理体系制度、环保产品资质许可制度等。通过这些制度的建设,可以有效地保护科研人员的成果,从而调动他们的科研积极性,以加快环保科技成果的转化和应用。

六是开展生态国际贸易与合作。随着经济行为的规模不断扩大,由此引起的环境问题超出了地理上的代与代之间的分界线。全球化带来的国际环境问题,包括全球气候变暖、臭氧层空洞及生物多样性减少、跨境污染等,其根本原因在于生态环境的外部性,而问题的解决均需要国际性合作。国际政治和经济组织的发展及其权力的增强,为创造国际合作的中介提供了美好的前景。这些组织在环境政策方面起着非常重要的作用,这些组织包括世界环境与发展委员会、欧盟、OECD、世界银行、众多的非政府组织和研究机构(如世界资源研究所)及各国的发展银行。虽然阻碍国际合作的一系列因素必然存在,但新的全球环境问题也为国际合作提供了新的机遇。

七是提高全民的环境意识。环境意识是指人们对自身与环境关系的认识和反映,它包括人对环境的需要、目的、态度和价值观,是调节、引导和控制人们行为的内在原因。在社会经济生活中,除正规制度外,还存在着意识形态、伦理道德等非正规制度。相比正规制度而言,非正规制度的变化更为缓慢,对微观经济主体潜移默化的影响更为持久和深远。环境意识就是这样一种影响人们日常行为的非正规制度。只有使环境意识深植于每个人的思想,使每个人都认识到生态环境与人类生存的关系,认识到生态危机对人类的危害,人们才能自觉地保护环境。我国应该通过宣传教育、促进公众参与等手段,提高全民自觉保护生态环境的意识,促进发展观、生产观和消费观向环境友好方向转化,从而实现环境保护和经济发展的良性循环。

本 章 小 结

人类通过其生产经营活动影响自然环境,而自然环境又影响人类的经济行为,它们形成了相互依赖、相互作用的统一体,称为环境-资源-经济系统。在环境承载力范围内,环境具有一定的自我调节能力,但这种能力又是有限度的(又称为环境阈值)。一旦人类的活动超过了环境阈值,就会导致环境出现不可逆转的破坏,也称环境恶化。

经济全球化带来了环境问题的全球化,包括全球化贸易与环境问题、跨国境污染问题等。环境破坏往往是由人类的行为造成的。在市场可以正常工作的情况下,市场机制是有效配置资源的手段。在市场不能正常工作的情况下,就会出现市场失灵。环境问题的经济原因包括市场失灵和政府失灵,市场需要政府为其提供必需的推动力和必要的制度支撑。

二元经济条件下环境问题有其特殊性,主要表现在落后造成的环境问题与发展造成的环境问题的并存。目前我国的生态环境破坏问题依然存在,自然灾害频繁发生,给社会造成了巨大的损失。必须采取多种途径来实现我国环境与经济的协调发展。

关键概念

环境-资源-经济系统　　　环境库兹涅茨曲线　　双向跨国境污染　　外部负效应　　循环经济

思考题

1. 什么是环境-资源-经济系统?其与传统经济模型中的经济系统有什么异同?
2. 全球化贸易对环境有哪几种效应的影响?其原因是什么?
3. 分析跨国境污染问题产生的原因。
4. 环境问题产生的经济原因是什么?试论述二元经济条件下环境问题的特殊性。
5. 生态环境与经济可持续发展的途径有哪些?在全球化背景下应该特别注意哪些方面?

推荐阅读的文献资料

伯克 P, 赫尔方 G. 环境经济学[M]. 吴江, 贾蕾, 译. 北京: 中国人民大学出版社.
马尔腾 J G. 2012. 人类生态学: 可持续发展的基本概念[M]. 顾朝林, 等译. 北京: 商务印书馆.
尼斯 A V, 斯威尼 J L. 2010. 自然资源与能源经济学手册(第 1 卷)[M]. 李晓西, 史培军, 等译. 北京: 经济科学出版社.
张帆, 李东. 2007. 环境与自然资源经济学[M]. 2 版. 上海: 上海人民出版社.
He G J, Wang S D, Zhang B. 2020. Watering down environmental regulation in China[J]. The Quarterly Journal of Economics, 135(4): 2135-2185.
Jerch R, Kahn M E, Li S J. 2017. The efficiency of local government: the role of privatization and public sector unions[J]. Journal of Public Economics, 154: 95-121.

第 9 章 环境价值的经济评价

环境价值的经济评价指对环境的状况、质量和环境所提供的服务的经济价值进行定量评价。本章着重介绍环境价值评价的三类方法——直接市场评价法、揭示偏好法与陈述偏好法，结合案例说明它们的基本概念和使用步骤，并基于此对比它们的适用范围与条件、存在的问题与局限性，探讨了选择环境价值评价方法的规律和依据。

9.1 环境价值评估方法的框架

环境价值是指现在或未来的环境物品通过服务或其他形式提供的福利，环境价值评价是指对环境的状况、质量和环境所提供的服务的经济价值进行定量评价。环境价值的经济评价是一个迅速发展且与现实紧密联系的领域，其对现实主要有两方面意义：一是完善经济开发和环境保护投资的可行性分析，二是为制定环境政策、实施环境管理提供决策依据。环境经济学家基于环境物品的价值不同于其他有形商品的特点，创造了不同种类的方法，以便在不同的情况下对环境状况进行评价。

环境价值的经济评价强调的是要反映个人的经济偏好。这里有一个基本的假设：人类对于环境质量和自然资源保护的偏好会对资源配置产生重要影响。环境价值的经济评价的基础是人们对于环境改善的支付意愿，或是忍受环境损失的接受赔偿意愿。因此，环境价值的经济评价方法大多从估计人们的支付意愿或接受赔偿意愿入手。获得人们的偏好和支付意愿或接受赔偿意愿的途径主要有三个：一是从直接受到影响的物品的相关市场信息中获得；二是从其他事物中所蕴含的相关信息中获得；三是通过直接调查个人的支付意愿或接受赔偿意愿获得。

我们都知道，环境污染或环境质量下降会导致农作物的产量下降，因为农作物可以在市场上交换，并具有相应的市场价格，所以我们可以通过农作物产量的下降幅度乘以该农作物的市场价格，从而估算出环境污染对该种农作物造成影响的大小，并以此作为环境污染损失的价值评价结果。这就是上面所说的价值评价的第一种途径，我们把这种方法称为直接市场评价法。但是，当市场和价格不能提供价值评价所必需的信息时，我们就需要研究和开发其他的方法。随着环境意识的提高，人们对自己所生活的环境越来越重视，当人们决定购买或消费某些物品时，通常也会考虑环境质量的好坏对这些物品的实际价值的影响。例如，当人们购买住房时，通常会把周围空气质量等环境因素作为考虑因素之一，然后再根据房产市场的价格情况决定自己是否要购买。因此，我们就可以从与环境质量相关的其他商品市场所蕴含的信息，或者从人们的实际市场行为中推断出消费者的偏好和支付意愿，这就是上面所说的价值评价的第二种途径，我们把这种方法称为揭示偏好法。第三种途径就是通过调查等方式，让消费者直接表述出他们对环境物品或服务的支付意愿（或接受赔偿意愿），或者对其价值进行判断，我们把这种方法称为陈述偏好法。因此，我们把对环境价值的经济评价方法划分为三种类型：一是直接市场评价法，包括剂量-反应法、生产率变动法、疾病成本法和人力资本法、机会成本法、损害函数法、生产函数法等；二是揭示偏好法，包括内涵资产定价法、防护支出法、旅行费用法等；三是陈述偏好法，包括意愿调查价值评估法等。

9.2 直接市场评价法

9.2.1 基本概念

直接市场评价法又称常规市场法、物理影响市场评价法。它是根据生产率的变动情况来评估环境质量变动所带来的影响的方法。评价环境变化的经济学意义，最直观的方法就是通过观察环境的物理变化来估计这种变化对商品和服务造成的经济影响。例如，酸雨损坏了树木和建筑物，降低了它们的市场价值；土壤侵蚀减少了当地农作物的产量，使下游农民和水库所有者为了清除泥沙而花费更多的费用。此时，环境变化造成了他人的额外货币支出（外部费用）。而污染引起的疾病则会产生医疗成本，同时还会造成发病者工资收入的损失，并导致劳动生产率水平的降低。

直接市场评价法把环境质量看作一个生产要素。环境质量的变化会导致生产率和生产成本的变化，从而导致产品价格和产出水平的变化，而价格和产出的变化是可以观察到并且是可测量的。直接市场评价法利用市场价格（如果市场价格不能准确反映产品或服务的稀缺特征，则要通过影子价格进行调整），赋予环境损害以价值（环境成本）或评价环境改善所带来的效益。

9.2.2 主要方法

直接市场评价法主要利用下面几种主要的方法对环境损害或环境改善带来的效益进行价值评价。

其一，剂量-反应法。剂量-反应法是通过一定的手段来评价环境变化给受体造成影响的物理效果，如空气污染造成的材料腐蚀，酸雨带来的农作物产量的变化，水和空气污染对人体健康的影响等。剂量-反应法的目的在于建立环境损害（反应）和造成损害的原因之间的关系，并评价在一定的污染水平下产品或服务产出的变化，进而通过市场价格（或影子价格）对这种产出的变化进行价值评价。剂量-反应法为其他的直接市场评价法提供了信息和数据基础，特别是它提供了环境质量的边际变化与受影响的产品或服务产出的边际变化之间的关系。这种方法主要用于评估环境变化对市场产品或服务的影响，不适用于对非使用价值的评估。它可以通过实验室或实地研究获得相关数据，如观察水污染对种植业的影响、过度捕捞对鱼类种群的影响、空气污染对农作物的影响及对材料的腐蚀程度等。其获得数据的具体方法如下。①受控实验。在这类实验中，要故意造成有关的剂量-反应关系。例如，在侵蚀程度不同的土地上进行农学实验，定量估计侵蚀对谷物产量的影响；将动物暴露于受污染的空气中，观察对动物的影响。通过将控制组群作为基准,观察受到影响与未受到影响的受体之间的差异等。②在健康影响研究中,采用统计回归技术将某种影响与其他影响分离开的方法。③根据实际生活中大量的信息,建立各种关系模型。例如,根据坡度、降雨量、土壤类型及管理方式、作物种类等建立土壤侵蚀方程,预测土壤侵蚀的影响。通常可以采用土壤侵蚀方程中的一些变量,以进一步建立土壤侵蚀与产量之间的关系。

其二,生产率变动法。生产率变动法又称生产效应法。一般认为,环境变化可以通过生产过程影响生产者的产量、成本和利润,或是通过消费品的供给与价格变动影响消费者福利。例如,水污染将使水产品产量或价格下降,给渔民带来经济损失;而兴建水库则可以带来新的捕鱼机会,对渔民产生有利影响。其步骤与方法如下。①估计环境变化对受者(财产、机器设备或者人等)造成影响的物理效果和范围。例如,森林砍伐所造成的后果之一是土壤损失3%,受影响的区域有100公顷。②估计该影响对成本或产出造成的影响。例如,土壤减少3%导致玉米产量减少2%,假设未受影响前,产量为7500千克/公顷,则产量损失为150千克/公顷。③估计用户产出或者成本变化的市场价值。例如,假设玉米的收成将因为森林砍伐减少150千克/公顷,受影响的范围为100公顷,玉米的市场价格为1.0元/千克,那么因森林砍伐造成的该类损失为150×100×1.0=15 000(元)。

如果受环境质量变动影响的商品是在市场机制的作用发挥得比较充分的条件下销售的,那么就可以直接利用该商品的市场价格进行估算。但是,必须注意商品销售量变动对商品价格的影响。假如环境质量变动对受影响的商品的市场产出水平变化的影响很小,不至于引起该商品价格的变化,那么,就可以直接运用现有的市场价格进行测算;如果生产量变动的规模可能影响价格的变动,就应设法预测新的价格水平。一般来说,如果全国某种产品的供给主要来自污染或受影响的地区,或者是相对封闭的区域市场,就需要分析上述产出水平变化对商品市场价格的影响。例如,某一苹果产区因环境质量恶化导致了整个市场苹果供给量的下降,在这种情况下,供不应求将导致当年苹果市场价格上升,而苹果价格的上升又可能使一些高生产成本地区的苹果生产从无利可图转变为有利可图,从而刺激这些地区增加苹果生产,进而导致苹果的市场价格有一定程度的回落。假定苹果的市场需求曲线是一条直线,则有

$$P = \Delta Q(P_1 + P_2)/2$$

式中,P表示根据苹果产量变动所测算的环境价值变动额;ΔQ表示环境污染地区苹果产量的变动量;P_1表示苹果产量变动前的市场价格;P_2表示苹果产量变动后的市场价格。

为了确保价值评估结果的准确与合理,应该估计产出和价格变化的净效果。例如,土壤侵蚀减少了农作物的产量,但也因为收货成本的降低而弥补了部分损失。当环境损害增加了某产品的成本,同时也减少了它的产量,则是一个相反的情况。假设环境变化所带来的经济影响E体现在受影响的产品和产量、价格和成本等方面,即净产值的变化上,我们可以用下面的公式将其表示为

$$E = \left(\sum_{i=1}^{k} p_i q_i - \sum_{j=1}^{k} c_j q_j\right)_x - \left(\sum_{i=1}^{k} p_i q_i - \sum_{j=1}^{k} c_j q_j\right)_y$$

式中，p 表示产品价格；c 表示产品成本；q 表示产品数量。

该式中共有 i 种产品和 j 种投入，环境变化前后的情况分别用下标 x 和 y 表示。预测市场反应可能会十分复杂。面对环境变化的影响，生产者与消费者可能会采取行动保护自己。例如，消费者将不再购买被污染的粮食；生产者将减少对污染敏感的谷物的种植面积。如果在这种适应性变化出现之前做出评价，将会过高地估计环境影响的价值；如果在上述适应性变化之后进行评价，则会对生产者剩余与消费者福利带来的真实影响估计不足。

生产率变动法亦可用于非市场交易物品。此时，它往往参照一个相似物品（或替代品）的市场信息来进行价值评估。利用生产率变动法对环境损害或效益进行评估所需的数据与信息有：①生产或消费活动对可交易物品的环境产生影响的证据；②有关所分析物品的市场价格的数据；③在价格可能受到影响的地方（或时期），对生产与消费反应的预测；④如果该物品是非市场交易品，则需要得到与其最相近的市场交易品（替代品）的信息；⑤因为生产者和消费者对环境损害会做出相应的反应，所以需要对可能的或已经实施的行为进行调整识别和评价。

其三，疾病成本法和人力资本法。环境的基本服务之一就是为人类生命的存在提供必要的支持。由于污染将导致环境生命支持能力的变化，从而对人体健康产生很大影响。这些影响不仅表现为因劳动者发病率与死亡率增加而给生产造成的直接损失（这种损失可以用上面的生产率变动法进行估算），而且表现为因环境质量恶化而导致的医疗开支的增加，以及因为生病或过早死亡而造成的收入损失等。疾病成本法和人力资本法就是用于估算环境造成的健康损失成本的主要方法，或者说是评价反映在人体健康上的环境价值的方法。疾病成本法将污染物与污染对人们的健康影响联系起来，通常计算由疾病引起的成本；人力资本法则计算由于污染而引起的过早死亡的成本。这两种方法通过流行病学研究、受控实验及观察环境质量对人体健康的可能影响，寻找可用的信息和证据。

经济学中，人力资本是指体现在劳动者身上的资本，它主要包括劳动者的文化知识和技术水平及健康状况。人力投资是对劳动者健康、文化知识和技术水平所进行的投资。为了避免重复计算，环境经济学在利用疾病成本法和人力资本法的时候，主要关注环境质量变化对人体健康的影响（主要是医疗费的增加）及因这一影响而导致的个人收入损失。前者相当于因环境质量变化而增加的病人人数与每个病人的平均医疗费用（按不同病症加权计算）的乘积；后者则相当于环境质量变化对劳动者预期寿命和工作年限的影响与劳动者预期收入（不包括来自非人力资本的收入）的现值的乘积。因为劳动者的收入损失与年龄有关，所以，必须分年龄组计算劳动者在某一年龄的收入损失，然后将各年龄的收入损失汇总，得出因环境问题而导致的劳动者一生的收入损失。这两种方法的步骤[①]如下。①识别环境中可致病的特征因素（致病动因），即识别出环境中包含哪些可

---

① 哈弗斯密特 M M. 1988. 环境、自然系统和发展经济评价指南[M]. 过孝民，等译. 北京：烃加工出版社：630-741.

导致疾病或死亡的物质。以 PM_{10} 为例，PM_{10} 指总悬浮颗粒物中直径小于等于10微米的部分，是具有肺动力学活性的组分。PM_{10} 的来源包括直接排放的烟尘和 SO_2、NO_x 生成的二次污染物。PM_{10} 对人体健康的损害包括导致呼吸系统疾病，并造成过早死亡。②确定致病动因与疾病发生率和过早死亡率之间的关系。一般来说这属于医学范畴，它建立在病例分析、实验室实验和流行病数据分析的基础上。在许多情况下，致病动因在环境中的临界水平是不确定的。③评价处于风险之中的人口规模，也就是要定义致病动因的影响区域。它涉及建立污染扩散模式（如在空气与水污染情况下），特别是要界定总暴露人口中对风险特别敏感的人群（如孕妇、幼儿、老人、哮喘病患者等）。④估算由于疾病导致缺勤所引起的收入损失和医疗费用，即利用疾病成本法进行计算，对疾病所消耗的时间与资源赋予经济价值。其计算公式为

$$I_c = \sum_{i=1}^{k}(L_i + M_i)$$

式中，I_c 表示由于环境质量变化所导致的疾病损失成本；L_i 表示 i 类人由于生病不能工作所带来的平均工资损失；M_i 表示 i 类人的医疗费用。如果实际的医疗费用存在严重的价格扭曲现象，则需要通过影子价格进行调整。

在估算由于过早死亡带来的影响时，即利用人力资本法来计算由于过早死亡所带来的损失，则年龄为 t 的人由于环境变化而过早死亡的经济损失等于他在余下的正常寿命期间的收入损失的现值，即

$$\text{Value} = \sum_{i=1}^{T-t} \frac{\pi_{t+i} \cdot E_{t+i}}{(1+r)^i}$$

式中，π_{t+i} 表示年龄为 t 的人活到 $t+i$ 年的概率；E_{t+i} 表示在年龄为 $t+i$ 时的预期收入；r 表示贴现率；T 表示从劳动力市场上退休的年龄。

利用疾病成本法和人力资本法对环境损害或效益进行价值评估所需要的数据与信息有：①致病动因的水平（F）；②可致病的环境质量阈值（S）；③超过阈值的强度（X）；④与强度相对应的持续时间（Y）；⑤与上述因素相对应的发病率（N，每百万人口 n 例）；⑥暴露人群的评估，包括分布规律、敏感人群统计等；⑦剂量-反应关系为 $N=N(F)$，$F=(S, X, Y, \cdots)$；⑧与上述发病率对应的工时损失数和医疗费用耗费；⑨单位工时工资、医生工资、设备折旧、药品价格等。

利用疾病成本法或人力资本法需要注意的问题如下。第一，一些致病动因难以辨认，剂量-反应关系更难以建立；致病动因在环境中作用强度的分布与人口分布及敏感人群分布的关系十分复杂；发病率结果由多种因素导致，难以区分。第二，对处于风险中的人群的评价受到个体差异的干扰。第三，这两种方法是建立在把人看作一个资本单元的基础上来计算由于疾病和过早死亡所带来的损失的，这会引发一些对那些没有生产能力或不参加生产活动的人的损失的评价问题。例如，如何评价儿童、家庭妇女、退休和残疾人的损失？由于人力资本法用劳动者的收入来衡量其生命的价值，其中隐含的推论是收入小于支出的人的死亡对社会有利，因而会引发伦理学上的争论。第四，价格扭曲的现象也是一个普遍存在的问题，特别是医生工资、药品的价格等。

其四，机会成本法。用于满足人们各种各样欲望的资源是有限的，因此，每一个时

期人们都必须做出选择，以决定将稀缺资源配置于哪一类产品与服务，或者满足人们哪一方面的欲望。由资源的稀缺性及由此而限定的选择引出了经济学中的一个重要概念：机会成本。在某种资源稀缺的条件下，该资源一旦用于某种商品的生产就不能同时用于另一种商品的生产，即选择了一种机会成本就意味着放弃了另一种机会成本。使用一种资源的机会成本是指把该资源投入某一特定用途后所放弃的在其他用途中所能够获得的最大收益。在评估无价格的自然资源方面，运用机会成本法估算保护无价格的自然资源（如保护自然保护区、保护热带森林资源）的机会成本，可以用该资源用于其他用途（如农业开发、林业）时可能获得的收益来表征。

机会成本法特别适用于对自然保护区或具有唯一特征的自然资源的开发项目评估。对于某些具有唯一特征或不可逆特征的自然资源而言，某些开发方案与自然系统的延续性是有矛盾的，其后果是不可逆的。开发工程可能使一个地区发生巨大变化，以至于破坏了它原有的自然系统，并且使这个自然系统不能重新建立和恢复。在这种情况下，开发工程的机会成本是在未来一段时期内保护自然系统得到的净效益的现值。因为自然资源的无市场价格特征，所以这些效益很难计量。但反过来，保护自然系统的机会成本可以被看作失去的开发效益的现值。

一般情况下，人们都是估算资源保护的机会成本，然后让决策者或公众来决定自然资源是否具有这样的价值或是否值得为保护该资源而放弃这些收益。例如，我国著名的三江平原的发展规划有不同的方案，其中一种方案是要严格保护其湿地资源而不进行任何开发，另一种方案是把三江平原湿地完全用于农业开发项目。假设经计算农业开发所获净效益的现值为50亿元人民币（假设是50年），则保护三江平原湿地不被开发的机会成本即50亿元人民币。那么，政府和公众就需要决定，是否为了获得这50亿元人民币的净现值而放弃保护三江平原湿地。需要特别注意的是，50亿元人民币是农业开发50年的净效益，但是，开发活动的影响是不可逆的，因此，50亿元应该被视作三江平原湿地的最低价值。同时，除了农业开发之外，三江平原湿地还会有其他的选择方案，如生态旅游等，因此，还可以通过其他方案对保护三江平原湿地的机会成本进行测算。

用机会成本法计算由于环境污染引起的经济损失是一种简便可行的方法。当某一个项目的开发或建设导致严重的环境污染时，人们可以同时设计另一个作为原有环境质量替代品的补充项目，以使环境质量对经济发展和人民生活水平的影响保持不变。同一个项目（包括补充项目）通常有若干个方案，这些可供选择但不可能同时都实施的项目方案都可以被看作其他项目方案的机会成本。当难以直接评估环境污染造成的损失时，人们常常用这种能够保持经济发展和人民生活不受环境污染影响的项目的费用来估算环境质量变动的货币价值。

9.3 揭示偏好法

9.3.1 基本概念

揭示偏好法是通过考察人们与市场相关的行为，特别是在与环境联系紧密的市场中所支付的价格或他们获得的利益，间接推断出人们对环境的偏好，以此来估算环境质量变化的经济价值。在本部分内容中，我们将着重介绍内涵资产定价法、防护支出法与重置成本法、旅行费用法等。这些方法都是通过观察人们的市场行为，来估计人们对环境"表现出来的偏好"，它有别于通过直接调查而获得的偏好。

9.3.2 主要方法

其一，内涵资产定价法。内涵资产定价法又称内涵价格法，它是基于这样的一种理论：人们赋予环境的价值可以从他们购买的具有环境属性的商品的价格中推断出来。资产具有多种特性，资产的价格体现着人们对它的各种特定的综合评价，其中包括当地的环境质量。我们的任务就是根据这些特性所蕴含的价格信息，确定某一个特性所隐含的供给和需求曲线。内涵资产定价法通常选用房地产市场进行分析。它通过揭示不同的房地产价格与不同的房地产的环境属性，采用多重回归方法来研究房地产价格与可能影响房价的许多变量的关系。房地产的价格既反映了房产本身的特性（如面积、房间数量、房间布局、朝向、建筑结构、附属设施、楼层等），也反映了房产所在地区的生活条件（如交通、商业网点、绿化条件等），还反映了房产周围的环境质量（如空气质量、噪声大小、绿化条件等）。在其他条件相同的条件下，环境质量的差异将影响消费者的支付意愿，进而影响这些房产的价格，因此，当其他条件相同时，可以用因周围环境质量的不同而导致同类房产的价格差异，来衡量环境质量变动的货币价值。内涵资产定价法采取的步骤与方法[1][2]如下。

假设：买主了解决定房价的各种信息；所有变量都是连续的；这些变量的变化都影响住房价格；房地产市场处于或接近于均衡状态。我们可以通过下述步骤和方法来进行价值评估。

第一，建立房产价格与其各种特性的函数关系，即

$$P_h = f(h_1, h_2, \cdots, h_k)$$

式中，P_h 表示房产价格；h_1, h_2, $\cdots$ 表示房产的各种内部特性和房产的周边环境特性；h_k 表示房产附近的空气质量。

假设上述函数是线性的，其函数形式为

$$P_h = \alpha_0 + \alpha_1 h_1 + \alpha_2 h_2 + \cdots + \alpha_k h_k$$

图 9-1 表示当其他特性不变时，房产价格和房产附近的空气质量之间的关系。它表明买主在接受市场价格的情况下，有一系列房产价格和房产附近的空气质量的组合（购买方案）可供选择。当 h_k 沿曲线移动，直到边际支付意愿等于边际购买成本（边际购买价格）时，买主的效用最大。

---

[1] 哈弗斯密特 M M. 1988. 环境、自然系统和发展经济评价指南[M]. 过孝民, 等译. 北京: 烃加工出版社: 630-741.
[2] Cropper M, Oates W E. 1992. Environmental economics: a survey[J]. Journal of Economic Literature, 30（2）: 675-740.

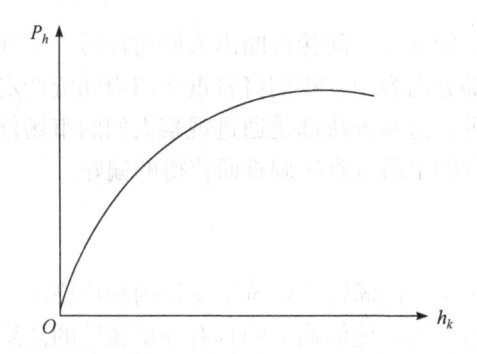

图 9-1 房产价格和房产附近的空气质量的关系

第二,求出边际隐价格:把房产价格函数对特定的使用特性求导,可以求得每种特性的边际隐价格。边际隐价格表示在其他特性不变的情况下,特性 i 增加 1 个单位,房产价格的变动幅度。其公式为

$$P_{h_i} = \frac{\partial P_h}{\partial h_i} \quad (9.1)$$

对 h_k 而言,假设 h_k 的边际隐价格是常数 $\alpha_k = \frac{\partial P_h}{\partial h_k}$,其含义是房产特性的每一边际增加的价格是固定不变的。

图 9-2 表示边际隐价格曲线。该曲线表示买主的需求曲线或边际支付意愿函数。现假设通过调查已知两个或两个以上买主购买 h_k 的数量,通过式(9.1)可以求出相应的边际隐价格,h_k 和边际隐价格的组合可以被看作该买主的最大效用平衡点,即边际支付意愿等于边际机会成本时的购买量和其边际隐价格的交点。

图 9-3 表示已知两个买主的最大效用平衡点的情况。曲线 D_1 和 D_2 分别表示买主 1 和买主 2 的需求曲线或边际支付意愿曲线;曲线 R 表示边际机会成本;A 和 B 分别表示买主 1 和买主 2 的最大效用平衡点,可以通过调查获得。

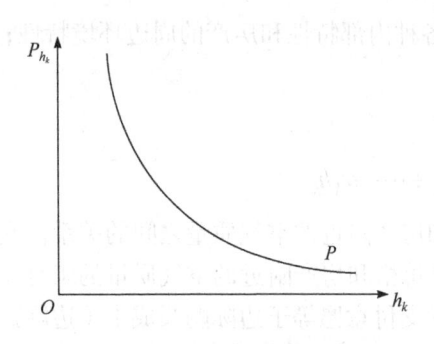

图 9-2 空气质量的边际隐价格曲线 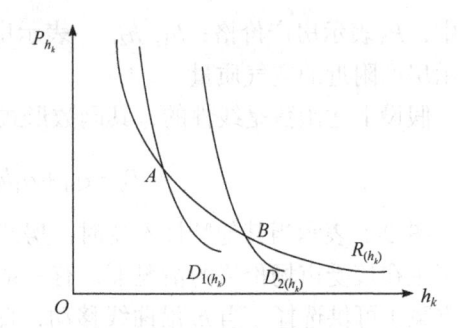   图 9-3 房产买主的最大效用平衡点

在已知若干买主的最大效用平衡点的情况下,能否评价出空气质量变化所带来的福利变化呢?对于边际变化来说,回答是肯定的;对于非边际变化,回答是否定的(除非做出进一步的假设)。这是因为我们得到的只是边际值,曲线 R 是平衡点的轨迹,而不是空气质量的边际效益函数(因为 D 是未知的)。

为了建立一个内涵价格方程式，必须解决三个问题。①变量的选择。较为理想的是，数据部分应包括足够的范围和变化程度，且已包含所有相关变量。②所选择的变量的质量。这里通常需要进行一个专门的调查，用以收集包括环境方面在内的房地产各方面属性的数据。③函数的形式。每种属性暗含的价格可能取决于函数形式的选择。在内涵价格方程式中，一个线性关系暗含着每增加一个单位的环境污染，将使房价下降一个常数。而一个凸的（或凹的）函数关系，则暗含着房价随着污染的增加将以递减（或递增）的速度下降。

内涵资产定价法适合评价下述的环境变化与问题：①局地空气和水质量的变化；②噪声，特别是飞机和交通噪声的影响；③舒适性对社区福利的影响；④工厂选址（如污水处理厂、电站等）、铁路及高速公路的选线规划；⑤评价城市中相对贫困的地区改善项目的影响。

采用内涵资产定价法，应该具备以下条件：①房地产市场比较活跃；②人们认识到而且认为环境质量是财产价值的相关因素；③买主比较清楚地了解当地的环境质量或者环境随着时间的变化情况；④房地产市场不存在扭曲现象，交易是明显而清晰的。

内涵资产定价技术比较复杂，需要大量的数据。在使用时主要存在以下几个问题：①由于房地产市场并不是十分活跃和顺利运转的，所以难以得到可靠的数据；②需要收集和处理大量的数据，运用大量的统计和计量经济方法；③环境变量可能难以度量；④价格评估的结果依赖于函数形式和估算技术，因为环境因子等于回归的余数，函数的界定十分重要；⑤财产的价格可能会反映人们对未来房地产市场的预期，包括各个环境变化情况。

总之，在发达的经济社会中，已经进行了很多内涵价格方面的研究。一方面，这些研究提供许多环境产品的暗含价格的评估值。其暗含价格是以实际行为为基础的，通常能大致反映出消费者对这些价值的支付愿望。另一方面，这些结果对所应用的统计假设很敏感。全面的内涵研究需要相当多的数据，不能迅速地完成。同时，当环境改变较大时，这些暗含的价格也可能不再代表消费者对这些价值的支付愿望。使用内涵资产定价法必须特别谨慎，因为它需要大量的数据，要求很高的经济和统计技巧。运用它的前提条件是房地产市场运行良好且是透明的，个体资产所有者在市场中能够清晰地理解和评价环境因素的作用。计算结果随函数形式的选择和估算程序的不同而变化明显。

所有上述原因都限制了这个方法的使用。在实际应用中，它常常被运用于研究大范围的空气污染、飞机噪声和财产的舒适性价值等。由于这个方法不能估算非使用价值，所以会低估总的环境价值。

其二，防护支出法。防护支出法也称防务支出法或防护行为法，它根据人们防止环境退化所准备支出的费用多少判断人们对环境价值的评估，属于揭示偏好法。面对环境变化，人们可能会采取各种各样的防护行为，主要包括采取防护措施、购买环境替代品、迁移或采用"影子/补偿"项目。防护支出法的具体步骤与方法[①]如下。①识别环境危害。

---

① 具体实例参见 Harrington W, Krupnick A J, Spofford W O. 1989. The economic losses of a waterborne disease outbreak[J]. Journal of Urban Economics, 25（1）：116-137.

这是该方法最重要的一步，然而由于防护行为经常针对多个目的，所以，指出最基本的环境危害是很重要的。由于存在多个行为动机和多个环境目标，所以通过防护行为来表征人们的环境偏好就变得极其复杂。尽管我们不可能把某个防护行为所针对的环境影响同其他影响完全分开，在研究时仍需要把环境问题划分为首要的和次要的，并把针对主要环境问题的防护行为作为估算依据。②界定受影响的人群。对于某个给定的环境危害，应该确定受到威胁的人群范围，并区分出受到重要影响的人群和受影响相对较小的人群。防护支出法研究的取样工作应该在第一类人群中进行。如果使用过多的只受到边际影响的人群的数据，就会低估环境损害的价值。

防护支出法的信息来源有以下几点。①直接观察。通过直接观察可以获得为免遭环境损害影响的实际支出。②对所有受到危害的人进行广泛的调查。在影响范围较小时，该方法是可行的。③对感兴趣的人抽样调查。它主要被用于对空气和水环境质量下降，或者对噪声采取预防措施的个别家庭，以及用化肥代替土壤流失养分或者采取了防止土壤流失的措施的农民等。④专家意见。对预防和保护措施的费用、对损害进行恢复及购买环境替代品所需的成本，都可以采用征询专家意见的方法。要求专家对人们为使自身有效地避免环境损害或避免预计的环境质量损失所需的成本做出客观的、专业的估计。但是需要注意：专家意见虽然可以作为信息资料来源的一个补充，并且能够对其他技术获得的数据进行核查，但是专家的意见会动摇这个评价技术的基础。因为专家意见方法不是从观察到的人们的行为中获得数据，而是从具有理论水平且对事件有了解的人们的看法中获取数据的。

防护支出法适用于以下方面：①空气污染、水污染和噪声污染；②土壤侵蚀、滑坡及洪水风险；③土壤肥力降低和土地退化；④海洋和沿海海岸的污染和侵蚀。防护支出法在实际应用时，应该满足以下条件：①人们能够了解和理解来自环境的威胁；②人们能够采取措施保护他们自己免受影响；③人们能够估算并支付这些保护措施的费用。

防护支出法存在的问题与局限性如下。

（1）防护支出法的一个假设是防护支出是必然发生的。一些私人厂商及个人对他们行为的有关费用和效益有着良好的认识，他们信息灵通，在此情况下，以上假设是合理的。这种假设意味着这些私人厂商与个人将一直（继续）进行预防性开支，直至防护开支及减轻环境损害程度的费用之和等于所观察到的损害费用的原有水平。然而，当风险是新的或者当风险程度增加时，仍假设完善的预测和合理的预防性支出水平就无效了。

（2）当防护支出与减轻损害的费用之和少于所观察到的损害费用时，部分消费者将享受某种消费者剩余，而防护支出法忽视了这一消费者剩余。因此，除非消费者在环境质量上支出甚多，否则，防护支出法仅对环境质量的价值给出了一个最低的估计值。

（3）环境替代品购买并不一定是环境损害程度的恰当体现。许多人会忍受一定的危害或者困境，直到他们认为有必要采取行动。也有许多人一旦认为自己的投资对后代具有重要价值，他们会加大投资力度。对于前者，根据防护费用的数据对损害进行估计的结果会偏低，而对于后者，所估计的损害费用会夸大损害的价值。

（4）采用防护支出法的另一个假设是不存在与防护支出法有关的次级效益。在许多情况下，这并不符合实际。合理的环境价值应当是防护支出的实际发生额减去次级效益的部分。因此，如果不考虑防护行为的次级效益，将会过高估计环境的价值。

（5）寻求环境质量的完美替代品是根本不可能的。有些物品能够部分替代环境，而一些物品却会产生额外的非环境的属性。例如，安装双层玻璃一方面并不能完全消除噪声污染，另一方面它却改善了房间的保暖条件和安全状况。

（6）防护支出法是基于处在特定的威胁环境之中的社区人群的反应。它们通常无法考虑到那些因预感到问题存在而业已迁走的人们。因此，它们得出的保护费用将偏低。

（7）防护支出法的有效性要求人们对他们受到损害的程度比较了解，并能相应计算出防护费用的大小。然而，这些假设条件并不总能得到保证，特别是对于想象中的风险，或者那些随着时间增长的风险，人们会过高或过低估计所想要得到的补偿。

（8）即使人们知道应该采取的保护措施及由此消耗的防护费用，但由于市场不完善，他们采取措施的想法会受到限制，特别是处于风险中的人们的支付能力会限制防护支出法的应用。

总之，一方面，防护支出法相对简单，有很强的直觉感。他们利用观察到的行为，从各种经验素材中获得数据资料，其中包括抽样调查和专家意见法；另一方面，防护行为有不可靠和难于说明的缺点，特别是防护行为假定人们了解他们遇到的环境风险，并能够相应做出反应，以及人们不受条件（如贫困、市场不完善等）的限制。当人们直接受到环境威胁，并且能够采取有效的保护措施时，防护支出法对评价环境资产的使用价值来说是很直接的方法。然而，这个方法不能评估存在价值，或者公共物品的价值。把防护支出法同其他技术获得的数据进行比较，有助于进行诸如是采取措施预防环境损害还是让环境损害存在、是补偿受害者还是尽力恢复以前的环境质量等方面的决策。

其三，旅行费用法。旅行费用法常常被用来评价那些没有市场价格的自然景点或者环境资源的价值。它要评价的是旅游者通过消费这些环境商品或服务所获得的效益，或者说对这些旅游场所的支付意愿（旅游者对这些环境商品或服务的价值认同）。旅行费用法隐含的原则是：尽管这些自然景点可能并不需要旅游者支付门票费等，但是旅游者为了进行参观、使用或消费这类环境商品或服务，需要承担交通费用，包括要花费他们自己的时间，旅游者为此而付出的代价可以被看作对这些环境商品或服务的实际支付。同时我们还必须注意到，旅游者对环境商品或服务的需求并不是无限的，要受到从出发地到目的地的旅行费用的制约。旅行费用法假设所有旅游者消费该环境商品或服务所获得的总效益是相等的，它等于边际旅游者（距离评价地点最远的旅游者）的旅行费用。距离评价地点最远的旅游者，其消费者剩余最小；反之，消费者剩余最大。需要注意的是，旅行费用法针对的是具体的场所的环境价值，而不是娱乐本身的收益。

旅行费用法的步骤与方法[1][2]如下。

（1）定义和划分旅游者的出发地区：以评价场所为圆心，把场所四周的地区按距离远近分成若干个区域，距离的不断增大意味着旅行费用的不断增加。

---

[1] Mendelsohn R. 1987. Modeling the demand for outdoor recreation[J]. Water Resources Research, 23 (5): 961-967.

[2] Braden J B, Kolstad C D. 1991. Measuring the Demand for Environmental Quality[M]. New York: Elsevier.

(2) 在评价地点对旅游者进行抽样调查，收集相关信息，以便确定用户的出发地区、旅游率、旅行费用和调查者的社会经济特征。

(3) 计算每一区域内到此地点旅游的人数占比（旅游率）。

(4) 求出旅行费用对旅游率的影响。根据对旅游者调查的样本资料，用分析出的数据，对不同区域的旅游率和旅行费用及各种社会经济变动进行回归，求出第一阶段的旅行费用对旅游率的影响，即

$$Q_i = f(C_{Ti}, X_1, X_2, \cdots, X_n) \tag{9.2}$$

$$Q_i = \alpha_0 + \alpha_1 C_{Ti} + \alpha_2 X_i \tag{9.3}$$

式中，Q_i 表示旅游率，$Q_i = V_i/P_i$，其中 V_i 表示根据抽样调查的结构推算出的 i 区域中到评价地点的总旅游人数，P_i 表示 i 区域的人口总数；C_{Ti} 表示从 i 区域到评价地点的旅行费用；X_i 表示包括 i 区域旅游者的收入、受教育水平和其他有关的一系列社会经济变量，$X_i = (X_1, X_2, \cdots, X_n)$。

通过式（9.2）和式（9.3）确定的是一个"全经验"需求曲线，它是基于旅游率而不是基于在该场所的实际旅游者数目得到的。利用这条需求曲线来估计不同区域中的旅游者的实际数量，以及这个数量将如何随着门票费（或入场费）的增加而发生的变化情况，来获得一条实际需求曲线。

(5) 确定对该场所的实际需求曲线。根据第（1）步的信息，对每一个出发地区第一阶段的需求函数进行校正，求出每个区域旅游率与旅行费用的关系。

$$C_{Ti} = \beta_{0i} + \beta_{1i} V_i \tag{9.4}$$

$$\beta_{0i} = -\frac{\alpha_0 + \alpha_2 X_i}{\alpha_1}, \quad \beta_{1i} = \frac{1}{\alpha_1 P_i}, \quad i = 1, 2, \cdots, k$$

与式（9.3）不同，式（9.4）共有 k 个等式，每个等式中的 β 值不同。每个区域有一个等式。

(6) 计算每个区域的消费者剩余。假设评价景点的门票费为 0，则旅游者的实际支付就是他的旅行费用，然后通过门票费的不断增加来确定旅游人数的变化，可以求得来自不同区域的旅游者的消费者剩余。

(7) 将每个区域的旅游费用及消费者剩余加总，得出总的支付意愿，即得到评价景点的价值。

旅行费用法适用于评价以下场所。①休闲娱乐场地；②自然保护区、国家公园及用于娱乐的森林和湿地；③水库、大坝、森林等兼有休闲娱乐及其他用途的地方。

旅行费用法要求满足以下条件：①这些地点是可以到达的，至少在一定的时间范围内可以到达；②所涉及的场所没有直接的门票及其他费用，或者收费很低；③人们到达这样的地点，要花费大量的时间或者有其他开销。

旅行费用法需要注意的问题如下。①关于参观的多目的性问题。对某个地方的参观可能只是某次多景点旅游的一部分，因此，要划分整个费用，并根据可能的旅游多目的性，估算出到评价地点的实际费用。②旅行效用或者负效用问题。在许多情况下，旅行

本身就是一个乐趣。但是，当人们不喜欢旅行，或者交通状况不好时，客观的旅行费用可能无法反映不喜欢旅游的人对该景点的实际价值判断。③评价闲暇时间的价值问题。对旅行者来说，利用闲暇时间旅行从某种意义上来说，是一种获得愉悦的方式，而不一定是时间的浪费，即不一定意味着是一种成本。④取样偏差问题。在通过手机收集数据时，取样样本的多少及调查时间长短常受到经费的限制。因此，仅对到旅游地点的人进行调查，而不是对评价景点常住人口的家庭访谈，可能会产生偏差。⑤关于非使用者和非当地效益的问题。通过旅行费用法获得的是某个景点的直接使用者（参观者）的效益，它不涉及非当地的使用价值（如分水岭的保护、生物多样性），或者给当地居民提供的商品和服务价值，它也没有包括资源的存在价值和选择价值。因此，旅行费用法会低估总的效益。如果可能，应该把旅行费用法与其他的评价技术结合起来使用。

　　总体而言，旅行费用法是个比较成熟的方法，主要用于估计对休闲设施的需求及对休闲地的保护和改善所产生的效益。在发达国家特别是美国，开展了大量的旅行费用法研究。旅行费用法要求从询问调查中收集大量的数据，并且需要精心地选择估算程序。对于交通费用很低的城市景点及参观本身就是旅行的一种效益时，这种方法就比较难以适用。旅行费用法有助于制定某些政策。例如，可以为确定国家公园和休闲地门票费提供基础；在不同地区分配国家景点（或自然保护区）的保护投资的预算；等等。

9.4　陈述偏好法

9.4.1　基本概念

　　陈述偏好法是在假想市场的情况下，采用社会调查的方法直接从被调查者的回答中得到环境价值的方法。意愿调查价值评估法（contingent valuation method，CVM）是典型的陈述偏好法。意愿调查价值评估法通过调查，推导出人们对环境资源的假想变化的评价。当缺乏真实的市场数据，甚至也无法通过间接观察市场行为来赋予环境资源以价值时，只能依靠建立一个假想的市场来解决。意愿调查价值评估法试图通过直接向有关人群样本提问来发现人们是如何给一定的环境变化定价的。由于这些环境变化及其反映它们价值的市场都是假设的，故意愿调查价值评估法又被称为假想评级法（hypothetical valuation method）。

　　在意愿调查价值评估法中有两个广泛应用的概念，即对某一环境改善效益的支付意愿和对环境质量损失的接受赔偿意愿。意愿调查价值评估通常将一些家庭或个人作为样本，询问他们对于一项环境改善措施或一项防止环境恶化措施的支付意愿，或者愿意忍受环境恶化而接受赔偿的意愿。与直接市场评价法和揭示偏好法不同，意愿调查价值评估法不是基于可观察到的或间接的市场行为，而是基于调查对象及其回答。他们的回答告诉我们，在假设的情况下，他们将采取什么行为。调查过程一般通过问卷或面对面询问的方式进行。直接询问调查对象的支付意愿或接受赔偿意愿是意愿调查价值评估法的特点。为了得到准确的答案，意愿调查应建立在两个条件之上，即环境收益具有"可支付性"特征和"投标竞争"特征。

9.4.2 主要方法[1][2][3]

意愿调查价值评估法所采用的评估方法大致可以分为三类：①直接询问调查对象的支付或接受赔偿意愿；②询问调查对象对表示上述意愿的商品或服务的需求量，并从询问结果中推断出支付意愿或接受赔偿意愿；③通过对有关专家的意见进行调查的方式来评定环境资产的价值。表 9-1 概括了常用的意愿调查价值评估法。

表 9-1　意愿调查价值评估法的分类

直接询问支付意愿	投标博弈法
	比较博弈法
	支付卡式选择法
询问选择的数量	无费用选择法
	优先评价法
征询专家意见	专家调查法（德尔菲法）

我们主要介绍投标博弈法、比较博弈法、支付卡式选择法和无费用选择法。

其一，投标博弈法。投标博弈法要求调查对象根据假设的情况，说出他对不同水平的环境物品或服务的支付意愿或接受赔偿意愿。投标博弈法被广泛地应用于对公共物品的价值评估方面。投标博弈法又可分为单次投标博弈和收敛投标博弈。在单次投标博弈中，调查者先要向被调查者解释要估价的环境物品或服务的特征及其变动的影响（如河水污染所可能带来的影响），以及保护这些环境物品或服务（或者说解决环境问题）的具体办法，然后询问被调查者为了保护该水体不受污染他最多愿意支付多少钱（最大支付意愿），或者反过来询问被调查者他最少需要多少钱才愿意接受该水体被污染的事实（最小接受赔偿意愿）。在收敛投标博弈中，被调查者不必自行说出一个确定的支付意愿或接受赔偿意愿的数额，而是被问及是否愿意对某一物品或服务支付给定的金额，调查者根据被调查者的回答，不断改变这一数额，直至得到最大支付意愿或最小的接受赔偿意愿。通过上述调查得来的信息将被用于建立总的支付意愿函数或接受赔偿意愿函数。

其二，比较博弈法。比较博弈法又称权衡博弈法。它要求被调查者在不同的物品与相应数量的货币之间进行选择。在环境资源的价值评估中，通常给出一定数额的货币和一定水平的环境商品或服务的不同组合。该组合中的货币值，实际上代表了一定量的环境物品或服务的价格。给定被调查者一组环境物品或服务及相应价格的初始值，然后询问被调查者愿意选择哪一项。被调查者要对二者进行取舍。根据被调查者的反应，不断

---

[1] Munasinghe M. 1990. Electric Power Economics[M]. London: Butterworths Press: 78-121.
[2] Strand J, Taraldset A. 1991. The valuation of environmental goods in Norway: a contingent valuation study with multiple bias testing[R]. Oslo: Oslo University, Department of Economics.
[3] 张帆，夏凡. 2016. 环境与自然资源经济学[M]. 3 版. 上海：格致出版社，上海三联书店，上海人民出版社: 102-111.

提高（或降低）价格水平，直至被调查者认为可以选择二者中的任意一个为止。此时，再给出另一组组合，如提高环境质量，同时提高货币数额，然后重复上述的步骤。经过几轮询问，根据被调查者对不同环境质量水平的选择情况进行分析，就可估算出他对边际环境质量变化的支付意愿。

其三，支付卡式选择法。支付卡式选择法是指调查者根据各种资料在调查前事先拟定若干投标值，并写在卡片上，让受访者从中选择一个。它的优点是直接给出支付意愿或接受赔偿意愿的投标值供受访者选择，降低了开放式问卷中的拒答率；但如何从调查结果中剥离投标值对受访者支付意愿或接受赔偿意愿的影响而形成的始点偏差，成为运用该方法的难点。支付卡式引导技术能够直接获取受访者的支付意愿或接受赔偿意愿，为计算受访者的平均支付意愿或接受赔偿意愿提供了直接数据基础，能够消除数据统计上的误差，是当前常用的引导技术。近年来，中国学者多使用支付卡式引导技术调查受访者的支付意愿和接受赔偿意愿。比如，杜晓芹等[1]使用支付卡式引导技术评估了武进港水环境综合整治工程环境价值支付和接受赔偿意愿，刘佳和刘宁[2]使用支付卡式引导技术分析了浒苔绿潮影响下滨海旅游环境价值损失及影响因素。

其四，无费用选择法。无费用选择法通过询问个人在不同的物品或服务之间的选择来估算环境物品或服务的价值。该方法模拟市场上购买商品或服务的选择方式，给被调查者两个或多个方案，每一个方案都不用被调查者付钱，从这个意义上说，对被调查者而言，是无费用的。在含有两个方案的调查中，需要被调查者在接受一笔赠款（或被调查者熟悉的商品）和一定数量的环境物品或服务之间做出选择。如果某个人选择了环境物品，那么该环境物品的价值至少等于被放弃的那笔赠款（或商品）的数值，也就是可以把放弃的赠款（或商品）作为该环境物品的最低估价。如果改变上述的赠款（或商品），而环境质量不变，这个方法就变成一种投标博弈法了。但是，其主要区别在于被调查者不必支付任何东西。如果被调查者选择了接受赠款（或商品），则表明被评价的环境物品或服务的价值低于设定的接受赠款额。

9.5 评价方法的选择

9.5.1 不同方法的适用范围与条件

总的来看，三类方法的适用范围与条件如下。

直接市场评价法因其比较直观、易于计算、易于调整等优点而被广泛应用，它是最常见的价值评估方法。直接市场评价法主要适用于解决以下问题：①土壤侵蚀对农作物产量的影响，以及泥沙沉积对流域下游地区使用者造成的影响；②酸雨对农作物和森林的影响，以及它对材料和设备造成的腐蚀等影响；③空气污染通过大气中的微粒和

---

[1] 杜晓芹, 王芳, 赵卉卉, 等. 2014. 基于 CVM 的武进港水环境综合整治工程环境价值支付/受偿意愿评估[J]. 长江流域资源与环境, 23（4）：449-455.

[2] 刘佳, 刘宁. 2018. 浒苔绿潮影响下滨海旅游环境价值损失及影响因素：以青岛市海水浴场为例[J]. 资源科学, 40(2)：392-403.

其他有害物质对人体健康产生的影响；④水污染对人体健康造成的影响；⑤由于排水不畅和渗漏问题，造成受灌地的盐碱化，从而形成的对作物产量的影响；⑥砍伐森林对气候和生态的影响。采用直接市场评价法所需要具备的条件包括：①环境质量变化会直接影响商品或服务的产出，这种商品或服务是市场化的，或者是潜在的、可交易的，甚至它们有市场化的替代物；②环境影响的物理效果明显，而且可以被观察出来，或者能够用实证方法获得；③市场运行良好，价格是一个产品或服务的经济价值的良好指标。

揭示偏好法比较成熟，特别适用于评估间接的使用价值。揭示偏好法主要适用于解决以下问题：①能较为清晰地从商品价格反映出的环境属性，如大范围的空气质量变化、飞机噪声、财产的舒适性价值等；②人类会为了预防其产生而支付一定费用的环境问题，如空气污染、水污染、土壤退化、海洋污染等；③没有市场价格但具有人类休闲娱乐价值的环境资源的价值评估，如国家公园、自然保护区、森林、水库、大坝等。采用揭示偏好法，应该具备以下条件：①反映环境属性的商品市场比较活跃，交易较为清晰，不存在扭曲的现象；②人们能认识到环境质量是财产价值的相关因素；③能够较为清晰地观察到当地的环境质量随着时间的变化情况，识别环境质量降低的危害和环境质量提升所带给人类的价值。

意愿调查价值评估法的优势在于可以解决其他市场方法无法解决的问题，但它依赖于人们的回答，而不是他们的市场行为，回答中会有大量不可避免的偏差。意愿调查价值评估法的评估结果还有赖于被调查者如何理解环境所处的危机及这些危机对他们可能产生的影响。因此，这种方法更适合于评估区域性的环境问题，而不适合于全球环境问题。意愿调查价值评估法适用于评价下述物品或服务：①空气和水质量；②休闲娱乐类（包括钓鱼、狩猎、公园、野生生物等）；③无价格的自然资产的保护，如森林和原始区域；④生物多样性的选择价值和存在价值；⑤生命和健康影响或风险；⑥交通条件改善；⑦供水、卫生设施和污水处理。当具备以下条件时，可以采用意愿调查价值评估法：①环境变化对市场产出没有直接的影响；②难以直接通过市场获取人们对物品或服务的偏好的信息；③样本人群对所调查的问题感兴趣并且有相当程度的了解；④有充足的资金、人力和时间进行研究。

9.5.2 不同方法的问题和局限性

尽管上述三类方法各有优点，但同时也存在一定的局限性。

直接市场评价法的局限性如下。①一般来说，很难估计出对环境造成影响的活动与产出、成本或损害之间的物理关系。原因和后果之间的联系并不像我们看到的那么简单。确定环境质量变化与受体变化（原因和后果）之间的关系常常需要依靠假设，或者从其他地区建立的剂量-反应关系中获取信息，以及从大量的方法和资料中建立这种关系，因此，可能会因为处理方式的问题，导致误差的出现。②在确定对受体的影响时，通常很难把环境因素从其他因素中分离出来。环境质量变化及最终对产品或服务的影响可能有一个或多个原因，而要把某一个原因造成的后果同其他原因造成的后果区分开是非常困难的。③当环境变化对市场产生明显影响时，就需要对市场结构、弹性、供给与需求反应进行比较深入的观察，且需要对生产者和消费者行为进行分析，同时也要联系生产者与消费者的适应性反应。④当确定一项活动对产出的影响时,需要预测某个环境变化存在与否的后果,即建立一个假设存在或假设不存在的后果序列。如果这种假设离现实情况太远,就可能对某个原则造成的损害估计得过大或过小。⑤价格问题。即便价格取自于有效和没有扭曲的市场,如果存在显著的消费者剩余,仍然可能导致过低估计环境的经济价值,而且通常的市场价格中并没有包含外部性,因此,在必要的情况下,必须对所采用的价格进行调整。

揭示偏好法在实际使用中会受到一些因素的限制,因此也存在一定的问题和局限性,主要包括:①反映环境属性的商品市场并不是都能保持活跃和顺利运转的,市场运行不能保证良好和透明,难以获取充足且可靠的数据;②人们对由于环境因素而使自身受到损害或获取收益的程度了解不一定准确,在市场中无法清晰地理解和评价环境因素的作用,因此基于此支付的费用可能会过高或过低,市场行为中暗含的价格将不再代表消费者对这些价值的支付意愿;③需要收集和处理大量的数据,运用大量的经济和统计的方法;④完美替代环境效用的商品是不存在的,商品会产生额外的非环境属性,只能部分地替代环境,因此在通过商品价格来估算环境价值上会不可避免地产生一定程度的扭曲。

意愿调查价值评估法的根本弱点在于,它并未对实际的市场进行观察,也未通过要求消费者以现金支付的方式来表征支付意愿或接受赔偿意愿来验证其有效需求。意愿调查价值评估法主要的缺点或局限性具体体现在以下几个方面。

其一,各种偏差的存在。一是信息偏差。当被调查者的回答取决于所提供的环境信息,且调查者可能向被调查者提供了太少或错误的信息时,便会产生信息偏差。二是支付方式偏差。支付方式偏差是指因假设的支付方式不同而导致的偏差。用什么样的方式收取人们支付的货币,可能会影响被调查者所表明的支付意愿的大小。Rowe 等[1]发现,同样为了保护风景区的质量,与支付门票相比,人们更愿意支付更多的所得税。因此,调查中采用不同的支付手段(如税收、门票、使用费等),可能会得到不同的支付意愿。三是起点偏差。起点偏差是由于调查者在设计问卷和问题时,所建议的支付意愿和接受赔偿意愿的出价起点高低所引起的回答范围的偏离。例如,在收敛投标博弈中,调查者给出的初始价值的高低,会直接影响被调查者的回答。四是假想偏差。假想偏差是在意愿调查中,被调查者对假想市场问题的反应(回答)与真实问题的反应不一样。当被调查者要求评估一个不熟悉的和不在市场上交换的产品的价值时,不准确程度明显上升。五是部分-整体偏差。部分-整体偏差是在被调查者没有正确区别一个特殊环境的价值和当它只作为更广泛群体环境的其中一部分的价值时所产生的偏差。例如,Kahneman 和 Knetsch[2]的研究发现,人们对安大略州小数量的湖泊的平均支付意愿与对这个州所有湖泊的平均支付意愿几乎没有明显的差别。六是策略性偏差。当被调查者对他们关于环境变化的支付意愿或接受赔偿意愿说谎时便产生了策略性偏差。被调查者也许认为通过他

---

[1] Rowe R D, d'Arge R C, Brookshire D S. 1980. An experiment on the economic value of visibility[J]. Journal of Environmental Economics and Management, 7(1): 1-19.

[2] Kahneman D, Knetsch J L. 1992. Valuing public goods: the purchase of moral satisfaction[J]. Journal of Environmental Economics and Management, 22(1): 57-70.

们的答案（或在答案中适当包含一定的误差），就可以影响实际的决策进程，所以可能会故意提供错误的答案。

其二，支付意愿与接受赔偿意愿的不一致性。在支付意愿和接受赔偿意愿之间存在着极大的不对称性。意愿调查价值评估法研究的结果表明：支付意愿比接受赔偿意愿的数量通常低 1/3。这可能是由于同对获得其尚未拥有的某物的评价相比，人们对其已有之物的损失会有更高的估价。

其三，抽样结果的汇总问题。在处理诸如选择价值或存在价值这类非使用价值时，由抽样结果预测有关真实结果的技术非常复杂。正确定义适合的人群范围，包括现存的非使用者、未出生者或所有潜在的未来使用者，对于总价值水平及其可信程度至关重要，但就这些人群的固有属性而言，这是一个很难解决的问题。如果是针对互不相关的问题对样本人口的支付意愿进行调查，则需要解决不同种类的支付意愿加总的问题。因为并未要求实际的现金支出，所以人们对特定环境的出价也可能不会受其现金拥有量的约束。现实状况是：当某种资源可以有不同用途而且稀缺时，人们的实际预算和对支出的估算将受到收入的约束。我们可以通过合理的设计并结合预算约束的调查来解决这一问题。

9.5.3 方法选择的规律和依据

我们可以把环境影响的方面分为四大类：生产力、健康、舒适性和环境的存在价值。针对不同的影响，需要采用不同的方法进行价值评估。当环境变化对生产力产生影响时，首选的方法是直接市场评价法，它能够为环境变化对生产力的影响赋予一个市场价值。如果这些影响会引致采用一些防护措施时，也可以采用防护支出法。对健康影响（包括安全）而言，由于人力资本法和疾病成本法是基于收入的减少及直接的医疗费用进行估算的，所得的数值是环境质量变化价值的最低限值。防护支出法也可以被用来评估健康影响。目前，对健康影响的研究越来越多地采用意愿调查价值评估法，它度量人们对避免或减少伤害及经济损失的支付意愿和人们对生命价值的认同。对于舒适性的影响，旅行费用法和内涵资产定价法分别基于到达某地的旅行费用及因环境原因造成的财产价值的差别来进行评估。意愿调查价值评估法也可以被用于评估人们对舒适性的偏好。对于环境的存在价值，意愿调查价值评估法是唯一能够揭示环境的存在价值的方法，因为其他方法考虑的都是使用者的各种直接和间接成本与效益（表 9-2）。

表 9-2 环境影响及其价值评估技术选择

环境影响	评估技术选择
生产力	直接市场评价法
	防护支出法
健康	人力资本法
	疾病成本法
	防护支出法
	意愿调查价值评估法

续表

环境影响	评估技术选择
舒适性	旅行费用法
	内涵资产定价法
	意愿调查价值评估法
环境的存在价值	意愿调查价值评估法

同时，对于评估方法的选择还应该考虑以下几个方面。

其一，影响的相对重要性。以砍伐森林为例，假设农业开发、木材加工、出口等导致了对热带原始森林的砍伐。根据当地情况，主要的环境影响有：①非木材类的森林价值的损失；②从长期看来，木材可持续产出的损失；③土地暴露引起土壤侵蚀给下游造成的泥沙沉积和洪水风险；④生物多样性和野生生物的丧失。对于影响①和②而言，可以用直接市场评价法评估。对于影响③则可以通过防护支出法解决。当影响生态旅游和环境的存在价值时，可以采用意愿调查价值评估法进行评估。

其二，信息的可得性。选择价值评估方法的第二个因素是考虑信息的类型和可获得的信息的量，以及获得信息的可行性和费用。对于可交易的物品和服务来说，数据相对容易获得，可以采用直接市场评价法；对于缺乏市场或者市场不完善的商品和服务，尽管也可以采用直接市场评价法，但需要进行必要的调查以获得评估所必需的数据，如所涉及的产品种类、使用情况，以及它们的替代品和替代品的市场价格等。当难以获得环境影响的数据信息时，人们往往采用历史上记载的有关数据及有关专家的意见代替。此时，宜采用防护支出法。对于那些不在市场上交换的物品或服务，或者在直接信息非常缺乏的情况下，适于采用意愿调查价值评估法。意愿调查价值评估法和旅行费用法都是以调查为基础，要求调查者具有较高的调查和统计技巧。内涵资产定价法在所有方法中数据需求量最大，因此它仅能被用于少数的价值评估案例。

其三，研究经费和时间。当资金和时间有限时，可以借用其他项目（或研究成果）的数据、具有可比性的其他国家或地区的数据、当地专家的意见和历史记录、对有关人群进行调查所获得的比较粗略的数据，并运用一些比较简单的方法进行评估；当项目时间比较宽裕、资金供应充足时，可以采用一些复杂的方法，如意愿调查价值评估法、旅行费用法和内涵资产定价法等。

■ 专栏9-1 基于旅行费用法的衢州市柯城区"一村万树"工程生态旅游服务价值评估 〉〉〉

衢州市柯城区位于浙江省西部，虽然其没有世界级风景名胜，但其湿地、森林等生态特征和乡村景观一直吸引着广大游客。该地区自2017年起开展的"一村万树"工程是利用农村的边角地、废弃地、荒山地、拆违地、庭院地"五块地"见缝插绿，种植多种珍贵、彩色和经济树种，打造村庄文化品牌，带动了柯城区乡村景观打造和生态旅游开发。我们以衢州市柯城区"一村万树"工程为例，采用旅行费用区间分析(travel cost interval analysis，TCIA）法核算"一村万树"实施区生态旅游服务的经济价值。

旅行费用法常被用于估计与户外娱乐相关的经济价值，传统方法主要有分区旅行费用法和个人旅行费用法。随着生态旅游的发展和学科探索的加深，我国学者李巍和李文军提出了一种按照旅行费用划分区间的 TCIA 法。该方法只将旅行费用这一变量纳入分析，假设每位游客都追求收益最大化或成本最小化，并且愿意以更低的旅行费用出游。TCIA 法简化了模型变量，对于"一村万树"等新兴景区生态旅游服务的价值评估较为适用。具体计算步骤如下。

（1）旅行费用。游客的旅行费用包括其在旅游地的直接消费 C_d，往返路途费用 C_r，以及前往、逗留和返回的时间成本 C_t。

"一村万树"实施区不收取门票，因此直接消费 C_d 主要包括餐饮消费 R、住宿消费 A 和采摘、购物等其他娱乐消费 E，即

$$C_d = R + A + E$$

根据农户问卷调查，"一村万树"实施区的游客大多来自衢州当地或周边地区，因此我们仅考虑驾车成本，路途费用采用每公里行驶成本乘以其到旅游地的距离计算。根据《2018雪佛兰品牌保值率及用车成本报告》，每公里行驶成本取 0.91 元，距离取自百度地图估计的最短道路行驶距离 d，计算如下：

$$C_r = 0.91 \times d$$

游客的时间成本包括路途往返时间 T_r 和游览时间 T_v，取游客自驾的平均速度为 60 千米/时，以个人工资率 S 的 1/3 计算：

$$C_t = (T_r + T_v) \times S \times 1/3$$

（2）消费者剩余。我们在问卷基础上考虑了区间内样本数和区间跨度，将游客旅行费用按 100 元为间隔划分为 33 个消费区间，并按照 TCIA 法计算每一区间的样本游客数 M_i、游客出游概率 P_i 和游客旅游意愿需求 Q_i。TCIA 法假设处于第 i 个消费区间的每位游客都愿意在旅行费用等于或低于 C_i 时进行一次旅游，样本游客数 M_i 表示第 i 区间游客人数加上更高费用区间的所有游客人数，即

$$M_i = \sum N_j, \ i \leq j \leq n$$

式中，N_j 表示消费区间 $[C_i, C_{i+1}]$ 内的实际游客人数；M_i 表示旅行费用为 C_i 时的样本游客数。

P_i 表示旅行费用为 C_i 时游客的出游概率（%），即 N 个游客中愿意旅游的比例；$Q_i = P_i$，表示每个游客在价格为 C_i 时的旅游意愿需求，具体公式如下：

$$P_i = M_i / N$$

以各区间下限 C_i 为解释变量，以 Q_i 为被解释变量，选取线性函数和指数函数两种方式进行回归分析，即

$$Q_i = F(C_i)$$

取拟合优度较高的函数模型作为游客的旅游意愿需求曲线，并对需求曲线积分得到消费者剩余为

$$\mathrm{CS}_i = \int_{C_i}^{\infty} Q(C)\mathrm{d}C$$

旅行费用（TC）和消费者剩余（CS）相加即得研究区的游客人均游憩价值（T）：

$$T=\mathrm{TC}+\mathrm{CS}$$

结合样本总量（N）和农家乐旅游人数（TN）计算研究区整体的生态旅游服务价值（RV）：

$$\mathrm{RV}=\frac{\mathrm{TC}+\mathrm{CS}}{N}\times \mathrm{TN}$$

计算可得，2018年"一村万树"实施区的游客人均游憩价值为713.89元，生态旅游服务价值约为19.29亿元，单位面积价值量为8.37万元/公顷。

通过核算柯城区"一村万树"实施区的旅游价值发现，柯城区积极践行"一村万树"行动初见成效，为乡村振兴增添了新的活力。该研究对"一村万树"实施区有针对性地进行生态保护、管理和开发具有指导意义，对提高生态系统生产总值核算的准确性和探索生态产品价值实现的机制具有借鉴意义。

资料来源：周金莺，童依霜，丁倩，等. 2021. 基于旅行费用法的衢州市柯城区"一村万树"工程生态旅游服务价值评估[J]. 生态学报，41（16）：6440-6450.

本 章 小 结

环境经济评价的基础是人们对于环境改善的支付意愿，或是忍受环境损失的接受赔偿意愿。因此，环境经济评价方法多从估计人们的支付意愿或接受赔偿意愿入手。获得人们的偏好和支付意愿或接受赔偿意愿的途径主要有三个：一是从直接受到影响的物品的相关市场信息中获得；二是从其他事物中所蕴含的相关信息中获得；三是通过直接调查个人的支付意愿或接受赔偿意愿获得。

对环境的价值评估方法可以分为三种类型：一是直接市场评价法，包括剂量-反应法、损害函数法、生产率变动法、生产函数法、疾病成本法和人力资本法、机会成本法等；二是揭示偏好法，包括内涵资产定价法、旅行费用法、防护支出法等；三是陈述偏好法，包括意愿调查价值评估法等。

环境影响可以分为四大类：生产力、健康、舒适性和环境的存在价值。针对不同的影响，需要采用不同的方法进行价值评估。在选择评估方法时，主要应考虑影响的相对重要性、信息的可得性及研究经费和时间。

关键概念

直接市场评价法　　剂量-反应法　　生产率变动法　　人力资本法　　机会成本法　　揭示偏好法　　内涵资产定价法　　旅行费用法　　防护支出法　　陈述偏好法

思考题

1. 环境价值评估所遵循的框架是什么？

2. 直接市场评价法包括哪些具体评价方法？它的适用范围和条件有哪些？
3. 揭示偏好法包括哪些具体评价方法？它的适用范围和条件有哪些？
4. 意愿调查价值评估法的分类有哪些？它的适用范围和条件有哪些？
5. 环境价值评估方法选择的依据是什么？
6. 以你生活的环境为例，进行一次环境价值评估。

推荐阅读的文献资料

弗里曼 A M. 2002. 环境与资源价值评估：理论与方法. 曾贤刚, 译. 北京: 中国人民大学出版社.
古德斯坦 E, 波拉斯基 S. 2019. 环境经济学[M]. 7 版. 郎金焕, 译. 北京: 中国人民大学出版社.
曲福田, 冯淑怡. 2018. 资源与环境经济学[M]. 3 版. 北京: 中国农业出版社.
刘耀彬, 肖小东, 胡凯川. 2020. 人口、资源与环境经济学模型与案例分析[M]. 2 版. 北京: 科学出版社.
沈满洪. 2020. 资源与环境经济学[M]. 3 版. 北京: 中国环境出版集团.
武照亮. 2022. CVM 在中国资源环境价值评估中的应用[J]. 中国环境科学, 42（10）：4931-4938.

第 10 章 环境污染控制

环境污染一般是由于人类的生产、生活等人为因素对环境产生的破坏，具体是指人类活动产生并排入环境的污染物或污染因素超过了环境容量和环境的自净能力，使环境的组成或状态发生了改变，环境质量恶化影响和破坏了人类正常的生产及生活。实现零污染往往是非效率且昂贵的，为了降低环境污染对人类福利的影响，人类需要综合考虑环境污染的成本与收益，确定有效率的污染水平，采取合适的手段对环境污染进行控制，使经济发展与环境保护相协调，最终实现经济、社会与环境的可持续发展。

10.1 环境污染及污染损害

10.1.1 环境污染的流量、存量和污染损害

大量生活实践表明，人类的经济活动必然带来一定程度的污染。在给定的条件下，一定规模的生产带来一定程度的污染。人类的生产和消费行为通常从环境中获取原材料与能源，然后通过一定的工艺进行加工或制造，进而生产出经济主体所需要的产品，如建筑物、机械、电子产品等。但是，在生产过程中通常会产生一定的生产残余物，如加工制造业中的废气、废水、废渣、废料等，这些生产过程中的废弃物如果不经过妥善的处理，会返回到环境中。在一段时间内，返回自然环境的物质少于从自然环境中获取的物质，但是从长远来看，根据物质平衡的原理，流入和流出自然环境的物质在总量上应该相等。

尽管流入和流出自然环境的物质在总量上相等，但返回自然环境的物质的物理形态及其返回的地方都与最初流出时不尽相同。生产过程中形成的残余物通常会给环境造成一定的负荷，而这种负荷可能造成有害的影响。废弃物对环境造成危害性后果的程度取决于环境的吸收能力、环境本身的自然承载力、环境所处位置及由此决定的居民数量和受影响的生态系统特点、受影响人群的偏好等多方面因素。通常我们可以看到，经济活动中产生的污染物中的一部分可以被环境吸收并转化为无害的物质。在一定的污染程度或范围内，环境自身所具有的同化能力在一般情况下都能够将一定量的废弃物吸收并转化为无害的形式，但是并不能完全吸收或转化所有的污染物。而且，环境需要较长的时间才能完全吸收或转化污染物，或者虽然污染物存量会逐渐衰变成无害的形式，但通常衰变的速度非常慢。在某些极端的情况下，当污染物排放量超过环境的自我净化负荷时，环境的自身承载力将变得非常脆弱。在这种情况下，排放的污染物中有一部分必然不能被环境吸收或转化，这样就会对环境造成一定的损害。

从动态的角度来看，我们将污染分为三类：流量损害型污染、存量损害型污染和混合的存量-流量型污染。

流量损害型污染通常意味着污染的结果只取决于排放的污染物的流量，即污染物排放到环境中的速率。就其含义来讲，对于流量损害型污染，如果污染物排放量下降为 0，污染损害也将同时降为 0。流量损害型污染只是理论上的近似，在现实中很少有这样的情况，它只是在近似的情况下出现，通常那些污染物从有害物转化为无害物的时间很短的情况可以被看作流量损害型污染。

存量损害型污染指的是污染损害只取决于当时环境中污染物的存量。存量损害型污染隐含着污染物排放的速度或排放量超过环境吸收速度或转化的数量，污染物会在环境中有一个较长的存在周期，并不断积累。这种类型的污染物在日常生产和生活中非常普遍，如人们熟知的无法生物降解的垃圾、放射性元素及大量的石油化工产品。通常来说，大多数污染物都具有存量损害型污染的特点，存量损害型污染会对自然环境、人体健康和生态系统造成不同程度的损害。存量损害型污染的严重程度一方面取决于自然环境的自我净化和同化能力，另一方面取决于污染物排放的数量和危害程度。

存量-流量型污染导致的污染损害是由污染的流量和存量共同决定的。在现实生活中，大多数污染物不是流量损害型就是存量损害型，很难找到一种污染物完全符合存量-流量型污染的特点。比较近似一点的例子是由化学物质排放引起的河流污染，其损害与生物需氧量的水平有关，同时在河流的特定地点也可能与污染物排放的速率有关，因此，废水向水体中的排放有时就是按存量-流量型污染的方式进行模拟的。但也有人倾向于将这类污染看作单纯的存量损害型污染，并将污染损害的差异归因于河流系统中污染物的存量的空间差异。

环境污染给人类带来的福利影响是显而易见的。我们通常用污染损害函数来衡量环境污染对人类造成的影响。污染损害函数反映一种污染物与其对社会产生的损害度之间的函数关系。根据以上三种污染类型，我们可以建立三类污染损害函数。

流量损害型污染：$D = D(M)$。

存量损害型污染：$D = D(A)$。

存量-流量型污染：$D = D(A, M)$。

式中，M 表示污染流量；A 表示污染存量；D 表示污染损害值[1]。

通常用边际损害函数来反映排放量或污染程度增加或减少一单位引起的损害变化量。一般来说，边际损害随着污染物排放量的增加而提高，如图 10-1 中所示。当污染物排放量低于某一个值时，环境的吸收能力能够完全将污染物转化为无害物质，此时的污染物的边际损害为 0，我们将这个值称为边际损害函数的阈值；当排放量进一步增加，边际损害相应提高；当排放水平高到一定程度时，环境污染的浓度上升，将造成严重的影响，此时边际损害将变得非常高。

---

[1] 珀曼 R, 马越, 麦吉利夫雷 J, 等. 2002. 自然资源与环境经济学[M]. 2 版. 侯元兆, 等译. 北京：中国经济出版社：312-313.

图 10-1　边际损害函数

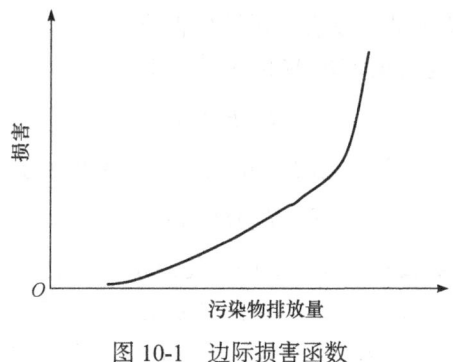

10.1.2　社会有效率的污染排放水平

经济学是研究在资源约束条件下进行资源配置的学科。配置的选择就是根据"两利相比取其重，两弊相权取其轻"的原则，在不同的方案之间进行选择权衡。经济主体根据不同选择之间的成本与收益大小来选择使其效用最大化或利润最大化的方案。理论和实践表明，随着经济规模的扩大，污染的机会和可能会增加。但是人类为了生存必须从事生产活动，这样就面临着环境污染。因此，在经济发展和环境污染之间，经济主体必须进行取舍和权衡。在这种情况下，尽管污染是有害的，但根据经济主体的经济目标，污染将必然存在，只是存在的污染程度高低不同。从这个角度来讲，污染存在最优污染水平问题。从效率标准的伦理基础来看，尽管对污染的受害者进行经济补偿是可行的，但是效率标准并不要求对受损者进行补偿，因为我们很难对社会中的受害者和受益者做出判断。从这个角度来讲，污染并不存在最优污染水平，我们只能通过权衡减少污染排放的成本和收益，寻求在净货币收益最大化的社会有效率的污染排放水平[①]。

不同类型的污染物对环境产生的损害程度不同，我们在寻找社会有效率的污染排放水平时必须考虑污染物的性质。就流量污染物而言，任何时间段的损害只与该时段的排放水平有关，也就是说，可以相对独立地分析每个时间段，因此，在考察流量损害型污染的有效率排放水平时仅需考虑即期污染排放的成本和收益。不同的是，对于存量损害型污染而言，随着污染物在环境中不断积累，其造成的损害会不断增长并长期存在，这种属性破坏了污染损害在不同时间段之间的独立性。也就是说，当前的排放对当前和未来的存量都有贡献，不仅会影响当前的污染损害程度，也会对未来的污染损害程度产生深远影响，即便排放立刻停止，当前排放造成的损害也不会随时间而消失。因此，存量损害型污染的有效排放水平应该以社会净效益现值最大化为依据。

1. 流量损害型污染的有效排放水平静态分析

流量损害型污染的损害大小只与排放流量的大小有关，即

$$D = D(M) \tag{10.1}$$

---

① 科尔斯塔德 C D. 2016. 环境经济学[M]. 2 版. 彭超，王秀芳，译. 北京：中国人民大学出版社: 60.

式中，M 表示排放的污染流量；D 表示污染损害值。

用 B 表示净效益，其是污染流量 M 的函数，即

$$B = B(M) \tag{10.2}$$

用 NB 表示社会净效益，则一定污染水平的社会净效益为

$$\text{NB} = B(M) - D(M) \tag{10.3}$$

一般来说，边际损害函数和边际效益函数比总量函数更便于分析。因此，用 dB/dM 表示污染的边际效益，用 dD/dM 表示污染的边际损害。经济学家通常假设污染的边际社会净效益、边际损害和边际效益之间具有如式（10.3）所示的一般函数形式。污染造成的边际损害将随污染流量的增加而增加，而边际效益则随污染流量的增加而减少。

为了使经济活动的净效益最大化，就要求污染流量 M 的确定符合式（10.4）：

$$\frac{\text{dNB}(M)}{\text{d}M} = \frac{\text{d}B(M)}{\text{d}M} - \frac{\text{d}D(M)}{\text{d}M} = 0 \tag{10.4}$$

式（10.4）表明，只有当污染的边际效益等于污染的边际损害时，污染的净效益才达到最大。

图 10-2 中所显示的污染排放的均衡价格 μ^* 为影子价格。由于不存在污染市场，该价格并不是实际的市场价格，而是我们研究的方案所要求的假想价格或隐含价格。本例中，μ^* 表示在社会有效率的污染排放水平下单位污染的隐含价格，其大小等于该污染水平下的边际损害。换一种说法，我们也可以把 μ^* 看作污染外部性的影子价格。如果存在污染市场，企业就得购买排放污染物的权利，此时，μ^* 就是有效的市场价格。

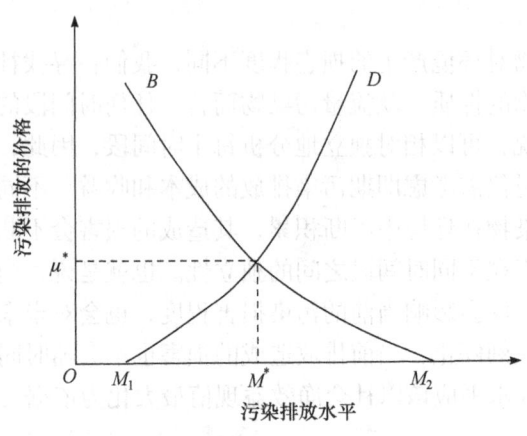

图 10-2 流量损害型污染的有效排放水平

图 10-2 中所显示的有效污染排放水平为 M^*。如果污染小于 M^*，则污染的边际效益大于边际损害，此时增加污染能够产生额外的净效益。反之，如果污染超过 M^*，污染的边际效益小于边际损害，此时减少污染将增加净效益。

2. 存量损害型污染的有效排放水平稳态分析

存量损害型污染的损害是由环境介质中污染的存量或浓度决定的，因此，在确定存量损害型污染的有效水平时，我们必须考虑污染物随着时间而不断积累的特点。假定社会资源中的一部分被用于生产产品 X，并产生存量损害型污染；其余资源用于控制污染损害。当边际损害成本提高时，即污染物在环境中的积累加速时，X 的有效产量会随着时间的推移而下降，X 的市场价格也会不断提高，生产成本增加；为有效控制边际损害的增长，用于控制污染物的资源数量也会逐渐增加，最终达到一个稳定状态。此时，环境中污染物的数量停止增加，污染物的存量将保持稳定[1]。为了更加简明地分析稳态情况下的有效污染水平，参考珀曼等[2]的研究，假定污染物存量随时间变化的速率由微分方程来定义，即

$$\dot{A}_t = M_t - \alpha A_t \tag{10.5}$$

式中，变量上面的点表示变量对时间的微分，即 $\dot{A}_t = \mathrm{d}A/\mathrm{d}t$；$M_t$ 表示同期污染物排放流量；αA_t 表示污染物的衰减量。

稳态时，环境中污染物的衰减量等于同期污染物的排放流量，污染存量 A 的变化率为 0，即

$$\dot{A}_t = 0 \Rightarrow A = \frac{M}{\alpha} \tag{10.6}$$

关于 M 还有两点值得注意：第一，对任意给定的 M，α 的值越小，A 越高；第二，如果 $\alpha = 0$，即衰减率为 0，则只要 M 为正，环境污染的水平必然随时间而增加。任意时点的污染存量等于所有当前排放和以往排放量之和。

我们已经限定在稳态情况下，各期污染物流量 M 相同，在此条件下寻求社会有效率的污染排放水平，因此问题的目标就是求 M，以实现社会净效益的现值最大化，即

$$\int_{t=0}^{t=\infty} (B(M_t) - D(A_t))\mathrm{e}^{-rt}\mathrm{d}t \tag{10.7}$$

式中，r 表示贴现率。在稳态时有 $A = M/\alpha$，因此，最大化的必要条件包括

$$\frac{\mathrm{d}B_t}{\mathrm{d}M_t} = -\mu_t \tag{10.8}$$

$$-r\mu_t = -\frac{\mathrm{d}\mu_t}{\mathrm{d}t} + \frac{\mathrm{d}D_t}{\mathrm{d}A_t} + \alpha\mu_t \tag{10.9}$$

由于稳态下所有变量都是时间的常数，则式（10.8）和式（10.9）可以写成

$$\frac{\mathrm{d}B}{\mathrm{d}M} = -\mu \tag{10.10}$$

---

[1] 蒂坦伯格 T, 刘易斯 L. 2021. 环境与自然资源经济学[M]. 11 版. 王晓霞, 等译. 北京: 中国人民大学出版社: 281.
[2] 珀曼 R, 马越, 麦吉利夫雷 J, 等. 2002. 自然资源与环境经济学[M]. 2 版. 张涛, 等译. 北京: 中国经济出版社: 318-320.

$$-\mu = \frac{\dfrac{\mathrm{d}D}{\mathrm{d}A}}{r+\alpha} \tag{10.11}$$

式中，μ 表示单位污染排放的影子价格。μ 可以被看作在社会净效益最大化时，单位污染排放的均衡价格或边际社会价值。因为污染通常被认为是不好的，所以影子价格也为负值。

由式（10.10）和式（10.11）可得

$$\frac{\mathrm{d}B}{\mathrm{d}M} = \frac{\dfrac{\mathrm{d}D}{\mathrm{d}A}}{r+\alpha} \tag{10.12}$$

式（10.12）是我们熟悉的效率边际条件，即每增加一单位污染的边际净效益的现值等于增加该污染导致的未来净效益损失的现值。式（10.12）左边部分表示增加一单位的污染排放带来的当前净效益的增加，这个边际效益只发生在当期。式（10.12）的右边部分表示污染物增加一单位带来的未来净效益损失的现值。注意，$\mathrm{d}D/\mathrm{d}A$ 一直都将存在，它是一种永久性年金的形式（只不过该年金对效用产生的是负影响）。为了得到年金的现值，我们用每年的流量 $\mathrm{d}D/\mathrm{d}A$ 除以贴现率 r。同时由于污染物每年在不断衰减，除数部分还应加上 α。如果允许增加污染物存量，稳态下衰减的数量也应按存量规模增加的 α 倍增加，从而减小损害的程度。注意，α 与贴现率的作用和意义相同，污染物衰减的速率越大，适用于年金的有效贴现率也越大，而它的现值就越小。

10.1.3 环境污染控制的成本与收益

从成本角度来看，图 10-2 中的污染的边际收益可以理解为经济主体每增加一单位污染排放减少的污染控制成本，即边际控制成本。要控制或降低环境污染，必然会发生控制或降低环境污染的成本。环境污染控制的成本是指为维护环境质量而支付的污染控制费用与污染造成的社会损害费用的总和。

损害成本表现为对社会的负外部性。在环境管制不严的情况下，经济主体出于利润最大化的动机，有可能提高排放水平，降低其边际治理成本，此时会出现比较高的损害成本。而如果对厂商实行严格的环境管制，其排放水平会下降，但是治理成本会提高，也会造成比较高的社会总成本。因此，理想的排放水平必须在污染成本和治理成本之间进行权衡比较。要达到较低的治理成本，污染排放量水平就会较高，环境污染给社会造成的损害成本也就增加；要实现较低的污染排放水平，治理污染耗费的成本就会增加。

图 10-3 中，MAC 表示边际控制成本曲线，MEC 表示边际损害成本曲线。MAC 从右向左移动意味着随着污染控制程度的强化，控制成本在逐渐提高；MEC 从左向右移动意味着随着污染排放水平的提高，损害成本在不断提高。当排放水平达到 W^* 时，边际控制成本等于边际损害成本，此时的污染排放水平为有效率的污染排放水平。不难看出，当污染控制更加宽松（$W > W^*$）时，边际控制成本的下降小于边际损害成本的上升，社

会总成本增加；当污染控制更加严格（$W < W^*$）时，边际控制成本的上升大于边际损害成本的下降，社会总成本增加。因此，在排放水平达到 W^* 时，污染排放的社会总成本最小，即 W^* 是最有效率的。

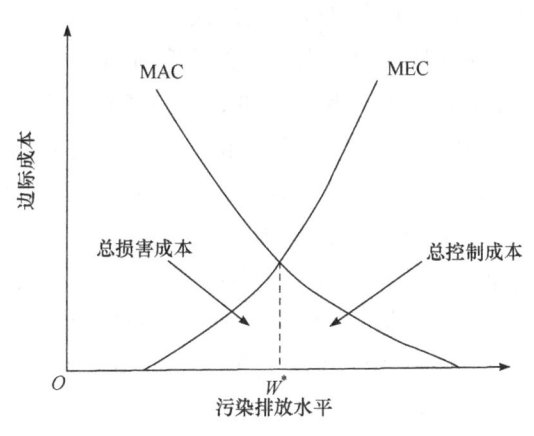

图 10-3　边际控制成本与边际损害成本

10.2　环境污染控制的手段

污染物造成的损害一般具有外部性，如果不加以控制，受害者承担的损害成本就不会进入产品价格，自由市场不仅不能产生有效的污染控制水平，而且会削弱那些试图有效控制污染的企业。因此，需要政府采取某种形式的政策手段，使污染的外部性能够内部化，克服市场失灵。目前在实践中采取的环境污染控制手段主要分为两大类：管制手段和经济激励手段。相关政策工具大体可以分为三类：管制与排污标准、排污费和排污权交易。

10.2.1　管制与排污标准

管制是指有关行政当局根据相关的法律、规章条例、标准等，直接规定污染排放的标准、违反标准的惩罚，并运用行政和法律手段，直接作用于政策对象，强制其执行环境标准的方法。管制型的环境政策包括各种环境标准、必须执行的命令和不可交易的配额。政府施行管制的环境政策，通常是通过设立环境污染或环境保护的标准来实施。

排污标准是目前世界上使用最广泛的污染直接控制方法，是由政府环保部门制定并强制实施的，要求每一企业都遵守的特定污染物排放的最高限度，超过这一限度，污染物排放者将受到处罚。排污标准通常以单位时间内排放的污染物数量来表示，对于持续的污染物排放量，政府通常会把瞬时排放率上限作为排放标准。排污标准一般从排放率、排放浓度、总废料排放量、单位产出产生的废料、单位投入产生的废料及污染物排放前的清除率几个方面来确定。但是政府通过制定排污标准来控制环境质量，会由于信息不对称及污染情况的异质性特征，导致排放标准的制定存在不足：一是因为企业存在规避减排责任的动机，会夸大或不愿意提供中立客观的信息，政府难以获得所有企业的成本和效益信息，无法制定一个统一有效的排污标准；二是因为不同产业间和同一产业的不同企业的污染控制成本存在很大的差异，在此基础上制定不同的排污标准成本太高，而对不同企业采取统一的排污标准同样难以达到最优。

图 10-4 中排污标准 S 对应于排污量 W_S 和经济活动水平 Q_S。为了监督排污标准的实施，设立罚款 F。企业如果遵守排污标准，其经济活动水平会被限制在 Q_S 以内。然而，Q_S 并不是最优的，因为最优经济活动水平是 Q^*，它是由边际私人净效益曲线 MNPB 和边际损害成本曲线 MEC 的交点决定的。只有把排污标准设立在 W^* 才是最优的，而这需要有关边际私人净效益和边际损害成本的详细信息，在缺乏这类信息时，难以确定最优的排污标准。在这种情况下，不仅排污标准不是最优的，罚款也不是最优的。在罚款为 F 的情况下，排污者有动力排放 W_P 的污染物。这是因为原点到 W_P 的 MNPB>F，在 W_P 右侧 F>MNPB。由于政府获得企业的信息及监督企业排污标准执行情况存在一定的困难和成本，企业超标排污不一定被抓住，排污者要比较罚款乘以被抓住的概率和排污的边际私人净效益的大小。由此，排污标准可能偏离最优的污染水平[1]。因此，要达到最优排污量，罚款必须设定在 F^*。

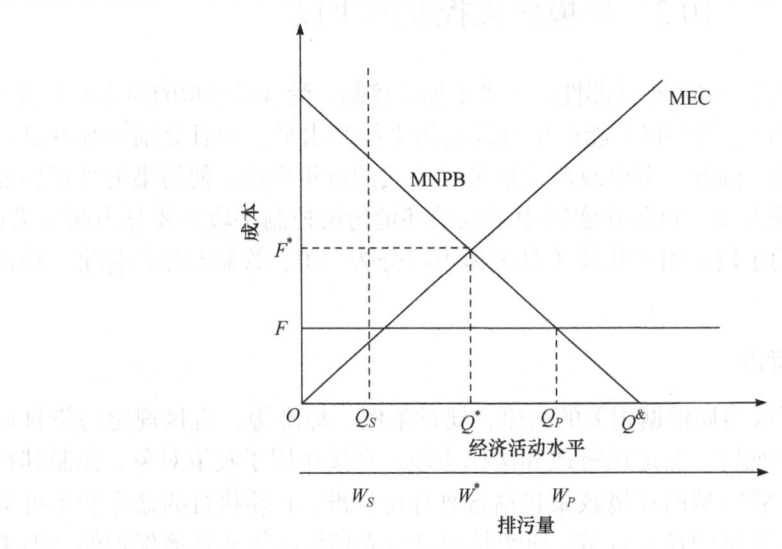

图 10-4 排污标准对最优污染水平的偏离

管制手段本质上是一种强制管理调整方法，主要通过政府的强制命令迫使污染者将污染的费用（成本）内部化来减少污染，如设立环境标准及推广某一种低污染环境技术的应用。具体表现为污染者在排污前必须进行净化处理，迫使污染者将原来转嫁给社会承担的污染治理费用转化为污染者自身的生产成本，从而消除污染物排放的外部不经济性。管制手段具有较大的确定性，因此人们能够预测全部的废物量。它在很长一段时间

---

[1] 张帆, 夏凡. 2016. 环境与自然资源经济学[M]. 3 版. 上海: 格致出版社, 上海三联书店, 上海人民出版社: 205-206.

内及很大程度上良性地影响和指导了环境政策的方向，并在实践中对环境质量的改善做出了重大贡献。但是这种方法也存在很多不可克服的缺点，影响了其实际效果。其缺点如下。

第一，信息需求量太大，实际上难以支持。管制手段不仅需要政府规定污染产品的社会总量，而且还要为每一个企业规定个别的限量，这样才能在总量超过规定水平时找到具体的责任者。要做到这一点就需要具体地了解每一个有关企业的成本情况，因为任何一个企业成本曲线的变动都会影响管制的有效性，但实际上政府无法做到。此外，收集信息的成本巨大。

第二，对社会环境变化缺乏适应性，存在政策时滞。政府所规定的产出水平只是在固定的供给与需求条件下才被认为是符合效率的。而在实践中，生产者的技术改进和消费者的偏好是不断发生变化的，政府的限制水平必须根据这些变化进行调整，并修正其管制目标。否则，经过一段时间后，其所确定的管制目标往往已经偏离了帕累托最优。而政府制定详细的规定需要大量经济方面的数据，一般需要数年才能完成，因此，政府很难对社会环境的变化做出及时反应。

第三，管制手段的激励机制较弱。政府的命令通常只是规定每个企业生产的最大废物量，仅仅限制了污染的水平，并没有将外部成本转变为企业的内部成本。这就不能建立促使企业将废物量降低到规定的最大废物量以下的激励机制，使消费者和企业成了制度的被动遵守者，从而减弱了企业开发更有效的控制污染技术的动力。

综上所述，如果要达到短期内的环境治理目标，管制手段由于其确定性能发挥较好的作用。但从长远的环境治理目标来看，其灵活性不够，激励作用较弱，控制成本较高，并不是一个有效的办法。

10.2.2 排污费

污染控制的另一种手段经济手段。经济手段又分为侧重于政府干预的庇古税和侧重于市场机制的排污权交易两大类。

征收排污税的理论基础源于"福利经济学"之父庇古的外部经济理论中因为自然环境提供的服务不能由市场进行交易，所以市场经济的运行主体在生产和消费过程中会产生副产品——环境污染。经济活动的外部性产生了社会成本，但价格机制难以真正地反映使用环境资源的社会边际成本。为解决市场失灵，政府应当采取适当的经济干预政策来消除这种背离。庇古建议对边际私人成本小于边际社会成本的部门征税，税额大小等于这一差额。通过征税，可以使公民增强环境保护责任，使企业改变生产技术和流程或投入预防性措施来减少污染物的排放，促使企业发展新的环境技术，从而使得环境外部性通过征收庇古税而内部化。

当政府征收排污税费时，企业会面临着三种选择：缴纳排污税费、减产或者是追加投资购买和安装环保设备。当企业不考虑追加投资购买和安装环保设备时，污染物的排放量会随着生产规模的变动而同比例变动，图10-5为企业面临前两种选择时的最优庇古税示意图。

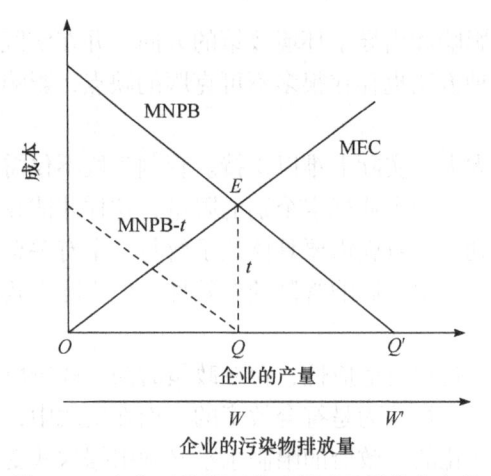

图 10-5　企业面临前两种选择时的最优庇古税

图 10-5 中，MNPB 与 MEC 这两条曲线相交于 E 点，与此相对应的污染物排放量 W 是有效率的污染水平。出于利润最大化考虑，企业将生产规模扩大到 MNPB 与横轴的交点 Q'。社会最优要求当 MEC>MNPB 时停止继续扩大生产，即产量为 Q。但是，随着生产规模的扩大，污染物的排放量也增加到 W'。如果政府向造成环境污染的企业征收排污税 t，在 t>MNPB 时，排污税厂商的 MNPB 就会减少 t，即 t 把 MNPB 向左下方移动到 MNPB−t。该线与横轴相交于 Q 点，表示厂商将根据其对利润最大化的追求，把生产规模和污染物的排放量控制在有效率的污染水平上。因此，t 是最优排污税，它使有效率的污染水平等于 W。这样，最优庇古税就可以定义为：使污染物排放量等于有效率的污染水平时的排污税。此时，MEC=MNPB[①]。

根据王玉庆[②]的研究，当企业考虑通过购买和安装环保设备来减少污染物的排放量时，污染物的排放量不再随着生产规模的变动而同比例变动，企业的最优选择可以用图 10-6 来表示。其中，纵轴代表成本（C）；横轴代表污染物排放量（W）；MNPB 为企业没有安装环保设备，污染物的排放量随着生产规模的变动而同比例变动时，企业的边际私人净效益曲线；MAC 为污染的边际控制成本曲线。MAC_1 和 MAC_2 分别代表不同的污染物排放量 W_1 和 W_2 条件下的边际控制成本。

如果政府对某一特定污染物的排放量的排污税费征收标准高于企业的边际私人净效益，又高于其边际控制成本，企业就可以在减产或购买和安装环保设备这两者中做出选择。在图 10-6 中，在原点到 W_2 这一区间，企业的 MNPB 低于 MAC，企业从自身的利益考虑，宁可减产也不肯购买和安装环保设备，企业的污染物排放量随着生产规模的变动而同比例变动，此时，MNPB 可以理解为通过减产来减少污染的控制成本曲线。在 W_2 点的右边这一区间，企业的 MNPB 高于 MAC，利润最大化动机将促使企业治理污染，而不是缩小生产规模，企业可以在扩大生产规模的同时，购买和安装环保设备来控制污

---

① Pearce D W, Turner R K. 1990. Economics of Natural Resources and the Environment[M]. New York: Harvester Wheatsheaf: 85-86.
② 王玉庆. 2002. 环境经济学[M]. 北京：中国环境科学出版社：209-211.

染物的排放。因此，企业的生产规模与污染物排放量之间已经没有了确定的对应关系，根据 MNPB 和 MEC 两条曲线的交点来确定有效率的污染水平就不合理了。此时，有效率的污染水平及排污税的征收标准，就应该根据 MAC 和 MEC 两条曲线的交点决定。可以看出，当 $W<W^*$ 时，企业的 MAC 高于 MEC，此时对于社会来说，不治理比治理有利，因为企业的治理成本也是社会总成本的一部分；反之，当 $W>W^*$ 时，企业的 MEC 高于 MAC，此时，对社会来说，治理比不治理有利。企业为追求利润最大化而将污染物的排放量增加到超过 W^* 的程度会损害社会利益。因此，政府应该根据 W^* 时的 MEC 和 MAC 来确定最优排污税 t^*，促使企业将污染物排放量控制在 W^* 的水平上。

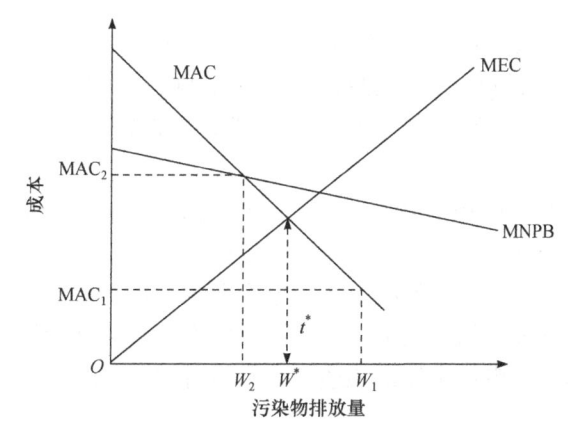

图 10-6 企业面临三种选择时的最优庇古税

10.2.3 排污权交易

排污权交易指管制当局制定总排污量的上限，并按此上限发放排污许可，而且排污许可可以在市场上买卖。排污权交易提供了激励机制来降低污染控制的成本。排污权交易的主要思想就是在满足生态环境保护要求的条件下，建立合法的污染物排放权利，即排污权，并允许这种排污权进行市场交易，以此控制污染物的排放总量和降低污染物治理的总体费用，使环境资源得到优化配置。

一般做法是先由政府部门确定出一定区域的环境质量目标，并据此评估该区域的环境容量，然后推算出污染物的最大允许排放量，并将最大允许排放量分割成若干规定的排放量，即若干排污权。政府可以选择不同的方式分配这些权利，如公开竞价拍卖、定价出售或无偿分配等，并通过建立排污权交易市场使这种权利能够合法地买卖。在排污权市场上，排污者从其利益出发，自主决定其污染治理程度，从而买入或卖出排污权。

1. 排污权交易的微观效应

假设企业 i 的初始排污权为 q_i^0，未进行任何治理时的排污量为 $\bar{e}_i$，治理水平为 r_i，所有排污企业的初始排污权的总和等于允许的排污总量，企业交易一个排污权愿意支付的价格为 P。根据企业追求费用最小化的原则，可建立成本最小化的目标函数为

$$\left(C_{r_i}\right)_{\min} = C_i\left(r_i\right)_{\min} + P\left(\bar{e}_i - r_i - q_i^0\right) \quad (10.13)$$

令 $dC_{r_i}/dr_i = 0$，得到企业 i 的目标函数的解为

$$\frac{dC_i(r_i)}{dr_i} - P = 0 \quad (10.14)$$

由式（10.14）可知，只有当排污权的市场价格与企业的边际控制成本相等时，企业的费用才会最小。在自身利益驱动下，排污权交易市场将自动产生这样的排污权价格，该价格等于企业的边际控制成本。最终结果必然是所有企业均通过调节污染治理水平 r_i，使边际控制成本等于排污权的市场价格，从而满足有效控制污染的边际条件，以最低控制成本实现减排目标。

排污权交易可以有效减排，其效率结果可以通过图 10-7 来说明。其中，企业 1 和企业 2 的允许排放总量为 Q_1Q_2，二者的初始排污权分别为 Q_1Q_3 和 Q_2Q_3，MAC_1 和 MAC_2 分别是企业 1 和企业 2 的边际控制成本曲线。企业按照初始排污权份额进行污染排放时，企业 1 的边际控制成本（P_1）小于企业 2 的边际控制成本（P_2）。在排污权交易体系下，企业 1 会通过治理削减污染物排放量，将剩余的排污权出售给企业 2；企业 2 会通过购买排污权来降低控制成本。当二者之间排污权交易量达到 Q^*Q_3 时，交易停止，此时，在两家企业的排放总量没有改变的情况下，两家企业的总控制成本达到了最低水平，实现了边际控制成本均等化和排污权的最优配置。事实上，只要排污权交易市场是充分竞争的，无论初始分配如何，市场主体都能通过交易使得排污权的分配达到帕累托最优。

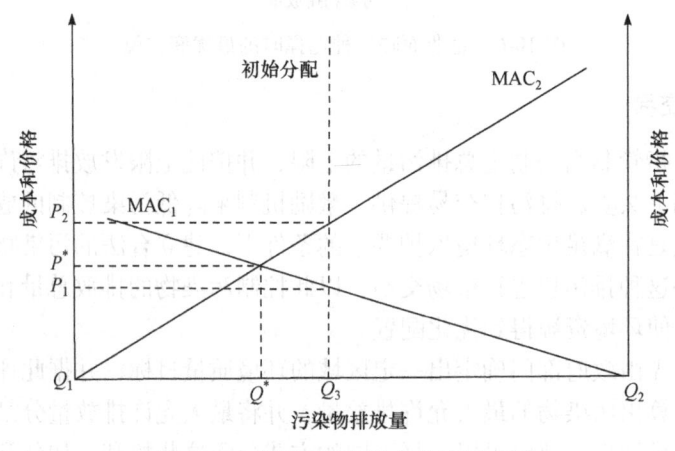

图 10-7　排污权交易微观效应示意图

2. 排污权交易的宏观效应

由于政府发放排污权的目的是保护环境而不是营利，因而排污权的总供给曲线 S 是一条垂直于横轴的线，它表示排污权的发放数量不会随着价格的变化而变化。由于排污企业对排污权的需求取决于它的边际控制成本，边际控制成本曲线 MAC 可以被看作需求曲线。将某一污染控制区所有排污企业的边际控制成本曲线横向加总，得到排污权的总需求曲线 D，供需匹配下，排污权交易产生的宏观效应可以通过图 10-8 说明。其中，总供给曲线 S 和总需求曲线 D 相交于 B 点，此时排污权的供给与需求达到均衡，排污权

的市场均衡价格为 P。

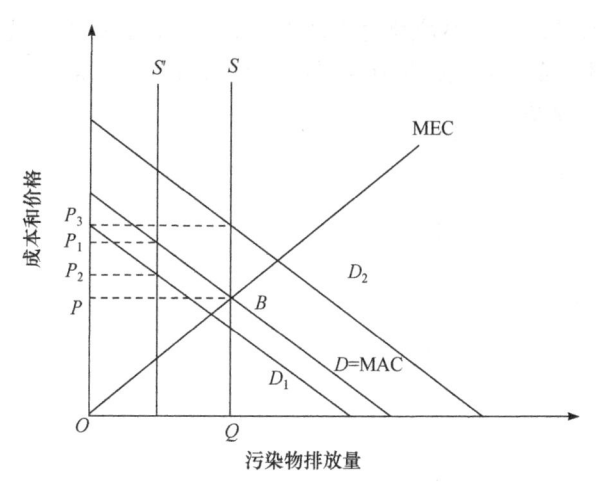

图 10-8 排污权交易产生的宏观效应示意图

无论是供给发生变动还是需求发生变动，市场调节都会使排污权的总供求重新达到平衡。当政府更加严格地控制污染物的排放总量时，总供给曲线 S 移动到 S′，在总需求不变的前提下，每一单位排污权的市场价格就会上升到 P_1，企业的边际控制成本提高，如果有企业退出市场，导致排污权的市场需求减少到 D_1，总需求曲线左移，市场价格下降到 P_2，并重新达到平衡，新的均衡价格将高于 P。当排污权的总供给不发生改变、污染源破产时，排污权的市场需求将减少，总需求曲线左移，市场价格下降，其他污染者将多购买排污权，尽量地减少过度治理，节省控制环境质量的总费用；当排污权的总供给不发生改变、新污染源加入时，排污权的市场需求将增加，总需求曲线 D 移动到 D_2，单位排污权的市场价格会上升到 P_3。此时，如果新污染者的经济效益高，边际控制成本低，只需要购买少量排污权就足以使其生产规模达到合理的水平并获得一定的利润，那么，该污染者就会以 P_3 的价格购买排污权，那些感到得不偿失的污染者则不会购买。显然，这对于优化资源配置是有利的。

■ 专栏 10-1　一种考虑技术异质性的多因素碳排放权分配理论模型 ▶▶▶

假定每个地区 i 具有一个代表性的生产企业，其产出水平 Y_i 与碳排放量 e_i 之间的关系表示为 $Y_i = f_i(e_i)$，其中，$f_i(0) = 0$，$f_i(e_{i,0}) = Y_{i,0}$，$Y_{i,0}$ 和 $e_{i,0}$ 分别表示未减排时的总产出水平与碳排放量，$f_i' > 0$，$f_i'' < 0$。定义有效碳排放量是在既定生产要素投入和产出水平下，能源消耗实现了完全利用时对应的碳排放量，以 e_i^* 表示。其实际碳排放量 e_i^r 往往高于 e_i^*，两者之间的差异 $r_i^* = e_i^r - e_i^*$ 表示最大潜在减排量，则全要素碳排放效率 $TE_i = e_i^*/e_i^r$。TE_i 越高就意味着该地区减排的空间和潜力就越小。

当代表性生产企业进行减排技术研发时，会改变企业的边际控制成本曲线的形状，使之出现拐点，并产生斜率绝对值不同的两个部分。如图 10-9 所示，当企业面临较宽松的减排总量约束时，可以仅通过降低产出水平来实现减排目标，即边际控制成本相对较低时，对应拐折 MAC 曲线中斜率较高的部分①，P 点表示企业达到最大潜在减排量 r^*，排放达到有效碳排放量 e^*。而当减排总量约束更加严格时，企业的边际控制成本超过了减排技术投入的成本，企业会选择增加减排技术投入来实现减排，此时则对应拐折 MAC 曲线中斜率较低的部分②。

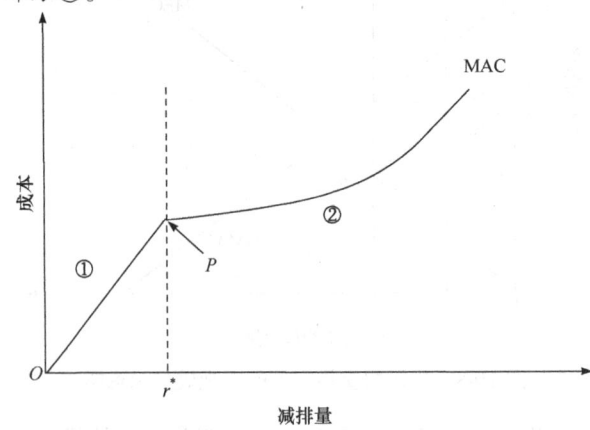

图 10-9　拐折 MAC 曲线与碳减排潜力对应关系

用 r_i 表示总减排量，定义边际控制成本 $MAC_i(r_i)$ 为每增加一单位减排量对总产出造成的影响，即 $MAC_i(r_i) = \partial f_i(x)/\partial x|_{x=e_{i,0}-r_i}$，其中，下标表示 $MAC_i(r_i)$ 在 $x = e_{i,0} - r_i$ 处取值，且 $MAC_i(\cdot) > 0$，$MAC_i' > 0$，$MAC_i'' \geq 0$。图 10-9 中的 MAC 曲线与技术无关的部分采用线性函数来表示，与技术有关的部分使用一阶泰勒展开，则

$$MAC_i(r_i) = \begin{cases} m_{i,1}r_i, & 0 \leq r_i \leq r_i^* \\ m_{i,1}r_i^* + m_{i,2}(r_i - r_i^*), & r_i^* < r_i \leq e_{i,0} \end{cases} \quad (10.15)$$

式中，$m_{i,1}$ 和 $m_{i,2}$ 分别表示 MAC 曲线的形状参数。对式（10.15）进行积分运算，并通过代入边界条件，可以求解得到函数 $f_i(\cdot)$ 的表达式为

$$f_i(r_i) => \begin{cases} -\dfrac{1}{2}m_{i,1}r_i^2 + Y_{i,0}, & 0 \leq r_i \leq r_i^* \\ -m_{i,1}r_i^*(r_i - r_i^*) - \dfrac{1}{2}m_{i,2}(r_i - r_i^*)^2 + c_i, & r_i^* < r_i \leq e_{i,0} \end{cases} \quad (10.16)$$

式中，c_i 表示积分运算后得到的常数项。假定社会决策者的目标是最大化各地区的总产出，即

$$\max_{\{r_i^a\}} \sum_{i=1}^{n} f_i(r_i^a)$$

$$\text{s.t.} \sum_{i=1}^{n} r_i^a \geq T, \ 0 \leq r_i^a \leq e_{i,0} \quad (10.17)$$

式中，r_i^a 表示分配给地区 i 的减排量；T 表示全国碳减排总量目标。将式（10.16）代入式（10.17），根据各地区边际控制成本均等化的一阶条件，可以求得各地区的碳排放权分配额为

$$A_i = e_{i,0} - r_i^a = e_{i,0}\left\{1 - \frac{Te_{i,0}}{2CY_{i,0}}\left[1 + (k_1 - 1)\text{TE}_i^2\right]\right\} \quad (10.18)$$

式中，C 表示近似常数参数，$C = \sum_i (1/m_{i,1})$。由式（10.18）可以看到，各地区碳排放权的分配额由全国碳减排总量目标 T、本地区未减排时的碳排放量 $e_{i,0}$、本地区碳排放强度 $e_{i,0}/Y_{i,0}$ 及本地区的全要素碳排放效率 TE_i 四个因素共同决定。

（1）全国碳减排总量目标与本地区分配额呈负相关关系。碳减排量的动态调整部分可以按照既有的地区间减排量比例进行分配，而不会产生额外的效率损失。

（2）各地区未减排时的碳排放量与本地区分配额呈正相关关系。该原则即被广泛运用的祖父制分配方法。

（3）各地区碳排放强度与本地区分配额呈负相关关系，即当其他因素保持不变时，本地区碳排放强度越低，其所应当获得的碳排放权数量越多。

（4）各地区全要素碳排放效率与本地区碳排放权分配额在一定条件下呈正相关关系。通过引入碳排放效率，能够将不同地区前期的减排技术投入充分考虑在内，从而避免"鞭打快牛"的结果。

基于这一理论框架可以在对地区碳排放效率进行测算的基础上，综合考虑国家碳减排总量、地区排放总量与排放强度效应，得到效率驱动的多因素配额分配方法。

资料来源：钱浩祺，吴力波，任飞州. 2019. 从"鞭打快牛"到效率驱动：中国区域间碳排放权分配机制研究[J]. 经济研究，54（3）：86-102.

10.3 环境污染控制的设计

10.3.1 不完全竞争和污染控制

10.2 节讨论的污染控制，基本是在市场完全竞争的假定条件下对其进行分析的，企业是价格和排污费的被动接受者，即企业在决定其选择时，价格和排污费是给定的。但是在实践中，多数市场并不是完全竞争的，很多企业具有不同程度的市场势力，这使其可以在一定程度上影响价格。因此，在市场不完全竞争条件下对污染控制的情况将变得更加复杂。

1. 不完全竞争条件下的庇古税效率

图 10-10 给出了不完全竞争条件下企业的成本曲线和需求曲线。图 10-10 中，不完全竞争企业的需求曲线向右下方倾斜，边际收益曲线 MR 在需求曲线的内侧向右下倾斜。企业要面对边际私人成本曲线 MPC 和边际社会成本曲线 MSC，两者之间的垂直距离为边际损害成本。企业为使利润最大化，使 MPC=MR，垄断产量为 Q_m，价格为 P_m。而在完全竞争条件下的均衡点为价格等于边际社会成本的点，即 P=MSC，此时的产量 Q^* 为最优产量。显然，$Q_m < Q^*$，偏离最优产量。但是如果在 Q_m 设立排污费，会使企业的边际私人成本曲线由 MPC 上升为 MPC'。企业为了使利润最大化，结果使产量为 Q'，价格为

P'，进一步偏离了最优产量和价格，导致社会由于产量减少所受到的福利损失增加。如果我们想得到 Q^* 和 P^*，需要把 MPC 下置到 MPC″，使 MR=MPC″。但这样做需要设置补贴而不是收费，补贴 S^* 等于 MPC 与 MPC″间的垂直距离。

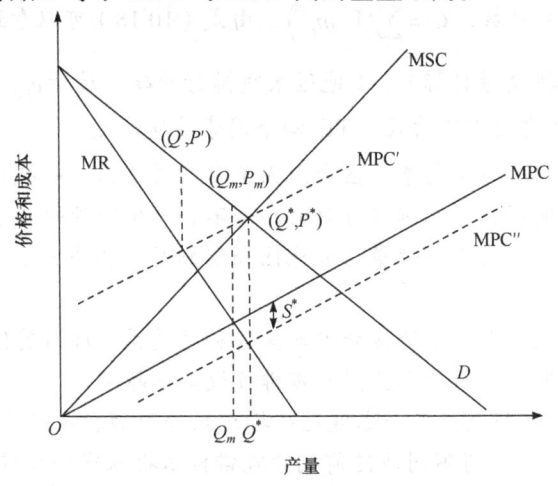

图 10-10　不完全竞争条件下的庇古税或补贴

如果改变 MPC 和 MSC 的形状，就可以得到正的排污费。图 10-11 中，MSC 和 MPC 的差别很大，为达到 Q^*，需将 MPC 上移到 MPC′，使 MPC′=MR。这时，排污费 t 是正的。

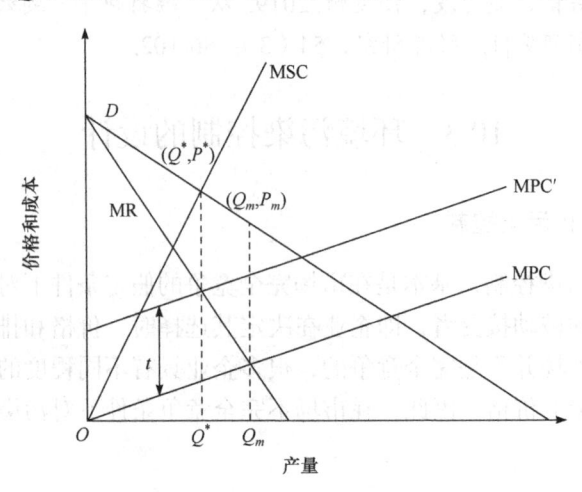

图 10-11　不完全竞争条件下正的排污费

但是，无论排污费为正还是为负，最优排污费都不等于最优产量上的边际损害成本。原因在于我们同时在解决两个问题：外部效应和垄断。如果改正垄断问题，使 P=MPC，那么排污费就会等于 MEC*。以上结果可以总结为如下的式子。

在完全竞争条件下：

$$t=P-\text{MPC}=\text{MR}^*-\text{MPC}^*=\text{MEC}^*$$

不完全竞争条件下：

$$\text{若 MPC}^*>\text{MR}^*，S^*=\text{MPC}^*-\text{MR}^*$$

若 $MR^* > MPC^*$,$t = MR^* - MPC^{*}$①

2. 不完全竞争条件下的次优庇古税

上述分析说明，在不完全竞争的条件下，最优庇古税对于有污染的垄断行业来说，并不是最优的。由于存在污染和垄断这两种市场扭曲的现象，有效的政策设计必须同时解决这两个方面的问题。从理论上来说，为纠正这种市场扭曲的政策手段可以从排污费和补贴这两个方面来考虑。但在现实中，环保部门通常不能对垄断企业给予补贴，只能对排污者征收排污费。在这种情况下，既要考虑到污染造成的外部效应，也要考虑到垄断企业的减产对社会造成的损害。社会福利的最大化要求实现垄断企业产品的价值和提供这一产量的完全社会成本之差最大化。次优庇古税可表示为

$$t^* = t_c - \left| (P - MPC) \frac{dQ}{ds} \right| \qquad (10.19)$$

式中，t^* 表示次优庇古税；t_c 表示完全竞争条件下的庇古税；P 表示产品价格；MPC 表示边际私人成本；s 表示排污水平。式（10.19）右边第一项为完全竞争条件下的庇古税，第二项为产量减少所引起的福利损失，该损失是用边际产品价值和边际私人成本之差乘以因单位排污量减少所引起的产量的减少来表示的。因此，对垄断企业征收的次优庇古税应低于对完全竞争企业征收的最优庇古税。

3. 庇古税对社会福利的影响

在排污控制实践中，由于信息不对称及出于成本的考虑，很难对完全竞争企业和不完全竞争企业收取不同的庇古税。而对垄断企业收取一般的庇古税对社会福利会产生不同的影响。我们分别考虑向产品市场上的垄断者、污染生产市场上的垄断者征收庇古税，分析对社会福利产生的影响。图 10-12 反映了对产品市场上的垄断企业收取一般的庇古税对社会福利产生的影响。

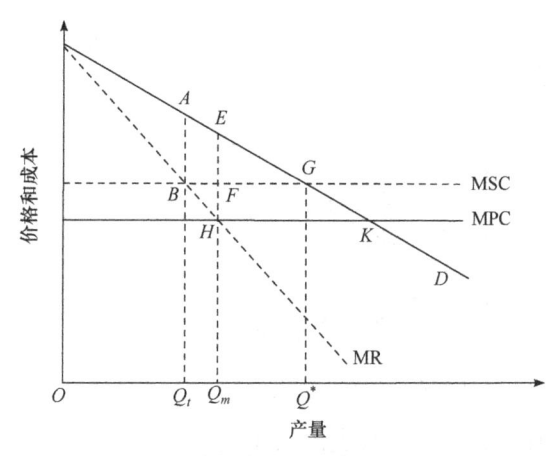

图 10-12 产品市场垄断条件下的福利

---

① 张帆,夏凡. 2016. 环境与自然资源经济学[M]. 3 版. 上海: 格致出版社, 上海三联书店, 上海人民出版社: 243.

为了简化分析，假定企业 A 是某一产品的垄断者，同时 A 企业生产产品会等比例地排放一定量的污染物，市场上有许多污染排放企业。A 企业忽略污染的情况下生产产品的边际私人成本曲线是水平线 MPC，每一单位生产所造成的外部成本为 FH，从而边际社会成本曲线为 MSC。按照利润最大化原则，生产者在 MPC=MR 的 Q_m 产量处进行生产，并在需求曲线上定价。与完全竞争市场相比，忽略污染的情况下生产 Q_m 的产品造成的福利净损失为 EHK。实际上，考虑污染造成的外部成本后，生产的最优产量是 Q^*。因此，生产 Q_m 的产品造成的实际福利净损失为 EFG。它的面积比 EHK 小了 FGKH，这是垄断企业在利润最大化原则下因减少产出而降低污染获得的社会福利。假定向企业造成的污染征收庇古税，使企业的 MPC 曲线提高到 MSC，垄断企业将不再保持 Q_m 的生产水平，而是在新的边际私人成本等于边际收益的 Q_t 产量处进行生产。此时，实际的福利净损失额外增加了 ABFE，征收庇古税后福利净损失更大了。从这个角度而言，对产品市场的垄断者征收庇古税是低效率的。

假定企业 B 在产品生产市场是竞争性的，但它是唯一的污染排放企业，即污染的垄断提供者。图 10-13 反映了对污染生产市场上的垄断企业收取一般的庇古税对社会福利产生的影响。图中 –MC(Q) 表示随着污染物排放量的提高企业获得的边际成本节约，MD(Q) 表示污染物排放造成的边际损失。假定政府向企业 B 征收庇古税，税率等于污染物排放造成的边际损失。由于企业 B 掌握污染排放的信息，因此它可以通过减排来降低所支付的排污税。企业 B 的排污税为

$$T(Q)=Q^*\text{MD}(Q) \tag{10.20}$$

对式（10.20）求导得到企业排污税最小化的条件为

$$\frac{dT(Q)}{dQ}=Q\frac{d\text{MD}(Q)}{dQ}+\frac{dD(Q)}{dQ} \tag{10.21}$$

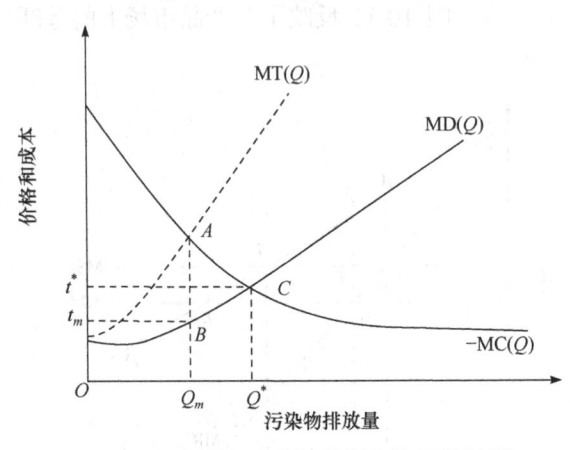

图 10-13 污染生产市场垄断条件下的福利

由图 10-13 可以看出，边际税收支出大于边际损失，如果企业多生产一单位的污染物，企业必须为额外单位的污染物支付 MD(Q)，税率和税收都将上升。企业 B 的理性选择是在边际税收支出等于从污染物获得的边际成本节约处（$Q=Q_m$）进行生产，

而不是在有效率的排放水平处（$Q=Q^*$）进行生产。总的来说，污染的垄断者通过将污染降低到效率水平之下来操纵排污税，使税率由 t^* 降到 t_m。虽然此时仍然存在 ABC 的福利净损失，但是却减少了更多的污染，本应用于控制污染的资源可以得到更有效率的使用。

4. 不完全竞争条件下的排污权交易

实践中，多数市场并不是完全竞争的，排污权交易市场也是如此。当排放权市场存在市场力量时，排污权的初始分配就会变得十分重要。拥有大量排污许可的垄断企业可以通过向市场施加影响在一定程度上影响排污许可证的价格。因此，在市场不完全竞争条件下，排污权交易将变得更加复杂。

为简化分析垄断企业对排污权交易市场的影响，假定市场上存在一个垄断企业和许多小企业，垄断企业在污染物排放量为 E 时的排放成本为 $C(E)$，小企业对排污权的需求函数为 $P(e)$，也就是说在排污权的价格为 $P(e)$ 时，小企业合计需求 e 个排污权。假定政府最初发放了 Q 个排污权，其中垄断企业获得了 Q_B 个。此时，垄断企业的总成本为

$$TC(E)=C(E)-P(Q-E)[Q_B-E] \quad (10.22)$$

式中，$P(Q-E)$ 表示排污权交易市场的交易总量为 $Q-E$ 时的排污权价格；$[Q_B-E]$ 表示垄断企业出售的排污权的数量；$P(Q-E)[Q_B-E]$ 表示垄断企业获得的收入。垄断企业出售排污权的价格由小企业对排污权的需求函数和交易的排污权数量共同决定。在不完全竞争市场中，垄断企业通过控制排放量 E 实现成本最小化。对式（10.22）求导得到垄断企业成本最小化的条件为

$$0=MC(E)+MP(Q-E)[Q_B-E]+P(Q-E) \quad (10.23)$$

当边际排放成本等于排污权价格时，即 $MC(E^*)+P(Q-E^*)=0$ 时，垄断企业达到有效率的排放水平 E^*。将满足式（10.23）的排放量表示为 E^{**}。由式（10.23）可知如下结论。

（1）当 $Q_B=E^*$ 时，垄断企业的污染排放量 $E^{**}=E^*$，不会通过影响小企业之间的自由交易来控制排污权价格。

（2）当 $Q_B>E^*$ 时，有

$$E^{**}<E^* \Rightarrow -MC(E^{**})>P(Q-E^{**}) \Rightarrow MP(Q-E^{**})[Q_B-E^{**}]>0 \Rightarrow Q_B<E^{**} \quad (10.24)$$

$$E^{**}>E^* \Rightarrow -MC(E^{**})<P(Q-E^{**}) \Rightarrow MP(Q-E^{**})[Q_B-E^{**}]<0 \Rightarrow Q_B>E^{**} \quad (10.25)$$

由于式（10.24）与初始假设 $Q_B>E^*$ 矛盾，所以如果垄断企业的初始排污权大于有效率的排放水平时，必然存在 $Q_B>E^{**}>E^*$。

（3）当 $Q_B<E^*$ 时，式（10.25）与初始假设 $Q_B<E^*$ 矛盾，即如果垄断企业的初始排污权小于有效率的排放水平时，必然存在 $Q_B<E^{**}<E^*$。

图 10-14 给出了不完全竞争条件下垄断企业对排污权价格的影响图示。垄断企业的排放量越高，小企业可利用的排污权就越少，排污权价格就会上升，$P(Q-E)$是垄断企业排放量的增函数。

图 10-14（a）表示 $Q_B < E^{**} < E^*$ 时垄断企业对排污权价格的影响，此时垄断企业的初始排污权分配过少，会购买一定量的排污权，并努力使得价格下降，它的排放量将低于有效率的排放水平。图 10-14（b）表示 $Q_B > E^{**} > E^*$ 时垄断企业对排污权价格的影响，此时垄断企业的初始排污权分配过多，会卖出一定量的排污权，并努力使得价格上升，它的排放量将大于有效率的排放水平。可见，在不完全竞争条件下，垄断企业的初始排污权过多或过少时，垄断企业和小企业的总成本都会过高，合理地分配垄断企业的初始排污权份额对有效控制污染至关重要。

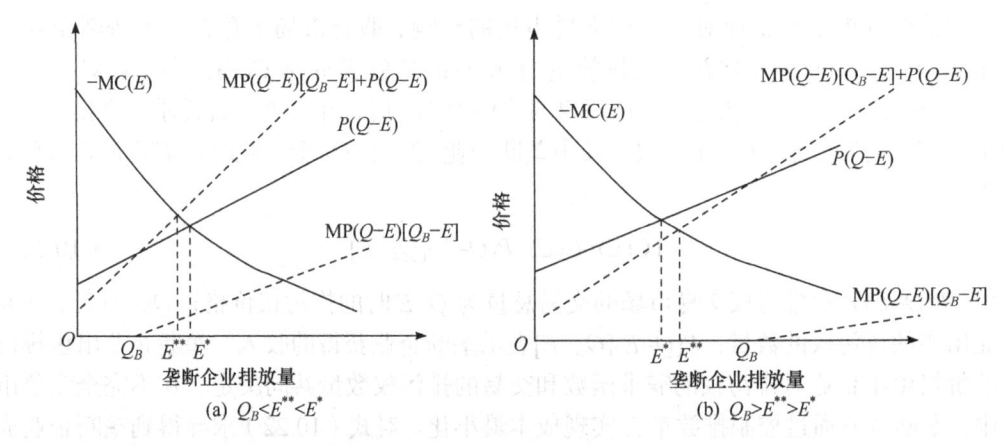

图 10-14 不完全竞争条件下垄断企业对排污权价格的影响

10.3.2 不确定性和控制手段的选择

以上分析都是在比较理想的市场环境下进行的。在现实世界中，不确定性会对排污者的行为和污染控制手段的选择产生影响。本节考虑存在不确定性条件下控制手段的选择。

我们先讨论在确定情况下的排污控制手段。如果追求社会福利最大化的政府明确知道有关函数，则排污收费和排污权交易会得到完全一样的排污量，尽管两者的信息成本和控制成本可能不同。政府如果能得到所有信息，就可以确定庇古税的水平，然后向企业征收。政府也可以向企业分发排污权，因为排污权的自由交易会将排污权的价格抬高到庇古税的水平。这时，对排污者整体来说，向政府交排污费和在市场上购买排污权的效果是相同的。排污收费和排污权交易把排污限制在同样的水平上。

1. 边际社会损失函数不确定情况下排污收费和排污权交易的比较

在政府管理者对有关函数的曲线的位置没有确切了解的情况下，计算污染的最优值就会发生误差。本部分讨论不确定的边际社会损失曲线，如图 10-15 所示。假定市场上仅有一个污染者，政府管制者允许企业的排污量为排污权交易的总额，企业从污染排放中获得的边际节约等于支出的边际控制成本（MS=-MC），边际节约是确定的。但是，污染导致的边际社会损失往往比较难估计。图 10-15 中，边际节约曲线为 MS，政府估算的边际社会损失为 MD′，此时，政府会选择收费 P'，或者发出 Q' 排污权。如果政府估算正确，在完全竞争的排污权市场上，这两种政策的效果是一样的，排污量均为 Q'。但是，如果实际上边际社会损失曲线是 MD*，低于政府估算的 MD′，即污染造成的边际社会损失实际上更低，那么，实际上最优排污量应设定在 Q^*，显然，政府对污染进行了过度控制。在这种情况下，所造成的社会福利损失为图形 ABC 的面积。

那么，边际社会损失函数不确定情况下两种基本的排污控制手段的效果如何？由图 10-15 可以看出，无论边际社会损失函数如何，在给定边际节约函数 MS(Q) 的情况下，把排污费定为 $P^*=MS(Q^*)$，企业就会排放 Q^* 的污染量；把排污权定为 Q^*，企业的排污费就是 P^*。也就是说，排污权发放量和排污费仅仅依赖于边际节约函数，而不依赖于边际社会损失函数。因此，虽然对边际社会损失曲线估计错误会造成社会福利损失，但是排污收费和排污权交易的政策效果是一样的。

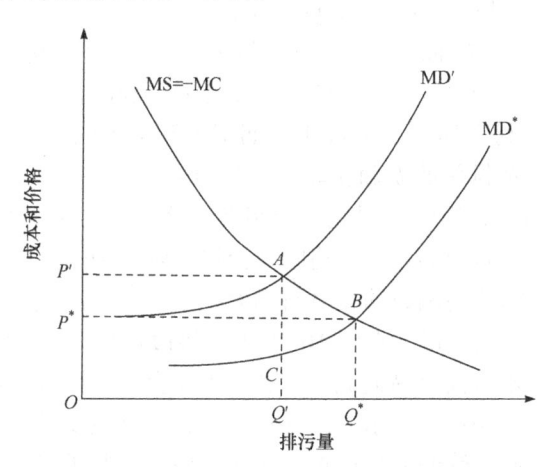

图 10-15　不确定的边际社会损失曲线

2. 控制成本不确定情况下排污收费和排污权交易的比较

在现实中，污染者从排放中获得的边际节约对于政府而言是不确定的。假定边际社会损失函数是确定的，政府应该是选择排污收费，还是选择排污权交易？图 10-16 阐明了这一点。

在图 10-16 中，给出了管制者估计的边际节约函数 MS*，价格 P^* 和 Q^* 是管制者没有了解到企业真实边际节约的情况下的最优选择。为刻画管制者关于边际节约的不确定，图 10-16 中给出了高的和低的边际节约曲线（MS_H 和 MS_L）。假设管制者令企业排放 Q^* 排污量，当边际节约曲线为 MS_H 时，如果管制者收取排放费为 P^*，企业将排放 Q_H，尽管此时的最优排放量为 Q^*_H。显然，Q^* 和 Q_H 都不是最佳，管制者设置 Q^* 的排污量造成的福利净损失为 ABC 的面积，管制者设置 P^* 的排污费造成的福利净损失为 ADE 的面积。

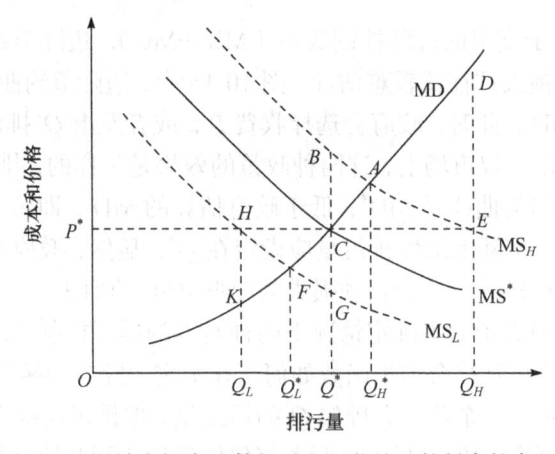

图 10-16 边际社会损失函数相对边际节约函数斜率较高的情况

同样的情况下，当边际节约曲线为 MS_L 时，如果管制者收取排放费为 P^*，企业将排放 Q_L。显然，最优排放量为 Q^*_L，Q^* 和 Q_L 都不是最佳，管制者设置 Q^* 的排污量造成的福利净损失为 CGF 的面积，管制者设置 P^* 的排污费造成的福利净损失为 HKF 的面积。ABC 和 CGF 面积的和给出了排污权交易的福利净损失，ADE 和 HKF 面积的和给出了排污收费的福利净损失，通过比较期望福利损失的大小即可判断控制成本不确定情况下排污权交易和排污收费孰优孰劣。图 10-16 中，前者的面积小于后者，说明排污权交易导致更少的福利损失，因此，管制者应该选取排污权交易的管制手段。

不难看出，以上两组面积的大小与边际社会损失函数和边际节约函数的斜率有关。边际社会损失函数和边际节约函数的相对斜率大小是判断控制成本不确定情况下排污收费和排污权交易孰优孰劣的关键。在图 10-16 中，将边际社会损失函数绕着点 (Q^*, P^*) 沿顺时针方向进行旋转，排污权交易造成的福利净损失会不断增大，而排污收费的造成的福利净损失则减小，如图 10-17 所示。图 10-17 中，排污权交易的福利净损失大于排污收费的福利净损失，因此，管制者应该选取排污收费的管制手段。总的来说，在控制成本不确定的情况下，如果边际社会损失函数比边际节约函数的斜率更大，则政府选择排污权交易效果更佳；如果边际节约函数比边际社会损失函数的斜率更大，则政府选择排污收费的效果更佳。

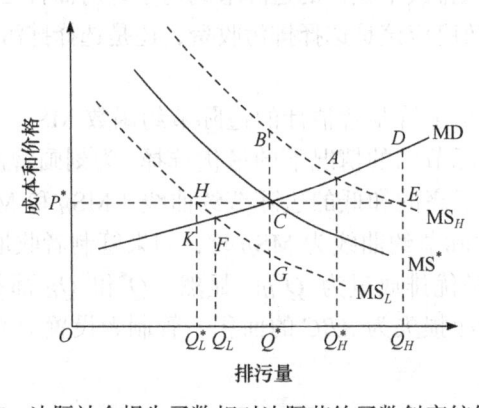

图 10-17 边际社会损失函数相对边际节约函数斜率较低的情况

10.3.3 污染控制手段的比较和设计

从前面的分析可知，污染控制的排污标准、排污费和排污权交易都可以以最低的成本实现任何污染控制目标，但是各个控制手段在费用效率和控制手段的可靠性、信息要求、不确定性等方面存在一定的差异。所以，在实际操作过程中，需要比较各个手段的优劣，从而选择出比较合适的控制手段或控制手段组合。

1. 污染控制手段的比较

各类污染控制手段在控制污染的有效性上的差异主要体现在控制的费用效率、可靠性、信息要求、不确定性等方面。

首先，从费用效率比较来看，管制手段可以实现有效的污染控制，但费用较高。为了降低命令控制过程中的过高费用，政府环境保护部门需要了解每个污染者的边际控制成本函数，然后才能计算出每个企业应减排的量，以使所有企业的边际控制成本相等。但在实践中，获取每个污染者的边际控制成本函数或污染信息是很难做到的。因此，相对于其他控制手段来说，命令控制手段是无效率的，其实现特定目标的成本相对较高。

其次，从可靠性比较来看，控制手段的可靠性很大程度上依赖于政府环境保护部门所掌握的信息的多少。例如，如果能够确定地掌握总控制成本函数，管理当局就能够决定为实现给定的减排目标应采取何种税率或补贴。一旦税率能够确定，减排就能够被控制在期望的水平上。同样的结论也适用于排污权交易。一旦管理当局确定允许排污的数量，市场的交易将产生一个可以被政策制定者预期的交易价格。因此，有关控制成本的信息就成为决定污染减排数量，以及税率和交易价格可靠性的关键因素[①]。

再次，从信息要求比较来看，经济激励手段比命令控制手段更具有根本的优势。当缺乏个体厂商的控制成本信息时，命令控制手段一般无法做到非常有效。但排污收费和排污权交易都能够在只知道总体控制成本的情况下，以最低总成本实现预定的污染控制目标。即便环保部门不知道总体控制成本，采用这些经济手段也能够以最低成本实现部分目标。

最后，从不确定性比较来看，当存在不确定性或不断出现新信息时，命令控制手段的控制效果较差。相反，实行排污权交易时，管理当局可以通过公开市场业务对市场上的许可证数量加以灵活调整。一个重要的不确定性情形是，要考虑使用错误信息时不同手段可能带来的效率损失。在确定的情境下，决策者了解污染控制成本函数和污染边际损害函数，从而能够确定出有效率的污染减排水平。一般来说，在这种情况下，基于市场的控制手段是实现控制目标的最佳手段。但是，当决策者对这些函数的了解都存在不确定性时，市场手段就不一定是最佳的了。在不确定的情况下，政府可能高估或低估边际控制成本或效益。

---

① 珀曼 R, 马越, 麦吉利夫雷 J, 等. 2002. 自然资源与环境经济学[M]. 2版. 侯元兆, 等译. 北京: 中国经济出版社: 371.

2. 污染控制手段设计

从各类政策工具来看，排污标准等政府命令控制的政策工具具有简单易行和见效快的特点，但是经济学通常认为这种方法的效率较低，原因在于信息不对称情况下政府获取企业污染控制信息的成本过高。政府在制定污染控制标准时，不仅需要得到排污者的具体信息，而且需要知道各个企业不同的技术和不同的污染控制成本，这都会产生大量的费用。因此，命令控制方法比市场激励方法的控制成本更高。通过对排污者征收庇古税的方式，可以使外部效应内部化，实现资源的最优配置，达到经济效益和环境效益的双重最优化。而且庇古税使不同的企业根据自身的控制成本选择控制量，使得各个经济主体都有更大的选择空间。但是庇古税存在的缺点是：在实践中难以准确地了解边际损害成本，环境保护当局不容易了解企业的边际私人净效益曲线，庇古税没有考虑税收的分担问题，特别是庇古税分析的前提是要在完全竞争市场中进行。由于上述原因，庇古税方法在实践中的操作性较差。

与前两种思路都需要政府不同程度的干预相比，排污权交易不需要政府干预，完全通过市场就能达到最优。与排污费的庇古税方法相比，排污权交易方法在达到同样的污染控制量时，能够以更低的成本实现这一目标，而且不需要确定税额，也不需要对税额进行调整。最明显的是，排污权交易给市场主体提供了表达意见的机会，避免了政府环境保护部门对控制成本估计错误而造成的企业不愿意投资的问题。但是排污权交易方法同样存在一系列问题：一是需要在充分竞争的条件下才能实现；二是在交易成本过高的情况下，排污权交易难以实施；三是其要求实施排污权交易的前提是产权明晰。

上述三种方法各有优缺点及使用的环境和前提条件，所以在实施过程中需要按照一定的选择标准来对政策进行组合和设计。政府对污染控制手段的选择标准主要包括以下几点。

一是经济效率，即以最小的社会成本得到最大的经济利益。

二是低的信息需要量，即执行政策所需要的信息尽可能地少。

三是公平性。在选择污染控制手段时，分配效应是一个非常重要的因素。不同的污染控制手段对收入在经济体系中的分配的影响是不同的，不同手段导致的直接财务收益和损失会对社会整体的财富分配产生影响，所以控制手段的采用需兼顾社会各群体的利益。

四是可靠性和协调性，即政策的结果比较确定，风险较小，环保政策对其他各方面的变化应具有较好的适应性。

五是可实施性，即政策实施的步骤和做法切实可行。由于任何控制手段的可实施性将在很大程度上依赖于当地的具体情况及控制手段设计的细节，所以很难就此做出一般性判断，因而控制手段的可实施性非常重要。

六是政治上的可接受性。通常在实践中，要同时满足以上所有条件实际上是不可能的，因此需要根据实际情况进行权衡取舍，并通过各方利益的博弈达成一致。

七是政策效果的长期性。污染控制手段的长期影响主要取决于两方面：一方面是对净收入的影响，它会影响企业的规模；另一方面是所能提供的动态激励。因此，控制手段的选取需要考虑实施的长期效应。

在实践中，各国通常是使用组合的政策工具来实现污染的有效控制。组合的政策工具通过提供三种激励机制以实现对污染的最优控制。一是直接改变价格或成本水平。当征收排污费时，它对企业生产过程产生了影响。一方面，成本的变动使污染造成的社会成本得到反映，企业在生产过程中必须考虑社会成本的大小，进而使社会成本内部化；另一方面，产品价格的变化也迫使消费者在做消费决策时，考虑产品的社会成本，以减少对污染严重的产品的消费。二是政府通过金融和财务手段间接改变产品的价格或成本。政府通过补贴、低息贷款等方式促进环境保护技术的发展，并激励企业执行环保政策。这些手段的目的是使价格或成本能够反映出产品的全部社会成本和收益。三是市场创建、市场发育和市场支持。政府通过制度创新人为地建立与环保有关的新市场，或者通过立法、改变管制等方法实现市场发育，进而为污染控制创造良好的外部环境和制度环境。

■ 相关链接 10-1　构建现代环境治理体系　为建设美丽中国提供有力制度保障 >>>

党的十八大以来，我国关于生态文明建设和生态环境保护的实践不断丰富和发展，在"五位一体"总体布局中，生态文明建设是其中一位；在新时代坚持和发展中国特色社会主义基本方略中，坚持人与自然和谐共生是其中一条基本方略；在新发展理念中，绿色是其中一大理念；在三大攻坚战中，污染防治是其中一大攻坚战。这四个"一"体现了我国对生态文明建设规律的把握，体现了生态文明建设在新时代党和国家事业发展中的地位，体现了党对建设生态文明的部署和要求。

生态环境治理体系和治理能力是生态环境保护工作推进的基础支撑。党的十九大明确提出，构建政府为主导、企业为主体、社会组织和公众共同参与的环境治理体系。近年来，我国生态环境制度体系逐步完善，监管体制不断健全，执法督察日益严格。为切实巩固构建现代环境治理体系的重要成果，2020年3月，中共中央办公厅、国务院办公厅印发《关于构建现代环境治理体系的指导意见》，为推动生态环境根本好转、建设生态文明和美丽中国提供了有力制度保障。党的二十大进一步强调要健全现代环境治理体系。

现代环境治理体系是党委领导、政府主导、企业主体、社会组织和公众共同参与的环境治理体系。现代环境治理体系的工作重点是建立健全环境治理的领导责任体系、企业责任体系、全民行动体系、监管体系、市场体系、信用体系、法律法规政策体系。在健全领导责任体系方面，重点是完善中央统筹、省负总责、市县抓落实的工作机制，明确中央和地方财政支出责任，开展目标评价考核，深化生态环境保护督察。在健全企业责任体系方面，重点是依法实行排污许可管理制度，推进生产服务绿色化，提高治污能力和水平，公开环境治理信息。在健全全民行动体系方面，重点是强化社会监督，发挥各类社会团体作用，提高公民环保素养。在健全监管体系方面，重点是完善监管体制，加强司法保障，强化监测能力建设。在健全市场体系方面，重点是构建规范开放的市场，强化环保产业支撑，创新环境治理模式，健全价格收费机制。在健全信用体系方面，重点是完善企业环保信用评价制度，建立排污企业黑名单制度。在健全法律法规政策体系方面，重点是完善法律法规和环境保护标准，加强财税支持。

健全现代环境治理体系，是落实党的十九大、二十大会议精神，深入贯彻习近平生态文明思想的重要举措，是持续加强生态环境保护、满足人民日益增长的优美生态环境需要、建设美丽中国的内在要求，是完善生态文明制度体系、推动国家治理体系和治理能力现代化的重要内容，充分展现了生态环境治理的中国智慧，将对全球生态环境治理进程产生重要影响。

本章小结

环境污染具有负外部性，会对经济主体的福利造成影响。动态角度下环境污染可以分为流量损害型污染、存量损害型污染和存量-流量型污染。从经济发展与环境保护的权衡来看，存在有效率的最优污染水平。环境污染控制需要通过政策设计将污染的外部性内部化，从动态和静态相结合的角度进行成本与收益分析。将环境污染外部性内部化的手段通常包括命令控制手段和市场激励手段，后者主要包括征收庇古税和排污权交易两种途径。庇古税和排污权交易各有利弊，二者的实施在不同的市场环境下及不同的不确定程度条件下效果不同。在实践中，需要根据客观环境的不同，使用组合的政策工具来实现污染的有效控制。

关键概念

流量损害型污染　　存量损害型污染　　存量-流量型污染　　污染损害函数　　最优污染水平　　边际控制成本　　边际损害成本　　排污标准　　排污权交易　　最优庇古税

思考题

1. 如何确定最优污染水平？这种排污水平在现实中可以达到吗？
2. 论述排污权交易的微观效应分析。
3. 论述庇古税与排污权交易的主要观点，并比较二者之间的异同。
4. 论述"双碳"目标下如何合理建立碳排放初始配额的分配机制。
5. 两个空气污染源的边际控制成本函数分别为 $MC_1=0.3q_1(i)$ 和 $MC_2=0.5q_2(i)$，式中 q_1、q_2 分别表示两个污染源的减排量。两个空气污染源的排污量与实际污染强度的转换系数（排污量/实际污染强度）分别为 $a_1=1.5$ 和 $a_2=1.0$。如果不进行任何控制，它们将分别产生 20 吨污染。环境标准为 12ppm（$1ppm=10^{-6}$）。

（1）如果建立排污许可制度，需要发放多少排污许可，价格是多少？

（2）如果将排污许可拍卖，每个污染源将花费多少钱来购买排污许可？

（3）如果开始时给两个污染源各免费分配一般排污许可，每个污染源最终将花费多少钱来购买排污许可或出售多少钱的排污许可？

推荐阅读的文献资料

蒂坦伯格 T, 刘易斯 L. 2021. 环境与自然资源经济学[M]. 11 版. 王晓霞, 等译. 北京: 中国人民大学出版社.

古德斯坦 E, 波拉斯基 S. 2019. 环境经济学[M]. 7 版. 郎金焕, 译. 北京: 中国人民大学出版社.

韩颖, 寇坡. 2020. 隐性经济视角下中国环境污染治理困境及对策研究[J]. 中国人口·资源与环境, 30
　（7）: 73-81.
科尔斯塔德 C D. 2016. 环境经济学[M]. 2 版. 彭超, 王秀芳, 译. 北京: 中国人民大学出版社.
马中. 2019. 环境与自然资源经济学概论[M]. 3 版. 北京: 高等教育出版社.
张学珍, 王发浩, 罗海江. 2021. 1978—2018 年中国环境污染的时空特征: 基于《人民日报》新闻报道[J].
　地理研究, 40（4）: 1134-1145.

第 11 章 灾害经济问题

灾害与经济发展密切相关：一方面，灾害直接阻碍和破坏社会经济的发展，是经济发展中的减值因素；另一方面，不合理的经济活动与生产力布局又加剧了灾害的发生和发展。因此，必须改变以资源高投入、环境大破坏和灾害事故频发为代价的传统经济发展模式，将防灾减灾与绿色可持续发展目标协调起来，构建完善的灾害应对体系，以寻求经济发展进程中灾害风险的最小化，实现防灾减灾与社会经济及生态系统的协调发展。

11.1 灾害及其经济特性与实质

11.1.1 灾害的严重性

地球上的灾害既广泛又频繁，已成为制约人类社会经济发展的严重阻碍。随着社会经济发展和科技进步，人类的防灾抗灾能力在逐步提高，但令人遗憾的是，由于人类不合理的经济活动对环境的过度干预或破坏，加上人口的增长和财富资本的高度集中及生态环境的严重恶化，导致了灾害在世界范围内的加剧。联合国减少灾害风险办公室发布的《灾害造成的人类代价：过去 20 年（2000~2019 年）概览》[①]指出，1980~1999 年，全球自然灾害 4212 起，死亡人数 119 万，受灾人数超过 30 亿，经济损失总额 1.63 万亿美元。与之相比，2000~2019 年，全球自然灾害事件 7348 起，死亡人数 123 万人，受灾人口总数高达 40 亿，经济损失总额高达 2.97 万亿美元。灾害数量的上升主要源于与气候相关的自然灾害数量的激增。可见，极端天气已经成为 21 世纪最为主要的灾害来源。

从全球范围来看，2000~2019 年，亚洲遭受的自然灾害最多（3068 起），其次是美洲（1756 起）和非洲（1192 起）。其中，亚洲自然灾害造成的经济损失占全世界的 43% 左右，是受灾害影响最大的地区。我国位于亚洲东部，灾害种类多、发生频率高、分布地域广、损失程度大。灾害种类包括洪涝、干旱、地震等，受灾面积约占我国国土面积的 1/3，其中有 2/3 的国土面积在不同程度上受到洪水的威胁，近半数的城市分布在地震带上。随着我国经济的快速发展，自然灾害造成的经济损失也呈现出明显的上升趋势，并已成为影响我国经济发展和社会安定的重要因素。

可以看出，无论是全世界还是我国国内，自然灾害对社会经济发展产生了严重的损害。因此，如何最大限度地减轻自然灾害的威胁和造成的损失，已成为当今世界面临的一个极为紧迫和严峻的问题。发达国家由于对自然灾害的研究和防治开展得较早，研究

---

① Centre for Research on the Epidemiology of Disasters, United Nations Office for Disaster Risk Reduction. 2020. The human cost of disasters: an overview of the last 20 years (2000-2019)[EB/OL]. https://www.undrr.org/publication/human-cost-disasters-overview-last-20-years-2000-2019[2022-08-24].

成果相对发展中国家而言较为成熟，防灾减灾的投入也较大，所以其灾损率比发展中国家要低得多。为此，联合国在 1987 年决定把 1990~2000 年定为"国际减轻自然灾害十年"（以下简称"国际减灾十年"），旨在通过一致的国际行动，特别是在发展中国家，减轻自然灾害所造成的生命财产损失和社会经济失调。随后，2005 年联合国在第二届世界减灾大会上通过了《兵库宣言》和《兵库行动框架》，为 2005~2015 年全球减灾工作确立了战略目标和行动重点。2015 年 3 月，联合国在第三届世界减灾大会上通过了《2015~2030 年仙台减灾框架》，提出了切实的减灾目标和优先行动事项，这将有助于大量减少灾害风险及生命健康的损失，也翻开了减轻灾害实现可持续发展的新篇章。

■ 相关链接 11-1　国际减灾日 >>>

1987 年 12 月，第 42 届联合国大会通过第 169 号决议，将从 1990 年开始的 20 世纪的最后十年定为"国际减灾十年"。1989 年 12 月，第 44 届联合国大会通过决议，指定每年 10 月的第二个星期三为"国际减灾日"。"国际减灾十年"活动结束后，第 54 届联合国大会于 1999 年 11 月通过决议，决定从 2000 年开始，在全球范围内开展"国际减灾战略"行动，将减灾作为一项长期的、战略性的行动开展下去，并继续开展"国际减灾日"活动。确立"国际减灾十年"和"国际减灾日"的目的，是唤起人们对防灾减灾工作的重视，敦促各国把减轻自然灾害列入工作计划，推动各国采取措施减轻自然灾害的影响。历年"国际减灾日"主题如表 11-1 所示。

表 11-1　历年"国际减灾日"主题

日期	主题
1991 年 10 月 9 日	"减灾、发展、环境——为了一个目标"
1992 年 10 月 14 日	"减轻自然灾害与持续发展"
1993 年 10 月 6 日	"减轻自然灾害的损失，要特别注意学校和医院"
1994 年 10 月 12 日	"确定受灾害威胁的地区和易受灾害损失的地区——为了更加安全的 21 世纪"
1995 年 10 月 11 日	"妇女和儿童——预防的关键"
1996 年 10 月 9 日	"城市化与灾害"
1997 年 10 月 8 日	"水：太多、太少——都会造成自然灾害"
1998 年 10 月 14 日	"防灾与媒体"
1999 年 10 月 13 日	"减灾的效益——科学技术在灾害防御中保护了生命和财产安全"
2000 年 10 月 11 日	"防灾、教育和青年——特别关注森林火灾"
2001 年 10 月 10 日	"抵御灾害，减轻易损性"
2002 年 10 月 9 日	"山区减灾与可持续发展"
2003 年 10 月 8 日	"与灾害共存——面对灾害，更加关注可持续发展"
2004 年 10 月 13 日	"总结今日经验、减轻未来灾害"
2005 年 10 月 12 日	"利用小额贷款和保险手段增强抗灾能力"
2006 年 10 月 11 日	"减少灾害从学校抓起"

续表

日期	主题
2007年10月10日	"防灾、教育和青年"
2008年10月8日	"减少灾害风险,确保医院安全"
2009年10月14日	"让灾害远离医院"
2010年10月13日	"建设具有抗灾能力的城市:让我们做好准备!"
2011年10月13日	"让儿童和青年成为减少灾害风险的合作伙伴"
2012年10月13日	"女性——抵御灾害的无形力量"
2013年10月13日	"面临灾害风险的残疾人士"
2014年10月13日	"提升抗灾能力就是拯救生命——老年人与减灾"
2015年10月13日	"掌握防灾减灾知识,保护生命安全"
2016年10月13日	"用生命呼吁:增强减灾意识,减少人员伤亡"
2017年10月13日	"建设安全家园;远离灾害,减少损失"
2018年10月13日	"减少灾害损失,创造美好生活"
2019年10月13日	"加强韧性能力建设,提高灾害防治水平"
2020年10月13日	"提高灾害风险治理能力"
2021年10月13日	"构建灾害风险适应性和抗灾力"

11.1.2 灾害与灾害经济

当前,学界对灾害的定义和解释千差万别。根据灾害产生和发展的特征,我们把灾害定义为:由于某种不可控制或未能预料的破坏性因素的作用,使人类赖以生存的环境产生突发性或累积性的破坏或恶化,并超越当地社会经济系统的容忍限度而引起社会财富损失或人员伤亡的现象和过程。这个定义包含了以下几层含义。

首先,就其本质而言,灾害是一种威胁人类生存和发展的现象与过程,其发生的后果是社会财富的损失或人员的伤亡。因此,衡量是否成灾,仅以灾害的强度或级别而论是不够的,必须强调灾害的最终结果,要具体到某一地区,即是否对该地区造成损失和危害是判断某种现象是否成灾的最终依据。其次,对于这一现象产生的原因,早期的研究强调自然因素,而当代学者认为灾害的产生源于自然因素、人为因素或二者的叠加。一些因素的出现可能无法控制,如由于自然力的作用而导致的火山喷发、地震等;而另一些因素的产生则是由于人们事先未能充分预料到其后果导致的,如人力与自然力共同影响的土地沙化、水土流失等灾害。因此,灾害是一种自然-社会现象。再次,灾害的发生和发展具有一定的规律性,可能是突发性的也可能是累积性的。前者如地震、暴雨、洪水、火灾等,它们在人们未曾预料到或难以预料的情况下突然发生;后者如干旱、环境污染灾害等,其发生的过程比较缓慢,需要一定的时间。最后,灾害的最终结果与发生地区的社会经济系统的承灾能力有关,如果该地区的社会经济系统的承灾能力较强,某事件的发生未对当地造成危害，则该事件就不构成灾害。因此，灾害又是一个相对的概念。例如，由于某城市建立了完备的排水系统及有效的暴雨预警应急机制，其承灾能力较强，同样强度的特大暴雨给一些地区带来洪涝、泥石流等灾害，而对该城市可能并不造成损失和危害，则特大暴雨在该城市就不被称为灾害。

  灾害一般由灾害体和承灾体两部分组成。灾害体是指灾害动力活动及参与灾害活动的物质，如洪水、沙尘暴、滑坡、水土流失及发生异常运动的水、土壤、岩石、空气等。承灾体是指遭受灾害威胁或被破坏的人类社会经济系统。在一般情况下，灾害体作用于承灾体，从而产生各种灾害后果。但随着社会经济的发展，人类活动对多种灾害及其产生的基础条件形成了日益广泛的影响。一方面，不当的人类活动可能强化灾害的后果或诱发新的灾害，此时人类活动既是承灾体，同时又构成了灾害体的组成部分甚至灾害体的影响因素；另一方面，人类合理的行为会在很大程度上减轻灾害造成的损失或避免其发生。可见，灾害体与承灾体相互作用，从而使灾害具有自然和社会双重属性。

  有关灾害分类的依据和方法很多，由于侧重面不同和分类的目的不同，所以很难达到统一。最基本的划分方式是按照灾害的基本成因将其分为纯自然型灾害、纯人为型灾害和自然人为复合型灾害。纯自然型灾害是指人力不能支配操纵的各种自然力在一定时间内积聚后暴发所致的灾害，它包括：①气象灾害，指由大气的各种物理现象和运动变化引起的灾害，如暴雨、雹灾、风灾、旱灾、酷热、寒流等；②地质地貌灾害，指地壳内部或地表上的各种自然物的变化引起的灾害，如破坏性地震、火山爆发、洪水、海啸、泥石流、滑坡、地陷、地裂等；③生物灾害，指自然界中的有害生物或生物的有害排泄物大量繁殖或扩散对人畜和植物造成破坏，如病害、虫害、鼠害等；④天文灾害，指天文系统中发生的现象对人类产生的有害影响，如电磁异爆、新星爆炸、小行星碰撞地球等。纯人为型灾害是指主要或者完全是由经济活动中的人为因素造成的灾害，包括战争、生产性事故（如爆炸、毒气泄漏、桥梁垮塌等）、交通事故（如沉船、翻车、飞机失事等）等。自然人为复合型灾害又称人为自然灾害或环境灾害，指在一定的自然环境背景下，由人类的社会活动引起的灾害，如乱砍滥伐、盲目开荒造成的水土流失、沙漠化等灾害。

  无论什么灾害，一旦发生，必然会给人们的生命财产带来不同程度的损失，而且灾后的恢复和重建还要投入大量的人力、物力与财力。灾害经济，是指在灾害系统与经济系统的相互联系及相互作用中，灾害给人类社会造成的可以计量的经济损失及人类防灾减灾的经济活动，如防灾的投入与产出、灾害的损失与补偿等。可见，灾害经济包括两方面。一是灾害对经济的影响，通常表现为可以计量的经济损失，其中既包括直接影响和间接影响，也包括即期影响和长远影响。二是经济对灾害的影响，包括积极影响和消极影响。积极影响可以减轻灾害，成为灾害恶化的有效制约因素，如植树造林不仅能够产生木材，而且可以防止水土流失和土壤沙化，进而有效地遏制水、旱、风灾；消极影响则会加重灾害，成为灾害恶化的助长因素，如不考虑灾害因子的经济增长方式，它虽然能够产生短期的经济效益，却必然会带来严重的灾难后果。灾害经济的研究目的就是寻求减少灾害损失的经济规律与方法，其着眼点是"灾害损失的最小化"。

11.1.3 灾害的社会经济特性与实质

灾害是在一定的自然地理背景和环境、人口等社会经济背景下发生的，因而具有自然和社会双重属性。其中，自然地理背景的不稳定性及脆弱性，在很大程度上决定了灾害的易发性和致灾源的强度；而社会经济背景，不仅是人为灾害发生的条件因素，同时也影响社会经济系统的承灾能力，决定了灾害损失的大小。灾害作为影响经济资源和生产的重要外部因素，概括起来具有以下几个特性。

一是非稀缺性。从自然意义上讲，自然灾害是一种自然灾变过程，是自然力的一种运动形式，具有发生的必然性和永久性；从社会意义上讲，灾害不仅与人类社会的产生和发展相伴随，而且随着人类社会活动范围的扩大而发展。因此，灾害作为影响人类社会经济系统正常运行的重大负面因素，与促进社会经济发展的各种稀缺性要素相比，具有非稀缺性。

二是危害性与减值性。任何灾害都是以破坏人类社会经济系统并造成社会生产力和环境资源的损失为后果的。因此，从经济意义上讲，灾害是可以计量的经济损失；从社会意义上讲，灾害的影响是负面的。由于灾害的社会后果是造成既得社会经济效益的破坏和损失，所以从社会财富增长的角度来看，灾害起的是消极的作用，具有减值（负值）性。

三是风险性。自然界的孕灾过程是一个非线性的过程，蕴含着突变与混沌。特别是当各种社会因素掺杂其中之后，其发生就更具有不确定性（或多或少的意外性），从而增加了人类对灾害预见和预防的难度。灾害的危害性和发生的不确定性构成了人类生存和社会经济发展的风险。

四是区域性。自然灾害的发生具有显著的区域性规律，而社会经济发展也具有区域性，二者的交互作用就形成了灾害社会经济系统的区域性。灾害社会经济系统的区域性是制定区域社会经济发展战略和进行综合经济区域规划的重要依据。

五是动态性。自然灾害是一个动态系统，具有各种尺度的准周期性和非周期性变化规律。随着自然灾害的变化，各项人类经济活动也相对呈现出各种尺度的时间变化过程，并渗透在人类社会活动的各个方面，从而形成灾害社会经济系统的动态演变。

六是可防救性。自然灾害是不可避免的客观现象，但随着科学技术的进步，各种自然灾害是可以预见和预防的，而且灾害发生后，通过及时合理的救援和补偿，也是可以挽回一定的损失并有效地控制灾害链的扩展的。防灾救灾均需要一定量的经济投入，因此，一个国家或地区防灾救灾能力的大小主要取决于其经济实力的强弱。

综上分析，从社会意义上讲，灾害随着人类社会的发展而不断扩展演变，是人类面临的重大负面因素；从经济意义上讲，灾害是可以计量的经济损失，是各种自然资源的破坏、各种社会财富的毁灭、人员的伤亡、生产的中断和生活秩序的失常，它与社会经济发展存在着密切的互馈关系；从解决灾害问题的角度上讲，解决灾害问题的目标是尽可能地降低灾害造成的经济损失，其基本手段是经济手段，因而其效果在很大程度上取决于经济因素。因此，从经济学角度来说，灾害问题的实质是经济问题。

11.2 中国灾害的基本特征

11.2.1 自然灾害频发

中国在五千多年的生存与发展历程中，曾遭受了各种各样自然灾害的侵袭。根据历史资料，公元前206年至1949年这两千一百多年中，中国共发生水灾1029次，较大的旱灾1056次，且水、旱灾害几乎每年都发生。死亡万人以上的旱涝灾害平均每10~20年就出现一次，常常是旱涝交替或同时异地出现。而且，历史上许多重大灾害的强度和灾情的严重程度在世界上也是罕见的。我国是地震比较活跃的国家，位于环太平洋地震带及阿尔卑斯地震带的包围中。全球7级以上的陆源地震中，有30%发生在中国。在中国历史上，不仅自然灾害发生的频率相当高，而且随着人口数量的不断增长，自然生态环境压力增大，自然灾害发生的时间间隔不断缩短。根据历史资料统计，历史上各朝代每年的平均受灾（指旱涝灾害）频数为：隋朝0.6次，唐朝1.6次，两宋1.8次，元朝3.2次，明朝3.7次，清朝3.8次，呈现出明显的上升趋势。

中国历史上自然灾害的一个重要特征，是自然灾害造成的人员伤亡大于财产损失，"大灾之后，必有大疫"，次生灾害的灾情不亚于原生灾害的灾情，而且灾情蔓延造成的间接后果往往比直接的灾害损失更为严重。这是造成中国历史上灾区人口大量减少的重要原因。据研究，公元前180年到1949年，造成死亡人数超过万人的自然灾害就有近230次之多[①]。尤其是在1875~1878年中国北方的旱灾及其后的瘟疫中，至少有一千万人死亡，几千万人逃亡，受灾最严重的山西省人口净减三分之一以上[②]。

总之，中国历史上自然灾害频发，灾害类型齐全，强度大且影响面广。严重的自然灾害一直是中华民族生存与发展的大敌，始终对中国的社会、政治和经济发展产生着深刻的影响。

11.2.2 灾害种类多、分布广、区域性强

我国的灾害类型多且广泛存在，几乎覆盖了全国各个地区。但是相对而言，由于地理条件的局限和经济发展水平差异，不同地区有不同的灾害。

从灾害的种类来讲，我国面临的自然灾害可分为三种类型。第一类是气象水文灾害，包括洪涝、干旱、寒潮与冷冻灾害、风雹、热带气旋等。在诸多自然灾害中，气象水文灾害对人民生命财产造成的损失最大，许多自然灾害也直接或间接与气象原因有关。第二类是地质灾害，我国除火山外，其他地质灾害基本齐全，主要有地震、泥石流、崩塌、滑坡、地面裂缝等。相对于洪涝、干旱等气象水文灾害，地震灾害的影响面积较小，但是其对有形物质财产、社会基础设施、工农业生产设备等破坏性较大，且发生不确定，较短时间内自然变异力量集中爆发，产生极强的破坏力，特别是对于经济发达、人口稠

---

① 孙绍骋. 2004. 中国救灾制度研究[M]. 北京：商务印书馆：23.
② 李文海, 程啸, 刘仰东, 等. 1994. 中国近代十大灾荒[M]. 上海：上海人民出版社：98.

密的大城市，被称为"群灾之首"。第三类是海洋灾害，主要有风暴潮、赤潮、海浪、海啸、海冰等。我国东濒太平洋，有漫长的海岸线，沿海地区是我国经济发达、人口密集地区，所以海洋灾害对我国经济社会影响特别大。

从灾害的区域分布来讲，我国灾害的分布横贯东西，纵穿南北，或点状、带状集中突发，或面状（流域）迅速蔓延，涉及大部分国土。根据我国自然灾害的特点及灾害管理的实际情况，自然灾害地区可分为三种类型。第一类地区主要分布在西部，少数在北部。此类地区人口密度较低，主要灾害是干旱、雪灾和地震，其次为沙尘暴、滑坡、泥石流及山洪。这些灾害对农牧业生产的影响较大。第二类地区主要分布在中部，少数在东北、华北、西南等地。此类地区人口密度中等或较大，主要灾害是干旱、洪涝、地震、冻害、风雹和农业病虫害，其次为滑坡、泥石流和森林自然灾害。这些灾害对农业、工业和交通运输业的影响较大。第三类地区主要分布在东南沿海地区。此类地区人口密度大，主要灾害是洪涝、干旱、台风和风暴潮，其次为地震、冰雹和地面沉降。这些灾害对农业、工业、交通运输业和城市基础设施都有影响。具体地，我国主要自然灾害的类型和区域分布见表11-2。

表11-2 我国主要自然灾害类型和区域分布

自然灾害类型		主要分布地区
气象水文灾害	干旱	华北平原、黄土高原西部、广东与福建南部、云南及四川南部，其次为吉林省和黑龙江省南部、湘赣南部
	洪涝	主要雨涝区集中分布在大兴安岭—太行山—武陵山一线以东。洪涝区主要是七大江河流域的中、下游地区
	热带气旋	影响范围主要在太行山—武陵山以东，东南沿海及海域最为严重
	风雹	分布大体沿山系伸展，青藏高原最多，其次为大兴安岭至阴山、太行山一带
	寒潮与冷冻灾害	春季"倒春寒"主要发生在南方，夏季低温灾害主要在东北，秋季"寒露风"主要在南方；霜冻地带有两条，一条以固原—集宁—大庆一线为轴线，另一条以湘西南—九江—南通一线为轴线
地质灾害	地震	西南、西北地区地震最多，华北地区次之，东南和东北地区地震较少（台湾除外）
	山地：崩塌、滑坡、泥石流等	我国大地貌格局的一、二级阶梯和二、三级阶梯的交接部位
	平原：地面裂缝、地面沉降等	平原、盆地地区，尤以华北平原为重
海洋灾害	风暴潮、海浪	风暴潮集中在莱州湾、江苏小洋河口至浙江北部的海门、温州、台州、沙埕及福建闽江口、广东汕头到珠江口、雷州半岛东岸和海南岛东北部沿海。海浪以东海、台湾海峡和巴士海峡最为严重
	海冰、海啸和赤潮	海冰主要发生于渤海、黄海北部和辽东半岛沿岸海域，以及山东半岛部分海域；海啸在台湾、海南岛沿岸偶有出现；赤潮在沿海地区均有出现

资料来源：何爱平，贾倩，李雪娇，等.2017.中国灾害经济研究报告[M].北京：科学出版社：45

11.2.3 灾损严重，长期制约经济发展

灾害造成的损失既包括直接的人员财产损失，也包括间接的灾害损失，后者的损失常常大于前者，并且容易被人们忽视。随着人口数量的迅速增长和在地域上的相对集中，经济发展带来的财产密度增大和价格上升，以及自然生态环境的恶化和不合理的人类行为等因素，灾害造成的经济损失随时间而迅速增大并已成为一个全球性的现象。新中国成立以来，国民经济和社会都有了长足发展，但我国自然灾害发生的次数呈增多趋势，受灾和成灾的面积增大，灾害损失也呈加重的趋势。

近年来，尽管随着国家经济总量的增长，灾害损失的相对量在减小，但是灾害损失的总量依旧较大。《2020 年全球自然灾害评估报告》数据显示，2000~2019 年，我国灾害直接经济损失均值达到 6635 亿元（2008 年未计入）[①]。自然灾害损失直接影响着国民经济的持续发展。一方面，严重的灾害可能给相对贫困区带来致贫、返贫风险。中国的相对贫困区集中在中、西部地区，是地质灾害最严重的地带，也是水土流失、土地荒漠化和干旱最严重的地区，由此造成的自然环境恶化和生态脆弱是这些地区相对贫困的基本原因之一。另一方面，越是经济发达的地区，灾害损失的程度越大。由于人口不断增长、社会财富不断积累及财产密度不断增大，一旦发生同等强度和规模的灾害，经济发达地区的损失将大于欠发达地区。这是现代社会自然灾害的普遍特点。

未来时期，在全球气候变暖的大背景下，灾害所造成的经济损失将会持续增加，对经济发展的制约作用也将越来越强。频繁发生的灾害已经成为经济发展的长期制约因素。

11.3 中国灾害形成背景及损失分析

11.3.1 灾害形成的自然背景

在一般情况下，自然生态系统都处于一定的状态，并进行着有规律的运动。这种正常状态和运动维系着系统的相对稳定，使之能够正常地行使功能。但是，任何系统的稳定都是相对的，由于系统的复杂性，其中任何一个元素的变化都可以引起其他元素的相应变化，从而引起整个系统的变化。当其中的某个或某些元素处于异常状态或发生异常运动时，整个系统也可能呈现出异常状态或发生异常运动。当这种异常达到一定程度时，就有可能改变系统的结构，使之不能正常地行使功能，于是就有可能产生灾害。自然生态系统的异常可以在能量和物质的聚散、分布、运动与状态等方面表现出多种形式，但在本质上都标志着系统由平衡态走向远离平衡态。而只有灾害的发生使不平衡态的"紧张状态"解除，系统才有可能回到新的平衡态。因此，灾害的发生可以说是使系统由不平衡态恢复到平衡态的途径。

总之，自然生态系统的异常状态或运动是灾害发生的最根本原因。一个国家或地区

---

① 应急管理部-教育部 减灾与应急管理研究院, 应急管理部国家减灾中心, 红十字会与红新月会国际联合会. 2021. 2020 年全球自然灾害评估报告[EB/OL]. https://zaihaifangyu.cn/wp-content/uploads/2021/10/2020-Global-Natural-Disaster-Assessment-Report-CH.pdf [2022-08-24].

复杂的自然条件和脆弱的生态环境必然对灾害的形成产生深刻影响。从自然生态系统状态来看，我国的自然生态地理条件极其复杂，突出表现在以下几个方面。

一是不稳定的季风气候。中国地处东亚季风区，是典型的大陆季风性气候，季风影响十分明显，其影响区域约占全国面积的46%，是世界上最严重的气候脆弱区之一。季风进退异常和年际变化使旱涝、高温、冷冻等气候灾害时有发生，同时它也是水资源短缺和土地沙漠化长期存在的根由。一方面季风带来丰沛的雨量，为农业发展提供条件，另一方面季风引起的降水变率较大，而且雨量的空间分布很不均衡，结果造成中国东部季风区域旱涝灾害交替频繁发生。例如，华北地区冬春的干旱和盛夏的洪涝，以及长江中下游地区盛夏的伏旱和夏秋的洪涝几乎年年发生，只是各年程度不同而已。据我国生态环境部统计，我国平均每年因各种气象灾害造成农田的受灾面积达5亿多亩，受干旱、暴雨、洪涝、热带风暴等极端天气和气候事件影响的人口达6亿多人。

二是复杂的地形和地质条件。中国的地形和地质条件十分复杂，面积很大的山地和高原（约占国土面积的66%）及西高东低的三级阶梯地势，使水力侵蚀与冲刷、重力侵蚀都非常严重。加上大部分山地表层土层瘠薄，植被覆盖率低，使水土流失的面积逐年扩大，滑坡和泥石流有增无减。水土流失造成的危害包括：使耕层中水分、土壤和养分大量流失，导致土地生产力降低，致使农业生产环境日趋恶劣；河道淤积，河床抬高，加剧水、旱灾害；造成土地资源的破坏和损失，使资源短缺的危机日益严重，而资源短缺又制约着当地经济的持续发展。据我国生态环境部统计，2012~2021年全国水土流失总面积为260万~290万平方千米。此外，泥石流平均每年发生878起，崩塌平均每年发生2174起，滑坡平均每年发生7858起。水土流失和泥石流往往导致河道和湖泊淤积、水库破坏及流域生态失衡，从而可能诱发更大的自然灾害（如洪涝灾害）。

三是活跃的地质构造运动。中国地处欧亚、太平洋和印度洋三大板块的交汇地带，不但位于环太平洋地震带上，而且还地处阿尔卑斯地震带经过的地方，因此地质构造运动活跃，地震、崩塌、滑坡和海啸频频发生。各省（自治区、直辖市）均发生过5级以上的破坏性地震。据研究，在过去两千多年里我国曾发生了800多次破坏性的大地震，有里氏7级以上地震史的地区面积达312万平方千米，占国土面积的32.5%。且中国的地震大多为浅源地震，危害更显严重。新中国成立以来，我国先后发生了邢台地震、海城地震、唐山地震、汶川地震等多次强烈地震。

四是漫长的海陆交界地带。中国位于太平洋的西海岸，拥有的管辖海域约300万平方千米，纵跨热带、亚热带和温带3个气候区。沿着中国18 000千米的大陆海岸线，共有12个省市区及3亿多人口。目前，中国沿海地区的GNP超过全国总值的55%，人口约占全国总数的25%以上，沿海地区是中国经济文化最发达的地区[①]。但是，这一地区的海陆交界地带遭受着来自陆地灾害和海洋灾害的双重侵袭，因而是易灾重灾带。沿海地区主要遭受洪涝、干旱、地震、台风、风暴潮、地面沉降、海水入侵等自然灾害的侵袭。以台风为例，生成在西太平洋的台风，平均每年30多个，占全球的1/3以上，而影响中国的台风，平均每年就有约20个，其中在中国登陆的台风，平均每年就有七八个，

---

① 孙久文，蒋治. 2021. 中国沿海地区高质量发展的路径[J]. 地理学报，76（2）：277-294.

因此我国是世界上受台风影响最严重的国家之一。其他如风暴潮、巨浪等灾害，也经常袭击中国沿海一带。台风及由此引起的狂风、暴雨、风暴潮等灾害对中国人口最密集、经济最发达的沿海地带构成了严重的威胁，其造成的经济损失和死亡人数在全国灾害经济损失和人员死亡数中都占较大比例。

五是复杂多样的自然生态条件。中国的自然生态条件复杂多样，具有多种病、虫、草、鼠害滋生和繁衍的条件，在全国绝大部分地区都会发生生物灾害。生物灾害是农业生产上仅次于气象灾害的第二大灾害，也是制约农业建立高产、优质、高效生产体系的重大障碍。中国农作物复种及间套面积大，各种病、虫、草、鼠害种类繁多。据统计，在我国农业生产中造成过严重危害的病、虫、草、鼠害就有1648种，其中病害724种，害虫838种，恶性杂草64种，害鼠22种。多数生物灾害易于暴发或复发，经常造成大面积和大幅度的农作物减产，这对农业生产构成了严重的威胁。

11.3.2 灾害形成的社会经济背景

自然现象与社会现象从来都是相互关联、相互影响的。任何社会生态环境问题的形成，绝非"一日之寒"，而是始于当代，实由积渐所至，有其深厚的历史根源。

1. 历史上长期过度的国土开发对生态环境的破坏

中国是世界上著名的文明古国，悠久的开发历史创造了五千多年灿烂辉煌的文化。但是长期的过度开发也导致了生态环境的破坏和退化。中国是一个农业大国，传统社会曾提倡"以农为本，工商为末"，农业被看成一切财富的来源和基础，是保障人民生存的基本手段，更是国家稳定的根本保证。农业特别是农耕是社会稳定的唯一产业这一观念在人们的思想中根深蒂固。围绕着重农思想，我国传统社会实行了一整套有利于农业开发的经济政策，并建立了相应的管理体制。值得指出的是，重农政策的重要体现之一就是旧中国的封建统治者普遍采取一系列社会措施，以稳定农业人口和农业劳动力，将农民与土地紧密结合。但是，由于生产技术条件的限制及思想认识的不足，农业发展往往走外延式粗放型的发展道路。只要是荒地，不管条件适不适合种粮食，都会进行开荒，甚至用放火烧山的方式进行开荒，这对土地是一种近乎掠夺式的利用，"寸寸而夺之，日夜以望之"。广种薄收的结果导致了水土流失，许多地区的生态环境被破坏，土壤质量严重下降。而人们为了满足生活的需要，就要更广泛地开荒，从而生态环境受到更严重的破坏，最终导致地力衰竭，形成恶性循环。

据史料记载，自秦始皇开始，封建国家多次有组织地向西北地区大规模移民开荒；从西汉起，为进一步充实边陲，巩固政权，军屯的触角也到达了边陲，带动了当地农业的迅速发展；汉武帝曾迁移70万人开发黄土高原，使该地牧区变成了农区。然而，中国西北干旱半干旱地区的生态环境十分脆弱，是不适合大规模的农业耕作的。而历史上的这种屯田开荒无不以牺牲生态环境为代价，它既是对林草植被的破坏，又是对地表土层的破坏，造成了地下粉沙出露，从而产生风沙活动和流沙堆积，是不可持续的。因此，这种拓展生存空间的初衷是不可持续的，无不造成自毁家园和土地荒漠化的悲剧性结局。

隋唐是我国古代封建社会的鼎盛时期，其耕地面积大量增加，山地开发速度加快，农业更为发达，手工业和商业也比较活跃。由于生产的发展，人口也逐渐增多，唐朝长安的人口就超过100万。农业的开垦和人口的增加，充分说明了隋唐的农业是继秦汉以后出现的又一次高潮。农业大发展，特别是大规模的屯垦，使生态环境遭到了破坏。盛唐以后，民族纷争不断，战火摧残了农业，灌溉兴废无常，从而加剧了水资源的耗竭。

明清时期，人口的急速增加及大规模的移民和屯垦戍边，对生态环境造成了进一步的破坏。清朝雍正时期取消了人头税，实行"摊丁入亩"政策，人口开始加速增殖。据统计，清代人口于1762年突破2亿大关，1790年突破3亿大关，1834年突破4亿大关，至1840年已达4.13亿。与清初的0.8亿相比，二百多年中人口增长了约4倍，其增幅之高、绝对数量之大和增长趋势延续时间之长，在中国人口史上是罕见的。过度的人口增长和巨大的人口压力使人们闯关东、走西口，开荒种地。至清代中叶以后，许多生态环境恶劣的地方也挤进了不少人。1858年，清政府正式宣布实行移民戍边、开垦荒地的政策，更大规模的"屯垦"使农耕面积进一步扩展。据统计，在近两千年来的人类活动的影响下，我国的森林覆盖率由原始状况的64%左右下降到清代初期的21%左右，到20世纪中期更是下降到8.6%左右。

2. 庞大的人口基数对生态环境的巨大压力

庞大的人口基数对生态环境造成的压力表现为两个方面：一是生态系统的良性循环受到干扰和破坏；二是环境污染加剧。一方面，随着人口数量的增长，人们对土地、淡水、森林、矿产等自然资源进行掠夺性的开发，造成了森林萎缩、草原退化、土壤侵蚀、土地沙化、生态失调、自然灾害加剧、野生动植物灭绝等一系列问题；另一方面，人类的生产和生活活动所排放的大量废弃物也造成了严重的环境污染。各种矿物通过生产、加工、炼制、燃烧等过程向大气、水体和土壤排出大量的污染物，使人类赖以生存的环境更加恶化。

两千多年来，中国的人口总量成倍地增长，而耕地总量却没有增长多少，且近代以来城市化、工业化、交通现代化等使耕地面积不断缩小。目前，中国以占世界总量不到9%的耕地养活着世界上约20%的人口。人口压力增强了人们在资源开采和利用上的竞争，从而加剧人地之间的矛盾。在众多的人口与较快的经济发展对资源的需求日益增加的压力下，生态环境必将面临大规模的冲击，也加重了致灾风险。因此，面对巨大的人口负荷和极为有限的人均资源，协调人口、资源和环境的平衡，制定可持续的社会经济发展政策，从而减少或避免灾害的发生，是摆在我们面前的紧迫问题。

3. 社会文化和消费习惯引发环境灾害

中国生态环境的不断恶化，除了恶劣脆弱的自然条件外，传统文化和生活消费习惯也是导致生态环境破坏的因素。例如，中国历代的人居文化是森林破坏的一个重要原因。中国建筑是土木建筑，"土"是需要大量地表土壤来制造砖瓦，会对宜耕土地造成破坏；"木"是需要砍伐大量森林。几千年来，在中原地区，作为建筑材料和燃料的木材的需求量总是超过木材的生长量，这就使得森林面积越来越小。在大部分农村地区，农民由于生活用能的需要，则砍伐树木用作薪柴，砍柴的方式通常是大片地连根挖掘，使地表植被和土壤遭到破坏，在风力作用下，大面积固定和半固定沙地顷刻之间变成流沙。另外，许多村庄把饲料以外的剩余秸秆，以及大量牲畜粪便用作燃料，使其不能还田，造成土壤的有机质含量下降和土壤盐碱化。

11.3.3 灾害经济损失及其评估

自然灾害对社会经济系统的影响是多层次、多维度的，既可以产生消极影响，也可以产生积极影响。例如，2008年汶川地震后，邻近地区或者建筑行业可能由于灾区重建需求刺激而受益。但通常来讲，国家层面更关注自然灾害对社会经济造成的损失。灾害损失是相对于灾害的社会属性而言的，从其造成的实际后果来看，灾害损失可以是物质财富和经济利益的丧失，也可以是社会利益和政治利益的丧失；既可以是有形的物质损失，也可以是无形的精神痛苦或尊严的丧失。可见，灾害损失是一个广泛的概念，它是指由各种灾害造成的人们既得利益或预期利益的丧失。灾害经济学研究的仅仅是可以通过价值尺度度量的灾害经济损失，而非其他损失。

1. 灾害经济损失的构成

灾害经济损失是指因各种灾害事故导致的经济利益的丧失。灾害事故中的非经济损害虽然并不表现为经济损失，但对受灾体的负面影响仍然很大，如灾害造成人员伤亡给家庭成员带来的心理创伤，灾害发生时的一些社会失控现象等。灾害经济损失包括直接经济损失与间接经济损失。灾害直接经济损失是指各种灾害事故发生过程中直接造成的现场经济损失，包括灾害事故直接导致的人员伤亡、财物损毁等，如地震导致房屋倒塌、洪涝造成农田损毁、大火烧毁森林资源等均属于直接经济损失，对这些经济损失而言，灾害事故是起决定性、支配性作用的原因；而灾害间接经济损失则是指各种灾害事故发生时或发生后造成的非现场经济损失，是灾害直接经济损失的延伸或滞后反映，是一种深层次的经济损失，包括因灾导致的工作或营业中断使利润减少、费用增加及灾害事故处理费用、罚款等。

2. 灾害经济损失评估

灾害经济损失是灾害事故的必然后果，合理的灾害经济损失评估是进一步救灾、恢复重建和减灾措施实施的基础。因此，有必要对灾害造成的经济损失进行评估。

灾害经济损失评估是在掌握历史与现实灾害数据资料的基础上，运用统计计量分析方法对灾害可能造成的、正在造成的或已经造成的人员伤害与财产或利益损失进行定量的评价及估算，以准确把握灾害损失现象基本特征的一种灾害统计分析与评价方法，包括灾害损失预评估、跟踪评估及实评估三种。对灾害损失统计而言，跟踪评估是基础，实评估是主体，预评估则是发挥灾害统计多功能服务的表现，三者紧密结合，构成灾害损失评估系统。灾害经济损失评估可以帮助人们了解受灾对象和比例，判断灾害发生的空间范围、严重程度和损失的分布情况，对于国家制定灾害风险管理政策，如救济、保险政策等，具有重要意义，对于企业和个人的决策也同样具有重要意义。需要指出的是，灾害经济损失评估是一项系统工程，涉及面广，内容也很复杂，在理论上尚处于探索之中。

3. 灾害经济损失评估方法

1）直接经济损失评估

灾害直接经济损失评估方法主要针对财产物资损失和人身伤害损失，常见的评估方法如下。

第一，重置成本法。从资产构建的成本耗费角度来评估资产的价值，应用重置成本法计算出来的资产价值并不是损毁资产的真实价值，而是以现行价格构建的具有相同功能的新资产的价值，计算受损资产的价值还需要用重置成本减去损耗。此处的损耗是指随着时间和环境的变化资产的实际损失额，与会计上的资产折旧不同。

第二，收益现值法。通过估算资产未来可能产生的预期收益，并通过一定的折现率折算为现值，借此确定损失的资产价值。收益现值法一般适用于企业固定资产和可预测未来收益的单项资产的评估。

第三，现行市价法。按照市场价格确定资产价值的评估方法：一种是直接法，是指在市场上能够找到与损失资产完全相同的全新资产的现行价格，并且该资产存在比较活跃的市场，其价格就可作为受损资产的价值；另一种方法是市价类比法，是指在市场上找不到与损失资产完全相同的物品，但与其技术标准、功能相类似的产品存在活跃的市场，以此类似产品的价格为基础，通过相应调整来确定评估资产的价值。

第四，人力资本法。基于个体的经济价值创造力，根据死者的年龄计算寿命期内预期收入的净现值，来评估死者的价值。通过人力资本法来计算生命的价值，可以为意外死亡对家庭收入造成的影响提供基本的参考，对于解决意外死亡家属的补偿颇有经济意义，而该方法的缺陷在于容易受贴现率大小影响。

第五，调查评估法。深入受灾现场进行调查，将调查数字一一进行统计综合，最终评估出受灾整体的经济损失。调查评估法的关键是现场调查，必须深入现场做认真细致的调查，不能走马观花。调查评估法具有直接性和客观性，一些内涵很深的损失也能被统计和评估，但是该方法评估速度慢，往往需要较长的时间得出整体统计结果。

第六，遥感评估法。在评估灾害经济损失时，充分利用遥感信息系统建立灾害经济损失评估数据库，能够远距离快速地、整体地评估灾情。用卫星遥感技术评估灾情，具有远距离、快速性、整体性的特点，但这一方法无法评估一些内涵很深的经济损失，并且对评估设备和技术要求较高。

第七，综合评估法。综合运用多种方法，从而使各种方法存在的短处得以互相弥补，如遥感评估法与调查评估法相结合，不仅能把内涵很深的经济损失评估出来，而且能收到快速、准确的效果；调查评估法与其他方法相结合，便能大大提高评估速度和评估质量。

2）间接经济损失评估

灾害间接经济损失评估方法基本以定量分析为主，并通过历史数据和数值模拟来计算与评估间接经济损失，常见的方法如下。

第一，经验系数法。经验系数法是根据历史数据，采取与该灾害相关性比较强的指标，如人口伤亡、经济损失、GDP 增长率，通过相关数学理论，如神经网络、灰色关联、模糊识别等建立数学模型来实现快速评估。例如，企业的经济损失与重建时间有关，可将间接经济损失视为企业资本值的两倍。经验系数法没有一成不变的模式，主要是由相关专家根据实际情况和相关历史数据给出，虽然经验成分较多，却不失为一种快速、简洁、实用的间接经济损失评估方法。

第二，投入产出模型。投入产出模型是基于投入产出表，追踪各产业、家庭、政府、投资之间产品和服务的流动关系，反映经济系统各部门之间投入和产出数量的依存关系。其中，投入产出表包括实物型、价值型和实物价值型等三种。三者的计算原理基本相同，区别在于实物型投入产出表以产品数量为单位，而价值型投入产出表一般采用货币单位，利于各行业和产品之间的比较分析。由于投入产出模型简单明了且易于操作，很早就被用于评估灾害间接经济损失。

第三，可计算一般均衡模型。可计算一般均衡模型是以某个年份的实际经济发展水平为基础，根据企业、消费者、政府的最优化决策，在一般均衡的理论框架下推导出下一时期的经济发展状况。它对数据的要求比较高，一般采用社会核算矩阵对模型的外生变量参数进行赋值，然后借助计算机技术求解。可计算一般均衡模型为自然灾害影响和政策分析提供了一个很好的分析框架，自然灾害造成的间接经济损失可以通过对比灾前和灾后两个均衡状态下的经济变量变化来得出，如 GDP 增长、生产力水平、就业及社会福利状况等。

随着人们对灾害形成机制和发展规律的认识加深，建立在交叉学科发展基础上的更多方法逐渐被应用，如灰色关联、模糊识别和分形、混沌理论等非线性方法也可用于灾害损失评价研究。从当前灾害损失评估方法发展的趋势来看，评估方法已从定性转向定量，但是定性评估在历史灾情及灾后影响等分析中有着定量评估无法替代的作用，因此定量分析往往还需要结合定性分析。

11.4 中国灾害的应对体系

作为一种外部冲击，人类社会在自然灾害面前处于相对被动状态。即便如此，人类却能够在一定程度上努力减少自然灾害所造成的经济代价。本节从灾害应对的目标，以及灾害应对的制度体系、救助体系等方面分别阐述为了将灾害对经济发展的减值效应降到最小值，中国灾害应对的具体实践。

11.4.1 "灾害风险最小化"目标

自然灾害的发生在大多数情况下是自然规律作用的结果，因此自然灾害具有不可避免性。但人类社会的灾害应对行为则具有较强能动性，能够在一定程度上减少灾害损失。然而，从人与自然绿色可持续发展的经济关系视角来看，灾害应对的最终目标并非单纯地减少灾害损失，而是从长远的角度出发，在提升灾害预警、风险监测等技术的同时，通过形成生态环境友好型经济发展路径来降低人类活动对自然界运行规律的影响，减少自然灾害发生频率，实现灾害对社会经济系统的"低冲击"，保障经济社会的绿色可持续发展。

我国在灾害应对问题上，始终坚持人民至上、生命至上，全力做好各类灾害防范应对，最大限度降低灾害风险和灾害损失，为人民群众生命财产安全和经济社会绿色可持续发展提供坚实保障。为此，应通过构建和不断完善灾害应对体系，提升社会经济系统灾害应对能力，以服务于"灾害风险最小化"的经济发展目标。"灾害风险最小化"的经济发展，就是在将灾害风险纳入整个经济系统的前提下，按照可持续发展的本质要求，在人与自然制衡统一的生态观的指导下，以技术和知识创新为动力，以制度创新为核心，以产业结构、居住方式、生活方式和经济形态重建为内容，在新的生产运行系统、居住系统和生活方式中充分考虑灾害风险因素，把防灾减灾纳入经济活动的全过程，使生产力在一个更加经济的模式中持续地发展。与灾害的概念相对应，这里所说的灾害风险包括三个方面的内容：一是自然灾害风险，如地震、台风风险等；二是经济活动导致环境生态破坏的环境灾害风险，如环境污染、沙漠化、水土流失风险等；三是由技术事故等引起的人为灾害风险，如核泄漏、战争风险等。

11.4.2 灾害应对的制度体系

在长期的灾害应对中，人们逐步建立起一整套灾害应对的制度体系，希望通过制度安排和制度变迁降低灾害对经济社会造成的损失。我国灾害应对的制度体系分为正式制度体系和非正式制度体系，其中正式制度体系包括组织制度体系、法律制度体系和市场制度体系。

1. 组织制度体系

灾害应对的效果依赖于灾前防御和灾后救助的组织能力，组织制度建设影响着社会的灾害反应程度。组织制度体系的发展和完善对国家灾害应对能力的提高具有决定性的作用。我国灾害应对的组织制度一般可以分为组织机构、组织方式、组织内容三大部分。

第一，灾害应对的组织机构。灾害事件发生后，社会容易陷入混乱失序状态，政府的组织管理工作难度增加，组织机构在政府的灾害应急管理系统中起着框架作用，是政府灾害应对中人、财、物、信息顺畅流动的保证，是各种资源发挥作用的基础。新中国成立以来，我国灾害应对的组织机构不断调整和优化。2018年，国家机构改革设立应急管理部，将11个部门分头负责的应急管理、消防管理、防灾救灾、地质灾害防治、水旱灾害防治等13项职责进行整合，设置22个机关司局、1个派驻机构、5个部属单位、5个国家级议事机构，系统性重构了应急管理体系。应急管理部的设立，升级了应急管理机构的行政权威，整合了大部分跨部门的灾害应对职能，实现了应急管理从综合协调体制向统一指挥、权责一致、权威高效体制转变；从多部门协同应对向更加专业化、职业化管理转变；从临时性指挥机构向常设制、常态化治理组织转变；从侧重应急处置向危机全过程管理转变，为新时代中国应对灾害提供了更具综合性、权威性、专业性的组织基础。

第二，灾害应对的组织方式。自然灾害发生时，不同组织主体参与灾害应对的组织方式不同。在正式制度体系中，我国灾害应对的组织方式分为政府职能部门领导和军事化救援两种主要形式。新中国成立后，随着人口增长和经济发展背景下突发性灾害事件给人们生命安全与财产造成的威胁不断加大，传统的政府作为唯一主体的灾害组织方式不能满足新的灾害应对需求，面对自然灾害多样化的威胁与挑战，军事化救援作为有力的灾中救援力量担负起重要职责。2000年修订的《中华人民共和国国防法》将军队要完成抢险救灾任务纳入国家法律，使军队组织参与灾害应对制度化、法律化。2005年，国务院发布的《军队参加抢险救灾条例》为军队参加突发事件的应急处置及灾后的恢复重建工作提供了重要的法制依据。

第三，灾害应对的组织内容。它是社会各部门应对灾害冲击具体行为的体现，以灾害发生前、发生中和发生后为节点，灾害应对的组织内容可以分为灾前预警和防御、灾中治理和救助、灾后评估和建设。新中国成立后的较长一段时期内，政府灾害应对的组织内容都是以灾害救助为主，尽量减少灾害发生后的人员伤亡和经济损失。进入21世纪后，随着经济发展和科技水平的提高，灾前预警和防御成为灾害应对的重要组织内容。《"十四五"国家综合防灾减灾规划》明确提出，到2025年将建成国家自然灾害综合风险基础数据库，编制综合风险图和防治区划图，预警信息发布公众覆盖率达到90%；此外，将增设中央救灾物资储备库，加强预警与应急响应联动，确保灾害发生10小时之内受灾群众基本生活得到有效救助。同时，社会组织的发展使灾害防御和灾害应急知识的宣传教育得到重视，推动了整个灾害应对组织内容的发展和完善。

2. 法律制度体系

组织制度在灾害应对中起到基础作用，而法律制度体系则是国家灾害应对能力提升的重要保障。法律制度对于灾害应对的意义一方面表现为，灾害应对的法律制度体现了人们对灾害的认识升华和经验积累，人们通过赋予这些知识和方法以法律的效力来指引集体的行动，保证灾害应对的有序进行；另一方面，法律制度的本质属性在于约束人们的行为，灾害应对的法律制度体系作为一种外在的制度约束条件，限制了人们在灾害应对中的决策选择，有助于提高灾害治理的效率，保证灾害救助目标实现。

灾害应对的法律制度体系包括国家层面的法律、主管部门的行政法规和地方政府的具体规章制度。目前，我国已基本形成以《中华人民共和国宪法》为灾害应对的根本法，以《中华人民共和国突发事件应对法》为灾害应对的基本法，以《中华人民共和国消防法》等70余部法律、法规为灾害应对的单行法，以其他相关法律、法规、规章、条约、公约、协定为灾害应对的相关法，并包括《国家自然灾害救助应急预案》等550余万件应急预案在内的灾害应对的法律制度体系[①]。

3. 市场制度体系

组织制度和法律制度是灾害应对制度体系中的宏观层次，它们体现了灾害应对制度

---

① 李希腾，王保庆. 2021. 我国应急管理法律体系建设问题研究[J]. 黑龙江省政法管理干部学院学报，（1）：1-5.

的宏观结构。而微观层面上，灾害应对的具体制度分为市场制度和非正式制度。灾害应对的市场制度是市场经济迅速发展的成果，是现代商业经济与灾害应对需求的有力结合。通过市场的方式来降低灾害风险、推动灾后建设，既是对以往政府主导的灾害应对模式的重要补充，也有助于形成灾害应对的长效机制。从发达国家的经验和我国的初步实践来看，灾害应对的市场制度主要包括保险制度和证券制度两大内容。

第一，灾害应对的保险制度。我国灾害保险制度是从20世纪50年代初开始初步建设的。近些年来，随着经济社会的发展和民众素养的提高，尤其是2008年汶川地震之后，我国越来越重视灾害保险的制度建设。2014年，国务院印发《关于加快发展现代保险服务业的若干意见》，提出"建立巨灾保险制度"，标志着巨灾保险制度从学界讨论上升为国家意志。2016年《建立城乡居民住宅地震巨灾保险制度实施方案》出台，标志着我国巨灾保险正式落地。当前我国市场上的巨灾保险产品主要包括地震保险、洪水保险、台风保险、政策性农业保险等。随着保险市场发展和灾害事件频发，灾害保险市场日益完善，灾害保险制度建设日益成熟，在分散灾害风险、提高灾害应对能力方面的作用也越来越大。

第二，灾害应对的证券制度。相比于灾害保险市场，灾害证券市场的发展相对缓慢、滞后。灾害证券市场的发育主要是为了降低保险市场在灾害赔付上的压力，通过巨灾债券、灾害期权、灾害期货等形式分散保险公司灾后的财务风险。从国外灾害证券市场的发展来看，灾害证券市场起步于20世纪90年代，1992年正式形成巨灾保险衍生品市场，1996年年底至1997年年初巨灾债券正式进入市场[1]。从我国证券市场的发展来看，灾害证券市场仍处于探索阶段，并未形成较为完整的证券市场体系，巨灾债券、灾害期权、灾害期货等证券产品开发比较缓慢，市场不稳定。发展灾害证券市场将是利用金融创新应对灾害风险的重要方向。

4. 灾害应对的非正式制度体系

以保险和证券等市场制度为代表的正式制度是市场经济条件下灾害应对的有效方式，但是市场化的正式制度要发挥作用依赖于市场经济的发展水平，具体来说就是保险和证券市场的发育状况。非正式制度作为正式制度的有力补充，形成了灾害应对的另外一套制度体系。从组织形式上来看，相对于正式制度，非正式制度内部组织形式的规范化存在较大差异。从执行主体和组织形式的角度出发，我国非正式制度的主要形式有如下两大类。

第一，社会资本和网络关系是非正式制度中执行主体相对模糊、组织形式相对分散的。自古以来社会资本和网络关系在帮助个体应对灾害冲击过程中都发挥着重要作用。特别是在正式制度欠缺的地区，以社会资本和网络关系为代表的非正式制度主体在促进灾民形成相互帮扶、邻里接济的救灾机制中发挥了重要作用。进入现代社会以后，随着市场经济发展，社会资本和网络关系在人们社会经济活动中的影响逐渐降低，市场化进程中社会资本和网络关系对灾害风险的平滑作用不断减小。另外，随着市场经济发展和

---

[1] 陶正如. 2013. 巨灾债券市场新进展[J]. 防灾科技学院学报, 15（1）: 56-61.

正式制度的不断完善，利用正式制度应对灾害风险的成本越来越低，但利用社会资本和网络关系等应对灾害风险的成本越来越高，中国文化中"人情难还"的认识正是这一制度成本的真实体现。因此，在市场经济和正式制度不断完善的过程中，社会资本和关系网络这类非正式制度面临着被正式制度逐渐替代的困境。

第二，社会组织是非正式制度中执行主体相对明确、组织形式最统一规范的制度。与社会资本和网络关系在市场经济中的发展困境不同，社会组织在组织形式、制度规范等方面能够较好契合市场经济发展的特征。随着社会经济发展，社会组织在组织个数、组织规模、活动范围、参与主体等多个方面都获得了较快发展。1988年，我国经民政部门登记的社会团体仅有4446个。三十多年来，我国社会组织数量快速增长，至2021年社会团体总数达到374 398个，民办非企业单位508 009个，基金会8275个[①]。总的来看，在市场经济发展过程中，社会组织的总数和规模不断扩大，社会团体、民办非企业、基金会等三大类社会组织均衡发展，社会组织形成了良好的发展态势。

11.4.3 灾害应对的救助体系

灾害救助是人类面临灾害事件时最能够发挥社会能动性的环节，是完善灾害应对体系的核心内容。构建科学合理的灾害救助体系，要求在紧急救援、灾民安置、灾后恢复等灾害救助的多个环节中，形成多方力量广泛参与的灾后救助体系。本节从中国灾害救助体系的基本内容出发，重点阐述政府灾害救助和民间灾害救助两种主要形式。

1. 政府灾害救助体系

灾害冲击具有突发性、破坏性大的特征，这就要求政府成为灾害救助的主要力量和灾害救助体系构建的核心环节。我国政府灾害救助体系是从法律制度建设、财政投入机制和政府间协调合作等三个方面来构建的。

第一，灾害救助的法律制度建设。灾害救助的法律制度建设是政府灾害救助体系的核心内容。灾害救助工作的复杂性与政府角色的多重性要求必须通过法律制度建设明确各级政府灾害救助的职责和权限。《中华人民共和国突发事件应对法》和2019年应急管理部修订的《自然灾害救助条例》中都明确规定了从中央到县、乡各级政府在灾害救助中的具体权责。其中国务院主要负责宏观指挥，协调统一各部委，及时拨付救助资金和物资。省级政府主要承担上传下达的角色，负责本省范围内的灾害救助指挥，监督受灾地救灾物资的分配和使用状况，全面负责受灾地灾后重建的规划和执行。市、县、乡三级政府是灾害救助最直接的参与者，负责摸清本地受灾情况并及时上报上级政府，及时组织受灾地居民自救，组织民政、财政等相关部门开展灾害救助和灾民安置，组织力量修复受灾地交通、通信、邮电设施，方便信息传递和外部救援进入灾区。

第二，灾害救助的财政投入机制。灾害救助需要巨大的资金投入，而政府财政投入在其中占据着主要地位。我国灾害救助的财政投入机制包括以下几个方面。一是总量投入与灾害程度相适应。政府用于灾害救助的财政资金与当年财政救灾预算紧密相关，但

---

① 根据中国社会组织政务服务平台网站搜集整理（https://chinanpo.mca.gov.cn/）。

是自然灾害的发生具有高度不稳定性,政府难以形成对当年财政救灾支出的准确估计。因此,政府在建立财政救灾预算的基础上,一般会提留部分财政预备资金,防止特重大自然灾害发生时政府灾害救助财政投入不足。二是中央财政与地方财政统筹结合。我国灾害救助按照中央统一指挥,地方政府主要参与的原则进行财政统筹。在财政投入上由中央政府统筹财政资金,地方政府根据自身财政预算配套救助资金。在实践中,中央政府和地方政府在灾害应对中的财政分工不同。中央政府主要承担灾害救助的专项财政转移支付,该项支出的大小与受灾程度和受灾地政府财政能力密切相关。地方政府主要承担着建设地方灾害预警系统、建设防灾减灾工程的财政支出任务,但范围往往仅限于本地区。三是救灾投入与经济总量同步增长。灾害救助的财政投入一方面与灾害严重程度相关,另一方面也受到经济水平和政府财政能力的制约,而灾害救助的财政投入中一个重要原则在于投入和经济总量的同步。

■ 专栏 11-1 我国防灾抗灾的公共财政投入政策 》》》

《国家自然灾害救助应急预案》规定,民政部、财政部、国家发改委等部门,要根据《中华人民共和国预算法》《自然灾害救助条例》等规定,安排中央救灾资金预算,并按照救灾工作分级负责、救灾资金分级负担、以地方为主的原则,建立与完善中央和地方救灾资金分担机制,督促地方政府加大救灾资金投入力度。

我国的国家预算预备费分为中央总预备费和地方总预备费。中央预算由国务院规定,报全国人民代表大会常务委员会备案。各级一般公共预算按本级一般公共预算支出额的1%~3%设置预备费,而民族自治地区预备费的比例高于一般地区。预备费用于当年预算执行中的自然灾害等突发事件处理增加的支出及其他难以预见的开支。各级政府设置的预备费,先由财政部门审核后提出意见,报经本级人民政府批准后方可动用。动用时间一般安排在下半年,根据情况追加使用。

此外,可以提供救灾资金支持的还包括预算稳定调节基金。预算稳定调节基金是指为实现宏观调控目标,保持年度间政府预算的衔接和稳定,各级一般公共预算设置的储备性资金,分为中央预算稳定调节基金和地方预算稳定调节基金。各级政府的预算稳定调节基金的收入主要源于一般公共预算超收收入、未动支预备费等。在难以预测且具有突发性质的灾害发生后,预算稳定调节基金可以迅速提供资金保障,不仅可以提高灾害应对能力,而且可以保证年度预算的收支平衡。

资料来源:何爱平,贾倩,李雪娇,等.2017.中国灾害经济研究报告[M].北京:科学出版社:299.

第三,灾害救助的政府间协调合作。自然灾害的发生具有明显的跨区域性特征,特别是地震、洪涝等特重大自然灾害的影响范围一般涉及多个地区。同时,自然灾害发生后,往往还会引发二次灾害,灾害防御和救助过程中任何一个环节的疏漏都可能降低灾害救助工作的实际效果。因此,在灾害救助过程中,实现政府间的跨地区交流与合作至关重要。政府间协调合作一般分为本国内部地方政府间的救灾合作和国际政府救灾合作。本国内部地方政府间救灾合作是保障灾害救助工作有效开展的重要机制。在我国灾害救助物资的跨地区调配，以及灾害救助信息和技术的跨地区共享等三种形式。其中，灾害救助物资的跨地区调配对于受灾地的灾害救助及灾后恢复重建具有重要意义。在汶川地震期间，有19个地区对四川进行了救灾支援，对汶川地震的灾害救助起到了重要作用[①]。除本国内部地方政府间的救灾合作之外，国际政府救灾合作也具有悠久历史。随着全球一体化进程加快和我国"一带一路"建设走深走实，各国之间的交流合作日益频繁，灾害救助的国际合作越来越多。国际政府救灾合作可以充分发挥各国在灾害救助上的优势和经验，帮助受灾国家及落后的受灾地区尽快实现灾后恢复。从灾害防御与救助的国际合作情况来看，我国参与的国际合作机制有国际减轻旱灾风险中心、空间与重大灾害国际宪章和联合国灾害管理与应急反应天基信息平台等。同时，我国也向其他国家提供了大量的救灾援助，如表11-3所示。

表11-3 近年来我国部分对外救灾援助情况

年份	支援对象	支援形式	价值总额/万美元	具体用途
2010	智利地震	物资援助、现汇援助	200	生活必需品和救灾设备
2010	斯里兰卡洪灾	物资援助	1000	生活必需品
2011	巴基斯坦洪灾	物资援助	3000	生活必需品和救灾设备
2015	马来西亚、斯里兰卡洪灾	物资援助、现金援助	4000	生活必需品、灾民安置
2015	尼泊尔地震	物资援助	6000	生活必需品和救灾设备
2016	斯里兰卡洪灾	物资援助、现金援助	400	灾民安置
2018	索马里旱灾	物资援助、现金援助	200	生活必需品、灾民安置
2021	尼泊尔地震	物资援助、现金援助	2000	生活必需品和救灾设备
2022	阿富汗地震	物资援助	1000	生活必需品、灾民安置

资料来源：外交部和商务部对外援助司网站

2. 民间灾害救助体系

政府灾害救助体系在灾害救助中一直占据着主导地位，但是，随着社会经济发展，灾害事件的种类及发生频率不断增多，单纯依靠政府救灾已难以保证灾害救助效率。随着民间社会组织的发展，其参与灾害救助的合法性、自主性和广泛性等规范程度影响着我国灾害救助的整体水平，民间灾害救助体系在灾害救助中的作用越来越大。

从民间社会组织参与灾害救助的合法性角度来讲，在我国近年来历次重大的灾害救援中，各级政府和社会组织探索灾害救助协同机制，形成了若干民间组织参与灾害救助的制度安排。在中央层面，民政部不仅设立了社会力量参与救灾协调服务中心，启动社会力量救灾数据库的建设，还开展了相关的演练和专题培训班，政府在进行能力建设的同时加强了与社会组织之间的互动。在地方层面，目前已有浙江、吉林、贵州、陕西等十余个省市区出台了社会力量参与救灾工作的实施意见。随着社会组织的日益发展，其

---

① 吴先华, 宁雪强, 周蒙蒙, 等. 2015. 自然灾害后应对口支援多少：基于间接经济损失评估的视角[J]. 灾害学, 30(3): 10-15.

社会性、公益性、自主性逐渐成为共识。

从民间社会组织参与灾害救助的自主性和广泛性角度来讲，资金来源与资金管理影响着民间社会组织灾害救助的整体水平。我国的社会组织起步较晚，不同社会组织的筹资能力和资金来源也存在较大差异。具体来看，存在以下三种情况。第一，全国性社会组织。例如，中国红十字会、中华慈善总会、中国残疾人联合会等，这类社会组织具有由总部到地方的垂直管理体系，其资金来源分为三类：政府拨款、社会公众捐赠、公益彩票基金收益。第二，专业性社会组织，如各类民间协会。这类社会组织缺乏政府的财政支持，其资金来源于会员的缴纳和捐赠，依赖会员数量及协会发展规模，具有较大的不稳定性。第三，各类基金会。这类社会组织的资金来源主要依靠个人及企业的捐赠，并且会通过投资等方式促进所持资金的保值增值。近年来，我国社会组织发展迅速，其中非常重要的因素就是社会组织发展的资金规模整体得到一定提升。以中华慈善总会为例，图11-1显示了2000~2020年中华慈善总会筹募慈善资金额度的变化趋势。作为我国社会组织的典型代表，中华慈善总会的筹资发展在一定程度上说明了我国社会组织近20年来筹资能力的变动。可以发现，中华慈善总会的筹资规模与经济发展状况基本一致。因此，中国社会组织的筹资能力受到经济发展状况的显著影响，对外部环境的依赖性较大。

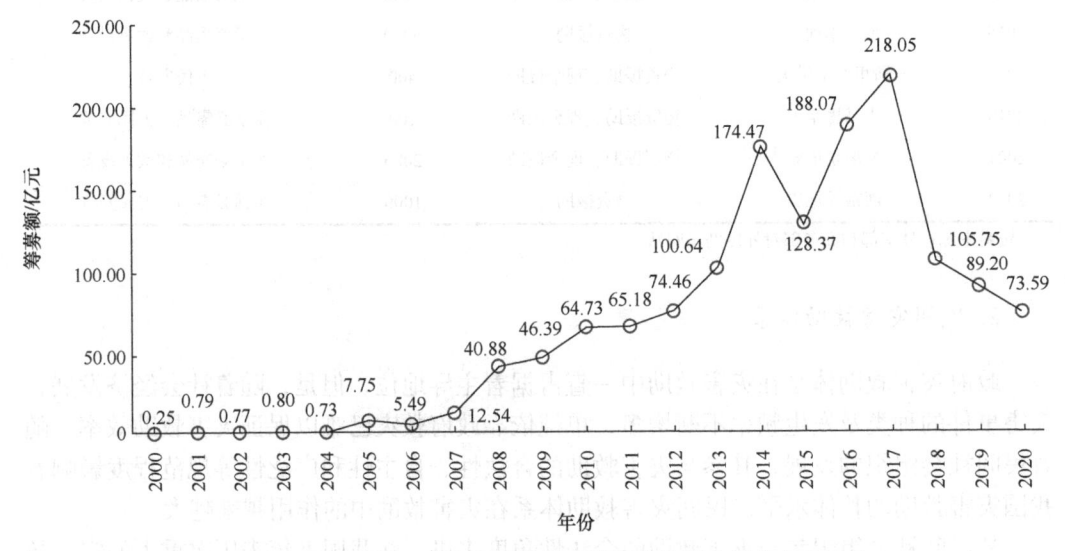

图 11-1　2000~2020 年中华慈善总会筹募慈善资金额度变动趋势

资料来源：中华慈善总会官方网站（http://www.chinacharityfederation.org/index.html）

本 章 小 结

灾害是由于某种不可控制或未能预料的破坏性因素的作用，使人类赖以生存的环境产生突发性或累积性的破坏或恶化，并超越当地社会经济系统容忍限度而引起社会财富损失或人员伤亡的现象和过程。灾害具有非稀缺性、危害性与减值性、风险性、区域性、动态性、可防救性等特征，因此灾害问题的实质是经济问题。

中国灾害的成因既有自然背景，也有社会经济背景。另外，灾害对于社会经济的影响具体体现为灾害经济损失。衡量灾害经济损失是一项系统工程，构建灾害经济损失评估方法体系是准确、有效评估灾害不同类型损失的关键。

灾害应对体系的构建必须服务于"灾害风险最小化"的经济发展目标，即在将灾害风险纳入整个经济系统的前提下，按照可持续发展的本质要求，在人与自然制衡统一生态观的指导下，以技术和知识创新为动力，以制度创新为核心，以产业结构、居住方式和生活方式、经济形态重建为内容，在新的生产运行系统、居住系统和生活方式中充分考虑灾害风险因素，把减灾防灾纳入经济活动全过程，使生产力在一个更加经济的模式中持续地发展。目前，我国从制度体系和救助体系等方面，逐步构建了具有中国特色的灾害应对体系。

关键概念

灾害　　灾害经济　　非稀缺性　　减值性　　风险性　　区域性　　动态性　　可防救性　　灾害风险　　灾害体　　承灾体　　纯自然型灾害　　纯人为型灾害　　自然人为复合型灾害　　灾害经济损失　　灾害经济损失评估　　灾害应对体系

思考题

1. 为什么说灾害问题的实质是经济问题？
2. 什么是灾害经济损失？灾害经济损失评估方法有哪些？
3. 什么是"灾害风险最小化"的经济发展？
4. 结合实际，谈谈我国灾害应对体系的基本内容。

推荐阅读的文献资料

何爱平, 贾倩, 李雪娇, 等. 2017. 中国灾害经济研究报告[M]. 北京: 科学出版社.
许闲. 2018. 中国自然灾害经济学研究[M]. 上海: 上海人民出版社.
郑功成. 2010. 灾害经济学[M]. 北京: 商务印书馆.
卓志, 段胜. 2012. 防减灾投资支出、灾害控制与经济增长: 经济学解析与中国实证[J]. 管理世界, (4): 1-8.
Caruso G D, 2017. The legacy of natural disasters: the intergenerational impact of 100 years of disasters in Latin America[J]. Journal of Development Economics, 127: 209-233.
Neumayer E, Plümper T, Barthel F. 2014. The political economy of natural disaster damage[J]. Global Environmental Change, 24: 8-19.

第12章 可持续发展的人口、资源与环境战略

可持续发展是21世纪全人类普遍关注的议题。本章通过对可持续发展理论的发展进程和研究现状的分析，阐述该理论的产生和发展对人类社会的重要性。我国在总结可持续发展战略实施以来成就和经验的基础上，不断丰富和创新可持续发展新理念，特别是党的十八大把生态文明建设纳入中国特色社会主义事业"五位一体"总体布局，明确提出努力建设美丽中国，实现中华民族永续发展，形成了一系列重要理论成果，对全面推动经济社会与人口、资源和生态环境的协调，实现高质量发展，建设人与自然和谐共生的现代化具有重大指导意义。本章主要介绍可持续发展的理论及其政策。

12.1 可持续发展概述

12.1.1 可持续发展的内涵及原则

1. 可持续发展的内涵

早在1972年联合国人类环境会议通过的《联合国人类环境会议宣言》中就体现了可持续发展思想，该宣言指出："为了这一代和将来的世世代代，保护和改善人类环境已经成为人类一个紧迫的目标，这个目标将同争取和平、全世界的经济与社会发展这两个既定的基本目标共同和协调地实现。"1980年，国际自然与自然资源保护联盟受联合国环境规划署委托起草的《世界自然资源保护大纲》首次提出了可持续发展概念，强调"可持续发展的前提条件之一是保护生物资源。人类对生物圈利用的管理，使其能给当代人带来最大的可持续利益，同时保护生物圈满足后代人需求与欲望的潜力"。同年联合国大会向全世界发出呼吁："必须研究自然的、社会的、生态的、经济的及利用自然资源过程中的基本关系，以确保全球的可持续发展。"自此以后，对可持续发展的讨论日渐增多，各国致力于界定"可持续发展"的含义，涵盖范围包括国际、区域、地方及特定界别的层面。直到1987年，由挪威首相布伦特兰夫人领导的世界环境与发展委员会发布了著名报告《我们共同的未来》，比较系统地阐述了可持续发展战略思想，并将可持续发展定义为"可持续发展是既满足当代人的需要，又不对后代人满足其需要的能力构成危害的发展"，这是被广泛引用的定义。这一定义在1989年联合国环境规划署第15届理事会通过的《关于可持续发展的声明》中得到认可，该声明认为，可持续发展是指"满足当前需要而又不削弱子孙后代满足其需要之能力的发展"。

可持续发展的概念具有深刻而又广泛的内涵，不同学科的专家、学者往往从各自专业的角度去理解和研究可持续发展，从而出现了不同角度的多种含义。

第一，生态属性上的可持续发展。"持续性"一词首先是生态学家提出来的，即"生

态持续性"(ecological sustainability)，意在说明要保持自然资源及其开发利用程度间的生态平衡，以满足社会经济发展所带来的对生态环境不断增长的需求，使人类的生态环境得以持续。1991年11月，国际生态学协会和国际生物科学联合会联合举行了关于可持续发展问题的专题研讨会。该研讨会的成果发展并深化了可持续发展概念的自然属性，将可持续发展定义为"保护和加强环境系统的生产和更新能力"，即可持续发展是不超越环境系统更新能力的发展。

第二，社会属性上的可持续发展。1991年，世界自然保护联盟、联合国环境规划署和世界野生生物基金会共同编写了《保护地球：可持续生存战略》。该书将可持续发展定义为"在生存于不超出维持生态系统涵容能力的情况下，提高人类的生活质量"，并提出可持续生存的九条基本原则和一系列优先行动，强调了人类的生产方式和生活方式要与地球承载能力保持平衡，保护地球的生命力和生物多样性，着重论述了可持续发展的最终落脚点是人类社会，即改善人类的生活质量，创造美好的生活环境。

第三，经济属性上的可持续发展。即不仅要追求经济增长的数量，而且要追求经济增长的质量。巴比尔（Edward B. Barbier）在其著作《经济、自然资源稀缺和发展：传统观点和替代观点》(*Economics, Natural-Resource Scarcity and Development: Conventional and Alternative Views*) 一书中，将可持续发展定义为"在保护自然资源的质量和其所提供服务的前提下，使经济发展的净利益增加到最大限度"。经济属性的定义突出强调四个方面：一是突出发展的主题，发展与经济增长有根本区别，发展是集社会、科技、文化、环境等多项因素于一体的完整现象，是人类共同的和普遍的权利，发达国家和发展中国家都享有平等的不容剥夺的发展权利；二是突出发展的可持续性，人类经济社会的发展不能超越资源和环境的承载能力；三是突出人与人之间关系的公平性，当代人在发展与消费时应努力做到使后代人有同样的发展机会，同一代人中一部分人的发展不应当损害另一部分人的利益；四是突出人与自然的协调共生，人类必须建立新的道德观念和价值标准，学会尊重自然、师法自然和保护自然，与之和谐相处。

第四，科技属性上的可持续发展。科技进步在可持续发展的实施过程中起着非常重大的作用，没有科学技术的支持，人类的可持续发展便无从谈起。因此，有的学者从技术选择的角度扩展了可持续发展的定义，认为"可持续发展就是转向更清洁、更有效的技术，尽可能接近'零排放'或'密闭式'的工艺方法，尽可能减少能源和其他自然资源的消耗"。还有的学者提出，"可持续发展就是建立极少产生废料和污染物的工艺或技术系统"。他们认为，污染并不是工业活动不可避免的结果，而是技术差和效益低的表现。

综合上述各个角度，可将可持续发展的定义表述为：可持续发展是以保护自然资源环境为基础，以激励经济发展为条件，以科技创新为动力，以改善和提高人类生活质量为目标的发展理论和战略。它是一个综合性、整体性、系统性的概念，是一种新的发展观、道德观和文明观。

2. 可持续发展的原则

一是共同发展原则。地球是一个复杂的巨系统，每个国家或地区都是这个巨系统中不可分割的子系统。系统的最根本特征是整体性，每个子系统都和其他子系统相互联系并发生作用，只要一个系统发生问题，都会直接或间接导致其他系统的紊乱，甚至会诱发系统的整体突变，这在地球生态系统中表现最为突出。因此，可持续发展追求的是整体的共同发展。

二是协调发展原则。协调发展包括经济、社会和环境三大系统的整体协调，也包括世界、国家和地区三个空间层面的协调，还包括一个国家或地区的经济与人口、资源、环境、社会的协调。持续发展源于协调发展。

三是公平发展原则。世界经济的发展因水平差异而呈现出层次性，这是发展过程中始终存在的问题。但是这种发展水平的层次性若因不公平和不平等而加剧，就会从局部上升到整体，并最终影响整个世界的可持续发展。可持续发展思想的公平发展包含两个维度：第一是时间维度上的公平，即当代人的发展不能以损害后代人的发展为代价；第二是空间维度上的公平，即一个国家或地区的发展不能以损害其他国家或地区的发展为代价。

四是高效发展原则。公平和效率是可持续发展的两个轮子。可持续发展的效率不同于经济学的效率，可持续发展的效率既包括经济意义上的效率，也包含着自然资源和环境的损益的成分。因此，可持续发展思想的高效发展是指经济、社会、资源、环境、人口等协调下的高效率发展。

五是多维发展原则。人类社会的发展表现出全球化的趋势，但是不同国家或地区的发展水平是不同的，而且不同国家或地区又有着异质性的文化、体制、地理环境、国际环境等发展背景。此外，可持续发展是一个综合性、全球性的概念，要考虑不同地域实体的可接受性，因此，可持续发展本身包含了多模式选择的内涵。因此，在可持续发展这个全球性目标的约束和指导下，各国或各地区在实施可持续发展战略时，应该从国情或区情出发，走符合本国或本地区实际的可持续发展道路。

六是持续性原则。持续性原则的核心思想是人类的经济建设和社会发展不能超越自然资源与生态环境的承载能力。这意味着可持续发展不仅要顾及人与人之间的公平，还要顾及人与自然之间的公平。资源和环境是人类生存与发展的基础，离开了资源和环境，就无从谈及人类的生存和发展。可持续发展是主张建立在保护地球自然系统基础上的发展，因此发展必须有一定的限制因素。人类发展对自然资源的耗竭速率应充分顾及资源的临界性，应以不损害支持地球生命的大气、水、土壤、生物等自然系统为前提。换句话说，人类需要根据持续性原则调整自己的生活方式，确定自己的消耗标准，而不是过度生产和过度消费。发展一旦破坏了人类生存的物质基础，发展本身也就衰退了。

12.1.2 可持续发展的实践进程

在专家、学者积极研究与探索可持续发展理论的同时，各国政府、国际组织也在全力以赴制定和实施相关计划与对策。1992年，联合国环境与发展大会在巴西里约热内卢召开，会议通过了《里约环境与发展宣言》《21世纪议程》，《联合国气候变化框架公约》和《保护生物多样性公约》向所有国家开放签署。其中，《21世纪议程》确立了可持续发展是当代人类发展的主题，提供了全球可持续发展的行动蓝图，第一次把可持续发展由概念和理论推向行动，具有划时代的意义。随后，可持续发展理念在全球层面得到积极响应。中国政府于 1994 年 3 月率先制定并发表了《中国 21 世纪议程：中国 21 世纪人口、环境与发展白皮书》，首次把可持续发展战略纳入我国经济和社会发展的长远规划。英国、日本、美国等众多国家也相继制定了本国的可持续发展战略，提出了对可持续发展的理解和决定采取的重要行动。这表明可持续发展已经进入全球性实践阶段。

一是全球气候治理的实践。《联合国气候变化框架公约》是世界上第一个为全面控制二氧化碳等温室气体排放，以应对全球气候变暖给人类经济和社会带来不利影响的国际公约，也是国际社会在应对气候变化问题上进行国际合作的基本框架，标志着全球气候治理时代的正式到来。

自 1995 年起，《联合国气候变化框架公约》缔约方每年召开一次缔约方大会，又称"联合国气候变化大会"。1997 年，第 3 次缔约方大会在日本京都举行，会议通过的《京都议定书》对 2012 年前主要发达国家减排温室气体的种类、时间和额度等做出了具体规定。根据该议定书的条款，在 2008 年至 2012 年的第一承诺期内，主要工业发达国家的温室气体排放量要在 1990 年的基础上至少减少 5%。2007 年，第 13 次缔约方大会在印度尼西亚巴厘岛举行并通过了"巴厘岛路线图"，启动《联合国气候变化框架公约》下的长期合作行动问题特设工作组和《京都议定书》特设工作组谈判并行的"双轨制"谈判，为下一步落实《联合国气候变化框架公约》设定了时间表，决定在 2009 年前就应对气候变化问题的新安排举行谈判，达成一份新协议。2009 年，第 15 次缔约方大会在丹麦哥本哈根举行，经过各方艰难谈判，《哥本哈根协议》最终仍未获得所有缔约方全部通过，未能成为《联合国气候变化框架公约》框架内的文件。虽然《哥本哈根协议》不具有法律约束力，但维护了《联合国气候变化框架公约》确立的"共同但有区别的责任"原则，坚持了"巴厘岛路线图"的授权，就发达国家实行强制减排和发展中国家采取自主减缓行动做出了安排，并且在向发展中国家提供资金和技术支持方面取得了积极进展，使低碳排放的可持续发展战略继续向前推进。2012 年，第 18 次缔约方大会在卡塔尔多哈举行，会议通过了《京都议定书多哈修正案》，将受管控的温室气体增加为 7 种，并设定了在 2013 年至 2020 年的第二承诺期内，主要发达国家将温室气体排放量在 1990 年水平上至少减少 18%的减排目标，实现了第一承诺期和第二承诺期的无缝衔接。2015 年，在法国巴黎举行的第 21 次缔约方大会通过了《巴黎协定》，《巴黎协定》是《联合国气候变化框架公约》框架内继《京都议定书》后第二份有法律约束力的气候协议，确立了 2020 年后以"国家自主贡献"为核心的机制安排，重申了把全球平均气温升幅控制在 2℃之内的目标，并向着将气温升幅限制在 1.5℃之内努力，同时提出尽快达到温室气体排放的全球峰值，在 21 世纪下半叶实现温室气体源的人为排放与汇的清除之间的平衡，标志着全球应对气候变化进入新阶段。2021 年 11 月 13 日，第 26 次缔约方大会在英国格拉斯哥闭幕，各缔约方最终达成《巴黎协定》实施细则，将开启国际社会全面落实《巴黎协定》的新征程。

二是全球可持续发展行动计划的实践。在 2000 年 9 月召开的联合国千年首脑会议上，189 个国家共同签署了《千年宣言》，承诺在 2015 年之前实现消除极端贫困和饥饿，普及初等教育，促进性别平等和提高妇女权利，降低儿童死亡率，改善产妇保健，与艾滋病和疟疾等疾病作斗争，确保环境的可持续能力，全球合作促进发展这八项千年发展目标，推动全球范围内将可持续发展转为具体行动。

2002年，可持续发展世界首脑会议在南非约翰内斯堡举行，会议全面审议了《里约环境与发展宣言》《21世纪议程》及主要环境公约的执行情况，围绕健康、生物多样性、农业、水、能源等主题展开广泛讨论，并通过了《约翰内斯堡可持续发展声明》和《可持续发展世界首脑会议执行计划》两份重要文件，在可持续发展领域形成面向实际行动的战略与措施。

2012年，在巴西里约热内卢召开的联合国可持续发展大会，又称"里约+20峰会"，成为全球可持续发展实践进程的又一里程碑。会议围绕"可持续发展和消除贫困背景下的绿色经济"和"促进可持续发展的机制框架"两大主题进行了商讨，通过了《我们憧憬的未来》这一成果文件，重申各国对可持续发展的承诺，并决定在千年发展目标基础上制定一套可持续发展目标，与2015年后的联合国发展议程连贯一致，并纳入其中。

2015年8月，联合国193个会员国就2015年后发展议程达成一致，同年9月，联合国可持续发展峰会正式通过了题为"改变我们的世界：2030年可持续发展议程"的共识文件。该议程内容涵盖17项可持续发展目标和169项具体目标，兼顾了可持续发展的三个方面——经济、社会和环境，是千年发展目标的扩展和延续，促使世界各国在今后15年内，在人类、地球、繁荣、和平、伙伴关系5个对人类和地球至关重要的领域中采取行动。

三是全球环境治理的实践。联合国大会于2013年通过决议，将联合国环境规划署理事会升格为联合国环境大会，使其成为全球环境问题的最高决策机制，旨在使联合国193个会员国共同商讨全球环境和可持续发展议题并做出决策。

2014年6月，首届联合国环境大会在肯尼亚首都内罗毕的联合国环境规划署总部举行，主题是"可持续发展目标和2015年后发展议程，包括可持续消费和生产"，重点探讨可持续发展目标和非法野生动植物贸易两大问题。2016年5月，第二届联合国环境大会召开，本次大会以"落实2030年可持续发展议程中的环境目标"为主题，是继联合国可持续发展峰会通过《改变我们的世界：2030年可持续发展议程》、《联合国气候变化框架公约》第21次缔约方大会通过《巴黎协定》后，联合国召开的又一次以全球环境为议题的重大会议，为提升全球绿色发展和可持续发展搭建了对话平台。2017年12月，第三届联合国环境大会以"迈向无污染的星球"为主题，号召各国采取共同行动应对环境污染挑战。2019年3月，第四届联合国环境大会聚焦创新，主题为"寻求创新解决办法，应对环境挑战并实现可持续消费与生产"，呼吁各国加快对自然资源管理、资源效率、能源、化学品和废物管理、可持续商业发展等的创新治理进程。2021年2月和2022年2~3月，第五届联合国环境大会分两个阶段举行，主题是"加强保护自然行动，实现可持续发展目标"，第一阶段会议通过了联合国环境规划署2022~2025年中期战略，第二阶段续会通过了《终止塑料污染：制定迈向具有法律约束力的国际文书》决议，致力于为应对"气候变化、生物多样性丧失和污染"三大全球性环境危机提供解决方案。

综上，近几十年来，可持续发展问题日益受到各国政府、国际组织的广泛关注，随着国际社会对可持续发展实践的不断深入，形成了一系列基于可持续发展与环境合作的国际性公约、宣言和共识文件，表明了可持续发展战略思想的主流化和国际合作在解决人类共同面对的危机过程中所扮演的重要作用。由此可以看出，可持续发展是人类未来发展道路的唯一选择。

12.2 全球的可持续发展

12.2.1 全球面临的可持续发展问题

联合国可持续发展目标通过以来，各国已经开始将可持续发展目标纳入国家计划和战略，积极采取相关行动并取得了初步成就。然而，根据联合国2019年全球可持续发展报告《未来即现在：科学促进可持续发展》，一些目标呈现出的趋势甚至未朝正确的方向发展，尤其是以下四个方面：不平等加剧、气候变化、生物多样性丧失及人类活动产生的废物量不断增加。其中一些趋势预示正在跨越负面临界点，这将导致地球系统的状况发生剧变。

一是不平等加剧。全球财富和收入不平等现象是一个长期存在的历史问题，近年来，这种两极分化现象愈发明显。根据瑞士信贷发布的《2021年全球财富报告》，到2020年底，全球最富有的1.1%人群拥有全球45.8%的财富，而处于全球财富底层的55%的人群拥有的财富占比仅为1.3%。联合国《2021年可持续发展融资报告》显示，新冠疫情导致世界经济经历了20世纪90年代以来最严重的衰退，全球损失了1.14亿个工作岗位，约1.2亿人陷入极端贫困。最脆弱的社会群体受到的影响最大，最贫穷国家实现可持续发展目标的时间可能再后推10年。在国家层面，不平等加剧可能造成阶级固化、社会不稳定等诸多社会问题。在富者愈富、贫者愈贫的情况下，高收入群体与中低收入群体在教育、医疗、住房等方面表现出机会不平等，这一状况历经代际差得到巩固，使不平等变得自我延续，对代际流动构成挑战。在国际层面，不平等加剧增加了国际合作的障碍。贫富极化的国内影响外溢至全球领域，造成保护主义和"逆全球化"思潮盛行，多边合作阻力加大。总之，解决不平等问题是当今世界各国和全人类面临的重大考验，当处于财富和收入最上层的人努力维持其地位而使资源无法用于加速实现可持续发展目标所需的变革时，不平等可能产生更广泛的负面影响。

二是气候变化。工业革命以来，人类活动使大气中的温室气体浓度显著增加，造成地球平均温度升高约1℃。联合国政府间气候变化专门委员会第六次评估报告向全人类发出了"红色警报"，全球暖化正危险地接近失控边缘。随着气候变暖，全球将遭受越来越多的灾害和极端天气事件，热浪、洪水、干旱和风暴的频率和强度都将增加；海平面上升的速度已经超过了此前任何一个世纪，将导致更频繁和更严重的海岸洪水和侵蚀；生物多样性加速减少，增加了新的人畜共患疾病发生的机会；世界许多地区的粮食生产也受到影响，造成粮食安全和营养不良问题，从而给全球生态及人类的社会经济活动带来重大影响。世界气象组织发布的《2021年全球气候状况》报告显示，2021年温室气体浓度、海平面上升、海洋热量和海洋酸化四项气候变化关键指标都创下新纪录，这是人类活动造成全球范围内气候变化的又一明确迹象，将对可持续发展和生态系统产生有害和持久的影响。为了地球生态系统健康和人类福祉，人类需要迅速采取有效的行动，将发生气候灾难的临界点转向可持续未来的转折点。

三是生物多样性丧失。人类的生存与动植物的命运密切相连。生物多样性为人类的生存和发展提供了基本条件，被认为是与人类社会持续发展息息相关的最重要因素。世界自然基金会发布的2020年《地球生命力报告》指出，人类正以前所未有的规模开发和破坏自然。1970年至2016年，监测到的哺乳类、鸟类、两栖类、爬行类和鱼类种群规模平均下降了68%。淡水地区是遭受破坏最严重的栖息地之一，在这些地区有三分之一的物种受到灭绝的威胁，平均种群数量下降了84%。联合国粮农组织与联合国环境规划署联合发布的《2020年世界森林状况：森林、生物多样性与人类》表明，全球毁林和森林退化仍以惊人的速度在继续，大大加剧了生物多样性的丧失。农业扩张仍然是主要驱动力之一，但人类粮食系统的复原力及其适应未来变化的能力又恰恰取决于生物多样性。生物多样性丧失对维持人类生存的地球状况构成严重风险，可持续发展依赖具有复原力和生物多样性的生态系统。

四是人类活动产生的废物量不断增加。人类活动产生的废物有气体、液体和固体多种形式。其中，固体废物的一个主要问题是目前产生的大部分固体废物为塑料形式，大规模塑料生产始于20世纪50年代初，到2015年，人类已经生产了83亿吨塑料，其中63亿吨彻底成为废弃物。这63亿吨塑料废弃物中只有9%被回收，12%被焚烧处理，其余79%则弃置于垃圾填埋场或自然环境中。如果按此趋势继续下去，到2050年，大约120亿吨塑料废弃物将进入垃圾填埋场或自然环境。①大量塑料废弃物进入海洋，严重威胁了海洋生物的安全。固体废物的另一个主要问题是电子废弃物，其增长速度比任何其他类型的废物都要快。2016年，全球产生的电子废弃物总量高达4470万吨，相当于人均6.1公斤，比2014年的人均5.8公斤增长了5%。②到2019年，全球产生的电子废弃物数量增加为人均7.3公斤，其中只有1.7公斤以无害环境的方式进行了管理。③电子废弃物中的汞和铅等元素会渗入土壤和地下水，对人类和环境健康造成危害。目前，一些国家已经采取行动，通过禁止或计划限制各种塑料产品的使用，规范电子废弃物的回收和管理，提高资源的使用效率，以缓解废弃物这一人类活动的副产品对实现可持续发展目标带来的压力。

12.2.2 发展中国家面临的可持续发展问题

发展中国家往往比发达国家更难实现可持续发展目标，主要原因有：第一，发展中国家大多处于经济发展的初级阶段，人口增长较快，工业化、城市化快速推进，能源需求也会不可避免地继续增长，可持续发展承受着人口、资源和环境的多重压力；第二，限于经济、科技水平，没有足够的资金和能力及时充分解决出现的环境问题，致使生态

---

① Geyer R, Jambeck J R, Law K L. 2017. Production, use, and fate of all plastics ever made[J]. Science Advances, 3: 1.

② Baldé C P, Forti V, Gray V, et al. 2017. The Global E-waste Monitor 2017: Quantities, Flows, and Resources[M]. Bonn/Geneva/Vienna: United Nations University (UNU), International Telecommunication Union (ITU), International Solid Waste Association (ISWA): 4.

③ United Nations Department of Economic and Social Affairs. 2022. The Sustainable Development Goals Report 2022[R]. New York: United Nations.

环境问题长期积累；第三，发达国家将高耗能、高污染的产业转移到发展中国家，使发展中国家的资源过度开发，环境污染更加严重。因此，发展中国家的可持续发展除了全球共同面临的问题外，还需要面对以下几个方面的问题。

一是人口压力巨大。人口是经济社会发展的主体，发展必须有一定的人口作为基础。1994年在开罗举行的联合国第三次人口与发展大会提出的口号是"人口、持续的经济增长和可持续发展"，把人口和发展之间的关系紧密联系起来。联合国发布的《2022年世界人口展望》报告显示，截至2022年初，世界人口总数已达78亿，预计2030年增长到85亿左右，其中约83%的人口居住在发展中国家。世界人口年增长率为0.82%，发达国家人口增长率已下降至-0.03%，而发展中国家人口增长率为0.98%。人口的增长虽然增加了对商品和服务的需求，但也对社会发展形成了额外的压力，使发展中国家出现极端贫困的现象，收入水平低、健康状况不佳、基础教育落后、粮食紧缺、无法获得安全的饮水和环卫设施及其他问题往往重叠交错，并且彼此加剧。同时，人口快速增长也是发展中国家生态环境恶化的重要因素之一。为了满足不断增长的人口的生活需要，违背自然规律进行掠夺性开发，破坏了生态平衡，引起水土流失、土地荒漠化等一系列问题。更多的人口还将产生更多的废弃物，导致生活环境更加恶化，传染性疾病更易流行。

二是能源消耗增长迅速。随着新兴市场国家和发展中国家经济的高速发展，世界能源消费的形势发生了变化。IEA发布的《全球能源回顾2021》报告指出，全球能源需求增长中，70%将来自新兴市场和发展中经济体。石油、天然气和煤是发展中国家目前和今后相当长一个时期内的三大主要能源。由于发展中国家仍处于工业化的能源消耗和碳排放密集型时期，IEA预计，在既定政策情景下，到2030年新兴市场和发展中经济体石油需求较2020年将增加1200万桶/天（增长近30%），天然气需求将增加5200亿立方米（增长近25%），煤炭需求将增加1.6亿吨（增长4%），而发达国家对化石燃料的需求将下降。[①]总体来看，发展中国家提高能源效率和清洁能源转型将对未来几十年内全球碳排放量减少发挥重要作用。

三是土壤严重退化。土壤是陆地生态系统的中心，是人类赖以生存的重要基础。土壤支撑着人类粮食安全，有助于减缓和适应气候变化，能够涵养水源、净化水质，具有重要的生态服务功能。目前，全球33%的土壤出现中度至高度退化（包括土壤侵蚀、盐碱化、酸化及物理和生物性变劣），土壤污染是引起土壤退化的重要原因之一。土壤污染的主要来源包括工业和采矿活动、缺乏管理的城市和工业垃圾、化石燃料的开采和加工、不可持续的农业实践及交通运输。[②]虽然土壤污染是一个全球性问题，但发展中国家的贫困人群更容易受到土壤污染的影响而引发健康问题，并且发展中国家的环境保护和食品安全法律法规往往不够健全，更是加剧了这一问题。此外，随着发展中国家的人口大量从农村地区迁移到城市地区，城市扩张往往以牺牲优质农业用地为代价，不仅威胁到粮食安全，而且使部分低收入人群沦落为城市贫民，处于城市边缘地带。这些人群生活在

---

① IEA. 2021. World Energy Outlook 2021[R]. Paris: IEA: 44.

② Food and Agriculture Organization of the United Nations, United Nations Environment Programme. 2021. Global assessment of soil pollution[EB/OL]. https://www.fao.org/3/cb4894en/online/cb4894en.html[2022-08-24].

非正规住宅区，通常靠近矿山或垃圾填埋场等受污染地区，可能面临更高的环境风险。发展中国家并非完全不能解决土壤退化问题，而是缺乏相关的技术和资金，因此，发达国家的援助对于解决发展中国家土壤退化造成的不可持续发展问题至关重要。

四是水资源面临危机。保护水资源已刻不容缓，当前全球 32 亿人口面临水资源短缺问题，其中 12 亿人口生活在极端缺水的农业地区。在中亚、北非和西亚，大约 1/5 的农业人口居住区面临着严重的水资源短缺，撒哈拉以南非洲地区约有 5000 万人生活在严重干旱地区。[①]更为严重的是，日趋加重的水污染已对人类健康造成很大危害。世界卫生组织调查表明，全世界 80% 的疾病和 50% 的儿童死亡都与饮用水水质不良有关，饮用不良水质导致的疾病多达 50 多种，这对发展中国家的贫困人口影响尤为突出。缺水问题还将严重制约发展中国家的农业发展。全球近 3/4 的农田靠雨水浇灌，受近年来气候变化的影响，降雨模式改变、温度升高及蒸发加快致使农业水资源紧缺加剧。撒哈拉以南非洲地区的农业部门资本密集度低，很难获取浇灌设备和技术，80% 以上的农田采用低投入雨养生产模式，灌溉农田仅占 3%，缺水问题对农田和牧场造成灾难性影响。

12.2.3 发展中国家可持续发展的制约因素

发展中国家可持续发展目前仍存在以下几个方面的制约因素。

一是工业化模式的制约。从世界经济发展的历史过程来看，一个国家在工业化初期，往往采取粗放型的经济增长模式，其经济发展的速度比较快，但往往伴随着高投入、高消耗和高排放。此外，发展中国家的工业化进程还表现出模仿式追赶、政府过多干预市场、处于全球产业链低端、经济结构不合理等特点，在带来短期显著效益的同时，却制约着工业化的长期可持续发展。因此，当发展中国家的工业化进入成熟阶段，就需要转变经济发展模式和提升经济发展质量。但由于多种原因，发展中国家的经济转型之路仍面临重重阻碍，必须打破传统工业化模式的路径依赖，实现经济跨越式增长。

二是城市化发展的制约。城市化可以为发展中国家创造就业、减贫和经济增长的机会，但也在一定程度上制约了发展中国家的可持续发展。首先，发展中国家的工业化和城市化往往并不同步，主要表现为过度城市化和滞后城市化。过度城市化是指城市化速度超过工业化和经济发展水平，大量农村人口涌入少数大中城市，造成城市人口过度增长，城市基础设施、资源和环境承载力超载，贫富两极分化。而滞后城市化是指城市化速度落后于工业化和经济发展水平，使城市的集聚效应和规模效应得不到很好的发挥，阻碍了经济社会的发展。其次，发展中国家的快速城市化，大幅增加了温室气体排放量，加剧了对气候变化的影响。再次，城市产生固体废物的速度也在加快，大量废物由于不能完全分解和再利用，只能排放到其他生态系统中去，必然会对其他生态系统造成强大的冲击和干扰。最后，城市扩张往往会破坏自然栖息地和绿地，导致生物多样性丧失，进一步增加了自然资源环境的压力。

三是制度缺位或制度执行不力。21 世纪以来，发展中国家在生态环境领域的法律法

---

① Food and Agriculture Organization of the United Nations. 2020. The state of food and agriculture 2020: overcoming water challenges in agriculture[EB/OL]. https://www.fao.org/3/cb1447en/online/cb1447en.html[2022-09-24].

规、制度体系框架已经基本建立。但一方面，部分环境保护单行法，如能源法、耕地保护法、自然保护地法等还存在缺失；另一方面，部分现有制度内容过于笼统，缺少配套的实施细则或可操作性不强，使得相关环境问题不能得到有效治理。此外，即使在有些方面建立了制度，但因制度执行不力，造成制度功能不能有效发挥。主要表现在：第一，在环境保护方面，现有制度之间不协调或不适应环境形势的新变化，导致有些制度实施效果不好甚至失效，给执行带来一定困难；第二，在资源利用方面，资源价格扭曲和利用效率不高未能有效纠正，使原材料价格过低，产品价格偏高，助长了资源的浪费；第三，在监督管理方面，未落实环境保护绩效考核和责任追究制度，环境损害赔偿的约束力不足，降低了制度的权威性和执行效果；第四，在制度实施的文化环境方面，发展中国家的公民、企业环保意识仍较薄弱，尚没有在全社会形成绿色低碳的生产生活方式，出现有法不依或知法犯法的现象。

四是政策的不合理或失效。从一般意义上来看，制定和实施政策的目的，一方面是引导和保护经济主体的合理行为，另一方面是限制和处罚经济主体的不合理行为。但是发展中国家现行政策的不合理或失效，常常使政策的实施效果大打折扣，造成政策执行中的扭曲行为。主要表现在以下几点。第一，在制定环境保护政策时，运用行政手段和计划手段多于符合市场经济的经济手段，容易造成人们的思想误解，把污染治理和环境保护看成非经济活动，认为这仅仅是政府的责任，而不是经济主体的责任。此外，部分政策不符合市场经济规律的客观要求，暴露出了部分政策的不合理性。第二，一些政策在实施过程中会产生负外部性。例如，在污染治理中强调"谁污染、谁治理"的原则，但却对治理方式界定不清，使其演化成了"谁排污、谁付费"。而企业将所交的费用加入成本中转嫁给消费者，形成了"谁消费、谁付费"的结果。另外，由于企业可以将排污成本转移，往往会选择"先污染、后治理"，使政策效果无从保障。第三，政策的强制力和约束力弱。政策多为部门政策，法律效力弱，调控范围小，且不同部门不同层级的政策之间可能存在冲突，也造成了许多政策执行不到位。

五是科技、人才和资金要素的制约。首先，在科技方面，科学技术的快速进步是促进可持续发展目标实现的关键变量，但大多数发展中国家自主研发能力不足，需要通过技术合作或转让的方式，才能更好地获得技术和知识。同时，发达国家还在关键核心技术领域采取技术封锁来限制发展中国家战略性新兴产业的发展。其次，在人才方面，发展中国家的教育水平普遍落后，关键领域人才储备不足，许多本国的尖端人才为寻求更好的科研环境而向发达国家单向流动，进一步造成人才流失和匮乏的情况。最后，在资金方面，很多发展中国家由于经济落后，国家财力长期不足。据联合国贸易和发展会议估计，发展中国家每年对可持续发展目标的投资需求约为3.3万亿～4.5万亿美元，每年面临2.5万亿美元的投资缺口，这在很大程度上制约了发展中国家的可持续发展能力。

六是全球治理体系的制约。在过去很长一段时期，发达国家凭借强大的经济优势，在全球治理和规则制定中占据主导甚至支配地位。近年来，虽然新兴市场国家和发展中国家的群体性崛起，使世界格局发生了深刻变化，但发达国家主导全球治理和规则制定的局面并未得到彻底改变。在政治领域，发达国家推行强权政治，干涉他国内政，对发展中国家的政治安全构成冲击和威胁。在经济领域，发达国家以巨额投资、经济援助为诱饵，控制发展中国家的经济命脉，使发展中国家丧失经济自主权。在环境领域，一些发达国家在全球气候谈判进程中，为了维护其既得利益，违反"共同但有区别的责任"原则，试图利用其霸权地位逃避应负的减排责任或企图让发展中国家承担过多义务，使发展中国家的可持续发展面临更严峻的挑战。

12.3 中国可持续发展的人口、资源与环境战略

12.3.1 适时调整人口政策，实施人口长期均衡发展的国家战略

人口问题是制约可持续发展的首要问题，是影响经济和社会发展的关键因素。要从战略和全局高度，充分认识人口问题的重要性、长期性和艰巨性，始终坚持发展经济与控制人口两手抓。大量的研究成果及越来越多的事实证明：人口对经济社会发展确实有影响，而且在特定条件下人口的作用会更为突出，尤其是在许多发展中国家，多重政治势力、财富分配不公、管理和组织不善及资源严重浪费与军事活动频繁等因素都在不同程度上阻碍了经济社会发展。而人口的迅速增长使由以上诸因素产生的问题更加严重，激化了人口增长与经济社会发展的矛盾。应该看到的是，如果没有积极的改革措施，即使人口增长缓慢也不能彻底根除这种状况。

党的十八大以来，为积极有效应对我国人口趋势性变化及其对经济社会发展产生的深刻影响，党中央做出逐步调整完善生育政策、促进人口长期均衡发展的重大决策。当前，我国人口发展进入关键转折期，但人口众多的基本国情不会改变，人口与资源环境承载力仍然处于紧平衡状态，脱贫地区及一些生态脆弱、资源匮乏地区的人口与发展矛盾仍然比较突出。完善人口发展战略和政策体系，最大限度地发挥人口对经济社会发展的能动作用，对进一步巩固脱贫攻坚和全面建成小康社会成果，促进人口与经济、社会、资源、环境协调可持续发展具有重要的现实意义。

一是推动实现适度生育水平，延续人口总量势能。适度生育水平的概念是建立在生育更替水平概念的基础上的。人口如果长期保持在生育更替水平，人口总量就会稳定下来，进入静止人口状态。而适度生育水平就是生育率长期波动在生育更替水平附近，是一种理想的生育状态。国务院发布的《国家人口发展规划（2016—2030年）》中，2020~2030年，全国总和生育率的预期发展目标为1.8。适度生育水平是维持人口良性再生产的重要前提，我国的总和生育率自1991年达到更替水平以后就一直在持续缓慢下降，人口老龄化问题也接踵而至，人口抚养负担持续加重。2013年、2015年、2021年以来相继实施的单独两孩、全面两孩和三孩生育政策及配套支持措施，都旨在优化生育政策，增强生育政策包容性，引导生育水平提升并稳定在适度区间，保持和发挥人口总量势能优势，促进人口自身均衡发展。

二是不断优化人口空间布局，增强人口承载能力。国家统计局发布的数据显示，2021年末，我国常住人口城镇化率为64.72%，比2020年末提高0.83个百分点。进一步推进以人为核心的新型城镇化对人口空间结构提出了新的要求。首先，持续推进人口城镇化。畅通落户渠道，拓展农业转移人口就近城镇化空间，促进有能力在城镇稳定就业和生活

的常住人口有序实现市民化。其次，推动城市人口合理集聚。优化提升东部地区城市群，培育发展中西部地区城市群，完善以城市群为主体形态的人口空间布局，促进人口分布与国家区域发展战略相适应。最后，改善人口资源环境紧平衡。统筹考虑国家战略意图和区域资源禀赋，在开展资源环境承载能力评价的基础上，科学确定不同主体功能区可承载的人口数量，实行差别化人口调节政策，实现人口与资源环境永续共生。

三是全面增加劳动力有效供给，提供人力资本支撑。劳动年龄人口持续减少是我国人口结构变化的一个重要特征。2020年，我国16岁至59岁劳动年龄人口规模为8.8亿人，比2010年减少了4000多万人，在这种趋势下，未来应更注重提升劳动力质量，以"质"补"量"。一方面，加快完善国民教育体系，提高教育质量，优化人才培养机制，着力培养具有国际竞争力的创新型、应用型、高技能、高素质大中专毕业生和技能劳动者，提升新增劳动力供给质量。另一方面，推动农村劳动力转型，大力发展继续教育，积极开发老龄人力资源，持续增强劳动者的职业技能和就业能力，充分挖掘劳动力供给潜能。通过提高我国人力资源整体素质，综合应对劳动年龄人口总量下降和结构老化趋势，实现更高质量和更加充分就业，把人力资本的优势转化为经济发展的实际动能。

12.3.2 促进资源节约和循环高效使用，推进绿色低碳发展

人类对资源的开发利用既要支撑当代人过上幸福生活，也要为子孙后代留下生存根基。节约资源是保护生态环境的根本之策，党的十八大报告提出"要节约集约利用资源，推动资源利用方式根本转变"。党的十九大报告强调"推进资源全面节约和循环利用"。党的二十大报告更具体地指出"实施全面节约战略，推进各类资源节约集约利用，加快构建废弃物循环利用体系"。实现这一目标，需要改变传统"大量生产、大量消耗、大量排放"的生产模式和消费模式，树立节约集约循环利用的资源观，全面推动重点领域低碳循环发展，提高资源利用效率，把经济活动、人的行为限制在自然资源和生态环境能够承受的限度内，使资源、生产、消费等要素相匹配相适应，用最少的资源环境代价取得最大的经济社会效益。

1. "双碳"目标

碳达峰，是指在某一个时点，二氧化碳的排放不再增长，达到峰值，之后逐步回落。而碳中和则是指二氧化碳或温室气体的净零排放，即排出的二氧化碳或温室气体通过植树造林、节能减排等形式抵消。党的十九届五中全会把碳达峰和碳中和目标纳入新发展阶段的发展蓝图中，是我国做出的重大战略决策。党的二十大对"积极稳妥推进碳达峰碳中和"做出部署，强调"立足我国能源资源禀赋，坚持先立后破，有计划分步骤实施碳达峰行动"。实现"双碳"目标是破解资源环境约束突出问题、实现可持续发展的必然选择，是一场广泛而深刻的经济社会系统性变革。

一是加强统筹协调。把"双碳"工作贯穿于经济社会发展全过程和各方面，坚持降碳、减污、扩绿、增长协同推进，重点实施能源绿色低碳转型行动、节能降碳增效行动、工业领域碳达峰行动、城乡建设碳达峰行动、交通运输绿色低碳行动、循环经济助力降碳行动、绿色低碳科技创新行动、碳汇能力巩固提升行动、绿色低碳全民行动、各地区

梯次有序碳达峰行动等"碳达峰十大行动"。

二是推动能源革命。能源是经济社会发展的重要物质基础，也是碳排放的最主要来源。要坚持安全降碳，传统能源逐步退出必须建立在新能源安全可靠的替代基础上。在保障能源安全的前提下，严格控制化石能源消费，加强煤炭清洁高效利用，大力实施可再生能源替代，大幅提升能源利用效率，加快构建清洁低碳安全高效的新型能源体系。

三是深度调整产业结构。加快推进农业绿色发展，促进农业固碳增效。坚决遏制高耗能、高排放、低水平项目盲目发展，推动钢铁、有色、石化、化工、建材等传统产业优化升级，加快工业领域低碳工艺革新和数字化转型。紧紧抓住新一轮科技革命和产业变革的机遇，推动互联网、大数据、人工智能、第五代移动通信技术（5G）等新兴技术与绿色低碳产业深度融合，建设绿色制造体系和服务体系，提高绿色低碳产业在经济总量中的比重。

四是加快绿色低碳科技革命。强化基础研究和前沿技术布局，推进绿色低碳重大技术攻关。建立完善绿色低碳技术评估、交易体系，加快创新成果转化和先进适用技术推广应用。创新人才培养模式，鼓励高等学校加快相关学科建设。

五是完善绿色低碳政策体系。进一步完善能耗双控（能源消费总量和强度双控）制度，健全"双碳"标准，构建统一规范的碳排放统计核算体系，推动能耗双控向碳排放双控转变。建立健全碳排放权市场交易制度，充分发挥市场机制作用，完善碳定价机制，加强碳排放权交易、用能权交易、电力交易衔接协调。

2. 发展循环经济战略

发展循环经济是我国经济社会发展的一项重大战略。循环经济是一种以资源的高效利用和循环利用为核心，以减量化、再利用、资源化为原则，以低消耗、低排放、高效率为基本特征，符合可持续发展理念的经济增长模式。循环经济强调把经济活动组织成一个"资源—产品—再生资源"的物质反复循环流动的过程，改变了传统经济"资源—产品—污染排放"的物质单向流动经济模式，使得整个经济系统及生产和消费的过程基本上不产生或者只产生很少的废弃物，和谐地进入自然生态系统的物质循环过程中，在不影响经济增长的前提下，达到节约和高效利用资源、减少温室气体排放、提高经济发展质量的目的，使人类步入可持续发展的轨道。

党的十八大以来，我国循环经济政策制度逐渐完善，发展模式不断创新，重点领域积极推进，已经成为保障我国资源安全的重要途径。但当前，我国循环经济发展仍面临重点行业资源产出效率不高，再生资源回收利用规范化水平低，回收设施缺乏用地保障，低值可回收物回收利用难，大宗固废产生强度高、利用不充分，综合利用产品附加值低等突出问题。必须继续大力发展循环经济，实现资源高效利用和循环利用，推动经济社会高质量发展。

国家发改委于2021年7月印发《"十四五"循环经济发展规划》，围绕工业、社会生活、农业三大领域，提出了"十四五"循环经济发展的重点任务。一是构建资源循环型产业体系，提高资源利用效率；二是构建废旧物资循环利用体系，建设资源循环型社会；三是深化农业循环经济发展，建立循环型农业生产方式。同时，聚焦循环经济领域亟待解决的重点难点问题，提出针对性举措，部署了城市废旧物资循环利用体系建设工程、园区循环化发展工程、大宗固废综合利用示范工程、建筑垃圾资源化利用示范工程、循环经济关键技术与装备创新工程等五大重点工程，以及再制造产业高质量发展行动、废弃电器电子产品回收利用提质行动、汽车使用全生命周期管理推进行动、塑料污染全链条治理专项行动、快递包装绿色转型推进行动、废旧动力电池循环利用行动等六大重点行动。

发展循环经济不是单纯的经济问题，也不是单纯的技术问题和环保问题，而是一项以协调人与自然关系为准则，模拟自然生态系统运行方式和规律，涉及面广、综合性强的系统工程，要求人文文化、制度创新、科技创新、结构调整等社会经济发展的整体协调，对实现资源永续利用，源头预防环境污染，保障国家资源安全，推动实现碳达峰、碳中和，促进可持续发展具有重大意义。

12.3.3 持续改善生态环境质量，建设美丽中国

良好生态环境是最公平的公共产品，是最普惠的民生福祉，是社会持续发展的根本基础。习近平一直强调"绿水青山就是金山银山，改善生态环境就是发展生产力"[1]，指出了保护生态环境对于经济社会发展的重要作用。党的二十大强调生态优先，要求"深入推进环境污染防治""提升生态系统多样性、稳定性、持续性"，到2035年"生态环境根本好转，美丽中国目标基本实现"。生态环境修复和改善，是一个需要付出长期艰苦努力的过程，不可能一蹴而就，必须持续发力、久久为功，坚持以人民为中心，让人民群众不断提高对优美生态环境的获得感、幸福感和安全感。

1. 改善城乡人居环境

一是打造生态宜居的美丽乡村。改善农村人居环境，是实施乡村振兴战略的重点任务，事关广大农民根本福祉和美丽中国建设。我国2018~2021年实施的农村人居环境整治三年行动成效显著，农民生活质量普遍提高。2021年底起，接续实施的农村人居环境整治提升五年行动，以农村厕所革命、生活污水垃圾治理、村容村貌提升为重点，将推动村庄环境干净整洁向美丽宜居升级。良好的农村人居环境不仅能吸引更多的人才返乡创业，还能通过挖掘乡村生态资源，激活乡村发展潜力，将乡村生态优势转化为经济优势，培育乡村文化、旅游、休闲、民宿、健康养老、传统手工艺等新业态，拓宽农民增收渠道，助力农民农村共同富裕。在农村人居环境改善过程中，应充分发挥农民主体作用，引导农民自我管理、自我教育、自我服务、自我监督。同时，通过加大健康宣传教育力度，普及卫生健康和疾病防控知识，倡导文明健康、绿色环保的生活方式，提高农民健康素养，推进健康乡村建设。

二是建设绿色低碳的美丽城市。城市化蕴含着巨大的需求潜力，只要规划好、布局好、建设好，就可以有效促进集约开发、均衡协调发展。但城市也是消耗能源资源、排放污染物和温室气体的主体，城市人口快速增长给自然资源、生态环境和基础设施都带

---

[1] 习近平. 2020. 习近平谈治国理政（第三卷）[M]. 北京：外文出版社：375.

来了很大压力。因此,从城市规划到建设管理的全过程、各方面,都要融入绿色低碳理念,推广高质量绿色建筑,大力发展绿色交通,倡导绿色生活方式,实施严格的用地、用水、用能节约管理,推动城市生活污水、垃圾处理提质增效,加强环境污染防治。同时,实施城市生态修复工程,保护城市山体自然风貌,修复江河、湖泊、湿地,加强城市公园和绿地建设,加大留白增绿力度,扩大城市绿色生态空间,提升城市资源环境承载能力,增强城市的整体性、系统性和生长性。

2. 提升生态系统多样性、稳定性、持续性

提升生态系统多样性、稳定性、持续性,既是增加优质生态产品供给的必然要求,也是减缓和适应气候变化带来不利影响的重要手段。当前,我国生态环境质量虽持续改善,但自然生态系统总体仍较为脆弱、生态承载力和环境容量较低、优质生态产品供给能力不足现象尚未得到根本扭转。必须坚持系统观念,从生态系统整体性出发,统筹山水林田湖草沙综合治理、系统治理、源头治理,筑牢国家生态安全屏障,提高生态系统自我修复能力和稳定性,促进生态系统良性循环和永续利用。

第一,加强生态系统保护修复。一是在"三区四带"[①]重点区域,实施重要生态系统保护和修复重大工程,突出对区域重大战略的生态支撑。二是加强长江、黄河等大江大河和重要湖泊湿地生态保护治理,提升水源涵养能力。实施黄河流域生态保护和高质量发展战略,加强生态环境保护、保障黄河长治久安、推进水资源节约集约利用、促进全流域高质量发展、改善人民群众生活、保护和传承弘扬黄河文化,让黄河成为造福人民的幸福河。坚持生态优先、绿色发展,守住长江生态环保这条底线,推动长江经济带高质量发展,使长江经济带成为我国生态优先绿色发展主战场、畅通国内国际双循环主动脉、引领经济高质量发展主力军。三是推进荒漠化、石漠化、水土流失综合治理,实施天然林保护,开展大规模国土绿化行动。四是推行草原森林河流湖泊休养生息,健全耕地休耕轮作制度,巩固退耕还林还草、退田还湖还湿、退围还滩还海成果。

第二,构建自然保护地体系。自然保护地体系是以国家公园为主体、自然保护区为基础、各类自然公园为补充的体系,是生态建设的核心载体。科学划定自然保护地保护范围及功能分区,加快整合优化各类自然保护地,设立一批国家公园,严格管控自然保护地范围内非生态活动,稳妥推进核心区内居民、耕地、矿业权有序退出,并完善自然保护地、生态保护红线监管制度,开展生态系统保护成效监测评估。

第三,加强生物多样性保护。实施生物多样性保护重大工程,完善生物多样性观测网络,提高生物多样性调查与评估能力,及时掌握生物多样性动态变化趋势。优化生物多样性保护空间格局,统筹就地保护和迁地保护,加强重点物种栖息地的保护修复,建设珍稀濒危野生动植物基因保存库和救护繁育场所。加强生物安全管理,严密防控外来物种入侵。加大生物多样性保护执法监督力度,严厉打击乱捕滥猎、非法交易野生动物行为。

---

① 三区四带,即青藏高原生态屏障区、黄河重点生态区(含黄土高原生态屏障)、长江重点生态区(含川滇生态屏障)、东北森林带、北方防沙带、南方丘陵山地带、海岸带。

3. 深入打好污染防治攻坚战

党的十九大将污染防治攻坚战作为决胜全面建成小康社会三大攻坚战之一，强调要"坚决打好污染防治攻坚战"。到 2020 年，污染防治攻坚战阶段性目标任务圆满完成，厚植了全面建成小康社会的绿色底色和质量成色。立足新发展阶段，党的二十大提出要"坚持精准治污、科学治污、依法治污，持续深入打好蓝天、碧水、净土保卫战"。目前，我国生态环境保护结构性、根源性、趋势性压力总体上尚未根本缓解，重点区域、重点行业污染问题仍然突出，要坚持精准治污、科学治污、依法治污，保持力度、延伸深度、拓宽广度，紧盯污染防治重点领域和关键环节，集中攻克老百姓身边的突出生态环境问题，强化多污染物协同控制和区域协同治理，以更高标准打好蓝天、碧水、净土保卫战，推动污染防治在重点区域、重要领域、关键指标上实现新突破。

深入打好蓝天保卫战。良好的空气质量是人民群众的迫切期盼。要科学调整大气污染防治重点区域范围，加大细颗粒物污染治理力度，推进挥发性有机物和氮氧化物协同减排，大力推广清洁能源汽车，加强大气面源和噪声污染治理，着力打好重污染天气消除、臭氧污染防治和柴油货车污染治理攻坚战，实现细颗粒物和臭氧协同控制，让蓝天白云、繁星闪烁成为常态。

深入打好碧水保卫战。统筹水资源、水环境、水生态治理。一是提升饮用水安全保障水平，加快推进城市水源地规范化建设，加强农村水源地保护，开展饮用水水源地环境问题排查整治，不断改善饮用水水质。二是强化地下水污染防治，持续开展地下水环境状况调查评估，划定地下水型饮用水水源补给区并强化保护措施，开展地下水污染防治重点区划定及污染风险管控，加强地表水和地下水、土壤和地下水协同防治。三是改善地表水和近岸海域环境质量，推进城市、农村黑臭水体系统治理，加强重点流域、重点海域综合治理，强化陆域、海域污染协同治理，建设美丽河湖、美丽海湾。

深入打好净土保卫战。土壤是食品安全的第一道防线。一是强化土壤污染风险管控和修复，深入推进农用地土壤污染防治和安全利用，有效管控建设用地土壤污染风险。二是推动农业面源污染防治，实施化肥农药减量增效行动和农膜回收行动，加强种养结合，推进畜禽粪污资源化利用。三是加强固体废物和新污染物治理，实施垃圾分类和减量化、资源化，加强塑料污染治理，加强危险废物和医疗废物收集处理，强化重金属污染防治，重视新污染物治理。

12.3.4 努力建设人与自然和谐共生的现代化，构建人类命运共同体

当前，我国已经开启全面建设社会主义现代化国家新征程。党的十九大把社会主义现代化奋斗目标从"富强民主文明和谐"进一步拓展为"富强民主文明和谐美丽"，明确将"美丽"作为全面建成社会主义现代化强国的目标和标志之一；党的二十大明确指出"中国式现代化是人与自然和谐共生的现代化"，"我们坚持可持续发展，坚持节约优先、保护优先、自然恢复为主的方针，像保护眼睛一样保护自然和生态环境，坚定不移走生产发展、生活富裕、生态良好的文明发展道路，实现中华民族永续发展"。

1. 习近平生态文明思想引领美丽中国建设

党的十八大把生态文明建设纳入中国特色社会主义事业"五位一体"总体布局，明确提出大力推进生态文明建设，努力建设美丽中国，实现中华民族永续发展，标志着生态文明建设升级为国家重大战略。围绕美丽中国目标，我们党高度重视生态文明建设，提出了一系列新理念新思想新战略，习近平生态文明思想不断丰富和完善。

坚持绿色发展理念。党的十八届五中全会提出创新、协调、绿色、开放、共享的新发展理念，其中，绿色发展注重解决好人与自然和谐共生问题，关乎可持续发展全局，是发展观的一场深刻革命。绿色发展不仅是一个理念问题，更是一个实践问题，必须"正确处理经济发展和生态环境保护的关系，像保护眼睛一样保护生态环境，像对待生命一样对待生态环境，坚决摒弃损害甚至破坏生态环境的发展模式，坚决摒弃以牺牲生态环境换取一时一地经济增长的做法，让良好生态环境成为人民生活的增长点、成为经济社会持续健康发展的支撑点、成为展现我国良好形象的发力点，让中华大地天更蓝、山更绿、水更清、环境更优美"[①]。绿色发展通过推动生产方式、生活方式、文化价值和社会治理的全面"绿色化"改革，为生态保护提供全方位支撑。

把生态文明建设融入经济建设、政治建设、文化建设、社会建设各方面和全过程。生态环境问题不是孤立存在的，内含着经济、政治、文化与社会问题，共同构成相互依存的有机整体。把生态文明建设融入经济建设，坚持产业生态化和生态产业化，推进绿色经济转型；把生态文明建设融入政治建设，强化党和国家在生态文明建设中的核心领导作用，压实生态文明建设政治责任；把生态文明建设融入文化建设，增强全民生态文明意识，使生态文明成为社会主义核心价值观的重要内容；把生态文明建设融入社会建设，创新生态环境治理模式，切实解决人民群众最关心、最直接、最现实的生态环境问题。将生态文明建设融入其他四大建设中，是推进人与自然和谐共生的现代化的必由之路，是以生态高水平保护推动经济高质量发展的核心要素，更是建设美丽中国、实现中华民族永续发展的现实需要。

加快生态文明制度体系建设。生态文明制度体系在生态文明建设中有着根本性、全局性、稳定性和长期性的作用，是彰显中国特色社会主义制度优越性的重要方面。党的十八大以来，我国已初步建立起生态文明制度"源头严防、过程严管、损害赔偿、后果严惩"的基本制度框架。党的十九届四中全会从实行最严格的生态环境保护制度、全面建立资源高效利用制度、健全生态保护和修复制度、严明生态环境保护责任制度四个方面，提出了坚持和完善生态文明制度体系的努力方向与重点任务。强化制度的执行力，把制度优势更好转化为治理效能，用最严格制度和最严密法治保护生态环境，推进生态文明领域国家治理体系和治理能力现代化，努力走向社会主义生态文明新时代。

2. 建立健全绿色低碳循环发展经济体系

我国生态文明建设的实践表明，生态环境保护和经济发展是辩证统一、相辅相成的。

---

① 习近平. 2017. 习近平谈治国理政（第二卷）[M]. 北京：外文出版社：395.

党的二十大报告强调"推动经济社会发展绿色化、低碳化是实现高质量发展的关键环节"。推动绿色低碳循环发展，全方位全过程推行绿色规划、绿色设计、绿色投资、绿色建设、绿色生产、绿色流通、绿色生活、绿色消费，使发展建立在高效利用资源、严格保护生态环境、有效控制温室气体排放的基础上，有利于统筹推进高质量发展和高水平保护，实现生态环境质量改善由量变到质变。

2021年2月，国务院发布《关于加快建立健全绿色低碳循环发展经济体系的指导意见》，从生产、流通、消费、基础设施、绿色技术、法律法规政策六个方面对绿色低碳循环发展做出系统部署。一是健全绿色低碳循环发展的生产体系，要推进工业绿色升级，加快农业绿色发展，提高服务业绿色发展水平，壮大绿色环保产业，提升产业园区和产业集群循环化水平，构建绿色供应链。二是健全绿色低碳循环发展的流通体系，要打造绿色物流，加强再生资源回收利用，建立绿色贸易体系。三是健全绿色低碳循环发展的消费体系，要促进绿色产品消费，倡导绿色低碳生活方式。四是加快基础设施绿色升级，要推动能源体系绿色低碳转型，推进城镇环境基础设施建设升级，提升交通基础设施绿色发展水平，改善城乡人居环境。五是构建市场导向的绿色技术创新体系，要鼓励绿色低碳技术研发，加速科技成果转化。六是完善法律法规政策体系，要强化法律法规支撑，健全绿色收费价格机制，加大财税扶持力度，大力发展绿色金融，完善绿色标准、绿色认证体系和统计监测制度，培育绿色交易市场机制。

建立健全绿色低碳循环发展经济体系是建设现代化经济体系的重要组成部分，在实践中应加强绿色发展、低碳发展和循环发展的统筹协同，推动有效市场和有为政府共同发力，形成节约资源和保护环境的空间格局、产业结构、生产方式、生活方式。这不仅可以满足人民日益增长的优美生态环境需要，而且可以推动实现更高质量、更有效率、更加公平、更可持续、更为安全的发展，走出一条生产发展、生活富裕、生态良好的文明发展道路。

3. 推动全球可持续发展，构建人类命运共同体

党的十九大报告呼吁"各国人民同心协力，构建人类命运共同体，建设持久和平、普遍安全、共同繁荣、开放包容、清洁美丽的世界"，党的二十大报告进一步指出"构建人类命运共同体是世界各国人民前途所在"。构建人类命运共同体理念提出以来，得到国际社会的广泛关注和普遍认可，并被写入联合国大会、联合国安全理事会、联合国社会发展委员会、联合国人权理事会的多项决议，成为国际共识。

近年来，气候变化、生态环境恶化、生物多样性丧失等问题，给人类生存和发展带来严峻挑战，使得人们对可持续发展问题的反思不断深化。人类只有一个地球，建设美丽地球是人类的共同梦想。习近平指出必须从全球视野推动和加强生态文明建设[①]，我国在致力于国内生态文明建设的同时，充分展现中国负责任大国的自觉担当，秉持人类命运共同体理念，深度参与全球环境治理，已成为全球生态文明建设的重要参与者、贡献者、引领者。中国"人与自然和谐共生"的发展理念为推进全球可持续发展提供了新价值观，

---

① 中共中央宣传部.2016.习近平总书记系列重要讲话读本（2016年版）[M]. 北京：人民出版社：239.

中国坚持绿色发展的国家战略为解决全球环境治理难题提供了中国方案。推动全球可持续发展，团结合作是必由之路，只有世界各国共同采取行动，开展绿色国际合作，才能共同构建人与自然和谐共生的地球家园。

在当今世界百年未有之大变局下，面对全球环境治理前所未有的困难，中国应始终坚持人与自然和谐共生，坚持绿色发展，坚持系统治理，坚持以人为本，坚持多边主义，坚持"共同但有区别的责任"原则，增强我国在全球环境治理体系中的话语权和影响力，积极引导国际秩序变革方向，发挥发展中大国的引领作用。同时，加强南南合作及同周边国家的合作，共同打造绿色"一带一路"，不断为全球可持续发展贡献中国力量，同世界各国共享机遇、共谋发展。

本 章 小 结

可持续发展是 21 世纪全人类普遍关注的议题。1972 年联合国人类环境会议通过的《联合国人类环境会议宣言》中体现了可持续发展思想，1980 年国际自然与自然资源保护联盟起草的《世界自然资源保护大纲》首次提出了可持续发展概念，1987 年布伦特兰夫人领导的世界环境与发展委员会发布了《我们共同的未来》，使可持续发展得到了世界的普遍关注。

可持续发展具有生态属性、社会属性、经济属性、科技属性等多重含义。可持续发展是以保护自然资源环境为基础，以激励经济发展为条件，以科技创新为动力，以改善和提高人类生活质量为目标的发展理论和战略。它是一个综合性、整体性、系统性的概念，是一种新的发展观、道德观和文明观。可持续发展的原则有：共同发展原则、协调发展原则、公平发展原则、高效发展原则、多维发展原则和持续性原则。

1992 年联合国在巴西里约热内卢召开了环境与发展大会，通过了《里约环境与发展宣言》和《21 世纪议程》，开放签署了《联合国气候变化框架公约》和《保护生物多样性公约》，第一次把可持续发展由概念和理论推向行动，标志着可持续发展进入全球性实践阶段，主要包括：全球气候治理的实践、全球可持续发展行动计划的实践和全球环境治理的实践。

全球面临的可持续发展问题有：不平等加剧、气候变化、生物多样性丧失和人类活动产生的废物量不断增加。发展中国家面临的可持续发展问题有：人口压力巨大、能源消耗增长迅速、土壤严重退化和水资源面临危机。发展中国家可持续发展的制约因素有：工业化模式的制约，城市化发展的制约，制度缺位或制度执行不力，政策的不合理或失效，科技、人才和资金要素的制约及全球治理体系的制约。

中国可持续发展的人口、资源与环境战略包括：适时调整人口政策，实施人口长期均衡发展的国家战略；促进资源节约和循环高效使用，推进绿色低碳发展；持续改善生态环境质量，建设美丽中国；努力建设人与自然和谐共生的现代化，构建人类命运共同体。

关键概念

可持续发展　　共同发展原则　　协调发展原则　　公平发展原则　　高效发展原

则　　多维发展原则　　持续性原则　　适度生育水平　　人力资本　　碳达峰　　碳中和　　循环经济　　污染防治攻坚战　　生态文明建设　　绿色发展理念　　绿色低碳循环发展经济体系　　人类命运共同体

思考题

1. 简述发展中国家可持续发展的制约因素。
2. 简述中国可持续发展的人口战略的选择。
3. 简述可持续发展目标下推进绿色低碳发展的思路。
4. 结合环境可持续发展战略，试述生态环境保护对经济社会发展的作用。
5. 如何理解"中国式现代化是人与自然和谐共生的现代化"？

推荐阅读的文献资料

潘家华. 2019. 生态文明建设的理论构建与实践探索[M]. 北京：中国社会科学出版社.
中共中央党史和文献研究院. 2018. 十八大以来重要文献选编：下册[M]. 北京：中央文献出版社.
中共中央党史和文献研究院. 2019. 十九大以来重要文献选编：上册[M]. 北京：中央文献出版社.
中共中央党史和文献研究院. 2021. 十九大以来重要文献选编：中册[M]. 北京：中央文献出版社.
中共中央文献研究室. 2014. 十八大以来重要文献选编：上册[M]. 北京：中央文献出版社.
中共中央文献研究室. 2016. 十八大以来重要文献选编：中册[M]. 北京：中央文献出版社.